系统与控制丛书

智能车辆容错控制技术及应用

陈无畏　赵林峰　杨柳青　高振刚　著

科学出版社

北京

内 容 简 介

本书主要介绍智能车辆的悬架与转向系统、整车高级辅助驾驶系统中的容错控制技术，包括容错控制理论基础，车辆悬架系统动力学与容错控制，车辆转向、驱动和转向/悬架集成系统动力学及容错控制，智能车辆辅助驾驶中的容错控制技术及应用。全书内容翔实、全面，理论与实践并重，既有理论水平和学术价值，也对工程实践有指导意义。

本书可供车辆工程、机械工程、计算机科学与技术、控制科学与工程、仪器科学与技术等领域的研究人员、工程技术人员以及高等院校相关专业的教师、高年级本科生、研究生参考，也可供对智能车辆感兴趣的各类人员阅读。

图书在版编目(CIP)数据

智能车辆容错控制技术及应用 / 陈无畏等著. —北京：科学出版社，2021.3

(系统与控制丛书)

ISBN 978-7-03-067048-9

Ⅰ. ①智… Ⅱ. ①陈… Ⅲ. ①智能控制-汽车-容错控制技术-研究 Ⅳ. ①U46

中国版本图书馆CIP数据核字(2020)第238012号

责任编辑：裴 育 陈 婕 李 娜 / 责任校对：杨 然 胡小洁
责任印制：吴兆东 / 封面设计：蓝正设计

科学出版社 出版
北京东黄城根北街 16 号
邮政编码：100717
http://www.sciencep.com
北京中石油彩色印刷有限责任公司 印刷
科学出版社发行 各地新华书店经销
*
2021 年 3 月第 一 版 开本：720 × 1000 1/16
2022 年 7 月第二次印刷 印张：18 3/4
字数：370 000

定价：128.00 元

(如有印装质量问题，我社负责调换)

编 者 的 话

我们生活在一个科学技术飞速发展的信息时代，诸如宇宙飞船、机器人、因特网、智能机器及汽车制造等高新技术对自动化提出了更高的要求。系统与控制理论也因此面临着更大的挑战。它必须能够为设计高水平的物理或信息系统提供原理和方法，使得设计出的系统能感知并自动适应快速变化的环境。

为帮助系统控制专业的专家、工程师以及青年学生迎接这些挑战，科学出版社和中国自动化学会控制理论专业委员会合作，设立了《系统与控制丛书》的出版项目。本丛书分中、英文两个系列，目的是出版一些具有创新思想的高质量著作，内容既可以是新的研究方向，也可以是至今仍然活跃的传统方向。研究生是本丛书的主要读者群，因此，我们强调内容的可读性和表述的清晰。我们希望丛书能达到这些目的，为此，期盼着大家的支持和奉献！

《系统与控制丛书》编委会

2007 年 4 月 1 日

前　　言

控制系统是由传感器、被控对象、控制器和作动器环节组成的一类复杂系统。这类复杂系统中的各部件是由机械、电子、控制策略及其他因素组成的复合体。控制系统中各环节均会有发生故障的可能，而作动器和传感器故障是控制系统失效的主要原因，因此在进行控制系统设计时就要考虑发生故障的情况下如何维持系统稳定性或性能水平，确保系统安全、可靠地完成控制任务。

近年来，快速发展的智能车辆系统是计算机、控制、机械、通信、微电子、人工智能、传感器、数学、力学等领域高新技术综合应用的载体，包含了辅助驾驶、主动安全、自主无人驾驶等多个方面，即具有单一功能的智能化、复合功能的智能化、有限条件下的无人驾驶和全工况下的无人驾驶。

本书总结了合肥工业大学车辆系统动力学与控制研究所多年来在研究车辆系统容错控制与智能驾驶中的容错/纠错控制技术方面的经验和部分学术成果，并结合当前智能车辆新的发展状况，以智能车辆容错控制技术为核心，以智能车辆的主要总成件——悬架与转向系统和整车高级辅助驾驶系统为研究对象展开叙述，主要内容包括容错控制理论基础，车辆悬架系统动力学与容错控制，车辆转向、驱动和转向/悬架集成系统动力学及容错控制，智能车辆辅助驾驶中的容错控制技术及应用。

与本书内容相关的研究得到了国家自然科学基金面上项目“车辆横向运动中的人机共享控制方法与关键技术研究”(51375131)、“汽车横向辅助驾驶系统深度感知与人机协同控制研究”(51675151)，国家自然科学基金联合基金项目“智能汽车多状态系统动力学行为建模与协同控制研究”(U1564201)，高端装备先进感知与智能控制教育部重点实验室开放课题“分布式驱动智能电动汽车轨迹跟踪控制研究”(GDSC202013)，以及安徽省科技重大专项项目“智能电动多用途乘用车研发”(17030901060)等的大力资助，在此表示衷心的感谢。同时，感谢合肥工业大学魏振亚、杨军、谈东奎、许凯、胡振国、夏志、林澍、丁雨康等对相关研究做出的贡献，也感谢作者所在课题组全体老师的大力支持。

本书由合肥工业大学陈无畏教授和赵林峰副教授、安徽交通职业技术学院杨柳青教授、鄂尔多斯应用技术学院高振刚副教授撰写，全书由陈无畏教授统稿。在撰写本书过程中，引用了一些国内外文献资料，在此向有关参考文献的作者表示感谢。

由于作者水平有限，书中难免存在不妥之处，恳请读者批评指正。

作　者

2019 年 12 月于合肥

目　　录

第1章 绪 论

1.1 容错控制概述

控制系统意味着通过它可以按照人们所希望的方式保持和改变汽车、机构及其他装置内任何感兴趣或可变的量。控制系统是为了使被控对象达到预定理想状态而设置的，可使被控对象趋于某种需要的稳定状态。控制系统中各环节均会有发生故障的可能，其故障类型为：被控对象故障、仪表故障(包括传感器、作动器和相应的 A/D 及 D/A 信号转换接口故障)、计算机与软件故障(包括计算机硬件、故障诊断程序和相应控制算法程序故障)。据统计，80%的控制系统的失效是由传感器或作动器发生故障引起的[1]。所以，传感器故障和作动器故障成为控制系统失效的主要原因。另外，电子元器件和机械零部件是构成控制系统的基本单元，这些基本单元的可靠性是整个控制系统可靠性的基础。但如果都采用高可靠性的基本单元，又面临着控制系统成本大幅增加的情况。所以，工程设计的目标是尽量用低可靠性的元器件来组成高可靠性的控制系统。

1.1.1 故障检测与诊断技术

随着科学技术的快速发展，工程设备日趋复杂，自动化程度也越来越高。如何保证设备安全、高效、可靠运行，是人们迫切需要研究和解决的一个重要问题。故障检测与诊断(fault detection and diagnosis，FDD)技术为此提供了一条有效途径，并成为容错控制系统(fault tolerant control system，FTCS)设计时的重要技术支撑。

故障是指系统中至少有一个参数或一个特性出现偏差，并超出了系统可接受的范围，导致系统性能低于完好正常水平，且难以完成其原预期功能。

一般可将故障诊断分为两层含义：一层为用某些专用的检测仪器对机械设备是否正常运转进行检测；另一层为利用系统的解析冗余，通过计算机技术对系统运行工况进行分析，对生产过程中的故障、故障原因、故障程度进行分析和判断，最终得出结论。1971 年，麻省理工学院 Beard[2]在他的博士论文中首先提出解析冗余的故障诊断技术，Mehra 和 Peschon[3]在 *Automaticas* 杂志上发表的论文也提出此项技术。20 世纪 70 年代，这项技术在美国开始发展起来。闭环系统达到稳定主要是通过系统的自组织功能。系统故障信息可采用比较观测器输出与系统实际输出来获取。

故障诊断技术是一门综合性技术，涉及现代控制理论、模糊集理论、可靠性理论、信号处理、数理统计、模式识别、人工智能等。故障诊断技术的研究内容可分为故障建模、故障检测、故障隔离与估计、故障评价与决策等多个方面。通过这几个方面的内容研究，可以判断故障程度、故障对系统运转的影响程度和影响趋势，以便设计者采取不同措施对系统进行一定的保护。

故障诊断技术的发展主要经历了基于数学模型方法、基于信号处理、基于人工智能三个阶段。在基于数学模型方法的进展阶段，故障诊断方法有参数估计诊断法、等价空间方法和状态估计诊断法等。这些方法均可应用在线性系统和非线性系统上。例如，Caliskan 和 Hajiyev[4]应用 Kalman 检测滤波器对状态进行估计，实现传感器故障检测与诊断；Commault 等[5]利用观测器组对系统状态进行状态估计，从而检测系统故障；Saif 和 Guan[6]、Chen 和 Patton[7]分别用未知输入观测器对系统状态进行观测并应用到带随机噪声的系统中，实现了系统故障检测与诊断。在基于信号处理的进展阶段，故障诊断方法有测量系统输入输出方法、基于小波变换方法、输出信号处理法、信息匹配诊断法、基于信息融合的方法及信息校核的方法等。在基于人工智能的故障诊断阶段，故障诊断方法有基于专家系统的故障诊断法、基于神经元网络的故障诊断法、基于图论的模型推理法及基于模糊数学的诊断法。以上方法在故障诊断领域均获得了一定的研究成果。

国际自动控制联合会(International Federation of Automatic Control，IFAC)在故障诊断领域确定了统一的标准术语，并给出了初步定义[8]。故障是指系统表现出非期望的特性或不良的异常现象，或系统中部分元器件功能失效并导致整个系统性能降低与恶化的情况或事件。故障检测(fault detection)就是确定系统中是否发生故障并报警。故障隔离(fault isolation)是在故障检测确定后，确定故障部位、故障类别和故障发生时间。故障辨识(fault identification)是在故障隔离后，进一步确定故障的程度和故障的时变特性。IFAC 对故障诊断(fault diagnosis)的定义有两种观点：一种是包括故障检测、故障隔离和故障辨识过程；另一种是仅包括故障检测和故障隔离过程。两种观点都可用故障检测和隔离(fault detection and isolation，FDI)表示。

评价故障检测与诊断的主要性能指标有及时性、鲁棒性、定位与评价的准确性、灵敏性及故障的误报率和漏报率等。

故障检测与诊断技术已经在航空航天、船舶、火车、汽车、桥梁、机器人等领域得到了广泛应用，不仅在技术上取得了丰硕的研究成果，而且在经济上也创造了巨大效益。

1.1.2 容错控制技术

容错(fault tolerant，FT)，原是计算机设计技术中的概念，指容忍故障的意思，或指控制系统对故障的容忍技术。当系统中的部件发生故障时，系统可以检测出故障，并采取相应容错措施维持系统功能或维持系统功能在可接受的范围内。"容错控制"(fault tolerant control，FTC)的概念，是在 1986 年 9 月美国电气和电子工程师协会系统控制学会和美国国家科学基金会在美国加利福尼亚州 Santa Clara 大学联合举行的一次控制领域专题研讨会上，以美国学者 Levis 为首的 52 位知名专家共同提出的"Challenges to Control"研究报告中出现[9]。

容错控制的主要指导思想是，控制系统发生故障是迟早的事，在进行控制系统设计时就要考虑一旦发生故障时，故障对控制系统稳定性和性能会产生什么影响，如何能维持系统稳定性或性能水平。例如，当传感器或作动器发生故障时，在进行系统设计时如何维持系统稳定性或性能水平。1991 年，瑞典 Astrom[10]教授就明确提出容错控制可以使系统的反馈对系统的故障不敏感。

容错控制系统是具有冗余能力的控制系统，也就是具有容错能力的控制系统。或者说在传感器或作动器或其他元器件发生故障的情况下，闭环控制系统仍能按完好水平时的性能水平或可接受的性能降低水平继续运转，保证系统稳定、安全、可靠地完成控制任务。容错控制系统的一般结构图如图 1.1 所示。

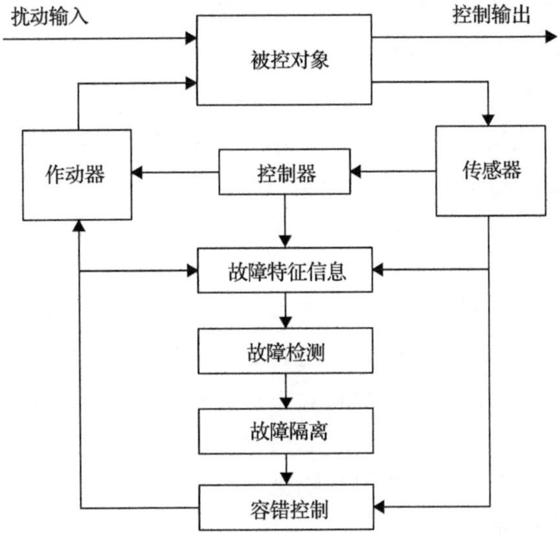

图 1.1 容错控制系统的一般结构图

由图 1.1 可见，故障检测与诊断、容错控制是容错控制系统设计中的两个关键技术问题，二者有着密切的联系。故障检测与诊断技术是容错控制技术的基础，容错控制技术的发展给故障检测与诊断技术的研究带来了新的挑战和新的活力。但无论是故障检测与诊断技术还是容错控制技术，它们的目的是相同的，都是提高系统的可靠性。

IFAC 不仅在故障诊断领域确定了统一的标准术语，对容错控制、容错控制系统也进行了统一的明确定义[8]：容错控制是对控制系统可能出现的故障情况采取某些控制方法，使控制系统性能指标在有故障或完好无故障情况下均能满足要求。容错控制系统，是指在某些部件发生故障的情况下，仍能按原定性能指标或性能指标略有降低（但可接受）的情况下安全地完成控制任务的系统。

1.2 容错控制的分类

容错控制可以从不同的角度进行分类，例如，按系统类型分为线性系统容错控制和非线性系统容错控制、确定性系统容错控制和随机系统容错控制等；按克服故障部件分为执行器故障容错控制、传感器故障容错控制和部件故障容错控制等；按控制方法特点分为被动容错控制和主动容错控制等。本书主要介绍被动容错控制和主动容错控制。

被动容错控制在系统的构造思路上是一种与鲁棒控制技术类似的方案，具有使系统的反馈对故障不敏感的作用。它通过设计适当固定结构的控制器（该控制器除了考虑正常工作状态的参数值以外，还要考虑在故障情况下的参数值），实现不仅在所有控制部件正常运行时，而且在执行器、传感器和其他部件失效时，系统仍然具有稳定性和令人满意的性能。被动容错控制是在故障发生前和发生后使用同样的控制策略，不进行调节。

主动容错控制是在故障发生后，根据所期望的特性重新设计一个控制系统，从而使整个系统达到稳定，而新的控制系统性能与原系统相比有可能会下降。大多数主动容错控制需要故障检测与诊断子系统，也有不需要故障检测与诊断子系统的，但需要知道故障的先验知识。主动容错控制方法主要分为两种类型：信号重构、故障补偿、增益调度的方法和在线自动控制器设计方法。在增益调度的方法中，预计算的控制律按照故障情况进行选择，即依赖故障检测与诊断子系统所隔离的故障类型。在线自动控制器设计方法包括新控制器构造和控制器参数的计算，即可重构控制。也就是说，为了获得重构，主动容错控制需要有预料型故障的先验知识、未预料型故障的检测和隔离机制，相关的故障位置和性质等信息用于重新调整控制器功能。

被动容错控制使用固定鲁棒性能的控制器适应故障，确保系统的故障稳定性，往往牺牲系统的性能指标，且带有很大的保守性。主动容错控制有时要解决故障诊断和容错控制两个问题，故障诊断系统能够对控制系统中的执行器、传感器和被控对象进行实时故障检测，并根据故障特征进行故障的动态补偿或切换故障源；容错控制器则根据故障检测环节所得到的故障特征做出相应的处理，可能要对反馈控制的结构进行实时重构。从目前的发展来看，控制系统的故障诊断和容错控制的发展是相伴的，故障诊断是容错控制的基础，容错控制的发展为故障诊断的研究带来了新的动力。

1.2.1　被动容错控制

被动容错控制的设计思想起源于多变量系统的完整性设计问题。图 1.2 是典型的被动容错控制结构，其中对角矩阵 M 代表执行器通道的状态，当对角元素为 0 时，表示该通道的执行器失效，控制信号不能经此作用于被控对象。这样，被动容错控制的设计问题就是如何设计一个控制器使闭环系统对于矩阵 M 对角元素的任意组合都保持稳定。闭环系统通过仔细选择反馈设计，考虑到故障和系统不确定性的影响，能够具有一定的容错能力，该系统称为被动容错系统。固定的鲁棒控制器能够补偿某些故障的影响，在设计控制器时，需要关于可能的故障特点和位置的信息。被动容错控制方法使用鲁棒控制技术确保闭环系统采用固定控制器而不使用在线故障信息，维持对某些故障的不敏感。损坏的系统继续以同样的控制器和系统结构运行，其目标是恢复原系统的性能。通过提供可能的故障及其影响控制功能的方式，实现系统对故障是“鲁棒”的，在某些回路失效的情况下，维持常数控制器设计是一种可行的途径。系统应用可得的功能冗余使某一传感器信号移去后闭环性能是最优的。任何控制系统都要求对扰动和建模误差有鲁棒性，这是因为不可能在数学模型和实际过程之间完全匹配。如果故障的影响与建模误差和扰动的影响相似，设计对某些故障不敏感的控制器，那么在实际应用中，某些故障对系统动态参数具有偏离的影响，称它们为加性故障信号。如果确保故障以有界的不确定性形式作用于系统，则可以通过仔细设计控制器获得容错控制。

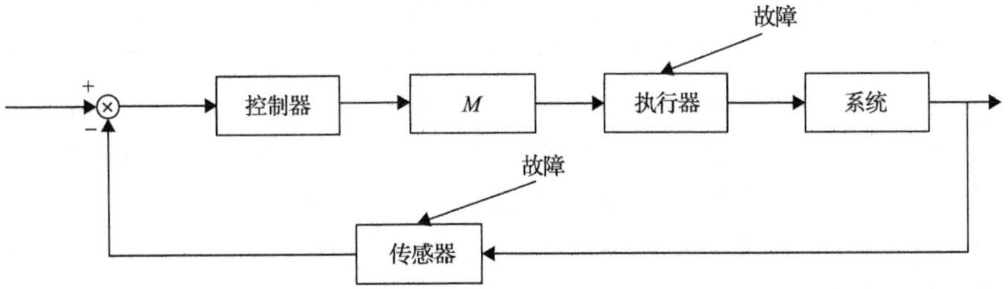

图 1.2　被动容错控制结构

被动容错控制大致可以分成可靠镇定、同时镇定、完整性控制、鲁棒容错控制等几种类型。

(1) 可靠镇定，采用两个或更多的补偿器来并行地镇定同一个被控对象。当任意一个或多个补偿器失效，而剩余的补偿器正常工作时，闭环系统仍然可以保持稳定，称此控制系统为可靠镇定。它是一种对控制器失效的容错控制。

(2) 同时镇定，给定多个被控对象。同时镇定问题的目标是构造一个固定的控制器，使其可以分别镇定上述的任意一个被控对象，则该控制器对被控对象的特性变化具有鲁棒性，对系统故障具有稳定意义上的容错能力。这是关于被控对象故障的容错控制。

(3)完整性控制，是被动容错控制中的热点研究问题。当系统中某些执行器或传感器出现卡死、饱和与断路等故障时，系统仍有可能利用其余正常的执行器或传感器部分地来代替故障执行器或传感器的功能，从而维持系统的稳定性。显然，完整性控制器设计是多变量系统中特有的问题。目前，关于完整性控制器的设计问题，主要有两种方法：时域设计法和参数空间设计法。时域设计法是指，在被控对象是渐近稳定的假设中，利用 Riccati 方程和 Lyapunov 矩阵方程的正半定解来构造对传感器或执行器具有高度完整性的控制律。参数空间设计法是指，构造一个固定的状态或输出反馈控制器，将系统的闭环极点配置在一个预定的区域中，并且保证当所考虑的任意一种故障发生时，闭环极点仍然处于该区域中。

(4)鲁棒容错控制。控制系统的鲁棒性是指其在一类特定的不确定条件下保持稳定性、渐近调节和动态特性不变的能力，可分为稳定鲁棒性和性能鲁棒性。控制系统的各种故障都将导致数学模型发生这样或那样的变化，故希望设计一个固定的控制器以实现对某些故障的容错，鲁棒容错控制就是这样一类容错控制方法，其主要特征为考虑有界参数变化和扰动对系统性能与稳定性的影响。目前，鲁棒容错控制的方法有很多，如多重系统同时稳定容错控制、多模型自适应容错控制、特征结构配置容错控制、Lyapunov 稳定性理论容错控制、H_∞ 最优理论容错控制、代数容错控制等。不管是被动容错控制，还是主动容错控制，都要有关于模型不确定性(uncertainty)与对外界扰动(perturbation)的鲁棒性。这是容错控制可以应用于实际系统的重要前提条件。鲁棒容错控制的优点是故障发生时能及时实现容错控制，不存在重构容错控制中分离延时而引起的控制性能变坏的问题。但由于系统故障的多样性和对系统性能的高要求，该容错控制器的设计方法只能适应少数几种故障情况，不可能用一个控制器实现对所有故障的鲁棒性，并且以牺牲系统的性能为代价。研究既能保证系统的容错能力，又使系统保持一定的稳态、动态性能，同时用一个容错控制器实现尽可能多的故障容错是鲁棒容错控制需要进一步发展的方向。

上述被动容错控制系统的设计基于系统中存在的冗余现象，设计的控制器结构和参数一般具有固定形式，并不需要故障诊断机构，也不必进行控制器重组，因此易于实现。这是被动容错控制策略的优点。如果设计得当，应用被动容错控制策略设计的容错控制系统在发生故障时，能够起到容错控制的作用。然而，在设计被动容错控制系统时，需要预知系统可能发生的各种故障情况，控制器的设计过程通常都很复杂，设计出来的控制器也难免过于保守，容错控制系统的性能不可能是最优的。并且当不可预知的故障情况发生时，系统的性能甚至稳定性都可能无法得到保证。这是被动容错控制的不足之处，而这恰恰是主动容错控制设计所能解决的问题。基于此，主动容错控制策略的研究得到了突飞猛进的发展，成为当前国内外容错控制方法研究的焦点。

1.2.2 主动容错控制

主动容错控制包含了故障检测与诊断、隔离和故障适应与容错控制等研究内容。图 1.3 是典型的主动容错控制结构。这种方法的一般控制策略是：先利用故障检测与诊断单元检测、诊断或分离出故障，再根据故障检测与诊断的结果由控制器重组/重构机制进行控制器的重组/重构设计，形成适合的故障容错控制律，设计出新的重组/重构容错控制器，保证故障后系统稳定或使其性能与故障前系统的性能接近。

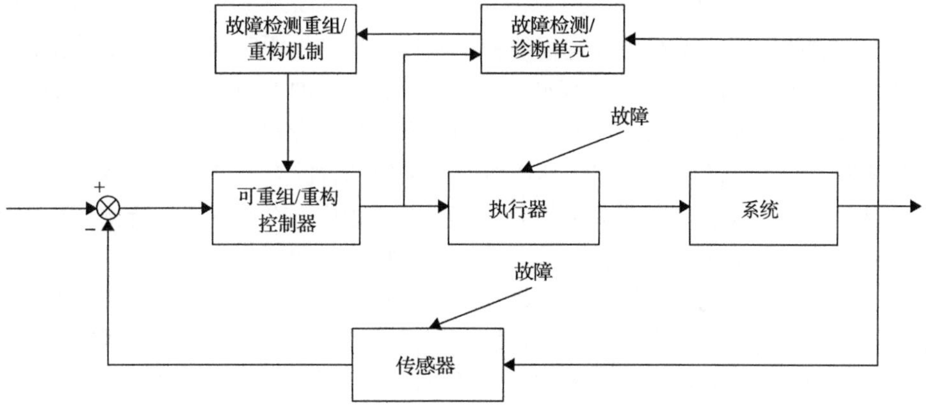

图 1.3 主动容错控制结构

主动容错控制方法较多，有控制律重新调度方法、控制律重构设计方法、模型跟随重组控制方法、智能容错控制方法等。主动容错控制的优点在于使用了在线故障信息，控制器的参数或结构一般是可变的，使用未预料型故障概念和 FDI 功能，重建或重构控制是其研究的热点。

常见的几种主动容错控制方法如下[11]。

(1)控制律重新调度方法，是一类较简单且近几年发展较快的主动容错控制方法，其基本思想是，离线计算出各种故障下所需合适控制律的增益参数，并列表储存在计算机中。当基于在线 FDD 技术得到了最新的故障信息后，就可以挑选出一个合适的增益参数，得到容错控制律。显然，采用实时专家系统进行增益调度将会产生很好的效果。该方法在很大程度上受 FDD 单元鲁棒性的影响，该单元的任何误报或漏报都可能对控制系统产生灾难性的影响。

(2)控制律重构设计方法。在系统运行过程中，某些故障发生后破坏了与当前控制相适应的环境，必须重组才能适应于新环境的控制器。这种结构或参数的重构可以从已计算好的表中读取一组新的控制算法或增益，也可以实时地再设计控制器来实现。显然，具有控制器重构能力的系统应具有系统故障检测与诊断功能，一旦检测出系统中的故障部件，就改变了控制器的结构或参数，重构的目标是使重构后的系统在性能上尽量接近原系统。当然一个控制系统在故障发生后能否进行重构是有条件的，最基本的要求是原系统本身具有一定的冗余性。控制律重构实现容错控制的方案有两种：①在线重构，即根据检测到的故障状态重新设计控制器或故障补偿机构，这种方案适合于故障模式事先不确定，控制律需要在线调整的情况；②离线重构，即根据检测到的故障把控制器切换到预先设计好的相应的容错控制器中，这种方案适合于可能的故障模式事先已经知道，控制律可以事先离线确定的情况。

(3) 模型跟随重组控制方法。这类主动容错控制的基本原理是，采用模型参考自适应控制的思想，使得被控过程的输出始终自适应地跟踪参考模型的输出，而不管是否发生了故障。因此，这种容错控制不需要 FDD 单元。当发生故障时，实际被控过程随之发生变动，控制律就会相应地并自适应地进行重组，保持被控对象对参考模型输出的跟踪。这类容错控制是采用隐含的方法来处理故障的。

(4) 智能容错控制方法，通常指装置在运行过程中一个或多个关键部件发生故障之前，利用人工智能理论和技术，采取有效措施对故障自动进行补偿、抑制、消除、修复，以保证装置继续安全、高效、可靠运行，或以牺牲性能损失为代价保证装置在规定时间内完成其预定功能。智能容错控制技术是一种将故障检测、智能诊断、容错控制融为一体的综合性学科，涉及系统论、信息论、控制论、信号处理、模式识别、故障诊断、人工智能、计算机等多学科知识和技术，其主要研究内容包括：智能容错控制结构，智能容错控制方式，智能容错控制策略，智能容错控制器设计，智能容错控制实现方法，智能容错控制评价方法，多系统集成的智能容错控制，智能容错控制技术的工程应用，网络化大系统容错控制，等等。此外，智能材料、智能结构、智能体(agent)的特性等，为智能容错控制带来了新的生机。实际系统中存在非常多的未知因素，致使复杂系统的建模工作极其艰难，而智能控制不依赖对象模型的特点，使其应用得到了飞速发展，也进一步引起了基于人工智能容错控制技术的研究热潮。

目前，主动容错控制系统需具备两个特性：一方面基本控制器应具有鲁棒性，在控制律重组/重构期间使系统保持稳定；另一方面 FDD 单元应具有鲁棒性，以减少误报和漏报，缩短故障检测时间。显然，主动容错控制涉及许多复杂性因素，如控制器设计、调度、重构/重建、FDI 单元及整个系统的稳定性、鲁棒性分析的复杂性等，使得综合与设计的难度大大提高。而且，故障检测、诊断与分离系统性能的优劣在很大程度上影响着容错控制器的设计和整个系统的性能。如果故障检测与诊断的时延和控制器重组/重构的时间过长，也会使系统性能变坏，甚至导致系统崩溃或造成重大损失，从而使重构容错控制失去意义。因此，发展主动容错控制的关键是发展故障诊断技术和快速、有效的控制器在线重组/重构。

1.3 容错控制在智能车辆中的应用

智能车辆与普通车辆一样，都是由多个子系统组成的复杂系统，各子系统在车辆行驶过程中承担不同的功能，其中转向系统和悬架系统是影响车辆安全性和舒适性的两个关键子系统。转向系统是用来改变或恢复车辆行驶方向的专设机构；悬架系统是车架与车身之间的传递力与连接装置的总称，主要起到缓冲、减振和导向的作用。随着经济社会的持续发展及生活水平的逐步提高，人们对车辆的性能提出了更高的要求，而电控技术的广泛应用为车辆智能化和各项性能的提高提供了广阔的空间。

车辆在道路上行驶时，除驾驶员操纵车辆转向外，为提高转向轻便性及道路行驶安全性，电动助力转向(electric power steering，EPS)或横向运动辅助驾驶系统也协助驾驶员控制车辆转向，实现人机协同转向。车辆电控主动悬架系统(active suspension system，ASS)和半主动悬架系统(semi-active suspension system，SASS)的主要目的是有效减轻来自地面的振动，提高车辆的乘坐舒适性，并确保轮胎与地面接触良好，改善车辆在不良路面及高速转向工况下的行驶稳定性。

EPS 系统可一并实现车辆转向助力与横向运动辅助驾驶，其与驾驶员在协同转向中可提升驾驶的舒适性及安全性；主动/半主动悬架系统既可改善车辆的乘坐舒适性，也可提高其在转向工况下的稳定性，且各子系统在车辆产品中已经得到了普遍应用。然而，仍然有一些问题值得关注并进一步展开研究。①随着车辆使用周期的增长或者不正当使用，基于 EPS 的车辆转向助力和人机协同转向系统及 ASS/SASS 中的传感器、执行器等元器件迟早会发生故障，致使控制系统失效而引起车辆性能下降，严重时可能引发交通事故。因此，如何提高转向与悬架控制系统的可靠性是亟须解决的关键问题。将容错控制理论应用于控制系统中，可在其传感器、控制器或执行器发生故障时仍使系统具有可以接受的性能，是提高车辆控制系统可靠性的有效方法。②考虑因驾驶员操纵失误而引发的车道偏离问题，需基于容错视角研究横向辅助驾驶系统与驾驶员协同控制的车辆，使其对驾驶员操纵失误具有容错和纠错的作用，有效防止因驾驶员操纵失误而引发的车道偏离，并进一步减小驾驶员与辅助驾驶系统的冲突，提升车辆在道路上行驶的安全性及驾驶舒适性。③考虑悬架系统在车辆转向控制中的重要作用，需分析转向与悬架系统的耦合机理，研究基于 EPS 的人机协同转向系统与悬架系统的集成控制及集成系统的容错控制方法，保证车辆在不同状况下均有较好的乘坐舒适性、转向轻便性及行驶安全性，以全面提高车辆使用性能。鉴于智能车辆涉及范围十分广泛，子控制系统繁多，本书主要围绕上述几方面来展开介绍。

1.3.1 EPS 容错控制

根据 EPS 系统的工作原理，对 EPS 容错控制的研究主要围绕转向盘转矩传感器、转角传感器及助力电动机等元器件的故障展开，文献[12]综合分析了国内外部分学者在这方面的研究成果，简述如下。

刘芳等分析了永磁同步电动机的故障模式，并基于 Kalman 滤波器估计电动机状态参数，实现了对电流信号的故障检测。郑荣良等设计了电动助力转向故障检测的硬件电路，并通过检测电动机电流信号来判断助力电动机是否发生过热故障，但均未考虑助力电动机的容错控制问题。Xu 及 Nicola 等设计了双助力电动机的 EPS 系统结构，当主助力电动机发生故障时，启用辅助助力电动机实现容错控制。Basler 等则针对助力电动机的驱动电路故障，同样采用硬件冗余来保证 EPS 正常工作。显然，硬件冗余会增加产品成本，但针对执行器完全失效故障，硬件冗余是保证系统正常运行和实现容错控制的基本方法。胡延平等针对 EPS 系统传感器失效问题，采用极点配置法设计被动容错控制器。Huang 等采用解 Riccati 方程的方法实现传感器被动容错控制器的求解问题。谢岗、刘罡等分析了 EPS 系统中不同传感器的冗余关系并研究了传感器失效时的完整性鲁棒容错控制器设计。

Jeong 等研究了基于模型的 EPS 传感器故障检测与隔离问题，其中，电机电流传感器及转角速度传感器故障用等价空间法检测，而转矩传感器故障由作用于转向机构上的助力电动机力矩、路面反作用力矩及驾驶员力矩的冗余关系检测。Li 等针对转向盘转矩传感器故障，采用回正力矩估计值与转矩传感器的差值进行故障检测，并提出了利用车辆回正力矩的估计值代替转矩传感器信号的切换容错控制方法。Smitha 等针对转矩传感器失效，通过电机模型估计作用于电机轴上的转矩，根据轮胎模型结合车辆横摆角速度、侧向加速度等传感器信号估计路面反作用力矩，由力矩等效关系得到转矩传感器的估计值，以此代替失效的转矩传感器测量值。此外，一些学者还提出了基于无转矩传感器的 EPS 控制策略。这里要指出的是，上述研究分别针对 EPS 传感器及执行器的故障开展了容错控制策略研究，但仅针对传感器或执行器的单一故障。为全面提高 EPS 的可靠性，对传感器与执行器同时出现故障的容错控制策略尚需开展进一步的研究。

1.3.2 基于 EPS 的车道偏离辅助控制

在智能车辆行驶过程中，车道偏离辅助控制是一种容错控制与纠错纠偏控制方法相结合的控制技术。在工程实际中，多采用差动制动和转向控制两种方法。其中，差动制动方法通常是用车辆电子稳定控制程序（electronic stability program，ESP）来实现的；转向控制方法包括基于线控转向（steering by wire，SBW）的辅助转角控制和基于 EPS 的辅助转矩控制两种。相比较而言，差动制动方法会改变车辆的转向响应，使车辆的舒适性下降，仅在车辆轮胎侧向力进入非线性饱和区域时才体现出一定的优势。基于线控转向的辅助驾驶系统则需要线控转向系统本身具有较高的可靠性，而基于 EPS 的车道偏离辅助系统实现了与 EPS 系统共用助力电动机，无须增加额外机构。因而，基于 EPS 的车道偏离辅助系统方案更为合理，对这一方面的研究也较为广泛[13]。

按照辅助驾驶系统控制器与驾驶员对车辆转向控制主权的关系，一般分为驾驶员或辅助驾驶系统控制器完全占据控制主权、驾驶员与辅助驾驶系统控制器切换控制主权及二者协同控制车辆三种情况。

驾驶员完全占据控制主权的辅助驾驶系统已应用在部分车辆上，它仅在发生车道偏离时，由预警系统向驾驶员发出预警，并不能从根本上防止车道偏离。文献[12]综合分析了有的学者采用模型预测控制方法设计了车道保持辅助系统(lane keeping assistance system, LKAS)控制器占据控制主权的横向辅助驾驶系统，此时驾驶员的输入相当于干扰。由于车道偏离辅助系统控制器始终占据车辆转向控制主权，驾驶员与车道保持辅助系统冲突较为明显，驾驶员的驾驶舒适感较差。为降低驾驶员与 LKAS 的冲突，文献[14]中提出了一种 LKAS 与驾驶员切换转向控制主权的方法，当驾驶员操纵车辆时，LKAS 控制器并不介入；当驾驶员因注意力分散失去对车辆的操纵或有意不操纵车辆时，LKAS 控制器完全控制车辆。但这种切换方式并未在完整意义上解决因驾驶员操纵失误而引发的车道偏离问题，当驾驶员操纵车辆但仍有发生车道偏离的危险时，LKAS 控制器并不能有效介入而防止车道偏离。进一步地，文献[15]中提出利用驾驶员眼睑和驾驶员疲劳指数融合评价驾驶员状态，由此来决策驾驶员与 LKAS 控制器对车辆的控制主权。其中，驾驶员眼睑状态由摄像头获取，驾驶员疲劳指数则根据文献[16]提供的试验方法在线实时获得。此外，在驾驶员与辅助驾驶系统控制器切换控制主权过程中，切换过程能否平滑过渡及切换过程中车-路闭环系统的稳定性也是需要考虑的重要问题[17,18]。

与驾驶员或辅助驾驶系统控制器各自占据转向控制主权及两者切换控制主权相比，二者协同控制不但保留了驾驶员的转向操纵特性，同时对驾驶员操纵失误具有容错功能，又避免了辅助驾驶系统控制器完全占据控制主权时对驾驶舒适性的影响。研究表明，考虑驾驶员操纵失误的辅助驾驶系统控制器与驾驶员协同控制既可避免车辆偏离车道，又具有较好的驾驶舒适性[19,20]。

当驾驶员和辅助驾驶系统协同控制车辆时，主要需解决两个关键问题：其一是对驾驶员操纵失误的判定，主要目的是使辅助驾驶系统控制器适时介入并有效避免车道偏离；其二是减小控制器和驾驶员在共享转向控制主权时的冲突，降低驾驶员的不舒适感[21]。此类辅助驾驶系统一般包括驾驶员操纵失误判别、辅助系统控制器及协同控制策略等模块。当辅助驾驶系统判断驾驶员操纵失误而使车辆有发生车道偏离的危险时，介入车辆转向控制，并根据驾驶员、车辆及车辆与道路相对位置等关系实时协调辅助驾驶系统控制器及驾驶员对转向的控制主权。驾驶员是否发生操纵失误可由车道偏离决策判别，车道偏离决策又可分别基于跨道时间、跨道距离及深度神经网络等方法来实现[22,23]。协同控制策略方面，Ryota等提出了一种基于触觉共享控制的车道偏离辅助系统(lane departure assistance system，LDAS)[24]，该系统根据驾驶员与LDAS对转向的控制主权及两者意图一致性估计共享控制状态，当驾驶员与LDAS意图不一致时，采用增益调节控制来协调两者的控制主权，从而有效降低两者的冲突。Michael 等[25]从控制论的角度将驾驶员与LDAS认为是控制转向系统的两个相互影响的控制器，并提出采用博弈论方法来协调两者对转向的控制主权。Diomidis 等[26]采用缩放因子来调节驾驶员辅助驾驶系统对驾驶员操纵的干预，实现驾驶员与辅助驾驶系统的协同控制，缩放因子可以由车辆速度、道路曲率及驾驶员转矩等通过查表来获得。谈东奎等[27]提出了分层控制的LDAS，分别建立了车道偏离决策模块，基于LPV / H_∞ (linear parameter varying，LPV)的转向控制模块及人机主权分配模块，其中，人机主权分配模块根据车辆与道路的横向偏差、驾驶员转矩与LDAS控制器转矩之间的关系实时决策，但该模块较为复杂。随后，谈东奎等进一步研究了采用安全转角边界控制策略实现驾驶员与LDAS对车辆转向的共享控制[28]。

上述研究均采用不同的控制策略及方法实现车道偏离辅助控制。事实上，基于容错控制视角分析，它们均可认为是一种车道偏离人机协同容错控制方法，既实现了对驾驶员操纵失误的容错控制，又实现了驾驶员和辅助驾驶系统对车辆转向的协同控制，力求在协同容错控制中减小驾驶员和辅助驾驶系统的冲突，而对此的研究将进一步提高道路行车的安全性及可靠性。

在车道偏离辅助控制技术中包括辅助决策和辅助控制两个方面的关键技术。车道偏离辅助控制大多以横越车道线距离和横越车道线时间(time to lane crossing, TLC)的阈值作为辅助控制开启的判断依据。横越车道线距离方法简单有效，但是未考虑车辆自身的状态，因此当车辆状态发生改变时适应性差。文献[29]利用车辆航向角和执行机构响应时间等因素动态确定TLC阈值，提出了一种基于动态TLC的车道偏离辅助决策方法，但该方法未考虑道路环境和驾驶员行为对车辆横向运动的影响，选取的TLC阈值过于保守会导致系统频繁误启动。

目前，转向控制和差动制动控制是实现车道偏离辅助控制的主要方法。转向控制通过施加额外的转向力或通过底层执行机构施加额外的角位移来实现对车辆的横向运动控制。在转向控制中，电动助力转向系统和线控转向系统两种方式最为常见。由于可以共用机械结构，通过电动助力转向系统可以直接施加额外的转向力，此方法具有节能和结构简单等优点，利用线控转向系统施加额外的角位移对转向系统的设计要求高、造价高，而且按照目前的技术水平，线控转向系统的可靠性比电动助力转向系统差。差动制动控制通过对两侧车轮施加不同的制动力产生横摆力矩，可以实现车辆转向。但该方法会改变车辆的转向响应，频繁启动会降低驾驶员和乘客的舒适感。如果同时利用这两种控制方法对车辆进行横向控制，二者的协调性至关重要。文献[30]综述了几种方法，其中一种方法是基于转向控制的 LDAS，利用预瞄信息和驾驶员意图估计器，根据控制器输出的车道偏离纠正转角，当车辆即将偏离道路时，LDAS 控制的辅助转角将覆盖驾驶员的转角输入；另一种方法是基于转矩叠加的车道偏离辅助控制策略，根据车辆偏离车道的程度及驾驶员的操纵转矩来设计两种偏离辅助模式，LDAS 根据偏离辅助模式判断控制转向系统实现对不同驾驶员转矩的修正。从诸多学者的研究可知，当主动转向与差动制动协调控制时，加入适当的约束能使车辆更安全、更平稳地回到车道中心线；未来的 LDAS 在保证车辆不偏离车道的基础上，应当给予驾驶员足够的驾驶自由。

1.3.3 悬架系统容错控制

近年来，国内外学者从不同角度对车辆悬架系统的容错控制开展了研究，包括被动容错控制方法及主动容错控制方法，同时包括悬架系统的故障检测与诊断，从容错控制的对象来看，主要针对悬架系统的作动器及传感器进行了相关研究。

Morteza 和 Afef[31,32]将整车悬架系统分解为表示车身的三自由度模型和表示四个车轮的四自由度模型，对由四个车轮上的主动悬架作动器故障引起的车身姿态变化问题，分别采用鲁棒控制方法、自适应 PID 滑模控制方法来设计容错控制器，其仿真结果表明，在悬架系统完好及作动器发生故障时，所设计的控制器均具有较好的性能。Li 等[33]将完好及故障的悬架作动器利用均匀马尔可夫链表示的随机参数统一建模，设计了对作动器故障具有渐近稳定性和 H_∞ 性能指标的鲁棒控制器，所设计的鲁棒控制器在悬架作动器完好、部分失效及完全失效时均可保持悬架系统稳定并具有较为理想的性能。杨柳青等[34]考虑主动悬架作动器增益故障、悬架刚度及阻尼系数摄动，建立了包含作动器故障及参数不确定的整车悬架系统模型，将车身的垂直加速度、俯仰加速度和侧倾角加速度用 H_2 性能指标约束，四个悬架的控制力及动行程用 H_∞ 性能指标约束，应用 LMI 工具箱设计了鲁棒最优控制器。Sun 等[35]则考虑半车主动悬架作动器故障、参数不确定及外界扰动等因素，基于自适应补偿控制方法设计了可靠容错控制器。Teng 和 Yan[36]在考虑作动器故障、模型参数不确定的同时，进一步考虑了悬架系统中的时滞因素，利用 Lyapunov 稳定性理论设计了鲁棒 H_∞ 容错控制器。

上述研究针对悬架系统作动器故障及参数不确定、时滞等因素，采用不同方法设计了被动容错控制器，目标是使悬架系统对故障及所考虑的各种因素不敏感，但这种控制器设计方法以损失完好悬架性能为代价，当悬架系统处于无故障状态时，其性能并不能达到最优，且控制器一般较为复杂，对故障的适用范围有限，在工程应用中实现具有一定的难度。

悬架系统主动容错控制的研究以 FDD 为基础，FDD 一般有基于模型与基于非模型两种方法。在基于模型的 FDD 中，需要获得悬架系统较为精确的模型，利用已知模型和测量信号产生的残差进行故障检测与隔离是常用的方法。故障检测的鲁棒性及残差阈值的设置是基于残差的 FDD 设计中较为棘手的问题，外界干扰会对判断是否发生故障产生影响。同时，在阈值设置中，阈值设置得过大，容易出现故障漏报；阈值设置得过小，容易误报故障。采用观测器或滤波器是利用残差进行故障检测最普遍的方法。Hur 等[37]研究了整车主动悬架作动器故障的检测与隔离，由设计的未知输入观测器检测悬架作动器故障，再设计 4 个观测器，各观测器仅对某一个作动器敏感，由此隔离故障作动器。杨柳青等[38,39]利用故障检测滤波器获得了主动悬架输出残差，通过设置适当的阈值检测主动悬架传感器是否发生故障，进一步构造二级决策变量进行故障隔离。此外，他们还研究了主动悬架传感器与作动器故障，采用极点配置法设计了故障检测滤波器，并利用最大相关系数隔离作动器故障，利用最大相关系数和最小故障向量径长值隔离传感器故障。Sebastien 等[40]通过建立主动悬架线性变参数模型，利用等价空间法实现传感器与作动器故障的同时检测，并通过试验验证了故障检测方法的有效性。与基于模型的 FDD 相比，基于非模型的 FDD 一般基于智能系统，如果能获得较好的训练数据，则基于非模型的 FDD 体现出较好的鲁棒性。Fischer 等[41]利用神经网络方法辨识主动悬架模型参数，再通过等价空间法检测主动悬架是否发生故障，获得了较为理想的结果。

在研究主动悬架容错控制策略时，在故障检测与隔离的基础上，如果能确切知道故障的幅值，则为主动容错控制提供了极大的便利，基于故障估计的容错控制也是主动容错控制的一种主要方法。Nguyen 等[42]针对半主动悬架阻尼器故障，设计自适应故障估计方法估计故障幅值，再利用 LPV 控制器的变参数特性实现容错控制。Peter 等[43]同样采用 LPV 方法实现主动悬架作动器故障的容错控制，并采用滤波器实现作动器故障估计。Yetendje 等[44]针对主动悬架某一作动器完全失效的故障，设计未知输入观测器检测并隔离故障，针对每一个作动器失效分别设计了容错控制器，在故障检测与隔离的基础上，通过在不同容错控制器之间的切换来实现容错功能。杨柳青等[45]设计了线性二次高斯(linear quadratic Gaussian, LQG)控制器作为半主动悬架的常规控制器，在估计半主动悬架阻尼力增益故障的基础上，采用伪逆法重组控制律，实现了半主动悬架的容错控制。Qiu 等[46]设计了 H_∞ 控制器作为主动悬架常规控制器，在基于观测器实现故障估计的基础上，利用 Kalman-Yakubovich-Popov 引理推导了主动悬架故障补偿器存在的充分条件，再利用线性矩阵不等式来求解故障补偿器的解。

在传感器故障检测与容错控制方面，Abbas 等[47]针对主动悬架传感器完全失效的状况，采用一组滑模观测器来检测和隔离故障，并基于残差信息进行传感器故障估计，然后根据故障检测与隔离结果，利用传感器故障值代替失效的传感器信号实现容错控制。杨柳青和陈无畏[48]则考虑了传感器发生偏差、增益及饱和等故障，在传感器故障估计的基础上，利用故障传感器信号及故障估计值重构传感器信号值，实现传感器的容错控制。Kim 和 Lee[49]针对空气悬架高度传感器故障，用 4 个悬架的几何关系实现故障检测，设计了 Kalman 滤波器，获得了侧倾角及俯仰角等信号，以及车身高度传感器的冗余值，当传感器发生故障时，利用冗余值代替测量信号实现了容错控制。

1.3.4　车辆转向与悬架系统集成容错控制

车辆转向与悬架子系统在车辆动力学、运动学及轮胎力等方面均存在耦合，基于 EPS 的人机协同转向系统性能与主动悬架系统性能相互影响，根据车辆运行工况的不同，采用集成协调控制的方法可以使车辆总体性能达到较好的状态。

聂佳梅等[50]分别设计了 ASS 与 EPS 子系统模糊控制器，为降低两个子系统之间的相互影响，利用分层协调控制思想设计了上层协调控制器，上层协调控制器根据车辆状态参数等实时信息，采用模糊控制策略自动调节悬架系统作动器的控制力及转向系统的助力转矩，使车辆在不同工况下均达到较好的乘坐舒适性和操纵稳定性。Liu 和 Hao[51]与 Cheng 等[52]分别采用神经网络控制策略及最优控制策略研究了 SASS 与 EPS 系统之间的集成控制。Balazs 和 Peter[53]研究了辅助转向系统与 ASS 之间的协调控制。Jin 等[54]研究了主动前轮转向(active front steering, AFS)系统与 ASS 的协调控制，当车辆进入轮胎侧向力饱和区域时，通过 ASS 与主动前轮转向的协调控制来提高车辆的操纵稳定性。当车辆在实际道路上行驶时，影响车辆舒适性及安全性的因素包括驾驶员、车辆、道路三要素构成的人-车-路闭环系统。Balazs 等[55]在文献[53]的基础上考虑了驾驶员行为对车辆的重要影响，构建人-车-路闭环系统模型，通过 LPV 控制方法实现底盘悬架、转向等子系统的集成控制。

在转向与悬架子系统集成控制中，当子系统传感器、执行器等元器件发生故障时，同样将影响集成系统的性能，因此有必要研究集成系统的容错控制策略，而与此相关的研究相对较少。Wu 等[56]在建立人-车-路闭环系统模型的基础上，根据车辆参考模型与实际模型的误差状态方程设计了鲁棒模型匹配控制器，虽未涉及子系统故障及容错控制问题，但基于参考模型设计的鲁棒控制器可通过协调子系统执行器的输出提高车辆稳定性和车道跟踪性能，对集成系统容错控制具有参考价值。Olivier 等[57]提出了基于 LPV 的车辆底盘集成系统容错控制方法，针对转向、悬架及制动子系统执行器故障，由 FDD 系统估计故障增益值，进一步通过 LPV 控制器调节各子系统执行器的输出，实现了集成系统容错控制。

1.4 容错控制存在的问题和发展趋势

1.4.1 容错控制存在的问题

被动容错控制的优点是，故障发生时能够及时实现容错控制，不存在主动容错控制中因故障隔离延时而引起的控制性能变坏的问题。但这种控制器的设计方法只能适应较少的几种故障情况。不可能用一个控制器实现对所有故障的鲁棒性，且往往以牺牲系统的性能为代价。研究既能保证系统的容错能力，又能使系统保持一定的动态、稳态性能，同时用一个容错控制器来实现尽可能多的故障容错控制是被动容错控制需要进一步解决的问题。

主动容错控制器的设计方法只要实时而准确地检测和隔离出故障，就可以采用工程技术人员所熟悉的各种控制器设计方法重构控制律。但主动容错控制设计方法依赖故障检测分离机制，而一般的故障检测分离机制在一定程度上存在以下两种可能的误检：

(1)把正常的部件当作故障部件，即误报。

(2)故障部件没被检测出来，当作正常的部件，即漏报。

一旦发生误检，可能导致整个控制系统失去稳定性，而且从故障发生到故障检测分离机制检测出故障存在一定的时延。如果这段时间过长，也会使系统性能变坏。故障诊断机构实现故障检测和分离的可能性、检测时延和误检等决定和影响主动容错控制系统的性能，是重构控制的关键技术。发展主动容错控制的关键是发展故障诊断技术。

另外，从系统分类的角度看，容错控制存在如下方面的挑战：

(1)非线性系统的容错控制。受到非线性系统自身的理论限制，非线性容错控制的结果非常有限，因为非线性系统缺乏一般的控制器综合方法，非线性系统的 FDD 问题也不成熟，还没有得到完全解决，现有的结果主要借助智能控制方法和线性化方法。

(2)高维、时变、时滞多变量系统的容错控制。这些方面的容错控制还非常有限，目前，完整性问题研究的对象都是线性定常系统，对于高维时变系统还没有好的结果，时滞系统容错展开的结果主要是完整性方面的，一些则采用了数值方法。

(3)自适应容错控制。因自适应控制系统是本质非线性系统，涉及辨识和 FDI 及参数调度重构等问题，故自适应容错控制属于非线性容错控制范畴。

(4)工业过程控制的容错控制。由于多数过程控制采用的是多回路控制而不是真正意义上的多变量控制，故系统的冗余分析存在不可逾越的困难，目前，在预测控制中应用较多。

总之，目前容错控制技术的理论与方法仍处于不断的研究与发展中，新的思想、理论和方法也在不断出现。应该强调的是，线性系统本身涵盖着范围广泛、类型繁多的被控对象。时变系统、随机系统、分布参数系统及大系统的控制问题都与线性系统的控制理论和方法有着紧密的联系。虽然对于这些系统的容错控制问题人们也已经做了一定的研究，但从总体上说，关于线性系统的容错控制方法还有一系列问题有待于进一步研究。非线性系统的容错控制问题研究更是前景广阔。

1.4.2 容错控制的发展趋势

容错控制是提高系统安全性和可靠性的一种新的途径。经过 20 多年的发展，容错控制已经取得了很大的进展，并处于快速发展的过程中，但还远未成熟，没有建立起完整的理论体系，尤其在应用方面还有许多问题有待于解决[58]。下面列举部分有待进一步研究的容错控制理论与控制技术。

(1) 快速 FDI 方法。故障检测和分离造成的时延越短，对控制律的重构/重建设计就越有利。过长的时延可能造成严重的系统稳定性问题，除非原来的基础控制器本身就具有很高的完整性和很强的鲁棒性。

(2) 鲁棒 FDI 与鲁棒控制的集成设计方法。鲁棒 FDI 要求在一定的建模不确定下，检测出更小的故障；而鲁棒控制要求控制器对不确定性和微小的故障不敏感，它们都是鲁棒控制的基本问题，两者存在矛盾。所以，对鲁棒 FDI 和鲁棒控制进行统一设计，并进行折中处理，成为容错控制的重要研究问题。

(3) 在线重构/重建方法。作为主动容错控制的一种最重要方法，控制律的在线重建和重构成为当前容错控制领域的热点研究方向之一。只有在被控对象发生变化时，实时调整控制器的结构与参数，才有可能达到最优的控制效果。

(4) 主动容错控制中的鲁棒性分析与综合方法。在主动容错控制中，需要同时做到：基础控制器具有鲁棒性；故障检测与诊断方法具有鲁棒性；重建/重构的控制律具有鲁棒性。这三个方面的相互作用使得对主动容错控制的整体鲁棒性分析变得非常困难。

(5) 对于单纯的以器件为主的故障检测与容错控制，已有十分丰富的成果。但当前随着智能车辆、智能机器人等技术的快速发展，融合人类智慧与机器智慧一体化集成的共融系统，如何在人类操作执行工作过程中出现失误、偏差时，通过智能控制系统予以纠错与纠偏。这就给现在的容错控制理论与技术拓展了新的研究领域和研究范围。

(6) 在车道偏离辅助控制研究中，大多数是以车辆前轮转角或转向盘转角作为控制输入，且未考虑驾驶员转向盘转矩输入对车辆横向运动的影响。近年来，对驾驶员参与车辆车道偏离辅助控制问题的研究日益得到广泛关注。当驾驶员对转向盘的控制作为一种输入传递到车辆控制系统时，传统的车道偏离辅助主动控制方法并不能满足系统适应性与鲁棒性的要求。车道偏离辅助控制需考虑人机共驾，即在控制器和驾驶员同时控制时，对系统参数变化和外界干扰采取措施进行抑制，以保证车辆对目标路径的稳定跟踪和辅助驾驶系统的鲁棒性。

(7) 目前车道偏离辅助系统主要是通过转向控制或差动制动控制来实现的，并且大部分的研究都是基于其中一种来进行的，并未将两者综合考虑，因此为了更好地实现车道偏离辅助控制，需要设计一种新的控制策略对两种控制模式进行协调。在对其进行协调过程中，需要加入适当的约束，保证车辆行驶的安全性与稳定性，同时应当给予驾驶员足够的驾驶自由，进一步提升人机协调性能。

1.5 本书的结构体系与特色

本章首先综述了容错控制各个领域的发展现状，讨论了几种常见的容错控制方法。在此基础上，重点介绍了容错控制技术在智能车辆与自动驾驶上的应用，主要内容包括车辆悬架动力学、主动悬架系统的故障诊断与容错控制，转向与驱动系统动力学及容错控制，智能车辆在人机共驾过程中因驾驶员本身的操纵失误、误判、疲劳驾驶等行为而导致车道偏离，可由驾驶员与控制器共同组成的控制系统来执行容错纠偏行为。

本书主要有以下特点：

(1) 理论与应用并重，重点介绍容错控制的基本理论和方法在智能车辆上的具体实现，并给出了部分工程应用实例，以便更好地对基本理论和方法进行掌握和运用。

(2) 反映了作者多年来在该领域的主要研究成果。书中有不少内容来自作者所在课题组科研成果的总结和公开发表的研究论文。

(3) 反映了容错控制技术在智能车辆和自动驾驶领域的最新应用和发展。尤其是对当前研究成果应用较多的智能车辆辅助驾驶系统，它是将驾驶员和控制器作为一个协同控制系统，将智能车辆行驶过程中由驾驶员主观因素导致的驾驶失误、车道偏离等通过控制系统来实现纠偏纠错、完成正常行驶。

参 考 文 献

[1] 赵永玲. 基于神经网络的控制系统故障诊断研究. 大庆: 大庆石油学院学位论文, 2003.

[2] Beard V. Failure accommodation in linear systems through self-reorganization. Cambridge: Massachusetts Institute of Technology, 1971.

[3] Mehra R K, Peschon J. An innovation approach of fault detection and diagnosis in dynamics. Automatics, 1971, 7(5): 637-640.

[4] Caliskan F, Hajiyev M. Aircraft sensor fault diagnosis based on Kalman filter innovation sequence. Proceedings of 37th Conference on Decision & Control, Tampa, 1998: 1313-1314.

[5] Commault C, Dion M, Sename O, et al. Observer based fault detection for structured systems. IEEE Transaction on Automatic Control, 2002, 47(12): 2073-2079.

[6] Saif M, Guan Y. A new approach to robust fault detection and identification. IEEE Transaction on Aerospace and Electronic Systems, 1993, 29(3): 684-695.

[7] Chen J, Patton R J. Optimal filtering and robust fault diagnosis of stochastic systems with unknown disturbances. IEEE Proceedings of Control Theory Application, 1996, 143(1): 31-36.

[8] 杨柳青. 汽车主动悬架容错控制关键技术研究. 合肥: 合肥工业大学, 2013.

[9] Levis A H. Challenges to control: A collective view. IEEE Transaction on Automatic Control, 1987, 32(4): 274-285.

[10] Astrom K J. Intelligent control. Proceeding of first Europe Control Conference, Grenoble, 1991.

[11] 王福利, 张颖伟. 容错控制. 沈阳: 东北大学出版社, 2003.

[12] 高振刚. 基于 EPS 的人机协同转向与悬架系统主动容错控制研究. 合肥: 合肥工业大学, 2018.

[13] 高振刚, 陈无畏, 谈东奎, 等. 考虑传感器与执行器故障的EPS主动容错控制. 机械工程学报, 2018, 54(22): 103-113.

[14] Cerone V, Milanese M, Regruto D. Combined automatic lane-keeping and driver's steering through a 2-DOF control strategy. IEEE Transactions on Control Systems Technology, 2008, 17(1): 135-142.

[15] Chen L K, Yang C H. Control authority determination of a vehicle lane keeping assist controller. Intelligent Vehicles Symposium, Xi'an, 2009: 1383-1388.

[16] Bouchner P, Pieknik R, Novotny S, et al. Fatigue of car drivers—detection and classification based on the experiments on car simulators. Proceedings of the 6th WSEAS International Conference on Simulation, Lisbon, 2006 : 727-732.

[17] Philippe M, Joshue P R, Fawzi N. Arbitration for balancing control between the driver and ADAS systems in an automated vehicle: Survey and approach. IEEE Intelligent Vehicles Symposium, Michigan, 2014 : 575-580.

[18] Franck M, Mathieu D, Jean-Michel H. Analysis of human-machine cooperation when driving with different degrees of haptic shared control. IEEE Transactions on Haptics, 2014, 7(3): 324-333.

[19] Kim W, Son Y S, Chung C C. Torque-overlay-based robust steering wheel angle control of electrical power steering for a lane-keeping system of automated vehicles. IEEE Transactions on Vehicular Technology, 2016, 65(6): 4379-4392.

[20] Merah A, Hartani K, Draou A. A new shared control for lane keeping and road departure prevention. Vehicle System Dynamics, 2016, 54(1): 86-101.

[21] Rolf B, Marinus M, Van P. Understanding and reducing conflicts between driver and haptic shared control. IEEE International Conference on Systems, Man, and Cybernetics, San Diego, 2014: 1510-1515.

[22] Said M, Sebastien G, Mariana N. Time to line crossing for lane departure avoidance: A theoretical study and an experimental setting. IEEE Transactions on Intellgent Transportation Systems, 2006, 7(2): 226-241.

[23] Cualain D O, Hughes C, Glavi M, et al. Automotive standards-grade lane departure warning system. IET Intelligent Transport Systems, 2012, 6(1): 44-57.

[24] Ryota N, Takahiro W, Seiji S. Haptic shared control in steering operation based on cooperative status between a driver and a driver assistance system. Journal of Human-Robot Interaction, 2015, 4(3): 19-37.

[25] Michael F, Jonas O, Stefan S. Necessary and sufficient conditions for the design of cooperative shared control. IEEE International Conference on Systems, Man, and Cybernetics, San Diego, 2014: 1253-1259.

[26] Diomidis I K, Nenad L, Claes O. Driver steering override for lane-keeping aid using computer-aided engineering. IEEE Transactions on Mechatronics, 2015, 20(4): 1543-1552.

[27] 谈东奎, 陈无畏, 王家恩, 等. 基于人机共享和分层控制的车道偏离辅助系统. 机械工程学报, 2015, 51(22): 98-110.

[28] Tan D K, Chen W W, Wang H B, et al. Shared control for lane departure prevention based on the safe envelope of steering wheel angle. Control Engineering Practice, 2017, 64: 15-26.

[29] Borojeni S, Chuang L, Heuten W, et al. Assisting drivers with ambient take-over requests in highly automated driving. Automotive'UI, New York, 2016: 237-244.

[30] 魏振亚. 基于机器视觉的车道偏离辅助系统控制研究. 合肥: 合肥工业大学, 2019.

[31] Morteza M, Afef F. A stability guaranteed robust fault tolerant control design for vehicle suspension systems subject to actuator faults and disturbances. IEEE Transactions on Control Systems Technology, 2015, 23(3): 1164-1171.

[32] Morteza M, Afef F. Adaptive PID-sliding-mode fault-tolerant control approach for vehicle suspension systems subject to actuator faults. IEEE Transactions on Vehicular Technology, 2014, 63(3): 1041-1055.

[33] Li H, Gao H, Liu H, et al. Fault-tolerant control for active suspension vehicle systems with actuator faults. Proceedings of the Institution of Mechanical Engineers, Part I: Systems and Control Engineering, 2012, 226(3): 348-363.

[34] 杨柳青, 陈无畏, 汪洪波. 基于 H_2/H_∞ 控制的汽车主动悬架最优鲁棒容错控制. 中国机械工程, 2012, 23(24): 3013-3019.

[35] Sun W C, Pan H H, Yu J Y. Reliability control for uncertain half-car active suspension systems with possible actuator faults. The Institution of Engineering and Technology, 2014, 8(9): 748-754.

[36] Teng Q F, Yan W. Research on robust fault-tolerant control for uncertain suspension system with time delay. International Conference on Industrial Control and Electronics Engineering, Xi'an, 2012: 1994-1997.

[37] Hur S R, Abid M, Khan A Q. Actuator fault diagnosis and isolation in vehicle active suspension system. IEEE International Conference on Emerging Technologies, Islamabad, 2014: 1-6.

[38] 杨柳青, 陈无畏, 张卫华, 等. 汽车主动悬架传感器故障检测与隔离研究. 控制工程, 2014, 21(2): 283-289.

[39] 杨柳青, 陈无畏, 汪洪波. 基于残差信息的汽车液压主动悬架故障诊断与隔离研究. 中国机械工程, 2012, 23(14): 1746-1752.

[40] Sebastien V, Ruben M M, Jorge D, et al. Fault detection in automotive semi-active suspension: Experimental results. Detroit: SAE, 2013.

[41] Fischer D, Kaus E, Isermann R. Fault detection for an active vehicle suspension. American Control Conference, Denver, 2003: 4377-4382.

[42] Nguyen M Q, Sename O, Dugard L. An LPV fault tolerant control for semi-active suspension scheduled by fault estimation. Ifac Papersonline, 2015, 48(21): 42-47.

[43] Peter G, Zoltan S, Jozsef B. The design of a reconfigurable suspension control system based on an FDI filter. 16th Mediterranean Conference on Control and Automation, Ajaccio, 2008: 445-450.

[44] Yetendje A, Seron M, De D J. Diagnosis and actuator fault tolerant control in vehicle active suspension. Third International Conference on Information and Automation for Sustainability, Melbourne, 2007: 153-158.

[45] 杨柳青, 陈无畏, 张荣芸, 等. 基于控制律重组的汽车半主动悬架容错控制与试验. 农业机械学报, 2013, 44(10): 1-8.

[46] Qiu J, Ren M, Zhao Y, et al. Active fault-tolerant control for vehicle active suspension systems in finite-frequency domain. IET Control Theory & Applications, 2011, 5 (13): 1544-1550.

[47] Abbas C, Hassan N, Mustapha O. Sensor fault detection, identification and fault tolerant control: Application to active suspension. Proceedings of the American Control Conference, Minneapolis, 2006: 2351-2356.

[48] 杨柳青, 陈无畏. 基于传感器信号重构的汽车主动悬架主动容错控制. 汽车工程, 2013, 35(12): 1084-1091.

[49] Kim H S, Lee H C. Fault-tolerant control algorithm for a four-corner closed-loop air suspension system. IEEE Transactions on Industrial Electronics, 2011, 58(10): 4866-4879.

[50] 聂佳梅, 陈龙, 张孝良, 等. 汽车 ASS 与 EPS 分层协调控制. 系统仿真学报, 2010, 22(12): 2886-2889.

[51] Liu W, Hao Y. Cooperative optimization of vehicle ride comfort and handling stability by integrated control strategy. SAE International Journal of Commercial Vehicles, 2012, 5(1): 119-127.

[52] Cheng Y, Shi W K, Liu W. Control of suspension and steering systems for automotive ride comfort and handling stability optimization. IEEE International Conference on Software Engineering & Service Science, Beijing, 2011: 258-261

[53] Balazs N, Peter G. Control design based on the integration of steering and suspension system. IEEE International Conference on Control Applications, Dubrovnik, 2012: 382-387.

[54] Jin X J, Yin D G, Zhang N, et al. Improving vehicle handling stability performance via integrated control of active front steering and suspension systems. IEEE Transportation Electrification Conference and Expo, Busan, 2016: 621-625.

[55] Balazs N, Peter G, Jozsef B. Integrated control design based on driver-in-the-loop vehicle dynamics. 52nd IEEE Conference on Decision and Control, Florence, 2013: 3517-3522.

[56] Wu J Y, Wang Q P, Wei X. Studies on improving vehicle handling and lane keeping performance of closed-loop driver vehicle system with integrated chassis control. Mathematics & Computers in Simulation, 2010, 80(12): 2297-2308.

[57] Olivier S, Juan C, Tudon M, et al. LPV methods for fault-tolerant vehicle dynamic control. Conference on Control and Fault-Tolerant Systems, Nice, 2013: 116-130.

[58] 周东华, Ding X. 容错控制理论及其应用. 自动化学报, 2000, 26(6): 788-797.

第 2 章　容错控制理论基础

2.1　故障系统的状态估计

容错控制系统是在元部件(或分系统)出现故障时仍具有完成基本功能的系统。容错控制系统可分为被动容错控制系统和主动容错控制系统。被动容错控制系统的特点是减少系统对单个部件运行情况的依靠性，在出现故障又无校正作用的情况下，系统仍能工作。主动容错控制系统的特点是先检测并识别故障，然后对系统进行重构。显然，容错控制系统的一个重要组成部分是故障检测与辨识，另一个重要组成部分是故障调节，它完成系统在故障情况下进行重构的任务[1,2]。

2.1.1　传感器故障时的状态估计

考虑如下离散系统：

$$x(k+1)=Ax(k)+Bu(k) \tag{2.1a}$$

$$y(k+1)=Cx(k) \tag{2.1b}$$

式中，$x\in\mathbb{R}^n$；$y\in\mathbb{R}^m$；$u\in\mathbb{R}^r$；A、B、C 为相应维数的常数矩阵。

为达到传感器故障诊断的目的，可构造 m 个观测器，分别由一个传感器检测信号，如 y_i 来驱动。第 i 个观测方程为

$$z^i(k+1)=A\hat{x}^i(k)+Bu(k) \tag{2.2}$$

$$\hat{x}^i(k+1)=z^i(k+1)+L^i[y_i(k+1)-C_i z^i(k+1)] \tag{2.3}$$

式中，C_i 为 $1\times n$ 矩阵；L^i 为 $n\times 1$ 观测器反馈增益矩阵。

观测误差为

$$e^i(k)=x(k)-\hat{x}^i(k) \tag{2.4}$$

由式(2.1)～式(2.4)，可得

$$e^i(k+1)=(A-L^iC_iA)e^i(k)-L^i y_{iF}(k+1) \tag{2.5}$$

y_F 为一个 m 维故障矢量，用 y_{iF} 来表示第 i 个传感器的故障，在第 i 个传感器无故障时，y_{iF} 为零；在第 i 个传感器发生故障时，y_{iF} 不为零。

可见，适当选择 L^i 可保证在第 i 个传感器无故障（y_{iF} 为零）时，得到快速无纹波响应。同时可以看到，当第 i 个传感器发生故障（y_{iF} 不为零）时，式(2.5)的解是非零的，即可判断第 i 个传感器是否出现故障。

考虑有 m 个观测器，假设均可观，相应的 L^i 可找到，每个观测器将产生 n 个被估计的状态变量，用它们来检测并隔离故障，注意到有 n 乘以 m 个信号，所以该方法是充分的，可从 m 个被估计状态矢量的每一个中取出一个被估计的状态变量。

当第 i 个传感器发生故障时，可用下列方程组成新的估计器：

$$\hat{x}(k+1)=\frac{1}{m-1}\sum_{\substack{j\neq i\\ j=1}}^{m}\hat{x}^{j}(k+1) \tag{2.6}$$

由式(2.6)便可得到故障系统的状态估值，进一步设计状态反馈闭环系统，可确保此系统在发生故障后仍能稳定且有很好的控制性能。

2.1.2 执行器故障时的状态估计

这里只讨论执行器故障和由参数矩阵 A、B 变化引起的故障，其系统方程为

$$\dot{x}(t)=Ax(t)+Bu_{\mathrm{d}}(t)+fd(t) \tag{2.7a}$$

$$y(t)=Cx(t) \tag{2.7b}$$

式中，f 为发生的故障对应的时间矢量；$d(t)$ 为相应的故障大小；$u_{\mathrm{d}}(t)$ 为考虑执行器故障的输入。观测器方程为

$$\dot{x}(t)=A\hat{x}(t)+Bu_{\mathrm{d}}(t)+D[y(t)-\hat{y}(t)] \tag{2.8a}$$

$$\hat{y}(t)=C\hat{x}(t) \tag{2.8b}$$

定义

$$e(t)=x(t)-\hat{x}(t) \tag{2.9a}$$

$$r(t)=y(t)-\hat{y}(t) \tag{2.9b}$$

可得误差方程为

$$\begin{cases}\dot{e}(t)=(A-DC)e(t)+fd(t)\\ r(t)=Ce(t)\end{cases} \tag{2.10}$$

选择矩阵 D 满足：

(1) $A-DC$ 的特征值均为负实部；

(2) $\operatorname{rank}\{C[f(A-DC)f\cdots(A-DC)^{n-1}f]\}=1$。

则可保证 $r(t)$ 的稳定值 r_s 保持方向 $CA^{\mu}f$，其中 μ 由下式决定：

$$\begin{cases} CA^{j}f=0 \\ CA^{\mu}f\neq 0 \end{cases},\quad j=0,1,\cdots,\mu-1$$

当系统发生故障时，如果测得 $r_s=g(t)CA^{\mu}f_1$，可知误差方程(2.10)中的 f=f_1，但由于 $g(t)$ 与 $d(t)$ 的复杂关系，所以 $d(t)$ 仍是未知的。

显然，如果能够利用式(2.10)（已知 A、D、C、f，但未知 $d(t)$）估计出状态误差 $e(t)$，则故障系统状态 $x(t)$ 可由式(2.11)给出：

$$x(t)=\hat{x}(t)+e(t) \tag{2.11}$$

下面将讨论 $e(t)$ 的估计问题，考虑到同时故障，改写式(2.10)如下：

$$\begin{cases} \dot{e}(t)=(A-DC)e(t)+Fd(t) \\ r(t)=Ce(t) \end{cases} \tag{2.12}$$

式中，F 为由事件矢量组成的矩阵，$F=[f_1,f_2,\cdots,f_r]$；$d(t)=[d_1(t),d_2(t),\cdots,d_r(t)]^{\mathrm{T}}$，其中 $d_i(t)$ (i=1, 2, $\cdots$, r) 是对应 f_i 的故障大小。

1. 利用未知输入观测器进行状态估计

设未知输入观测器系统方程为

$$\dot{x}(t)=Ax(t)+Bu(t)+Em(t) \tag{2.13a}$$

$$y(t)=Cx(t) \tag{2.13b}$$

式中，状态 $x(t)\in\mathbb{R}^{n}$；已知输入 $u(t)\in\mathbb{R}^{m}$；未知输入 $x(t)\in\mathbb{R}^{q}$；输出 $y(t)\in\mathbb{R}^{p}$；A、B、C、E 为具有相应维数的矩阵，且 (A,C) 可观；$m(t)$ 为叠加到系统输出上的任意确定性时间函数。

不失一般性地，假设 $\operatorname{rank}C=p$，$\operatorname{rank}E=q$。设 $C=[C_1,C_2]$，其中 $C_1\in\mathbb{R}^{p\times p}$，$C_2\in\mathbb{R}^{p\times(n-p)}$。

这里设 $\operatorname{rank}C_1=p$，令

$$T=\begin{bmatrix} C_1 & C_2 \\ 0 & I_{n-p} \end{bmatrix}\ \overline{x}=Tx$$

则式(2.13a)和式(2.13b)可变为如下形式：

$$\begin{bmatrix} \dot{\bar{x}}_1 \\ \dot{\bar{x}}_2 \end{bmatrix} = \begin{bmatrix} \bar{A}_{11} & \bar{A}_{12} \\ \bar{A}_{21} & \bar{A}_{22} \end{bmatrix} \begin{bmatrix} \bar{x}_1 \\ \bar{x}_2 \end{bmatrix} + \begin{bmatrix} \bar{B}_1 \\ \bar{B}_2 \end{bmatrix} u + \begin{bmatrix} \bar{E}_1 \\ \bar{E}_2 \end{bmatrix} m \tag{2.14a}$$

$$y = \begin{bmatrix} I_p, 0 \end{bmatrix} \bar{x} \tag{2.14b}$$

输出方程表明 $y = \bar{x}_1$，因此只要估计出 $\bar{x}_2$，即可得到系统的全部状态。由式(2.14a)和式(2.14b)得

$$\dot{\bar{x}}_2 = \bar{A}_{22}\bar{x}_2 + \bar{A}_{21}y + \bar{B}_2 u + \bar{E}_2 m \tag{2.15a}$$

$$\bar{y} = \dot{y} - \bar{A}_{11}y - \bar{B}_1 u - \bar{E}_1 m = \bar{A}_{12}\bar{x}_2 \tag{2.15b}$$

由于 (A, C) 可观，所以 $(\bar{A}_{22}, \bar{A}_{12})$ 可观。因此，可设计 $\bar{x}_2$ 的观测器为

$$\dot{\hat{\bar{x}}}_2 = (\bar{A}_{22} - G_2\bar{A}_{12})\hat{\bar{x}}_2 + (\bar{A}_{21}y + \bar{B}_2 u + \bar{E}_2 m) + G_2(\dot{y} - \bar{A}_{11}y - \bar{B}_1 u - \bar{E}_1 m)$$

令 $z = \dot{\bar{x}}_2 - G_2 y$，得

$$\dot{z} = (\bar{A}_{22} - G_2\bar{A}_{12})z + (\bar{B}_2 - G_2\bar{B})u + (\bar{E}_2 - G_2\bar{E}_1)m + [(\bar{A}_{21} - G_2\bar{A}_{11}) + (\bar{A}_{22} - G_2\bar{A}_{12})G_2]y \tag{2.16}$$

这里，只要条件① $(\bar{A}_{22} - G_2\bar{A}_{12})$ 的特征根为负实部；② $\bar{E}_2 - G_2\bar{E}_1 = 0$ 成立，观测器 $\bar{x}_2$ 就存在(观测器 x 存在)。

可利用未知输入观测器估计状态误差 $e(t)$。在式(2.12)中，令 $E = \bar{F}$、$m(t) = \bar{d}(t)$，其中 $\bar{F}$、$\bar{d}(t)$ 定义为分解 $F = \bar{F}Q$，其中 $\bar{F}$ 列满秩(如果 F 本身列满秩，则 $Q = I$)。显然，Q 行满秩，定义 $\bar{d}(t) = Qd(t)$，可得

$$\begin{cases} \dot{e}(t) = (A - DC)e(t) + Em(t) \\ r(t) = Ce(t) \end{cases} \tag{2.17}$$

显然，若 (A, C) 可观，则 $(A - DC, C)$ 可观。比较式(2.17)与式(2.12)可知，只要 $\mathrm{rank}(CE) = \mathrm{rank}\, E$，$(C, A - DC, E)$ 的不变零点均为负实部，则可以设计未知输入观测器估计状态误差 $e(t)$，且可由式(2.11)估计出 $x(t)$。在上述未知输入观测器不存在的情况下，可以设计未知输入 Te 观测器，这样可以得到故障系统的 Tx 估计。

2. 利用逆系统方法计算 $e(t)$

逆系统概念于 1950 年被提出后，引起了许多学者的注意，并开始应用于功能重构、解码、多变量系统解耦、灵敏度分析和随机对策等许多领域内。逆系统按

照位置可分为左、右逆系统，这里只讨论左逆系统，简称逆系统。

考虑系统 S 为

$$\dot{x} = Ax + Bu \tag{2.18a}$$

$$y = Cx + Du \tag{2.18b}$$

式中，$x \in \mathbb{R}^n$；$u \in \mathbb{R}^m$；$y \in \mathbb{R}^p$。

S 的逆系统定义为：设系统 $\hat{S}$ 串于 S 之后，$\hat{S}$ 为 S 的逆系统，如果对 S 的任意初始状态 $x(0)$ 和输入 $u(t)$，$\hat{S}$ 存在初始状态 $\hat{x}(0)$，$\hat{x}(0)$ 使得串联系统的输出 $\hat{y}(t)$ 与其输入 $u(t)$ 满足 $\hat{y}(t) = u(t)$，对任意 $t \geqslant 0$ 成立。

用逆系统方法计算 $e(t)$，较之未知输入观测器，有以下几个特点：

(1) 秩条件较宽；

(2) 故障大小 $d(t)$ 可被求出；

(3) 求逆过程可能用到输出 $y(t)$ 的微分信号，但一般较难实现。在实际实现时，需设计一个低通滤波器 $G(s)$，用 $G(s)s^l$ 代替 s^l。但这样一来，实际计算出的 $\hat{e} = G(s)e$。由于一般信号 $e(t)$ 是低频的，所以可以由 $\hat{e}(t)$ 代替 $e(t)$。

2.2　控制器重构设计[1-4]

控制器重构设计是根据故障系统的新环境重新设置系统的工作点，并给出可改善系统性能的新控制器。本节主要论述两种控制器重构设计方法：

(1) 状态反馈控制器重构设计；

(2) 动态补偿控制器重构设计。

2.2.1　状态反馈控制器重构设计

考虑一个离散时间线性系统：

$$x(k+1) = Ax(k) + Bu(k) \tag{2.19a}$$

$$y(k+1) = Cx(k) \tag{2.19b}$$

式中，$x(k) \in \mathbb{R}^{n\times 1}$；$A \in \mathbb{R}^{n\times n}$；$u(k) \in \mathbb{R}^{m\times 1}$；$B \in \mathbb{R}^{n\times m}$；$y(k) \in \mathbb{R}^{l\times 1}$；$C \in \mathbb{R}^{l\times n}$。

为使控制系统具有满意的性能，可采用状态反馈。状态反馈控制律的设计方法一般有以下两种：

(1) 极点配置法；

(2) 二次型最优调节器。

考虑实现的方便性，常采用可以直接测量的状态变量作为反馈量，最终得到

的状态反馈表达式为

$$u(k) = KCx(k) \tag{2.20}$$

式中，$K \in \mathbb{R}^{m\times l}$。

于是，闭环控制系统表达式为

$$A(k+1) = (A - BKC)x(k) + Bu(k) \tag{2.21a}$$

$$y(k+1) = Cx(k+1) \tag{2.21b}$$

系统的闭环特征极点由 $A - BKC$ 所决定。当系统出现故障时，其故障闭环系统的表达式可以表示为

$$x_{\mathrm{f}}(k+1) = (A_{\mathrm{f}} - B_{\mathrm{f}}K_{\mathrm{f}}C_{\mathrm{f}})x_{\mathrm{f}}(k) + B_{\mathrm{f}}u_{\mathrm{f}}(k) \tag{2.22a}$$

$$y_{\mathrm{f}}(k+1) = C_{\mathrm{f}}x_{\mathrm{f}}(k+1) \tag{2.22b}$$

式中，下角标“f”代表失效后的矩阵。

故障系统的闭环特征极点由 $A_{\mathrm{f}} - B_{\mathrm{f}}K_{\mathrm{f}}C_{\mathrm{f}}$ 决定。希望故障后系统性能尽可能与原系统性能一致，即

$$A - BKC = A_{\mathrm{f}} - B_{\mathrm{f}}K_{\mathrm{f}}C_{\mathrm{f}} \tag{2.23}$$

由此得到故障系统所需修改的状态反馈增益值为

$$k_{\mathrm{f}} = B_{\mathrm{f}}^{+}(A_{\mathrm{f}} - A)C_{\mathrm{f}}^{+} + B_{\mathrm{f}}^{+}BKCC_{\mathrm{f}}^{+} \tag{2.24}$$

式中，B_{f}^{+}、C_{f}^{+} 分别为 B_{f}、C_{f} 的伪逆矩阵。

2.2.2　动态补偿控制器重构设计

假设系统动态方程为

$$\dot{x}(t) = Ax(t) + Bu(t) \tag{2.25a}$$

$$y(t) = Cx(t) \tag{2.25b}$$

式中，$x(t) \in \mathbb{R}^{n\times 1}$、$y(t) \in \mathbb{R}^{m\times 1}$ 和 $u(t) \in \mathbb{R}^{q\times 1}$ 分别为系统状态变量、测量变量和控制变量；(A, B) 和 (A, C) 分别为可控对和可测对。

对于动态系统式(2.25)，设在正常情况下的动态补偿控制器为

$$\dot{z}(t) = Dz(t) + Ey(t)$$

$$u(t) = Fz(t) + Hy(t)$$

闭环反馈系统为

$$\begin{bmatrix} \dot{x}(t) \\ \dot{z}(t) \end{bmatrix} = \begin{bmatrix} (A+BHC) & BF \\ EC & D \end{bmatrix} \begin{bmatrix} x(t) \\ z(t) \end{bmatrix}$$

它的 $n+m$ 个特征值为 $\lambda_i(i=1,2,\cdots,n+m)$。设系统的执行机构发生故障后的控制矩阵为 $B_{\mathrm{f}} \in \mathbb{R}^{n\times q}$，则希望寻找新的 m 维动态补偿控制器 $\{\bar{D}, \bar{E}, \overline{FH}\}$，使得故障反馈系统为

$$\begin{bmatrix} \dot{x}(t) \\ \dot{z}(t) \end{bmatrix} = \begin{bmatrix} (A+B_{\mathrm{f}}\bar{H}C) & B_{\mathrm{f}}\bar{F} \\ \bar{E}C & D \end{bmatrix} \begin{bmatrix} x(t) \\ z(t) \end{bmatrix}$$

它的 $n+m$ 个特征值 $\lambda_{\mathrm{f}i}(i=1,2,\cdots,n+m)$，应该尽可能接近系统正常情况下的全部特征值 $\lambda_i(i=1,2,\cdots,n+m)$。

对于可控可观测系统，配置动态补偿器设计方法的基本思想是：将设计问题转化为对辅助的单变量系统进行动态补偿控制器的设计。设计 m 维动态补偿器，使得故障系统(A、B_{f}、C)的闭环反馈系统具有正常情况下的 $n+m$ 个特征值 $\lambda_i(i=1,2,\cdots,n+m)$。具体计算如下。

(1) 计算

$$\varDelta_{\mathrm{f}}(s) = \prod_{i=1}^{n+m}(s-\lambda_i) = s^{n+m} + f_{n+m-1}s^{n+m-1} + \cdots + f_1 s + f_0$$

(2) 选择合适的 m 维行矢量 t 和 $q\times m$ 常矩阵 F，使得 $(A+B_{\mathrm{f}}FC, B_{\mathrm{f}}, C)$ 是循环系统，$(A+B_{\mathrm{f}}FC, B_{\mathrm{f}}t^{\mathrm{T}})$ 是可控对；对于单输入系统或单输出系统，$t=1$，$F=0$。

(3) 计算

$$G(s) = C(sI-A)^{-1}B_{\mathrm{f}}$$

$$\bar{G}(s) = G^{\mathrm{T}}(s)[I-G(s)F]^{-1}t^{\mathrm{T}} = \frac{N(s)}{\Delta(s)} = \frac{N_{n-1}s^{n-1} + N_{n-2}s^{n-2} + \cdots + N_1 s + N_0}{s^n + a_{n-1}s^{n-1} + \cdots + a_1 s + a_0}$$

式中，$N_i \in \mathbb{R}^{q\times 1}$，$i=1,2,\cdots,n-1$。

(4) 由下列方程计算 $d_{\mathrm{c}0}, d_{\mathrm{c}1}, \cdots, d_{\mathrm{c}m-1}$ 和 $N_{\mathrm{c}0}, N_{\mathrm{c}1}, \cdots, N_{\mathrm{c}m}$，其中 $N_{\mathrm{c}i} \in \mathbb{R}^{q\times 1}$。

$$
\begin{bmatrix}
a_0 & & & & N_0^{\mathrm{T}} & & & \\
a_1 & a_0 & & & N_1^{\mathrm{T}} & N_0^{\mathrm{T}} & & \\
 & & \ddots & & & & \ddots & \\
a_2 & a_1 & & a_0 & N_2^{\mathrm{T}} & N_1^{\mathrm{T}} & & N_0^{\mathrm{T}} \\
\vdots & \vdots & \ddots & & \vdots & \vdots & \ddots & \\
a_{n-1} & a_{n-2} & & a_1 & N_{n-1}^{\mathrm{T}} & N_{n-2}^{\mathrm{T}} & & N_1^{\mathrm{T}} \\
1 & a_{n-1} & & & & N_{n-1}^{\mathrm{T}} & & \\
 & & \ddots & & & & \ddots & \vdots \\
 & 1 & & a_{n-1} & & & & \\
 & & \ddots & & & & & \\
 & & & 1 & & & & N_{n-1}^{\mathrm{T}}
\end{bmatrix}
\begin{bmatrix}
d_{\mathrm{c}0} \\ d_{\mathrm{c}1} \\ \vdots \\ d_{\mathrm{c}m-1} \\ N_{\mathrm{c}0} \\ N_{\mathrm{c}1} \\ \vdots \\ N_{\mathrm{c}m}
\end{bmatrix}
=
\begin{bmatrix}
f_0 \\ f_1 \\ \vdots \\ f_{m-1} \\ f_m - a_0 \\ f_{m+1} - a_1 \\ \vdots \\ f_{n+m-1} - a_{n-1}
\end{bmatrix}
$$

(5) 计算动态补偿器为

$$
K(s) = \frac{N_{\mathrm{c}m} s^m + \cdots + N_{\mathrm{c}1} s + N_{\mathrm{c}0}}{s^m + d_{\mathrm{c}m-1} s^{m-1} + \cdots + d_{\mathrm{c}1} s + d_{\mathrm{c}0}} t - F
$$

2.3　智能容错控制[3-6]

2.3.1　模糊容错控制

模糊容错控制(fuzzy fault tolerant control，FFTC)为采用模糊理论和方法对设备进行容错控制。模糊容错控制主要用于无法获得精确数学模型的研究对象，或虽能获得精确数学模型但其模型过于复杂的研究对象。它可由操作人员凭借积累起来的经验，采用适当的容错对策来实现。

1. 基本组成

模糊容错控制属于计算机数字控制的一种形式，其基本组成如图 2.1 所示。

从图 2.1 中可以看出，该系统主要由模糊容错控制器、输入/输出接口、执行机构和检测仪表四部分组成。

(1) 模糊容错控制器，是模糊容错控制系统的核心。它可以是一台模糊计算机，也可以是由模糊容错控制规则组成的计算机软件系统。

(2) 输入/输出接口是模糊容错控制器与外部连接的接口装置。A/D 转换器用于将模拟量转换为模糊容错控制器能够接收的数字量；D/A 转换器用于将模糊容错控制器输出的数字量转换为模拟量，并送给执行机构对监控对象进行容错控制。

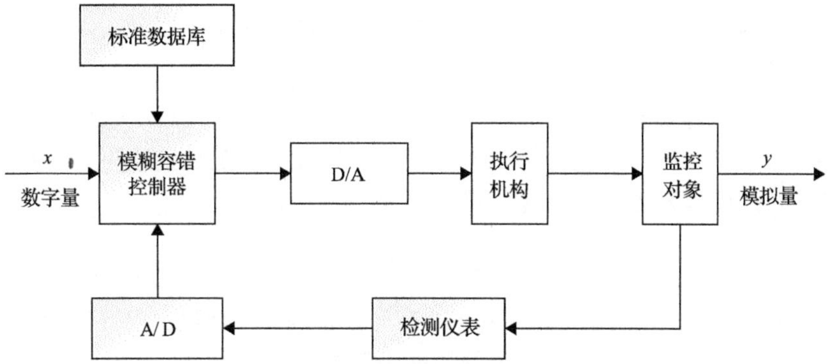

图 2.1　模糊容错控制基本组成

(3)执行机构用于执行模糊容错控制器的指令，并对监控对象进行容错控制。执行机构可以是电气式(如继电器、操作开关)、电磁式(如电磁铁、电磁耦合器)、液压式(液压缸、液压马达)、气动式和电动式(如气动阀、电动阀)，也可以是执行电动机(如直流伺服电机、交流伺服电机、步进电机)等。

(4)检测仪表用来检测监控对象的故障信息，并将检测结果经 A/D 转换器送入模糊容错控制器，通过采用相应的模糊容错控制策略，对故障进行补偿、切换或消除。检测装置除传感器(如压力传感器、温度传感器、振动传感器等)外，还包括放大器、滤波器、阻抗匹配电路等。

模糊容错控制器的容错控制律由计算机程序实现。检测仪表检测的监控对象的状态信息，由 A/D 转换器转换成数字量送入模糊容错控制器，与标准数据库中的数值进行比较，若超出允许范围，则模糊容错控制器就发出相应的容错控制指令，并通过执行机构对监控对象进行容错控制，以保证监控对象始终处于良好的运行状态；或以牺牲性能损失为代价，保证监控对象在规定时间内完成其规定功能。

2. 模糊容错控制器设计

模糊容错控制器通常可分为两类：常规模糊容错控制器和高性能模糊容错控制器。

常规模糊容错控制器一般采用反馈结构，它通常由输入/输出变量模糊化、模糊推理和决策方法、模糊判决、模糊容错控制策略等部分组成，可通过系统重构、改变系统的结构参数、在允许范围内降低系统的性能等对监控对象进行模糊容错控制。

高性能模糊容错控制器可分为自适应模糊容错控制器、自组织模糊容错控制器、自学习模糊容错控制器、分层递阶模糊容错控制器、最优模糊容错控制器等。其设计的基本思想是：通过自适应、自组织、自学习等自动地调整、修正和完善模糊控制参数或规则，使系统性能适应外界条件的变化不断得到改善，以达到最佳的运行效果。

自适应模糊容错控制器是一种能自动适应环境变化，通过不断地调整系统结构或参数，使系统即使在故障情况下也能获得比较满意的性能效果。一种带有修正因子的自适应模糊容错控制算法可描述为

$$U = -[\alpha E + (1-\alpha)EC] \tag{2.26}$$

式中，E 为误差；C 为误差变化；$\alpha \in (0,1)$ 为修正因子。调整 α，就相当于改变了容错控制规则的特性，从而使系统的性能不断得到改善。

2.3.2　神经网络容错控制

1. 神经网络容错控制结构

神经网络容错控制(neural network fault tolerant control，NNFTC)结构如图 2.2 所示。

该系统主要由神经网络状态估计器、神经网络故障检测器和神经网络容错控制器三部分组成。神经网络状态估计器用于充分逼近监控对象的动态模型；神经网络故障检测器通过对神经网络状态估计器的输出、监控对象的实际输出和期望输出进行比较来检测故障；神经网络容错控制器根据神经网络故障检测器发出的指令，产生相应的控制输出并作用于监控对象，从而实现对监控对象的容错控制。

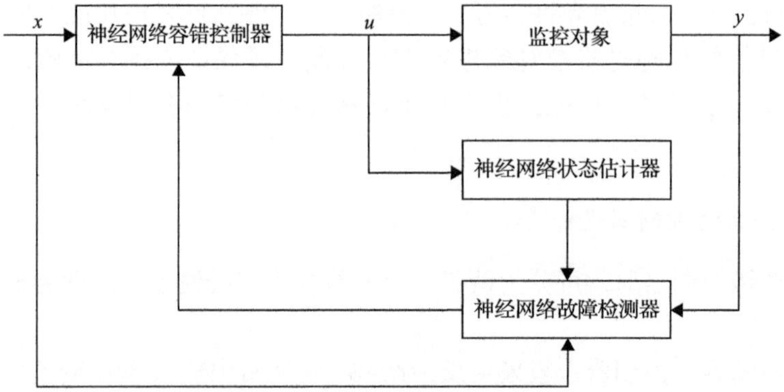

图 2.2　神经网络容错控制结构

当监控对象处于正常运行状态时，神经网络可通过充分学习监控对象特性，建立神经网络模型和训练样本；当监控对象发生故障时，神经网络容错控制器根据神经网络故障检测器提供的故障信息，针对不同的故障源和故障特征，采取相应的容错控制策略对故障进行补偿、抑制和消除。

由于采用神经网络容错控制器，它不但能满足非线性对象的监控问题及解决参数鲁棒性和性能鲁棒性问题，而且当控制器本身出现故障时，神经网络容错控制器的容错能力使控制器能自动分离故障神经元，用其他神经元重新构造控制方案，从而保证系统继续安全可靠运行。

2. 神经网络容错控制器设计

设备某些部件的性能降低，或设备运行环境的变化，常使得系统中的某些参数发生偏移(缓慢变化、快速变化或跳变)。设 θ 是系统的一组参量，θ_0 为系统在正常条件下的参量值。如果 θ 偏移，θ_0 较大，则认为系统发生了故障，此时可由下列动态方程描述：

$$x(t+1)=A(\theta)x(t)+B(\theta)u(t)+W(t) \tag{2.27a}$$

$$y(t+1)=C(\theta)x(t+1)+V(t+1) \tag{2.27b}$$

式中，$x(t)\in\mathbb{R}^n$ 和 $y(t)\in\mathbb{R}^p$ 分别为系统状态向量和输出向量。

当系统正常运行时，在神经网络模式匹配完成后，状态反馈或输出反馈矩阵应使闭环反馈系统具有所希望的 n 个极点 $\lambda_i(i=1,2,\cdots,n)$。当系统参量 θ 在一个控制周期内因受到干扰而发生较小的偏移时，神经网络则根据参数估计器的估计值，重新进行极点配置或最优极点配置的模式匹配。由于系统参数相对于前一控制周期只发生了较小变化，所以模式匹配过程能够迅速达到稳定，从而可不断修正对故障系统所实施的状态反馈或输出反馈，以保证闭环反馈系统的极点等于或接近于所希望的 n 个极点 $\lambda_i^*(i=1,2,\cdots,n)$。

对于非线性系统，

$$x(t+1)=f(x(t),u(t)) \tag{2.28a}$$

$$y(t)=h(x(t)) \tag{2.28b}$$

可根据系统的输入和输出，在正常状态及 N 个可能的故障状态下对神经网络进行训练，确定神经网络的参数，建立 N+1 个神经网络状态估计器：

$$\hat{y}_i(t+1)=f(\psi(t),\theta_i)\,,\quad i=1,2,\cdots,N+1 \tag{2.29}$$

通过对各个状态估计器的残差进行统计分析实现故障诊断，再通过状态重构就可以实现故障容错控制。

2.4　基于自适应控制的容错控制[6-8]

一般容错控制设计的目标是使控制系统在任意单个故障发生时保持稳定，并且能承受尽可能多的部件失效；即使全部故障同时发生，也要尽可能保持稳定。

在许多应用中，需要设计出具有故障重组功能的控制系统，即能够检测和分离出系统中所发生的故障，然后应用针对此故障专门设计的控制律。基于自适应控制的容错控制为实际有效的方法之一[1]。

实际控制系统中易发生故障的地方常为有限的几个或几十个部件。不同的部件失效(如传感器失效或执行器失效)相当于系统处于不同的模型状态，可设计出不同的控制律，以处理和控制相应的情况。为此，首先需要辨别出当前的状态，然后尽可能无扰地切换至新的控制律。基于自适应控制的容错控制的研究重点就在于尽可能地扩展处理故障条件的能力范围(如软故障、硬故障和多重故障等)，并尽可能地提高故障检测的准确性和分辨率。

假设系统可由一个定常的线性状态方程表示，其中故障情况通过改变模型中的参数矩阵或矢量来表示。再假设参数改变仅取一些离散值(如参数跳变)，或取某一连续可能值范围中的一些代表值。首先，针对每一种参数情况设计相应的状态观测器，若有 r 个可能的故障模型，则需要设计 r 个相应的观测器。对所有这些观测器的残差特征进行分析，可以求出当前情况处于第 i 种状态模型的条件概率，且随时间的推移迭代计算。其次，针对不同的故障模型设计相应的控制律，称为基本控制器。同样，若有 r 个可能的故障模型，则需要设计 r 个相应的基本控制器。每一个基本控制器的输出均以其所针对的故障情况发生的条件概率值为加权，整个多模型自适应控制的输出则为各基本控制器输出的加权和。这种基于自适应控制的容错控制系统结构如图 2.3 所示。

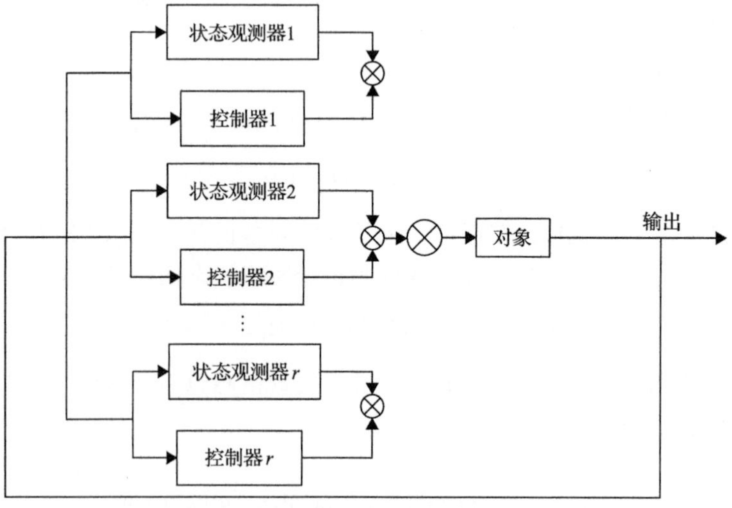

图 2.3　基于自适应控制的容错控制系统结构

令矢量 f 表示给定的线性状态模型中的不确定参数，它可代表不同的故障状态(如传感器故障或执行器故障)。该矢量可影响系统描述的结构矢量矩阵，当然也反映了进入的噪声的统计特性。方便起见，假设 f 仅可取 r 个离散的数值 $f_1,f_2,\cdots,f_r$。

在 t_k 时刻，令 $p_i(t_k)$ 表示矢量 f 取 f_i 值 $(i=1,2,\cdots,r)$ 的条件概率，即

$$p_i(t_k)=P\{f=f_i \mid z(t_k)=z_k\} \tag{2.30}$$

式中，z_k 为 t_k 时刻线性状态模型的输出值。所有 p_i 可用一些迭代方法进行计算，则基于自适应控制的容错控制律可由式(2.31)表示：

$$u(t_k)=\sum_{i=1}^{r}u_i(\hat{x}_i(t_k),t_k)p_i(t_k) \tag{2.31}$$

式中，$\hat{x}_i(t_k)$ 为在假设 $f=f_i$ 时状态观测器的估计值；$u_i(\hat{x}_i(t_k),t_k)$ 为针对故障状态 f_i 所设计的确定性线性二次型最优控制器的输出。综上所述，基于自适应控制的容错控制系统可由图 2.4 来表示，其中 $G_c(f_i)$ 为针对 $f=f_i$ 时的 LQG 控制器。

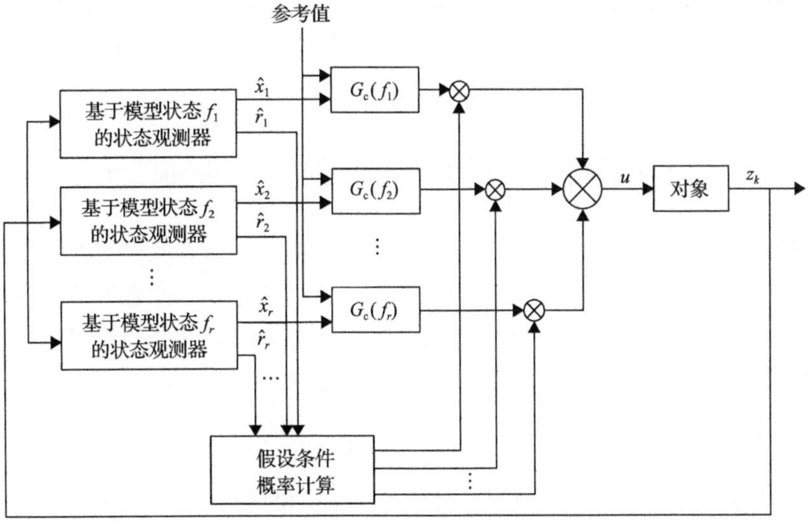

图 2.4　基于自适应控制的容错控制系统

针对故障状态 f_i，一般希望不匹配观测器 $(j=1,2,\cdots,r,i\neq j)$ 的残差要远大于匹配观测器，这要靠观测器的设计来达到。算法的性能取决于匹配观测器残差与不匹配观测器残差之间的差别大小。因此，每一个状态观测器应针对所假设的故障模型调整到最佳状态，以便尽量区分各种故障信息。

在基于自适应控制的容错控制系统设计中，$G_c(f_i)$ 可以是任意形式的控制律，而且针对不同的故障模型可以采用不同形式的基本控制器，如传统的 PID 控制器或者 LQG 控制器及极点配置方法等，或者一些现代控制方法，如预测控制、智能

控制等，只要它在相应故障情况下实施良好的控制即可。

图 2.4 中的乘积模块及求和模块可用一种调节附加增益的方法来表示。设计好的针对各个故障模型的控制律不再在线改变，仅通过增益调节来适应不同的故障状态。但该方法中需要计算每一个基本控制器的输出，然后以相应故障模型的条件概率为权重进行加权输出。如果各个控制器都采用同样的控制类型，则可不必计算每个基本控制器的输出，而将 r 个基本控制器减少为一个基本控制器，其反馈控制矩阵可由原来针对各故障状态设计的反馈控制矩阵，以相应的条件概率为权重加权成一个综合反馈控制矩阵。这样处理难以适应所有的故障情况，故在具体应用时，可将适应各种故障的控制律分类，同一类的故障用一个基本控制器，针对不同类故障的不同基本控制器的输出，进行加权求和后为最终的控制输出。上述控制方法只能针对预先设置的各个单独的故障情况，如果将同时发生的两个或两个以上的故障看成又一个新的故障模型，从而增加一个基本控制器，则导致控制系统复杂。一个可行的办法是采用多级递阶推理，即首先判断出一个可能的故障，然后在确定此故障的基础上进行下一轮的条件概率计算和故障判断。此时，控制律宜采用加权和而不是最大值的形式，且对系统鲁棒性等问题需进行进一步研究。

2.5　基于信息融合故障的容错控制[4,7]

信息融合是一种智能信息综合处理技术，可充分利用多源信息在空间和时间上的冗余性与互补性及计算机对信息的高速运算处理能力，来获得监控对象更准确、更合理的解释或描述。多传感器系统是信息融合的硬件基础，多源信息是信息融合的加工对象，协调优化和综合处理是信息融合的核心。

2.5.1　基于层次结构信息融合故障的容错控制

基于层次结构信息融合故障的容错控制系统框图如图 2.5 所示。该系统既包括了对数据的融合，又包括了对知识的融合。图 2.5 中的诊断知识和对策知识这两个虚线框表示专家系统中的知识库，它们要和专家进行交互。对于简单的故障检测，通过对传感器输出数据的融合就能对故障情况进行判断；对于较复杂的故障情况，首先应进行数据预处理，包括滤波、聚类、关联分析等工作，然后将得到的有效数据送入诊断知识库中并进行知识融合，再得出融合结果。但这些结果并不一定相容，所以需要进一步连同检测层的数据进行特征层数据融合，这时的融合过程就相当于专家系统中的推理机，从而得出故障诊断结果。若用户认为诊断结果不够可靠，则也可以通过用户与推理机之间的人机交互进行故障复现，再重复上述过程后得出诊断结果。

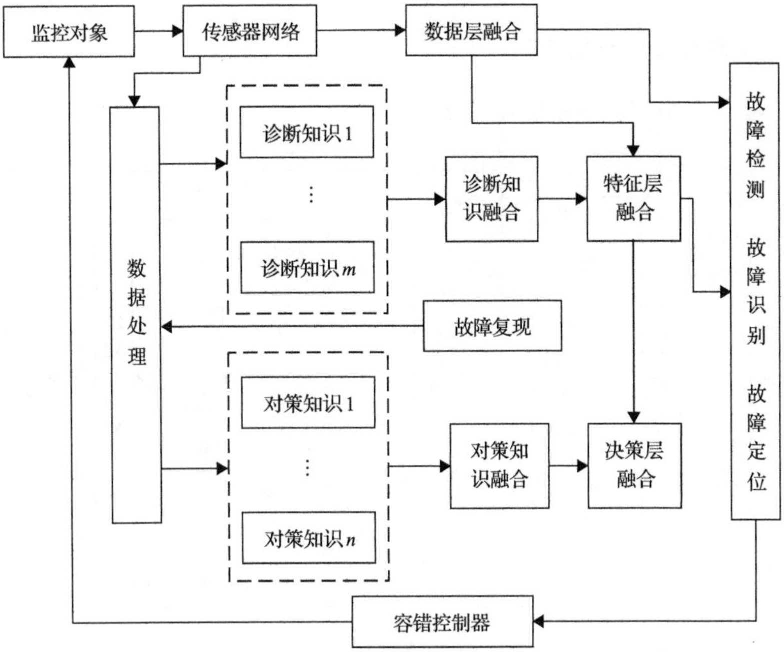

图 2.5　基于层次结构信息融合故障的容错控制系统框图

在诊断出故障结果后，将故障信息输入容错控制器，容错控制器根据不同的故障源和故障特征采用相应的容错控制策略，对故障进行隔离、补偿和消除，以保证监控对象始终处于正常运行状态；或以牺牲性能损失为代价，保证监控对象在规定时间内继续完成其基本功能。

2.5.2　基于聚类融合故障的容错控制

1. 聚类融合容错控制的基本思想

在工业过程中，对于简单系统，某个传感器的输出可以大体反映出监控对象的运行状况。而对于复杂系统，其运行状况一般无法用一个或几个过程变量来直接表示，某传感器的输出只能描述系统工况的一个侧面而不是整个状态。因此，采用信息融合方法，经过聚类分析，从不同侧面将描述系统运行状态的多个传感器信息融合起来加以归类，再根据每个类别所描述监控对象运行工况的行为特点，采取相应的容错控制策略，就可以实现对监控对象更准确、更有效的容错控制。

聚类分析就是把研究样本按它们的某些特性进行分类的一种分析方法。聚类分析可分为系统聚类分析、动态聚类分析、模糊聚类分析和图论聚类分析等。在故障诊断技术中，聚类分析不仅可用于故障分类、模式向量维数压缩，还可用来对故障进行判别、分析和预测。

2. 聚类融合容错控制结构

聚类融合容错控制系统图如图 2.6 所示。

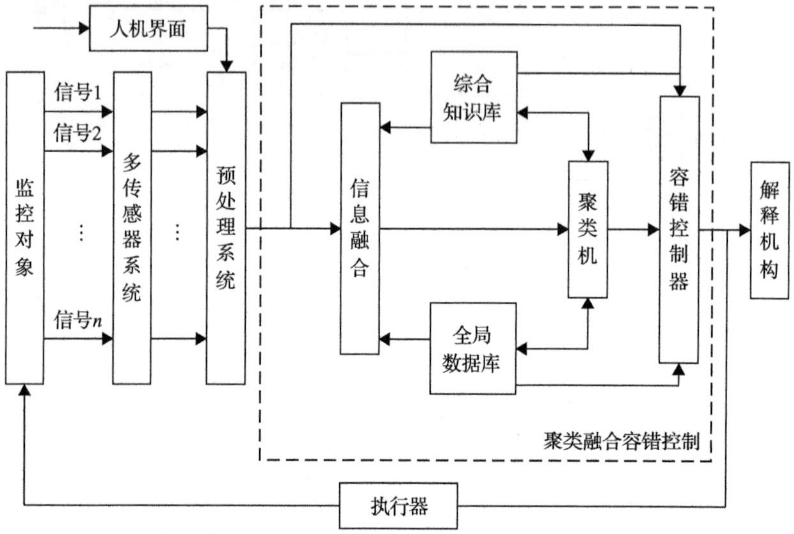

图 2.6　聚类融合容错控制系统图

整个系统由信息获取和预处理、聚类融合容错控制、解释机构和执行器 4 部分组成。

(1) 信息获取和预处理，包括多传感器系统、数据预处理系统和人机界面。本部分的主要作用是要尽可能将反映监控对象运行状态的各种信息检测出来，并经过加权平均、平滑滤波等预处理，剔除不正确或无用信息，以便为聚类融合容错控制提供较为准确的输入信息。人机界面用来为操作人员提供对监控对象的监督和干预。

(2) 聚类融合容错控制，是整个系统的核心，主要包括信息融合、聚类机、综合知识库、全局数据库和容错控制器 5 个模块。信息融合模块用来接收传感器提供的故障信息，在综合知识库和全局数据库的支持下，通过聚类分析就可得到不同类别的诊断结果。容错控制器根据不同类别的故障特征，采取相应的容错控制策略就可实现对监控对象的容错控制。在该模块中，全局数据库和综合知识库包括了信息融合中的融合数据库和专家知识库，以及在监测、诊断、控制、运算等过程中所需的数据和知识。

(3) 解释机构，主要用来对监控对象的运行工况和聚类融合结果用图、文、声、光等形式进行解释，也可通过人机界面回答用户提出的问题。

(4) 执行器，用来执行容错控制器的输出指令，并实现对监控对象的容错控制。

3. 聚类融合容错控制实现的关键技术

聚类融合容错控制实现的关键技术主要有如下几种。

(1) 信息获取和处理技术。通常，系统的某一故障源可能具有多个故障表征(往往由不同的传感器来感受)。因此，进行故障诊断时并不一定要获取系统故障的所有表征，因为这样做需要众多的传感器，将增加检测的代价。但要准确可靠地进行故障诊断，仍要有足够的故障表征。这样，如何用尽量少的传感器来获取更多的故障信息，就成为信息获取的一个难题。

另外，在检测信号中有正确数据，也有疏失和干扰等无关数据，如果将这些数据全部进行融合，特别是在数据的不确定性和变化未知的情况下，不但增大了计算量，而且融合后的效果可能比单个传感器更差，因此数据融合前的预处理就显得十分重要。

(2) 聚类融合容错控制技术。聚类融合容错控制包括信息融合、聚类分析和容错控制三个方面。它涉及信息论、系统论、控制论、模式识别、神经网络、专家系统等多领域知识和技术，使用时需要将诸多领域知识进行交叉和综合，并结合实际监控对象的领域知识，才能完成聚类融合容错控制的设计和实施。

2.6　基于混杂系统故障的容错控制[9-14]

混杂系统是一类由一系列连续模态和一组逻辑切换机制组成的系统，在逻辑切换机制的控制下，系统在不同模态之间进行切换以达到满意的性能要求。现代大型的复杂控制系统往往不能用单一模型建模，且很多实际系统都具有多工作模态切换的特征，如智能车辆的人机共驾系统就是其中的典型。用混杂系统进行建模是一种行之有效的方法，故对混杂系统的研究有着重要的理论意义和实用价值。然而，混杂系统所用的研究方法大多是基于状态完全可观测的情况，且混杂系统的故障诊断与容错控制方面的研究成果较少。相比较而言，基于混杂系统故障的容错控制设计难度更大，且很多单一系统的容错控制方法并不适用于混杂系统。文献[10]给出了较为详细的混杂系统的故障诊断和容错控制方法，这里仅简单提及。

对于混杂系统，故障可以分为两大类：连续性故障和离散性故障。其中，连续性故障影响到系统每一个连续模态(如某一个模态的部件或者运行过程中发生的故障)，而离散性故障影响到系统的逻辑切换机制(如系统在非正常情况下切换到非指定的模态等)。

首先建立一个一般性的如式(2.32)所示的带有故障和不确定性的混杂自动机模型，这是一个集合：

$$H=(Q,X,U,F,Y,\Omega,\mathrm{Init},\mathrm{Inv},E,G,R) \tag{2.32}$$

式中，$Q=\{1,2,\cdots,N\}$ 为模态的有限集；X 为连续状态集；U 为连续输入集；$F=F_{\mathrm{c}}\cup F_{\mathrm{d}}$ 为故障集，其中 F_{c} 为连续故障集，F_{d} 为离散故障集；$\Omega:Q\times X\times U\times F_{\mathrm{c}}\to X$ 为各模态的向量场集；Y 为连续输出集；$\mathrm{Init}\in Q\times X$ 为初始状态集；$\mathrm{Inv}:Q\to 2^{x}$ 为各模态的不变集；$E\in Q\times Q$ 为离散转换集；$G:E\to 2^{x}$ 为保卫集；$G_{\mathrm{f}}:E\times F_{\mathrm{d}}\to 2^{x}$ 为故障保卫集；$R:E\times X\to X$ 为重置映射集。

由式(2.32)可见，混杂系统的容错控制目标和系统的需求是紧密相关的，即保证系统要求在故障情况下仍然能够得到满足。有两种主要的系统要求必须要考虑：

(1)连续性能目标，如混杂系统原点的稳定性(Lyapunov稳定、渐近稳定、输入-状态稳定)及输出调节/跟踪问题的可解性。

(2)离散规则目标，即混杂系统需要满足一些离散切换的约束，如切换顺序。

针对混杂系统不同的切换特征，多考虑如下四种切换：

(1)基于时间的切换。该类切换在特定的时刻发生。这些切换时刻可以预先设定，或者根据用户的需要任意选择。连续状态 x 在切换时刻连续。

(2)基于状态的切换。该类切换当 x 满足给定的条件时发生，而连续状态 x 在切换时刻依然连续。

(3)脉冲切换。在该类切换下，x 在每个切换时刻都会由于脉冲的作用而发生跳变。

(4)随机切换。该类切换由一些随机过程控制，如马尔可夫过程等。

对于上述各类混杂系统，可以运用多种连续系统理论研究其连续性能，一些现有的非混杂系统的容错控制成果可以推广到混杂系统中，其主要的容错控制设计思想是针对每个故障模态设计容错控制律，并建立合适的逻辑切换机制以确保连续性能目标。

在实际应用中，有相当一部分混杂系统是基于状态切换的，即当状态值到达某一区域或满足某一条件时触发切换。例如，智能车辆的辅助驾驶系统，可通过分析行驶车辆周围的交通环境、安全指标及驾驶员操纵行为等，且将车辆偏离正常行驶状态而予以纠偏的行为视作容错纠错控制，进而设计出智能车辆行驶过程的多模式切换控制策略和相应的约束条件[12-14]。对于此类系统，可设计出基于观测器的容错控制，但也存在以下难点：

(1)分辨连续性故障和模态切换(包括离散性故障)对系统的不同影响。根据观测器提供的状态估计值的突变情况，首先要判断是当前模态内发生了连续性故障还是模态发生了切换，继而分别运用不同的控制策略。

(2)在两种故障情况下均要保证整个混杂系统的全局稳定性。

基于此，可先将混杂系统的每一个子模态分解成两个子系统，使得其中一个子系统不受连续故障的影响，针对该子系统设计观测器以用于估计连续故障和检测切换。针对分解后的模态设计容错控制律以保证输出跟踪性能。图 2.7 为基于状态切换的混杂系统容错控制框图，由高层(离散事件检测器)和低层(连续模态)构成，系统和三个部分相连：观测器、控制器和诊断机制。观测器估计当前的连续状态，同时检测切换。根据观测器提供的信息，控制器、诊断机制及观测器本身进行切换以与当前模态相适应。

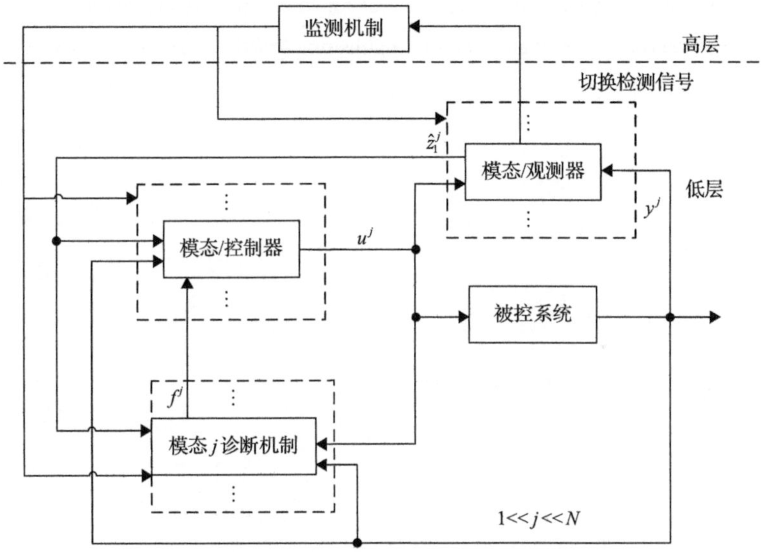

图 2.7　基于状态切换的混杂系统容错控制框图

参 考 文 献

[1] 闻新, 张洪钺, 周露. 控制系统的故障诊断和容错控制. 北京: 机械工业出版社, 1998.

[2] 周东华, Ding X. 容错控制理论及其应用. 自动化学报, 2000, 26(6): 788-797.

[3] 王仲生. 智能容错技术及应用. 北京: 国防工业出版社, 2002.

[4] 王仲生. 智能故障诊断与容错控制. 西安: 西北工业大学出版社, 2005.

[5] 朱大奇, 胡震. 水下机器人故障诊断与容错控制技术. 北京: 国防工业出版社, 2012.

[6] 王福利, 张颖伟. 容错控制. 沈阳: 东北大学出版社, 2003.

[7] 胡昌华, 许化龙. 控制系统故障诊断与容错控制的分析和设计. 北京: 国防工业出版社, 2008.

[8] 周东华, 叶银忠. 现代故障诊断与容错控制. 北京: 清华大学出版社, 2000.

[9] 姜斌, 冒泽慧, 杨浩, 等. 控制系统的故障诊断与故障调节. 北京: 国防工业出版社, 2009.

[10] 杨浩. 混合系统的容错控制技术研究. 南京: 南京航空航天大学博士学位论文, 2009.

[11] 陈无畏, 许凯, 谈东奎, 等. 高速工况智能车辆转向系统混杂控制研究. 中国科学: 技术科学, 2018, 48(6): 616-627.

[12] Chen W, Zhao L, Xu K, et al. Human-machine shared control based on hybrid system theory. Control Engineering Practice, 2019, 84: 399-407.

[13] Tan D, Chen W, Wang H. On the use of Monte-Carlo simulation and deep Fourier neural network in lane departure warning. IEEE Intelligent Transportation Systems Magazine, 2017, 9(4): 76-90.

[14] Tan D, Chen W, Wang H, et al. Shared control for lane departure prevention based on the safe envelope of steering wheel angle. Control Engineering Practice, 2017, 64: 15-26.

第 3 章　车辆悬架系统动力学与容错控制

车辆在道路上行驶时，受到路面不平度的影响，会激起车辆车身振动和轮胎跳动。此外，路面不平度引起的车辆车身振动还会导致车身姿态发生变化，如纵向的车身俯仰运动、横向的车身侧倾运动。当车身振动达到一定程度时，会导致乘客感觉不舒适或所运载货物损坏，影响行驶安全性。而车辆的减振效果一般取决于轮胎特性、悬架性能和座椅弹性三个环节。其中，起重要减振作用的是由弹性元件和阻尼元件等装置构成的车辆悬架系统。

车辆主动悬架控制技术既改善汽车乘坐舒适性，也改善其行驶安全性，成为车辆悬架的发展趋势，取得了丰硕的研究成果。不过，目前的车辆主动悬架控制技术研究，是考虑悬架、传感器、作动器及控制器均处于完好无故障情况下而开展的。当悬架、传感器、作动器发生故障，甚至是控制器发生故障时，上述控制效果能否达到当初的设计目标，能否满足汽车乘坐舒适性要求，能否满足汽车行驶安全性要求？容错控制是对控制系统可能出现的故障情况采取某些控制策略或方法，使控制系统性能指标在无故障或存在故障情况下均能满足要求。所以，考虑车辆主动悬架系统各种故障，并对其实施容错控制，是优化悬架设计、提高车辆主动悬架可靠性和使用品质、进一步提高车辆行驶安全性的重要途径。

本章以车辆主动悬架系统为研究对象，考虑系统各种故障及目前车辆主动悬架控制存在的不足或问题，从容错控制理论出发，研究车辆主动悬架的故障检测、诊断与隔离问题，并针对故障悬架进行容错控制策略研究。同时，考虑轮胎的非线性特性和所构建的轮胎模型对整车性能、悬架动态特性及车辆行驶稳定性的影响，基于传感器信息来研究轮胎力的估计模型，旨在提高车辆主动悬架控制的可靠性和使用品质、优化车辆主动悬架系统的各项性能。

3.1　故障悬架系统建模

主动悬架系统是除阻尼元件和弹性元件外，增加传感器、控制器、能产生作用力或扭矩的作动器等装置而构成的一种控制系统，提高了车辆乘坐舒适性、车辆操纵稳定性等性能。但在主动悬架系统中，元器件使用时间增加、老化、疲劳等原因，将导致控制系统参数发生微小变化，从而导致控制系统出现参数不确定性，影响系统控制鲁棒性。传感器作为主动悬架系统信号测量的主要元器件、作动器作为主动悬架系统控制输入的主要元器件，一旦出现故障，都将造成完好无故障情况下设计的控制器出现控制效果部分或完全丧失，甚至出现误控制，致使无法达到原预期控制效果。再者，若控制单元发生故障，则主动悬架系统将出现系统紊乱现象。

为更好地研究车辆悬架系统容错控制策略，有必要对车辆故障悬架系统进行有针对性的故障建模。

3.1.1 传感器故障建模

ASS 的量测输出通常为车身垂直加速度、悬架动挠度、俯仰角加速度或角速度或角度、侧倾角加速度或角速度或角度。这些量测输出在每个悬架上均采用量测输出传感器(以下简称传感器)实现输出值的测量。车身垂直加速度多使用压电式电荷传感器进行信号测量，且所测量的信号也可通过一定积分变换获得车身垂直振动速度或车身位移信号。簧载质量和非簧载质量位移信号的获取多采用位移传感器，进而可获得悬架动挠度的测量值。俯仰角加速度信号和侧倾角加速度信号均采用陀螺仪测量。

这些传感器常见的故障行为有增益变化、卡死、恒偏差情况[1]。当每副悬架上的第 j 个传感器(后面统一简称为第 j 个传感器)发生前述常见故障时，对应传感器故障输出模型为

$$y_{jf} = \Delta_j y_j + \alpha_j \tag{3.1}$$

式中，j 为每个悬架上的传感器编号；y_{jf} 为第 j 个传感器故障输出；y_j 为第 j 个传感器完好输出；Δ_j 为反映第 j 个传感器增益变化故障程度大小的故障增益；α_j 为第 j 个传感器卡死位置值或恒偏差值。

显然，由传感器故障输出模型可看出：

(1) 当 $\Delta_j \in (0,1)$、$\alpha_j = 0$ 时，表示传感器发生增益变化故障；

(2) 当 $\Delta_j = 1$、$\alpha_j = 0$ 时，表示传感器发生恒偏差值为 α_j 的恒偏差故障；

(3) 当 $\Delta_j = 0$、$\alpha_j = 0$ 时，表示传感器在 $y_{jf} = \alpha_j$ 处发生卡死故障(其中，$y_{jf} = \alpha_j = 0$ 表示传感器输出为零，为特殊卡死情况，这里暂不考虑其容错控制)；

(4) 当 $\alpha_j = \alpha_{\max}$ 或 $\alpha_j = \alpha_{\min}$ 时，表示传感器测量值达到最大值或最小值的特殊情况，为传感器发生输出饱和故障。

对于采用输出反馈控制的主动悬架，当使用 m 个传感器测量量测输出时，若传感器发生上述类型故障，则主动悬架系统故障输出 Y_f 为

$$Y_f = Y + F_s f \tag{3.2}$$

式中，Y_{f} 为悬架系统故障输出，$Y_{\mathrm{f}}=\left[y_{1\mathrm{f}},\cdots,y_{j\mathrm{f}},\cdots,y_{m\mathrm{f}}\right]^{\mathrm{T}}$；$Y$ 为悬架系统量测输出；F_{s} 为悬架系统传感器故障矢量，$F_{\mathrm{s}}=\left[F_{\mathrm{s}}^{1},\cdots,F_{\mathrm{s}}^{j},\cdots,F_{\mathrm{s}}^{m}\right]$ 为 m 阶单位阵；f 为悬架系统传感器故障向量，$f=\left[f_1,\cdots,f_j,\cdots,f_m\right]^{\mathrm{T}}$；$f_j$ 为传感器故障实际值，也是第 j 个传感器故障时间标量函数，$f_j=(\varDelta_j-1)y_j+\alpha_j$，$j=1,2,\cdots,m$；$F_{\mathrm{s}}^{j}$ 为第 j 个传感器故障矢量。

当传感器输出发生前述类型故障时，由式(3.2)知，主动悬架系统故障输出 Y_{f} 为

$$Y_{\mathrm{f}}=\begin{bmatrix} y_{1\mathrm{f}} \\ \vdots \\ y_{j\mathrm{f}} \\ \vdots \\ y_{m\mathrm{f}} \end{bmatrix}=Y+F_{\mathrm{s}}^{1}f_1+\cdots+F_{\mathrm{s}}^{j}f_j+\cdots+F_{\mathrm{s}}^{m}f_m \tag{3.3}$$

式中，各符号意义同前。

所以，当主动悬架系统的量测输出传感器发生相应类型故障时，可建立如式(3.2)和式(3.3)所示的两种类型故障模型。

3.1.2　作动器故障建模

常见作动器故障行为有增益变化、卡死、恒偏差等情况。不失一般性地，仅考虑 ASS 作动器发生增益变化故障的情况[2]。对装有四个作动器的整车主动悬架来说，当主动悬架作动器发生增益变化故障时，作动器故障输出 U_{f} 为

$$U_{\mathrm{f}}=[(u_1-\delta_1u_1),(u_2-\delta_2u_2),(u_3-\delta_3u_3),(u_4-\delta_4u_4)]^{\mathrm{T}} \tag{3.4}$$

式中，δ_i 为反映作动器增益变化故障程度大小的故障增益，$\delta_i\in\left[0,1\right]$；$u_i$ 为作动器控制输出力；i 为作动器编号，i=1, 2, 3, 4 分别代表左前、右前、左后、右后作动器。

由增益变化故障特性知：

(1) 当 $\delta_i=1$ 时，表示作动器发生完全增益损失故障；

(2) 当 $\delta_i=0$ 时，表示作动器完好无故障；

(3) 当 $0<\delta_i<1$ 时，表示作动器发生部分增益损失故障。

又因 $\delta_i\in\left[0,1\right]$，则有

$$1-\delta_i\in\left[0,1\right] \tag{3.5}$$

因而，取矩阵

$$M=\mathrm{diag}\left\{1-\delta_1,1-\delta_2,1-\delta_3,1-\delta_4\right\} \tag{3.6}$$

式中，M 为因作动器故障而形成的故障开关矩阵。

所以，作动器故障输出 U_f 为

$$U_f = MU \tag{3.7}$$

式中，U 为主动悬架系统控制输出。

由式(3.7)可知，当作动器发生增益变化故障时，作动器故障输出 U_f 可表示为

$$U_f = U + E_a^1 n_1(t) + E_a^2 n_2(t) + E_a^3 n_3(t) + E_a^4 n_4(t) \tag{3.8}$$

式中，E_a^i 为第 i 个作动器故障矢量；$n_i(t)$ 为第 i 个作动器故障时间标量函数，$n_i(t) = -\delta_i u_i$。

所以，当主动悬架作动器发生相应类型故障时，可建立如式(3.7)和式(3.8)所示的两种类型故障模型。

3.2 车辆轮胎力估计

在车辆动力学研究中，实际车辆包含很多非线性因素。其中，轮胎的非线性特性对整车性能、悬架动态特性及车辆行驶稳定性等均有着重要影响。同时，轮胎力大小也受一些无法控制的外部参数，如路面附着系数、汽车负载、轮胎磨损等参数的影响，这些参数都具有不确定性，必然对控制系统产生了一定的不确定性影响。

目前，轮胎力的计算多数是直接利用轮胎力学模型，如轮胎半经验公式、魔术公式、Dugoff 公式等。仅依靠轮胎力学模型，无法充分反映出一特定的轮胎安装在一台实际汽车上的力学特性。而且轮胎力学模型也需进行大量试验来确定其参数，而实际中不可能对每个特定的轮胎都通过试验确定其参数，且必须实时了解影响轮胎力的一些外部参数，最终才能确定汽车轮胎力学模型的参数。另外，现有车辆很少装备直接测量出车辆轮胎力的传感器，主要原因在于设备高昂的成本及一些技术上的困难。因此，需要利用现有的传感器信息来间接估算出车辆轮胎力。文献[3]利用安装在车辆最前端的光学传感器接收来自地面的反射估计道路表面光滑程度，这种方法的优点是能提前估计路面的摩擦，缺点是精度不够，估算的结果误差很大。文献[4]基于轮胎侧向力经验模型的辨识方法，通过引入简单的侧偏刚度模型来描述轮胎侧向力和轮胎侧偏角之间的关系，这种方法的缺点是不能完全体现轮胎的复杂性。

这种汽车状态信息测试的不完备性、不确定性为实现精确有效的汽车动力学

控制及其容错研究带来很大的困扰。后述的悬架系统模型和整车模型及容错控制都涉及轮胎力的准确估计问题。此外，轮胎力学特性的描述也是制约汽车控制系统研究和容错控制的关键问题。

本节综合以往研究文献的优点与缺点，不采用轮胎的纵、侧向刚度模型，而是通过提出一种轮胎力估计方法来估算出各轮胎力。通过对单轮模型进行分析，利用 Kalman 滤波器估算出轮胎纵向力，并添加以侧向加速度为约束条件的等式约束实现对车辆纵向力的优化。在此基础上分析非线性车辆模型，利用干扰观测器计算出轮胎侧向力产生的横摆力矩，再运用最小二乘法计算出前、后轮胎的侧向合力，最后运用垂直载荷按比例分配的经验方法，分别计算出各轮胎的侧向力。

3.2.1　整车非线性模型

1. 整车非线性模型的建立

采用如图 3.1 所示的 3 自由度非线性车辆动力学模型，这里的 3 自由度包括纵向、侧向、横摆运动。运动微分方程为

$$m(\dot{v}_x - \omega_z v_y) = F_x \tag{3.9}$$

$$m(\dot{v}_y + \omega_z v_x) = F_y \tag{3.10}$$

$$I_z \dot{\omega}_z = M_z \tag{3.11}$$

式中，F_x 为车辆纵向力总和；F_y 为车辆侧向力总和；I_z 为整车绕铅垂轴转动惯量；m 为整车质量；M_z 为整车所受的横摆合力矩；v_x、v_y 分别为质心的纵、侧向速度；ω_z 为横摆角速度。

轮胎所受垂直载荷为

$$F_{z\mathrm{fl}} = m\left(g\frac{l_\mathrm{r}}{2l} - a_x\frac{h}{2l} - a_y\frac{hl_\mathrm{r}}{2e_\mathrm{w}l}\right) \tag{3.12}$$

$$F_{z\mathrm{fr}} = m\left(g\frac{l_\mathrm{r}}{2l} - a_x\frac{h}{2l} + a_y\frac{hl_\mathrm{r}}{2e_\mathrm{w}l}\right) \tag{3.13}$$

$$F_{z\mathrm{rl}} = m\left(g\frac{l_\mathrm{f}}{2l} + a_x\frac{h}{2l} - a_y\frac{hl_\mathrm{f}}{2e_\mathrm{w}l}\right) \tag{3.14}$$

$$F_{z\mathrm{rr}} = m\left(g\frac{l_\mathrm{r}}{2l} + a_x\frac{h}{2l} + a_y\frac{hl_\mathrm{f}}{2e_\mathrm{w}l}\right) \tag{3.15}$$

式中，F_{zi} 为轮胎所受的垂直载荷（$i = \text{fl}, \text{fr}, \text{rl}, \text{rr}$ 分别表示车辆左前轮、右前轮、左后轮、右后轮）；l 为汽车前后轴轴距；l_f、l_r 分别为车身质心到前、后轴的距离；h 为整车质心的高度；e_w 为车轮至质心的距离，假设前、后轮距及左、右车轮至质心的距离皆相等；a_x、a_y 分别为整车质心纵、侧向加速度；g 为重力加速度。

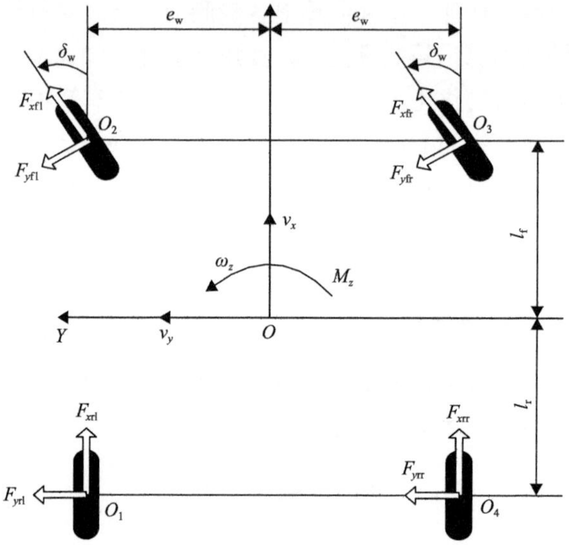

图 3.1　3 自由度非线性车辆动力学模型

设车辆质心已知，针对质心 O 点、左后轮 O_1、左前轮 O_2、右前轮 O_3、右后轮 O_4 五个旋转中心计算出横摆力矩，具体公式如下。

绕质心 O 的横摆力矩为

$$M_o = I_z\dot{\omega}_z = T_{xo} + T_{yo} \tag{3.16}$$

式中，

$$T_{xo} = -F_{x\text{fl}}(e_\text{w}\cos\delta_\text{w} - l_\text{f}\sin\delta_\text{w}) + F_{x\text{fr}}(e_\text{w}\cos\delta_\text{w} + l_\text{f}\sin\delta_\text{w}) - e_\text{w}(F_{x\text{lr}} - F_{x\text{rr}})$$

$$T_{yo} = F_{y\text{fl}}(l_\text{f}\cos\delta_\text{w} + e_\text{w}\sin\delta_\text{w}) + F_{y\text{fr}}(l_\text{f}\cos\delta_\text{w} - e_\text{w}\sin\delta_\text{w}) - l_\text{r}(F_{y\text{rl}} + F_{y\text{rr}})$$

绕左后轮旋转中心 O_1 的横摆力矩为

$$M_{o1} = I_z\dot{\omega}_z + ma_x e_\text{w} + ma_y l_\text{r} = T_{xo1} + T_{yo1} \tag{3.17}$$

$$T_{xo1} = (F_{x\text{fl}} + F_{x\text{fr}})(l_\text{f} + l_\text{r})\sin\delta_\text{w} + (F_{x\text{fr}}\cos\delta_\text{w} + F_{x\text{rr}})\cdot 2e_\text{w} \tag{3.18}$$

$$T_{yo1} = (F_{y\text{fl}} + F_{y\text{fr}})(l_\text{f} + l_\text{r})\cos\delta_\text{w} - F_{y\text{fr}}\cdot 2e_\text{w} \tag{3.19}$$

绕左前轮旋转中心 O_2 的横摆力矩为

$$M_{o2}=I_z\dot{\omega}_z+ma_xe_{\mathrm{w}}+ma_yl_{\mathrm{f}}=T_{xo2}+T_{yo2} \tag{3.20}$$

$$T_{xo2}=(F_{x\mathrm{fr}}\cos\delta_{\mathrm{w}}+F_{x\mathrm{rr}})\cdot 2e_{\mathrm{w}} \tag{3.21}$$

$$T_{yo2}=-F_{y\mathrm{fr}}\cdot 2e_{\mathrm{w}}\cdot\sin\delta_{\mathrm{w}}-(F_{y\mathrm{fl}}+F_{y\mathrm{rr}})(l_{\mathrm{f}}+l_{\mathrm{r}}) \tag{3.22}$$

绕右前轮旋转中心 O_3 的横摆力矩为

$$M_{o3}=I_z\dot{\omega}_z-ma_xe_{\mathrm{w}}-ma_yl_{\mathrm{f}}=T_{xo3}+T_{yo3} \tag{3.23}$$

$$T_{xo3}=-(F_{x\mathrm{fl}}\cos\delta_{\mathrm{w}}+F_{x\mathrm{rl}})\cdot 2e_{\mathrm{w}} \tag{3.24}$$

$$T_{yo3}=F_{y\mathrm{fl}}\cdot 2e_{\mathrm{w}}\cdot\sin\delta_{\mathrm{w}}-(F_{y\mathrm{rl}}+F_{y\mathrm{rr}})(l_{\mathrm{f}}+l_{\mathrm{r}}) \tag{3.25}$$

绕右后轮旋转中心 O_4 的横摆力矩为

$$M_{o4}=I_z\dot{\omega}_z-ma_xe_{\mathrm{w}}+ma_yl_{\mathrm{r}}=T_{xo4}+T_{yo4} \tag{3.26}$$

$$T_{xo4}=-(F_{x\mathrm{fl}}\cos\delta_{\mathrm{w}}+F_{x\mathrm{rl}})\cdot 2e_{\mathrm{w}}+(F_{x\mathrm{fl}}+F_{x\mathrm{fr}})(l_{\mathrm{f}}+l_{\mathrm{r}})\sin\delta_{\mathrm{w}} \tag{3.27}$$

$$T_{yo4}=F_{y\mathrm{fl}}\sin\delta_{\mathrm{w}}\cdot 2e_{\mathrm{w}}+(F_{y\mathrm{fl}}+F_{y\mathrm{fr}})(l_{\mathrm{f}}+l_{\mathrm{r}})\cos\delta_{\mathrm{w}} \tag{3.28}$$

式中，M_o 为绕质心 O 的横摆力矩；T_{xo}、T_{yo} 分别为绕质心 O 的轮胎纵向力、轮胎侧向力产生的横摆力矩；δ_{w} 为前轮转角；F_{xi}、F_{yi} 分别为轮胎纵向力和轮胎侧向力（$i=\mathrm{fl},\mathrm{fr},\mathrm{rl},\mathrm{rr}$ 分别表示车辆左前轮、右前轮、左后轮、右后轮）；M_{oj} 为绕第 j 个轮胎旋转中心的轮胎力产生的横摆力矩（$j=1,2,3,4$ 分别表示左后轮、左前轮、右前轮、右后轮）；T_{xoj}、T_{yoj} 分别为绕第 j 个轮胎旋转中心的轮胎纵向力产生的横摆力矩、轮胎侧向力产生的横摆力矩（$j=1,2,3,4$）。

以上各式可以通过矩阵表达为

$$T_x=G_{\mathrm{w}}\cdot F_x \tag{3.29}$$

$$T_y=H_{\mathrm{w}}\cdot F_y \tag{3.30}$$

式中，

$$T_x=\begin{bmatrix}T_{xo}, & T_{xo1}, & T_{xo2}, & T_{xo3}, & T_{xo4}\end{bmatrix}^{\mathrm{T}};\ T_y=\begin{bmatrix}T_{yo}, & T_{yo1}, & T_{yo2}, & T_{yo3}, & T_{yo4}\end{bmatrix}^{\mathrm{T}}$$

$$F_x=\begin{bmatrix}F_{x\mathrm{fl}}, & F_{x\mathrm{fr}}, & F_{x\mathrm{rl}}, & F_{x\mathrm{rr}}\end{bmatrix}^{\mathrm{T}};\ F_y=\begin{bmatrix}F_{y\mathrm{fl}}, & F_{y\mathrm{fr}}, & F_{y\mathrm{rl}}+F_{y\mathrm{rr}}\end{bmatrix}^{\mathrm{T}}$$

$$
G_{\mathrm{w}}=\begin{bmatrix}
-e_{\mathrm{w}}\cos\delta_{\mathrm{w}}+l_{\mathrm{f}}\sin\delta_{\mathrm{w}} & e_{\mathrm{w}}\cos\delta_{\mathrm{w}}+l_{\mathrm{f}}\sin\delta_{\mathrm{w}} & -e_{\mathrm{w}} & e_{\mathrm{w}}\\
(l_{\mathrm{f}}+l_{\mathrm{r}})\sin\delta_{\mathrm{w}} & 2e_{\mathrm{w}}\cos\delta_{\mathrm{w}}+(l_{\mathrm{f}}+l_{\mathrm{r}})\sin\delta_{\mathrm{w}} & 0 & 2e_{\mathrm{w}}\\
0 & 2e_{\mathrm{w}}\cos\delta_{\mathrm{w}} & 0 & 2e_{\mathrm{w}}\\
-2e_{\mathrm{w}}\cos\delta_{\mathrm{w}} & 0 & -2e_{\mathrm{w}} & 0\\
-2e_{\mathrm{w}}\cos\delta+(l_{\mathrm{f}}+l_{\mathrm{r}})\sin\delta_{\mathrm{w}} & (l_{\mathrm{f}}+l_{\mathrm{r}})\sin\delta_{\mathrm{w}} & -2e_{\mathrm{w}} & 0
\end{bmatrix}
$$

$$
H_{\mathrm{w}}=\begin{bmatrix}
l_{\mathrm{f}}\cos\delta_{\mathrm{w}}+e_{\mathrm{w}}\sin\delta_{\mathrm{w}} & l_{\mathrm{f}}\cos\delta_{\mathrm{w}}-e_{\mathrm{w}}\sin\delta_{\mathrm{w}} & -l_{\mathrm{r}}\\
(l_{\mathrm{f}}+l_{\mathrm{r}})\cos\delta_{\mathrm{w}} & (l_{\mathrm{f}}+l_{\mathrm{r}})\cos\delta_{\mathrm{w}}-2e_{\mathrm{w}}\sin\delta_{\mathrm{w}} & 0\\
0 & -2e_{\mathrm{w}}\sin\delta_{\mathrm{w}} & -(l_{\mathrm{f}}+l_{\mathrm{r}})\\
2e_{\mathrm{w}}\sin\delta_{\mathrm{w}} & 0 & -(l_{\mathrm{f}}+l_{\mathrm{r}})\\
(l_{\mathrm{f}}+l_{\mathrm{r}})\cos\delta_{\mathrm{w}}+2e_{\mathrm{w}}\sin\delta_{\mathrm{w}} & (l_{\mathrm{f}}+l_{\mathrm{r}})\cos\delta_{\mathrm{w}} & 0
\end{bmatrix}
$$

2. 单轮动力学模型

单轮动力学模型如图 3.2 所示，其动力学方程为

$$
I_{\omega}\dot{\omega}=T_{\mathrm{d}}+T_{\mathrm{b}}-\mu_{\mathrm{w}}\omega-r_{\mathrm{w}}F_{xi} \tag{3.31}
$$

式中，ω 为轮胎旋转角速度；I_{ω} 为轮胎有效转动惯量；T_{d} 为轮胎驱动力矩；T_{b} 为轮胎制动力矩；r_{w} 为轮胎滚动半径；F_{xi} 为轮胎纵向力；μ_{w} 为轮胎轴承有效阻尼系数。

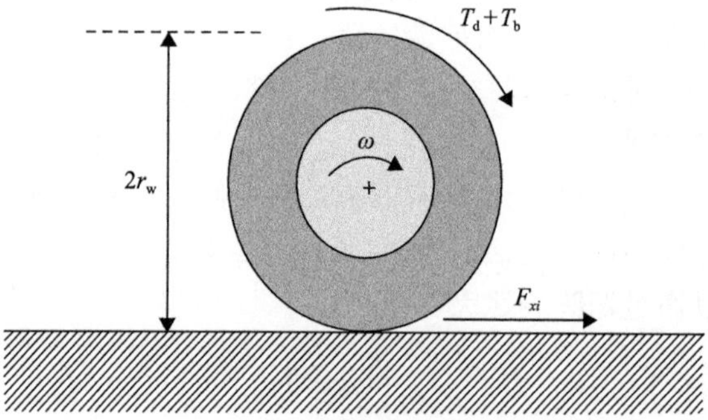

图 3.2　单轮动力学模型

为了精确计算轮胎纵向力，对驱动轮和非驱动轮的转动惯量分别进行考虑。非驱动轮的有效转动惯量即车轮自身的转动惯量，驱动轮的有效转动惯量是在车轮自身转动惯量的基础上加上传动系统的附加转动惯量。盘式制动器的车轮制动力矩的计算式为

$$T_b(t) = \frac{\pi}{2} E_p^2 \mu_e R_e P_b(t - \iota) \tag{3.32}$$

式中，E_p 为活塞直径；μ_e 为制动盘摩擦因数；R_e 为制动盘有效半径；P_b 为轮缸制动压力(由压力传感器测得)；t 为时间；ι 为制动迟滞时间。

3.2.2 基于 Kalman 滤波器的轮胎纵向力估计

1. Kalman 滤波器问题概述

1960 年，Kalman 发表了著名的用递归方法解决离散数据线性滤波问题的论文。Kalman 滤波器由一系列递归数学式描述，它提供了一种高效可计算的方法来估计过程的状态，使得估计均方误差最小。此后，得益于数字计算技术的发展，Kalman 滤波器成为推广研究和应用的主题[5]。

Kalman 滤波观测方程为

$$Y_{k+1} = H_{k+1} X_{k+1} + \upsilon_{k+1} \tag{3.33}$$

式中，Y_{k+1} 为 m 维的观测向量，可以是系统的速度、位移或者加速度响应等，其维数根据实际观测信息而定；H_{k+1} 为 $m \times 2n$ 观测矩阵；υ_{k+1} 为零均值观测噪声向量。

Kalman 滤波的目的是根据系统的状态方程和观测方程，对结构的 k+1 时刻的状态做出最优估计。结构状态在 k+1 时刻的最优估计值用 $\hat{X}_{k+1}$ 表示，其主要计算方程为

$$\hat{X}_{k+1} = \tilde{X}_{k+1} + K_{k+1}(Y_{k+1} - H_{k+1}\tilde{X}_{k+1}) \tag{3.34}$$

式中，K_{k+1} 为 $2n \times m$ 增益矩阵；$\tilde{X}_{k+1}$ 为结构状态预测值。

根据方程(3.33)，可见方程(3.34)中的 $Y_{k+1} - H_{k+1}\tilde{X}_{k+1}$ 实际上表示预测的残差值，当这个值越来越小时，说明状态预测值同真实值越来越接近。因此，实际上，Kalman 滤波中增益矩阵 K_{k+1} 作为一个权重，使得方程(3.34)等式右侧在状态向量预测值的基础上通过修正得到其在 k+1 时刻的最优估计值 $\hat{X}_{k+1}$。

求解增益矩阵 K_{k+1} 前需要定义两种误差，其表征的含义是结构状态的预测值及最优估计值同真实值之间的误差，为

$$\tilde{\xi}_k = X_k - \tilde{X}_k, \qquad \hat{\xi}_k = X_k - \hat{X}_k \tag{3.35}$$

式中，$\tilde{\xi}_k$ 为预测值与真实值间的误差，协方差矩阵为 $\tilde{P}_k = E[\tilde{\xi}_k \tilde{\xi}_k^{\mathrm{T}}]$；$\hat{\xi}_k$ 为最优估计值与真实值间的误差，协方差矩阵为 $P_k = E[\hat{\xi}_k \hat{\xi}_k^{\mathrm{T}}]$。

当式(3.35)中估计误差为零时，系统最优估计为

$$\tilde{P}_{k+1} = \varPhi_k P_k \varPhi_k^{\mathrm{T}} \tag{3.36}$$

式中，$\varPhi_k$ 为自 k 时刻向 $k+1$ 时刻的状态转移矩阵。

将观测方程(3.33)代入方程(3.34)中，可得到 k+1 时刻的最优估计值，此时更新协方差矩阵，可得到如下方程：

$$P_{k+1} = (I - K_{k+1}H_{k+1})\tilde{P}_{k+1} \tag{3.37}$$

根据 P_{k+1} 取极小原则，可推导出

$$K_{k+1} = \tilde{P}_{k+1}H_{k+1}^{\mathrm{T}}(H_{k+1}\tilde{P}_{k+1}H_{k+1}^{\mathrm{T}} + R_{k+1})^{-1} \tag{3.38}$$

式中，R_{k+1} 为参数调节矩阵。

Kalman 滤波的主要公式由式(3.33)、式(3.34)、式(3.36)、式(3.37)、式(3.38)构成，在给定初值状态估计值 $\hat{X}_0$ 及初值误差协方差 $\hat{P}_0$ 的条件下，便可对结构状态进行预测估计。

2. 轮胎纵向力估计

式(3.31)中，当车辆处于加速或者制动时，线性阻尼力矩 $\mu_{\mathrm{w}}\omega$ 的大小相对于驱动力矩或者制动力矩等可以忽略不计，因此式(3.31)可写为

$$I_{\omega}\dot{\omega} = T_{\mathrm{d}} + T_{\mathrm{b}} - r_{\mathrm{w}}F_x \tag{3.39}$$

通过前向欧拉法[6]，转换式(3.39)为

$$\omega(k+1) = \omega(k) + h_{\mathrm{t}}\dot{\omega}(k) = \omega(k) + h_{\mathrm{t}}\frac{T_{\mathrm{d}}(k) + T_{\mathrm{b}}(k)}{I_{\omega}} - h_{\mathrm{t}}\frac{r_{\mathrm{w}}F_x(k)}{I_{\omega}} \tag{3.40}$$

式中，h_{t} 为采样时间。

运用 Kalman 滤波器，车辆轮胎的动力学状态方程可写为

$$P_x(k+1) = F_x(k) + w_1(k) \tag{3.41}$$

$$\omega(k+1) = \omega(k) - h_{\mathrm{t}}\frac{r_{\mathrm{w}}F_x(k)}{I_{\omega}} + h_{\mathrm{t}}\frac{T_{\mathrm{d}}(k) + T_{\mathrm{b}}(k)}{I_{\omega}} + w_2(k) \tag{3.42}$$

$$y(k) = \omega(k) + \upsilon(k) \tag{3.43}$$

式中，$w_1(k)$、$w_2(k)$ 为自 k 时刻向 k+1 时刻的状态转移差值向量；$\upsilon(k)$ 为噪声向量。

可定义状态向量为

$$x(k)=\left[F_x(k),\quad \omega(k)\right]^{\mathrm{T}} \tag{3.44}$$

式(3.41)～式(3.43)可写成标准状态方程为

$$x(k+1)=A_{\mathrm{w}}x(k)+B_{\mathrm{w}}\tau(k)+\omega(k) \tag{3.45}$$

$$y(k)=C_{\mathrm{w}}x(k)+\upsilon(k) \tag{3.46}$$

式中，$A_{\mathrm{w}}=\begin{bmatrix}1 & 0\\ -h_{\mathrm{t}}\dfrac{r_{\mathrm{w}}}{I_\omega} & 1\end{bmatrix}$；$B_{\mathrm{w}}=\begin{bmatrix}0\\ h_{\mathrm{t}}\dfrac{1}{I_\omega}\end{bmatrix}$；$C_{\mathrm{w}}=\left[0,\ 1\right]$。

观测矩阵为

$$\begin{bmatrix}C_{\mathrm{w}}\\ C_{\mathrm{w}}A_{\mathrm{w}}\end{bmatrix}=\begin{bmatrix}0 & 1\\ -h_{\mathrm{t}}\dfrac{r_{\mathrm{w}}}{I_\omega} & 1\end{bmatrix} \tag{3.47}$$

从式(3.47)可看出，此矩阵满秩，这表明状态方程式(3.45)、式(3.46)是可解的。因此，可用轮速测量值与 Kalman 滤波器估计出单轮胎纵向力。

协方差矩阵为

$$P_k=E\begin{bmatrix}w_1^2(k) & w_1(k)\cdot w_2(k)\\ w_2(k)\cdot w_1(k) & w_2^2(k)\end{bmatrix} \tag{3.48}$$

$$R_k=E\left[\upsilon^2(k)\right] \tag{3.49}$$

由 Kalman 滤波器的主要算式可得

$$\tilde{P}_{k+1}=A_{\mathrm{w}}P_kA_{\mathrm{w}}^{\mathrm{T}} \tag{3.50}$$

$$\tilde{x}_{k+1}=A_{\mathrm{w}}\hat{x}_k+B_{\mathrm{w}}\tau_k \tag{3.51}$$

$$K_{k+1}=\tilde{P}_{k+1}C_{\mathrm{w}}^{\mathrm{T}}(C_{\mathrm{w}}\tilde{P}_{k+1}C_{\mathrm{w}}^{\mathrm{T}}+R_{k+1})^{-1} \tag{3.52}$$

$$\hat{x}_{k+1}=\tilde{x}_{k+1}+K_{k+1}(y_{k+1}-C_{\mathrm{w}}\tilde{x}_{k+1}) \tag{3.53}$$

$$P_{k+1}=(I-K_{k+1}C_{\mathrm{w}})\tilde{P}_{k+1} \tag{3.54}$$

式中，τ_k 为 k 时刻驱动力矩与制动力矩之和。

由上述各式可估算出各单轮的轮胎纵向力。

3. 添加等式约束的轮胎纵向力估计

由于纵向加速度可测量，所以针对轮胎纵向力的估计可以添加基于纵向加速度的等式约束条件来进行优化[7]。为方便讨论，假设车辆行驶在直线道路上(实际车辆不会一直行驶在直线道路上，这并不影响最终的结果)，由式(3.9)～式(3.11)可得

$$m\dot{v}_x = F_{x\mathrm{fl}} + F_{x\mathrm{fr}} + F_{x\mathrm{rl}} + F_{x\mathrm{rr}} \tag{3.55}$$

前面已估计出各个轮胎纵向力，可转换式(3.55)为

$$m\dot{v}_x = \hat{F}_{x\mathrm{fl}} + \hat{F}_{x\mathrm{fr}} + \hat{F}_{x\mathrm{rl}} + \hat{F}_{x\mathrm{rr}} \tag{3.56}$$

运用优化算法[8]，定义如下方程：

$$\widehat{x}_k = \arg\min_x (x - \hat{x}_k)^{\mathrm{T}} \overline{W} (x - \hat{x}_k) \tag{3.57}$$

式中，$\hat{x}_k$ 为 Kalman 滤波器估算出的轮胎纵向力；$\widehat{x}_k$ 为满足等式约束条件下的轮胎纵向力估计值；$\overline{W}$ 为权系数矩阵。

假设 $\widehat{F}_{x\mathrm{rl}} = \hat{F}_{x\mathrm{rl}}$、$\widehat{F}_{x\mathrm{rr}} = \hat{F}_{x\mathrm{rr}}$，则表明由 Kalman 滤波器估算出的两后轮胎纵向力与满足等式约束条件下的两后轮胎纵向力估计值相等。例如，前驱动车辆在加速过程中，后轮既没有制动力矩也没有驱动力矩，故而两后轮胎纵向力估计值不论采用哪一种估算方法，其结果基本是相等的。在等式约束优化算法中，会忽略系统的一些不确定信息，这会导致估算的结果失真，这种问题可以通过采用拉格朗日乘数法进行分析解决。

可定义

$$D_L = \begin{bmatrix} 1, & 1, & 1, & 1 \end{bmatrix}, \quad \rho = m\dot{v}_x \tag{3.58}$$

或者定义

$$D_L = \begin{bmatrix} 1 & 1 & 1 & 1 \\ 0 & 0 & 1 & 0 \\ 0 & 0 & 0 & 1 \end{bmatrix}, \quad \rho = \begin{bmatrix} m\dot{v}_x \\ \hat{F}_{x\mathrm{rl}} \\ \hat{F}_{x\mathrm{rr}} \end{bmatrix} \tag{3.59}$$

因此，上述等式约束可缩写为 $D_L\hat{x} = \rho$。可采用式(3.60)来解决上述所描述的问题：

$$\widehat{x}_k = \hat{x}_k - \overline{W}^{-1} D_L^{\mathrm{T}} (D_L \overline{W}^{-1} D_L^{\mathrm{T}})^{-1} (D_L \hat{x}_k - \rho) \tag{3.60}$$

通过调整权矩阵 $\overline{W}$ 的大小，取合适的估计值。通常 $\overline{W}$ 可选择为 $\overline{W} = I$ 或 $\overline{W} = (\hat{P}_{k+1})^{-1}$。当选择 $\overline{W} = I$ 时，$\widehat{x}_k$ 实际为 $\hat{x}$ 在子空间 $D_L\hat{x} = \rho$ 中的正交投影。当

选择 $\bar{W}=(\hat{P}_{k+1})^{-1}$ 时，$\widehat{x}_k$ 为 $\hat{x}$ 在子空间 $D_L\hat{x}=\rho$ 上的一个点。

4. 仿真计算与分析

基于前面建立的车辆模型和单轮动力学模型，在 MATLAB/Simulink 环境中对上述控制方法进行仿真研究。仿真条件为：车速为 72km/h，路面附着系数 μ 分别设为 0.9 与 0.3，部分车辆仿真参数如表 3.1 所示。为了验证模型的准确性，在 CarSim 中建立相同参数的车辆模型，在相同系统输入的情况下，用 CarSim 中的输出响应作为比较值，对比 Simulink 中的仿真模型输出响应，验证仿真模型的可靠性。

表 3.1　部分车辆仿真参数

参数	数值
车辆质量/kg	2024
绕 z 轴的横摆转动惯量/(kg · m^2)	3200
转向盘到前轮传动比	20
前轮至质心距离/m	1.070
后轮至质心距离/m	1.953
轮距 $2e$/m	1.742

图 3.3 为路面附着系数取 0.9 时左前轮纵向力仿真图，从图中可以看出，Kalman 滤波器所估算出的左前轮纵向力与 CarSim 值趋势基本一致，而带有等式约束条件的 Kalman 滤波器在控制效果上要优于 Kalman 滤波器所估算出的结果。图 3.4 为路面附着系数取 0.3 时左前轮纵向力仿真图，图中 Kalman 滤波器与等式

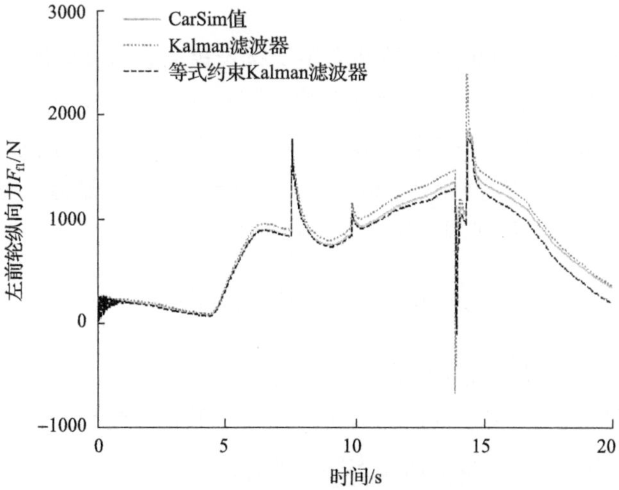

图 3.3　μ=0.9 时左前轮纵向力仿真图

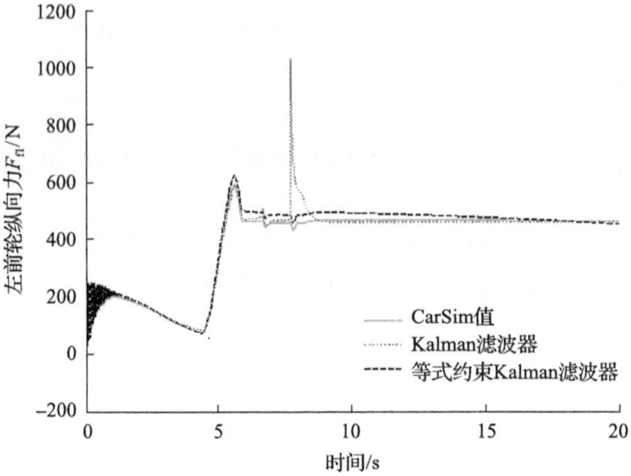

图 3.4　μ=0.3 时左前轮纵向力仿真图

约束 Kalman 滤波器估算的结果与 CarSim 值趋势基本一致。但在 8s 左右 Kalman 滤波器估算出的左前轮纵向力有跳动，与 CarSim 值相差很大，这是由于车辆行驶在低附着系数路面，路面提供给轮胎的纵向力比较小，这时发动机力矩将会有瞬时的改变，故提供给轮胎的驱动力矩也会有瞬时的改变，以此调节合适的驱动力提供给轮胎，而等式约束 Kalman 滤波器则很好地改变了这一突变，使估算出的车轮纵向力更符合测量值。

3.2.3　基于干扰观测器的轮胎侧向力产生的横摆力矩估计

1. 干扰观测器

干扰观测器的基本思想是将外部力矩干扰及模型参数变化所造成的实际对象与名义模型输出的差异等效到控制输入端，即观测出等效干扰[9]。在控制中再引入等效的补偿，以实现对干扰完全抑制。其基本结构如图 3.5 所示。

图 3.5 中的 $G_{\mathrm{p}}(s)$ 为对象的传递函数，d 为等效干扰，$\hat{d}$ 为观测干扰，u 为控制输入，e 为控制输入与观测干扰之差。由此图可求出 $\hat{d}$ 为

$$\hat{d}=(e+d)\cdot G_{\mathrm{p}}(s)\cdot G_{\mathrm{p}}^{-1}(s)-e \tag{3.61}$$

对于实际物理系统，其实现存在如下问题：

(1) 在通常情况下，$G_{\mathrm{p}}(s)$ 的相对阶不为零，其逆在物理上不可实现；

(2) 对象 $G_{\mathrm{p}}(s)$ 的精确数学模型无法得到；

(3) 考虑到测量噪声的影响，该方法的控制性能将下降。

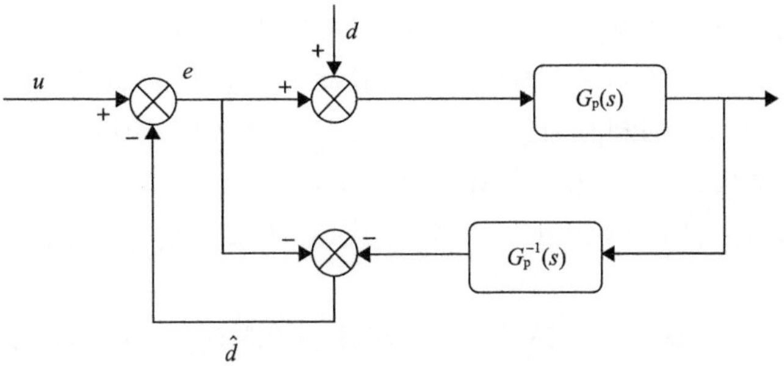

图 3.5　干扰观测器的基本结构

解决上述问题的唯一方法是在 $\hat{d}$ 的后面串入低通滤波器 $Q(s)$，并用名义模型 $G_n(s)$ 的逆 $G_n^{-1}(s)$ 来代替 $G_p(s)$，从而得到如图 3.6 所示的干扰观测器原理框图，其中虚线部分为干扰观测器。

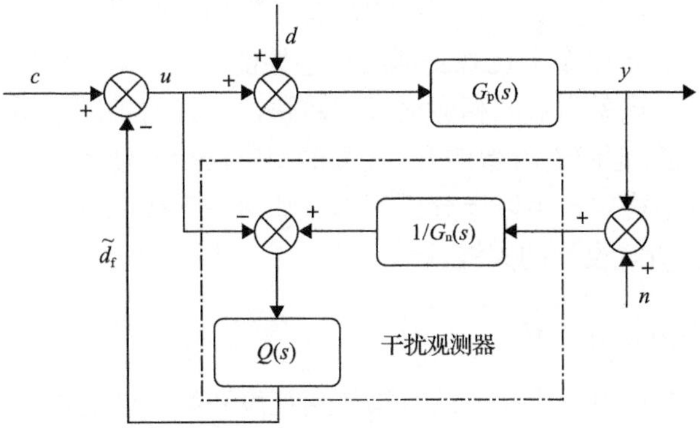

图 3.6　干扰观测器原理框图

图 3.6 中 c 为控制器输出，n 为传感器的等效测量误差，$\tilde{d}_f$ 为预测到的系统干扰，$G_p(s)$ 为被控对象的传递函数，$G_n(s)$ 为其参考模型，$Q(s)$ 为干扰观测器的低通滤波器。

根据梅森公式，由图 3.6 可得

$$G_{cy}(s)=\frac{G_p(s)G_n(s)}{G_n(s)+Q(s)[G_p(s)-G_n(s)]} \tag{3.62}$$

$$G_{dy}(s)=\frac{G_p(s)G_n(s)[1-Q(s)]}{G_n(s)+Q(s)[G_p(s)-G_n(s)]} \tag{3.63}$$

$$G_{ny}(s)=\frac{G_p(s)Q(s)}{G_n(s)+Q(s)[G_p(s)-G_n(s)]} \tag{3.64}$$

$Q(s)$ 的设计是干扰观测器中的一个重要环节。首先，为使 $Q(s)G_n^{-1}(s)$ 正则，$Q(s)$ 的相对阶应不小于 $G_n(s)$ 的相对阶；其次，$Q(s)$ 带宽的设计是在干扰观测器的鲁棒稳定性和干扰抑制能力之间的折中。因此，$Q(s)$ 的设计原则：在低频段，$Q(s)=1$；在高频段，$Q(s)=0$。具体分析如下：

(1) 在低频时，$Q(s)=1$，由式(3.62)～式(3.64)知：$G_{cy} \approx G_n(s)$，$G_{dy}(s) \approx 0$，$G_{ny}(s) \approx 1$。

(2) 在高频时，$Q(s)=0$，由式(3.62)～式(3.64)知：$G_{cy} \approx G_p(s)$，$G_{dy}(s) = G_p(s)$，$G_{ny}(s) \approx 0$。

上述(1)中，$G_{dy}(s) \approx 0$ 说明干扰观测器对于 $Q(s)$ 频带内的低频干扰具有完全的抑制能力，$G_{ny}(s) \approx 1$ 说明干扰观测器对于低频测量噪声非常敏感。因此，在实际应用中，必须考虑采取适当的措施减小运动状态测量中的低频噪声；在上述(2)中，$G_{ny}(s) \approx 0$ 说明干扰观测器对测量噪声不敏感，可以实现对高频噪声的有效滤除，但对于对象参数的摄动及外部扰动没有任何抑制作用。

$Q(s)$ 的性能决定整个干扰观测器的动态性能。从理论上分析，$Q(s)$ 的带宽越宽，阶数越高，干扰观测器的相应速度就越快，干扰的抑制效果就越好，系统对干扰的灵敏度越低，但随着阶数的升高，大的相位滞后会使系统产生欠阻尼现象，甚至使系统变得不稳定。由以上分析可知，如何使干扰观测器获得好的动态性能和高的稳定性是 $Q(s)$ 设计的关键。

2. 轮胎侧向力估计流程

本节通过横摆动力学模型，结合横摆角速度和纵、侧向加速度等估计出轮胎侧向力产生的侧向横摆力矩，由估算出的轮胎侧向力产生的横摆力矩计算出各轮胎侧向力。假设车辆的质心位置已知，图 3.7 为轮胎侧向力估计流程图。

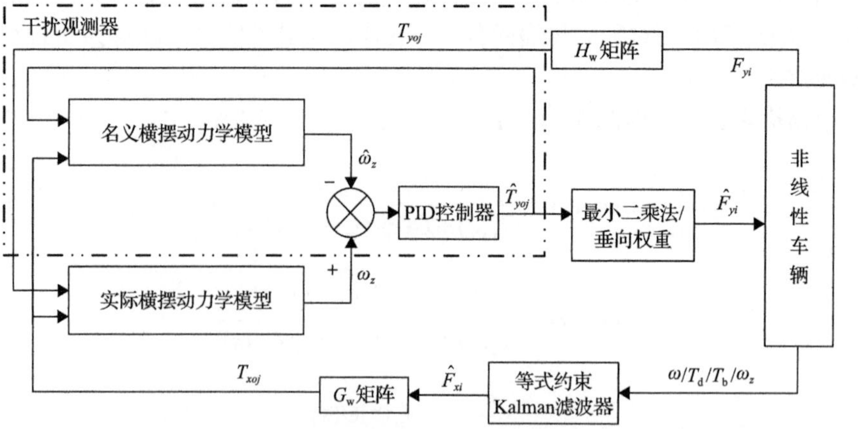

图 3.7 轮胎侧向力估计流程图

如图 3.7 所示，利用横摆角速度、轮胎旋转角速度等信号，通过等式约束 Kalman 滤波器估算出各个轮胎纵向力 F_{xi}，再利用矩阵 G_{w} 计算出轮胎纵向力产生的横摆力矩 T_{xoj}，并将其作为实际横摆动力学模型与名义横摆动力学模型的输入信号。利用轮胎侧向力信号 F_{yi}，通过矩阵 H_{w} 计算得出轮胎侧向力产生的横摆力矩 T_{yoj}，并将其作为实际横摆动力学模型的输入信号。名义横摆动力学模型和实际横摆动力学模型输出的横摆角速度之差作为 PID 控制器的输入信号。PID 控制器的输出信号即为轮胎侧向力产生的横摆力矩估计值 $\hat{T}_{yoj}$。以轮胎侧向力产生的横摆力矩估计值为输入，通过最小二乘法与垂向权重(各轮胎侧向力与其相应的垂直力比值)的方法计算出轮胎侧向力估计值 $\hat{F}_{yi}$。

为使名义横摆动力学模型输出的横摆角速度能够很好的跟踪实际(测量)横摆角速度，本节引入 PID 控制器以保证更好的跟踪效果，更好地补偿轮胎侧向力产生的横摆力矩。

3. 轮胎侧向力产生的横摆力矩估计

四个车轮的轮胎纵向力由 3.2.2 节部分估计得出，以质心横摆力矩为例。因此，T_{xo} 可以通过式(3.16)直接计算出，T_{yo} 在横摆角加速度 $\dot{\omega}_z$ 的基础上计算出，所用的方法为

$$I_z\dot{\omega}_z = T_{xo} + T_{yo} \tag{3.65}$$

进行拉普拉斯变换后，为

$$I_z s\omega_z(s) = T_{xo}(s) + T_{yo}(s) \tag{3.66}$$

再经低通滤波得

$$\frac{I_z s}{T_{\mathrm{s}}+1}\omega_z(s) = \frac{1}{T_{\mathrm{s}}+1}\left[T_{xo}(s) + T_{yo}(s)\right] \tag{3.67}$$

对式(3.67)进行变换得

$$\frac{I_z s}{T_{\mathrm{s}}+1}\hat{\omega}_z(s) = \frac{1}{T_{\mathrm{s}}+1}\left[T_{xo}(s) + \overline{T}_{yo}(s)\right] + K_{\mathrm{p}}\tilde{\omega}_z(s) + K_{\mathrm{i}}\frac{1}{s}\tilde{\omega}_z(s) + \frac{-I_z + K_{\mathrm{d}}}{T_{\mathrm{s}}+1}s\tilde{\omega}_z(s) \tag{3.68}$$

式中，$\hat{\omega}_z(s)$ 为 $\hat{\omega}_z$ 拉普拉斯变换估计值；T_{xo} 为观测器的输入值；$\overline{T}_{yo}$ 为绕质心 O 轮胎侧向力产生的横摆力矩的初始值；$\tilde{\omega}_z = \omega_z - \hat{\omega}_z$ 为横摆角速度的测量值与估计值之差。

将式(3.68)减去式(3.65)～式(3.67)得到如下方程：

$$\frac{1}{T_{\mathrm{s}}+1}\left[T_{yo}(s)-\bar{T}_{yo}(s)\right]=K_{\mathrm{p}}\tilde{\omega}_z(s)+K_{\mathrm{i}}\frac{1}{s}\tilde{\omega}_z(s)+\frac{K_{\mathrm{d}}}{T_{\mathrm{s}}+1}s\tilde{\omega}_z(s) \tag{3.69}$$

因此可得到绕质心 O 的轮胎侧向力产生的横摆力矩估计值为

$$\hat{T}_{yo}(s)=\bar{T}_{yo}(s)+\frac{1}{T_{\mathrm{s}}+1}\tilde{T}_{yo}(s)=\bar{T}_{yo}(s)+\left[K_{\mathrm{p}}\tilde{\omega}_z(s)+K_{\mathrm{i}}\frac{1}{s}\tilde{\omega}_z(s)+\frac{K_{\mathrm{d}}}{T_{\mathrm{s}}+1}s\tilde{\omega}_z(s)\right] \tag{3.70}$$

式中，$\hat{T}_{yo}$ 为 T_{yo} 拉普拉斯变换估计值；$\tilde{T}_{yo}=T_{yo}-\hat{T}_{yo}$ 为轮胎侧向力产生的横摆力矩测量值与估计值之差；K_{p}、K_{i}、K_{d} 为 PID 控制器增益。

低通滤波器权重 $1/(T_{\mathrm{s}}+1)$ 在低频带给予了大致的力矩信号。从式(3.70)中可以看出，越小的时间常数 T，会得到越宽的差值频率带。但是，$\hat{T}_{yo}$ 不适合取太高的频率，因为需要利用滤波器从 $\tilde{\omega}_z$ 差值信号中削弱噪声的影响和在低频带中估计出 PID 控制器的差分值。同理，其他旋转中心的计算同上。

3.2.4　轮胎侧向力估计

3.2.1 节通过矩阵 H_{w} 建立各个轮胎侧向力与侧向力产生的横摆力矩之间的关系。因此，可借助 3.2.3 节估算出的轮胎侧向力产生的横摆力矩分别计算出各个轮胎侧向力。本节利用最小二乘法[10]从已估计的轮胎侧向力产生的横摆力矩信号 $\hat{T}_y$ 和 T_y 与 F_y 的线性关系中计算出轮胎侧向力，即找出一个合适的矢量 $\hat{F}_y$ 来满足下式[11]：

$$\min_{\hat{F}_y}\left\|\hat{T}_y-H_{\mathrm{w}}\hat{F}_y\right\|_2 \tag{3.71}$$

其中，$\hat{T}_y$ 可以写成

$$\hat{T}_y=H_{\mathrm{w}}\cdot F_y+\zeta \tag{3.72}$$

ζ 为轮胎侧向力产生的横摆力矩估计的误差，它是由模型参数不准确导致的，如车辆质量、车辆纵向力不准确等。无约束最小二乘法的解析解为

$$\hat{F}_y=(H_{\mathrm{w}}^{\mathrm{T}}H_{\mathrm{w}})^{-1}H_{\mathrm{w}}^{\mathrm{T}}\hat{T}_y \tag{3.73}$$

式中，$\hat{F}_y$ 为 F_y 的估计值；$\hat{T}_y$ 为轮胎侧向力产生的横摆力矩的估计值。

矢量信号 ζ 是由零均值随机信号组成的。然而，式(3.73)中的二次型指标函数最小唯一解的充分必要条件是矩阵 H_{w} 的阶数应该与列秩大小相等，即矩阵 $H_{\mathrm{w}}^{\mathrm{T}}H_{\mathrm{w}}$ 是可逆的。但当前轮转角为零(或者极小)时，矩阵 H_{w} 的阶数不能满足当前列秩的情况。证明如下：

$$\sin\delta_{\mathrm{w}} = 0 \Rightarrow H_{\mathrm{w}} = \begin{bmatrix} l_{\mathrm{f}}\cos\delta_{\mathrm{w}} & l_{\mathrm{f}}\cos\delta_{\mathrm{w}} & -l_{\mathrm{r}} \\ (l_{\mathrm{f}}+l_{\mathrm{r}})\cos\delta_{\mathrm{w}} & (l_{\mathrm{f}}+l_{\mathrm{r}})\cos\delta_{\mathrm{w}} & 0 \\ 0 & 0 & -(l_{\mathrm{f}}+l_{\mathrm{r}}) \\ 0 & 0 & -(l_{\mathrm{f}}+l_{\mathrm{r}}) \\ (l_{\mathrm{f}}+l_{\mathrm{r}})\cos\delta_{\mathrm{w}} & (l_{\mathrm{f}}+l_{\mathrm{r}})\cos\delta_{\mathrm{w}} & 0 \end{bmatrix} \tag{3.74}$$

从式(3.74)中可以看出，矩阵 H_{w} 第一列和第二列是完全相同的，因此此矩阵列秩不能满足方程所需。显然，当前轮转角足够小时，式(3.74)中的列秩将会小于列数，因此矩阵 H_{w} 无解。尽管这只是矩阵 H_{w} 由缺失列秩而导致无解的一种情况，但当控制器进行逆向运算时仍会引起数值出现错误。

为了克服列秩带来的上述问题，3.2.1 节中部分公式需进行适当的修改。首先，前轮转角可以取零。然后，分析轮胎侧向力和其力矩之间的静态关系。

(1) 针对参考点 O：

$$T_{yo} \approx (F_{y\mathrm{fl}} + F_{y\mathrm{fr}})l_{\mathrm{f}}\cos\delta_{\mathrm{w}} - l_{\mathrm{r}}(F_{y\mathrm{rl}} + F_{y\mathrm{rr}}) \tag{3.75}$$

(2) 针对参考点 O_1：

$$T_{yo1} \approx (F_{y\mathrm{fl}} + F_{y\mathrm{fr}})(l_{\mathrm{f}} + l_{\mathrm{r}})\cos\delta_{\mathrm{w}} \tag{3.76}$$

(3) 针对参考点 O_2：

$$T_{yo2} \approx -(F_{y\mathrm{rl}} + F_{y\mathrm{rr}})(l_{\mathrm{f}} + l_{\mathrm{r}}) \tag{3.77}$$

(4) 针对参考点 O_3：

$$T_{yo3} \approx -(F_{y\mathrm{rl}} + F_{y\mathrm{rr}})(l_{\mathrm{f}} + l_{\mathrm{r}}) \tag{3.78}$$

(5) 针对参考点 O_4：

$$T_{yo4} \approx (F_{y\mathrm{fl}} + F_{y\mathrm{fr}})(l_{\mathrm{f}} + l_{\mathrm{r}})\cos\delta_{\mathrm{w}} \tag{3.79}$$

将上述五个公式进行合并，可得到如下方程：

$$T_{yo1} - T_{yo2} = (F_{y\mathrm{fl}} + F_{y\mathrm{fr}})(l_{\mathrm{f}} + l_{\mathrm{r}})\cos\delta_{\mathrm{w}} + (F_{y\mathrm{rl}} + F_{y\mathrm{rr}})(l_{\mathrm{f}} + l_{\mathrm{r}}) \tag{3.80}$$

$$T_{yo4} - T_{yo3} = (F_{y\mathrm{fl}} + F_{y\mathrm{fr}})(l_{\mathrm{f}} + l_{\mathrm{r}})\cos\delta_{\mathrm{w}} + (F_{y\mathrm{rl}} + F_{y\mathrm{rr}})(l_{\mathrm{f}} + l_{\mathrm{r}}) \tag{3.81}$$

$$\frac{T_{yo1} - T_{yo2} + T_{yo4} - T_{yo3}}{2} = (F_{y\mathrm{fl}} + F_{y\mathrm{fr}})(l_{\mathrm{f}} + l_{\mathrm{r}})\cos\delta_{\mathrm{w}} + (F_{y\mathrm{rl}} + F_{y\mathrm{rr}})(l_{\mathrm{f}} + l_{\mathrm{r}}) \tag{3.82}$$

由此可以写成如下矩阵形式：

$$T_{y1} = H_{\mathrm{w}}^{1} F_{y1} \tag{3.83}$$

$$T_{y1} = \left[T_{yo}, \quad \frac{T_{yo1} - T_{yo2} + T_{yo4} - T_{yo3}}{2} \right]^{\mathrm{T}} \tag{3.84}$$

$$F_{y1} = \left[F_{y\mathrm{fl}} + F_{y\mathrm{fr}}, \quad F_{y\mathrm{rl}} + F_{y\mathrm{rr}} \right]^{\mathrm{T}} \tag{3.85}$$

$$H_{\mathrm{w}}^{1} = \begin{bmatrix} l_{\mathrm{f}} \cos\delta_{\mathrm{w}} & -l_{\mathrm{r}} \\ (l_{\mathrm{f}} + l_{\mathrm{r}}) \cos\delta_{\mathrm{w}} & l_{\mathrm{f}} + l_{\mathrm{r}} \end{bmatrix}^{\mathrm{T}} \tag{3.86}$$

从而得到

$$\hat{F}_{y1} = [(H_{\mathrm{w}}^{1})^{\mathrm{T}}, H_{\mathrm{w}}^{1}]^{-1} (H_{\mathrm{w}}^{1})^{\mathrm{T}} T_{y1} \tag{3.87}$$

依据垂直载荷大小按比例分配前轮胎侧向力：

$$\frac{F_{y\mathrm{fl}}}{F_{z\mathrm{fl}}} \approx \frac{F_{y\mathrm{fr}}}{F_{z\mathrm{fr}}}, \quad \frac{F_{y\mathrm{rl}}}{F_{z\mathrm{rl}}} \approx \frac{F_{y\mathrm{rr}}}{F_{z\mathrm{rr}}} \tag{3.88}$$

$$\hat{F}_{y\mathrm{fl}} \approx \left(\frac{F_{z\mathrm{fl}}}{F_{z\mathrm{fl}} + F_{z\mathrm{fr}}} + \lambda a_y \right) (F_{y\mathrm{fl}} + F_{y\mathrm{fr}}) \tag{3.89}$$

$$\hat{F}_{y\mathrm{fr}} \approx \left(\frac{F_{z\mathrm{fr}}}{F_{z\mathrm{fl}} + F_{z\mathrm{fr}}} - \lambda a_y \right) (F_{y\mathrm{fl}} + F_{y\mathrm{fr}}) \tag{3.90}$$

式中，λ 为权重参数，是根据车辆在不同的行驶工况下，其前、后轴载荷的变化而进行调节的一个参数。

同理，可求得左后轮胎侧向力、右后轮胎侧向力。

3.2.5 仿真计算与分析

基于前面所建立的整车动力学模型，在 MATLAB/Simulink 环境中进行了仿真，其中整车部分参数参考表 3.1。

1. 双移线曲线仿真

仿真条件设为：车速 72km/h，路面附着系数 μ 分别为 0.9 与 0.3，车辆行驶路径如图 3.8 所示。图 3.9 和图 3.10 分别给出 μ 为 0.9 和 0.3 时 4 个轮胎的侧向力。

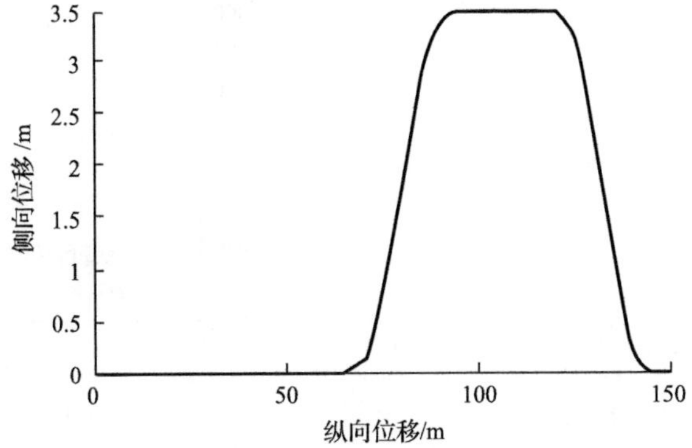

图 3.8　车辆行驶路径

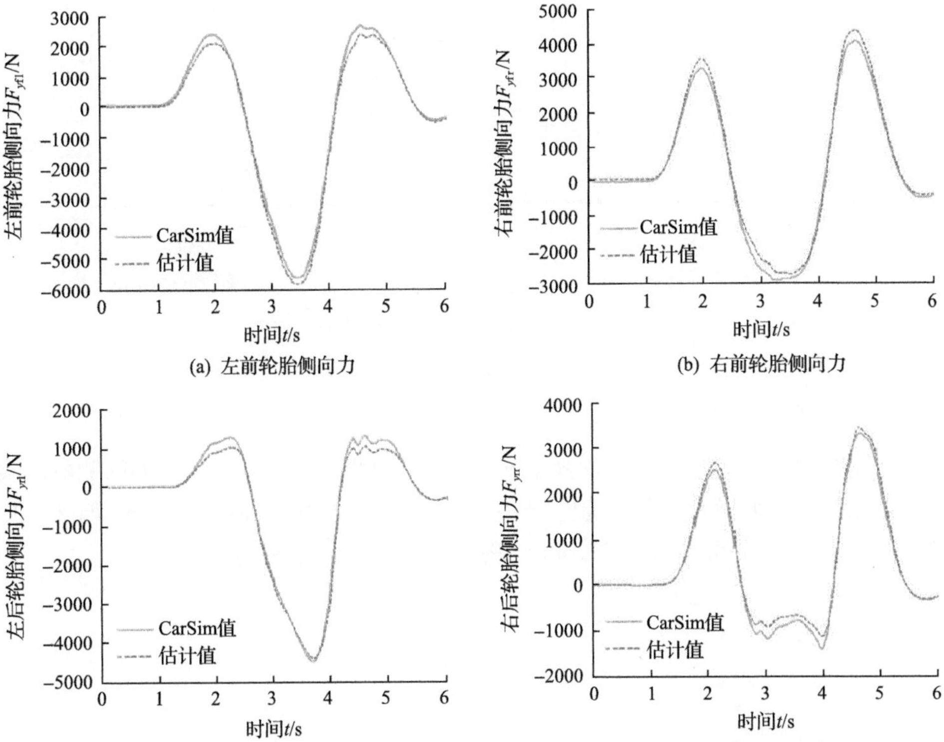

(a) 左前轮胎侧向力　(b) 右前轮胎侧向力

(c) 左后轮胎侧向力　(d) 右后轮胎侧向力

图 3.9　μ=0.9 时 4 个轮胎侧向力

从图 3.9 与图 3.10 中可以看出，当路面附着系数为 0.3 时，轮胎侧向力明显偏小，这是由于路面提供的轮胎附着力小；无论路面附着系数为 0.9 还是 0.3，估计的轮胎侧向力与 CarSim 值中轮胎侧向力的结果均基本一致。

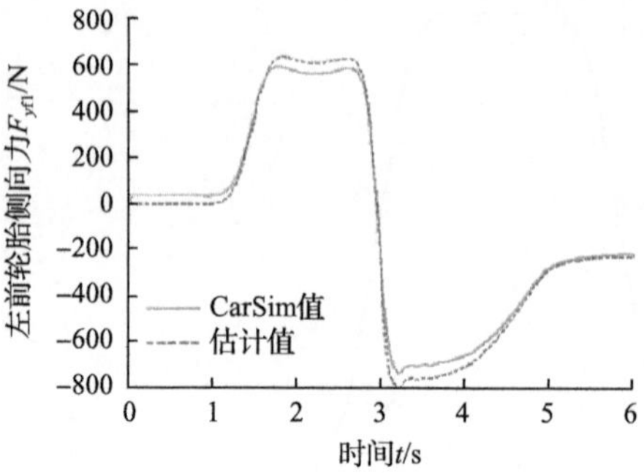

(a) 左前轮胎侧向力

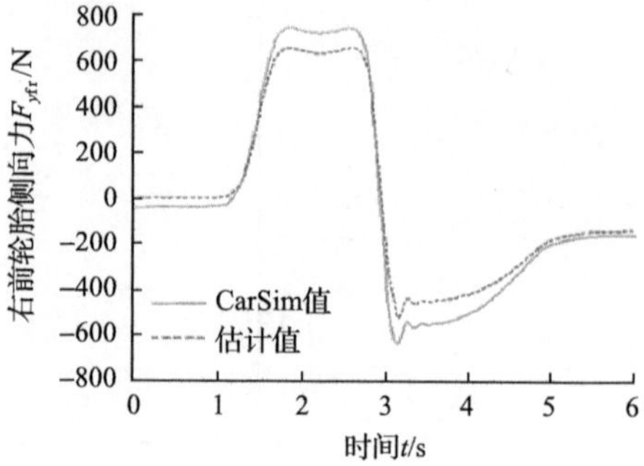

(b) 右前轮胎侧向力

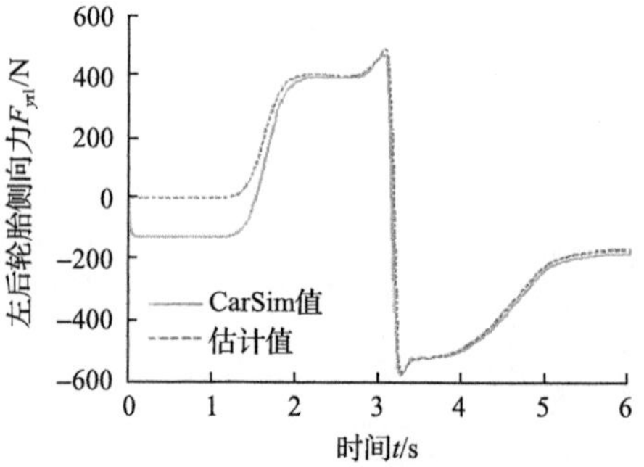

(c) 左后轮胎侧向力

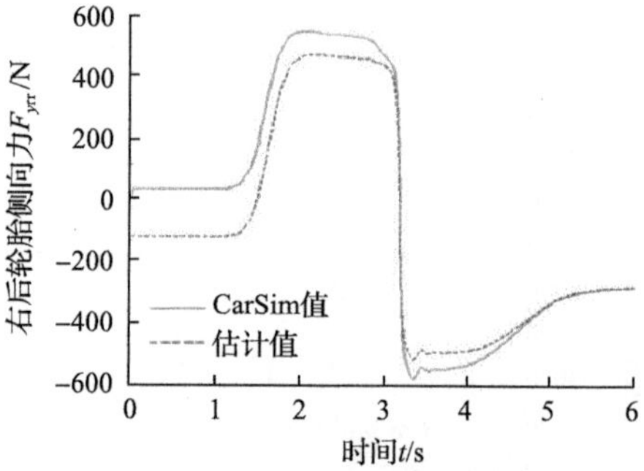

(d) 右后轮胎侧向力

图 3.10　μ= 0.3 时 4 个轮胎侧向力

2. 鱼钩曲线仿真

当转角输入至物理极限的行驶工况，用鱼钩曲线[12]能够模拟出车辆的侧翻危险工况，能够对车辆操纵性和侧翻性能进行验证。转向盘转角随时间的变化如图 3.11 所示。仿真条件设为：车速 72km/h，路面附着系数 μ 分别为 0.9 和 0.3。

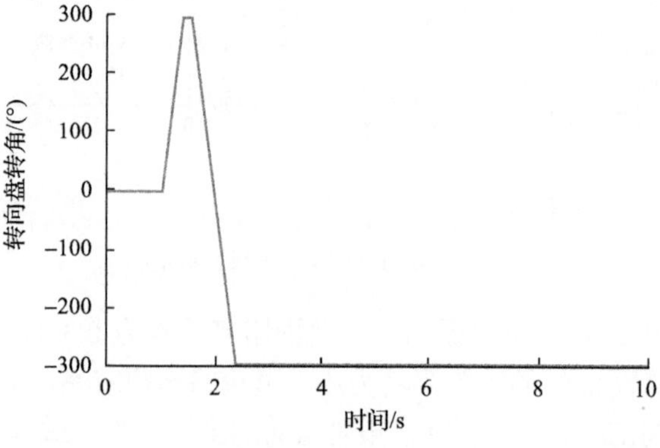

图 3.11　转向盘转角

如图 3.12 所示，当 μ=0.9 时，估计曲线与图中 CarSim 值所示曲线基本匹配。图 3.13 给出了 μ=0.3 时 4 个轮胎侧向力，从图中可以看出，估计的各轮胎侧向力与 CarSim 值基本一致，进一步验证了本节所提出的轮胎侧向力估计算法的正确性。

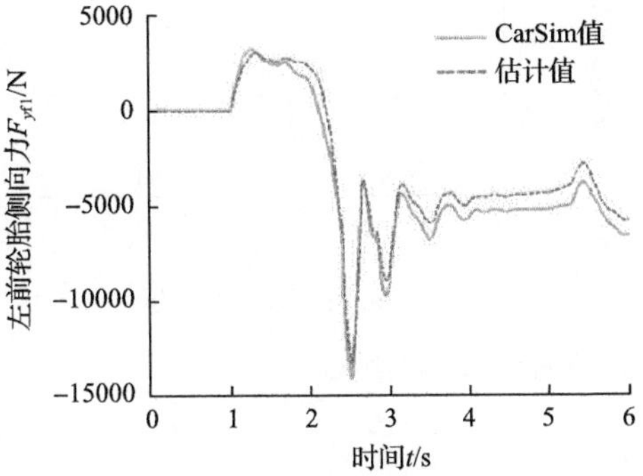

(a) 左前轮胎侧向力

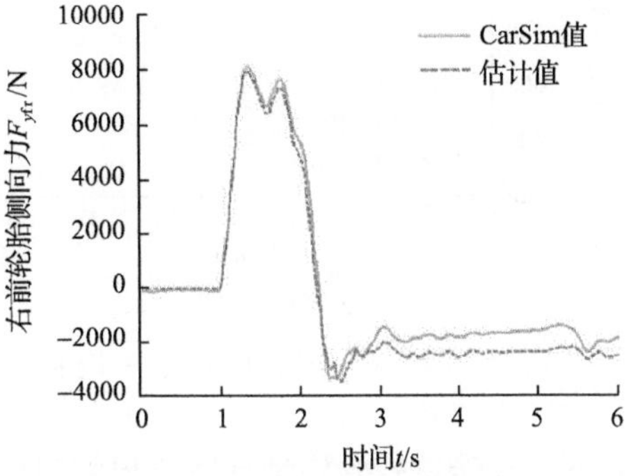

(b) 右前轮胎侧向力

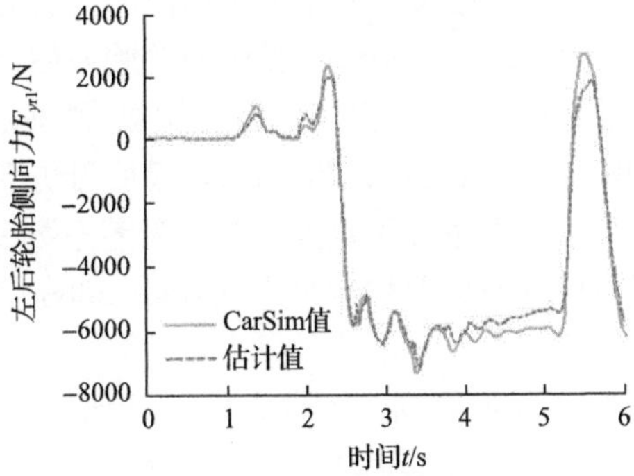

(c) 左后轮胎侧向力

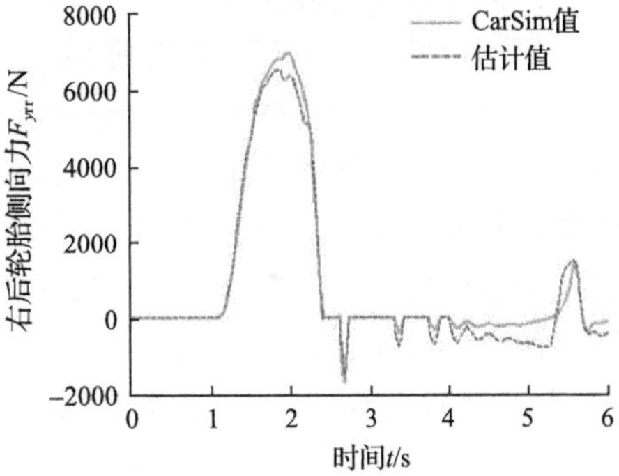

(d) 右后轮胎侧向力

图 3.12　$\mu = 0.9$ 时 4 个轮胎侧向力(鱼钩曲线)

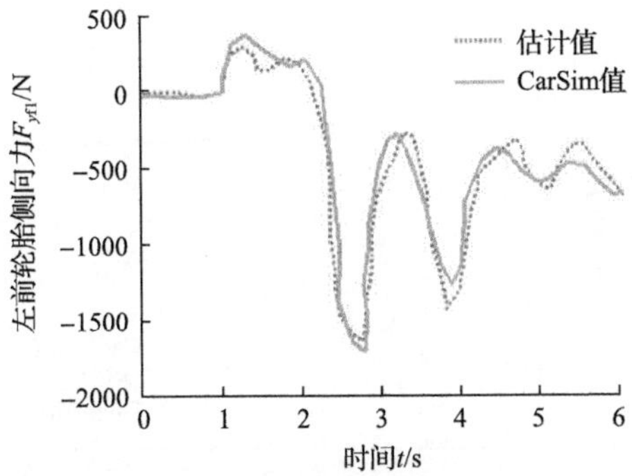

(a) 左前轮胎侧向力

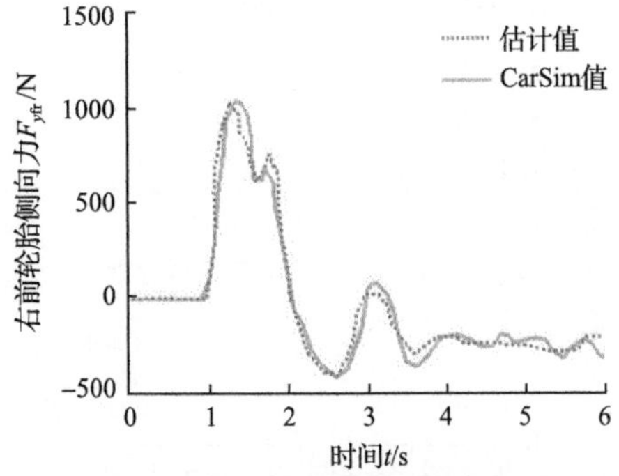

(b) 右前轮胎侧向力

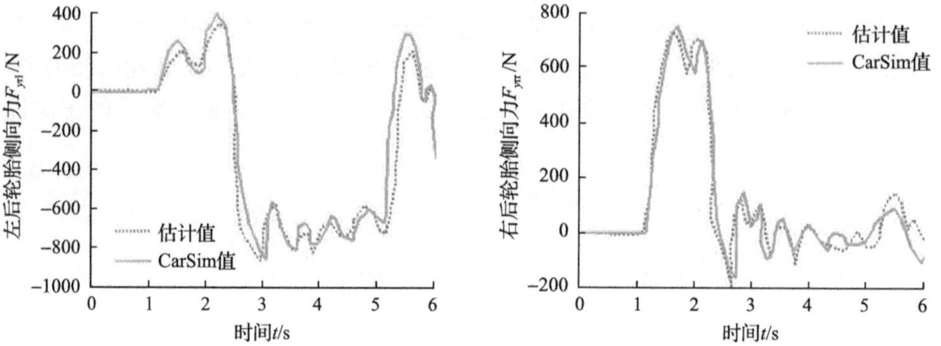

(c) 左后轮胎侧向力　　(d) 右后轮胎侧向力

图 3.13　$\mu = 0.3$ 时 4 个轮胎侧向力(鱼钩曲线)

3.2.6　与传统轮胎模型计算结果的对比分析

前面分别针对轮胎纵/侧向力进行了仿真验证，结果表明本节所提出的轮胎力估计算法能够较好地估计出轮胎纵/侧向力。为了进一步验证所提出的轮胎力估计算法的准确性，本节将分别给出在高/低路面附着系数、阶跃工况下轮胎纵/侧向力仿真计算，同时依据文献[13]提出的 Dugoff 模型估算轮胎纵/侧向力，最后对仿真结果进行对比分析，如图 3.14～图 3.17 所示。仿真条件设定为：路面附着系数 μ 分别为 0.9 与 0.3，初始车速为 72km/h，仿真 1s 时刻前轮转角为 0.1rad，即在阶跃工况下，轮胎不施加制动。

由于角阶跃工况下没有施加制动力矩，所以轮胎纵向力比较小(与加制动验证方法一样，区别在于轮胎力的大小，本节不再赘述)。本节取左前/后轮胎侧向力仿真曲线，右侧仿真曲线趋势相似，故不再描述。从左前/后轮胎侧向力仿真图中可看出，轮胎侧向力出现饱和现象，表明此时轮胎已经进入非线性工作区，但在高/低路面附着系数情况下，两种估计算法都能跟踪上轮胎力的变化趋势，从而验证了两种估计算法的准确性。

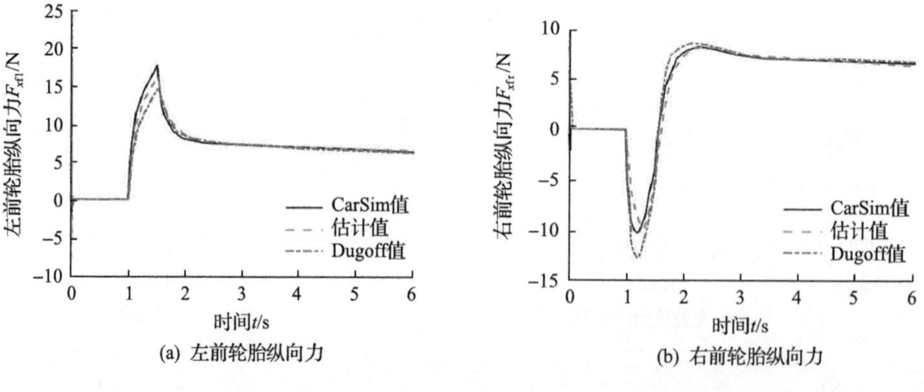

(a) 左前轮胎纵向力　　(b) 右前轮胎纵向力

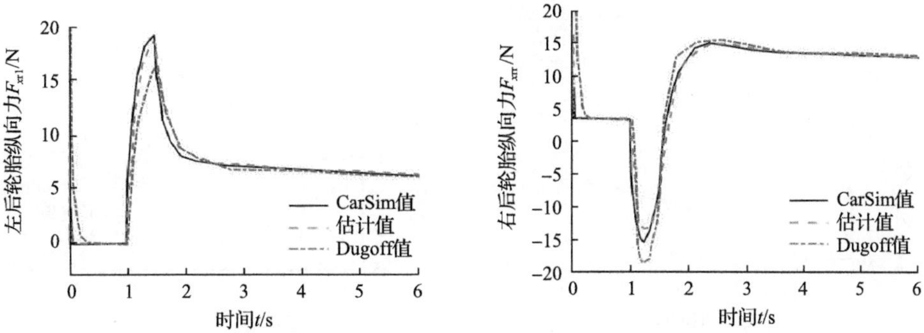

(c) 左后轮胎纵向力　　(d) 右后轮胎纵向力

图 3.14　$\mu=0.9$ 时 4 个轮胎纵向力结果对比

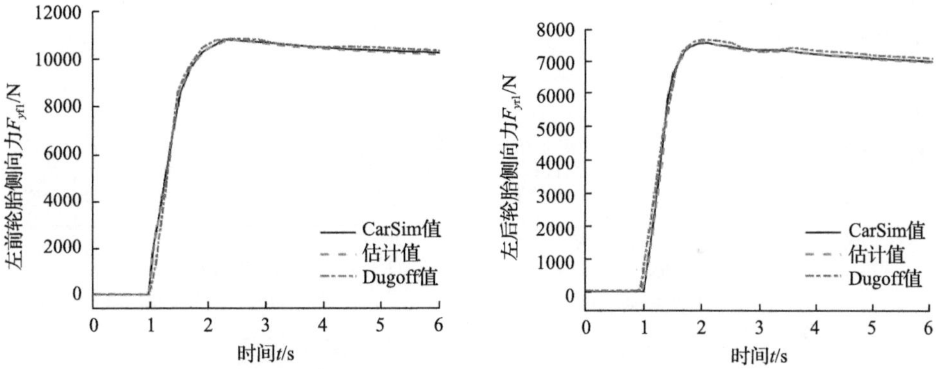

(a) 左前轮胎侧向力　　(b) 左后轮胎侧向力

图 3.15　$\mu=0.9$ 时左前/后轮胎侧向力

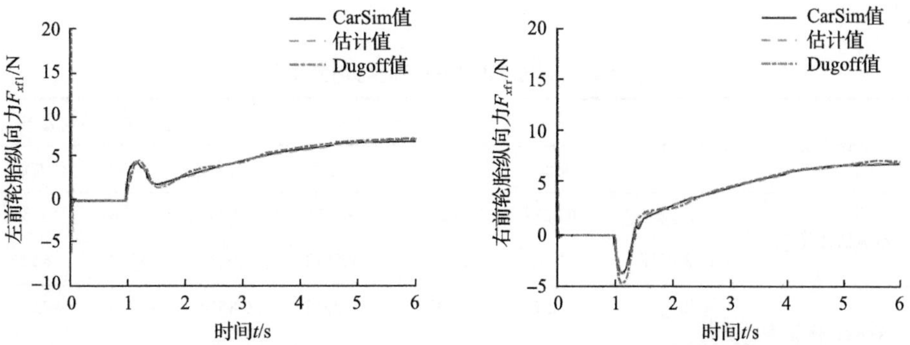

(a) 左前轮胎纵向力　　(b) 右前轮胎纵向力

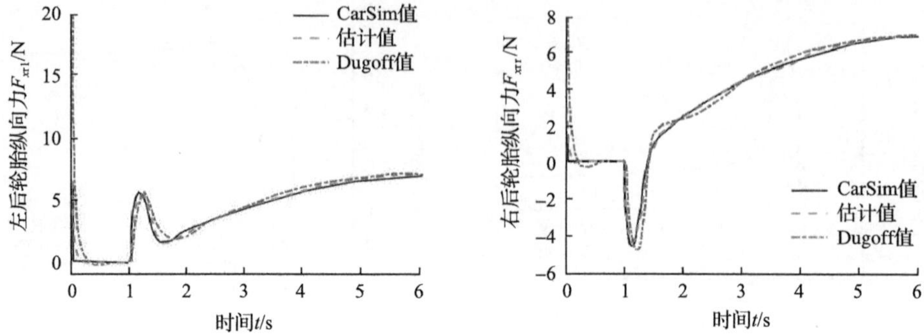

(c) 左后轮胎纵向力　　(d) 右后轮胎纵向力

图 3.16　$\mu = 0.3$ 时 4 个轮胎纵向力结果对比

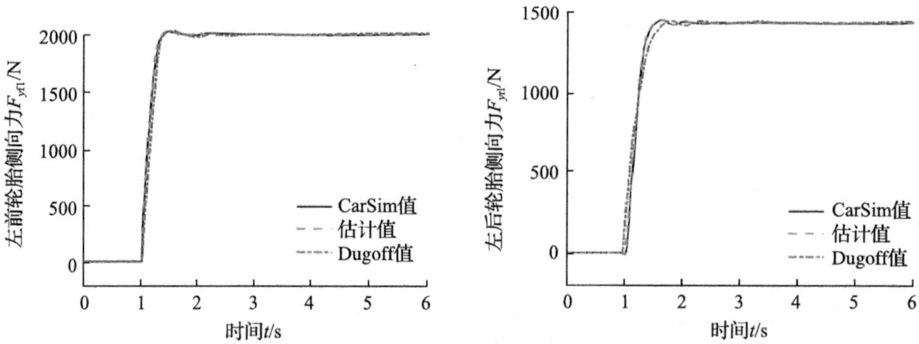

(a) 左前轮胎侧向力　　(b) 左后轮胎侧向力

图 3.17　$\mu = 0.3$ 时左前/后轮胎侧向力

表 3.2 和表 3.3 分别为高/低路面附着系数两种估计算法与 CarSim 值的误差均值与均方根值，从表中可以直观看出，本节所提出的轮胎力估计算法要略优于 Dugoff 模型，这也为后面的车辆动力学及容错控制策略的研究提供了参考依据。

表 3.2　$\mu = 0.9$ 时误差均值与均方根值

估计方法	评价值	轮胎纵向力/N				轮胎侧向力/N	
		左前	右前	左后	右后	左前	左后
本节估计算法	均值	−0.2282	−0.2856	−0.0584	0.0038	−35.64	−4.362
	均方根值	1.1139	1.4589	0.5613	0.0437	52.31	6.257
Dugoff 模型	均值	−1.0573	1.3428	1.2642	0.8514	−45.61	22.48
	均方根值	1.7914	2.8741	1.3422	0.9621	84.54	30.254

表 3.3　$\mu=0.3$ 时误差均值与均方根值

估计方法	评价值	轮胎纵向力/N				轮胎侧向力/N	
		左前	右前	左后	右后	左前	左后
本节估计算法	均值	–0.0095	–0.0029	0.0628	0.0045	–2.368	1.194
	均方根值	0.0127	0.0041	0.0957	0.0524	3.335	1.963
Dugoff 模型	均值	0.0964	1.0453	0.7465	0.9682	–5.672	2.951
	均方根值	0.1204	1.2684	1.0846	1.0391	7.261	4.087

3.3　主动悬架系统的故障检测、诊断与隔离

ASS 由悬架本体、传感器、控制器和作动器组成。传感器可测得系统量测输出或部分状态变量，并将所测信号送给控制器。控制器按照一定的控制策略计算出主动控制量，然后通过作动器这一执行机构对车辆悬架实施控制。

在车辆使用过程中，主动悬架系统的元器件因使用时间增加、老化、疲劳等，导致系统中传感器或作动器发生故障。这些故障将造成完好无故障情况下设计的控制器误控制，达不到原预期控制输出效果，甚至控制效果部分或全部丧失，影响车辆乘坐舒适性。进一步全面提升车辆乘坐舒适性的有效方法是对主动悬架进行容错控制，既可采取被动容错控制也可采取主动容错控制。然而，对主动悬架进行主动容错控制，必须首先解决主动悬架传感器或作动器的故障检测、诊断与隔离这一关键技术问题，即必须明确主动悬架传感器或作动器是否发生故障、发生故障的具体部位。这既是主动悬架进行主动容错控制首先要解决的关键技术问题，也是提高主动悬架使用品质和故障预警的关键技术问题。

3.3.1　主动悬架 4 自由度半车控制模型

参照文献[14]和[15]，建立带 ASS 的 4 自由度半车动力学模型，如图 3.18 所示。图中，m_s 为车身质量；x_s 为车身质心垂向位移；I_p 为车身俯仰转动惯量；θ 为车身俯仰角；l_f / l_r 为分别车身质心到前/后轴距离；l 为前后轴轴距；I_r 为车身侧倾转动惯量；m_{ui} 为非簧载质量；x_{ui} 为非簧载质量垂向位移；k_{ti} 为轮胎刚度；x_{gi} 为路面垂向位移；c_i 为阻尼系数；k_i 为悬架刚度；x_{si} 为车身端垂向位移；u_i 为作动器控制输出力；i=1,2,3,4 分别代表左前、右前、左后、右后车身端位置。

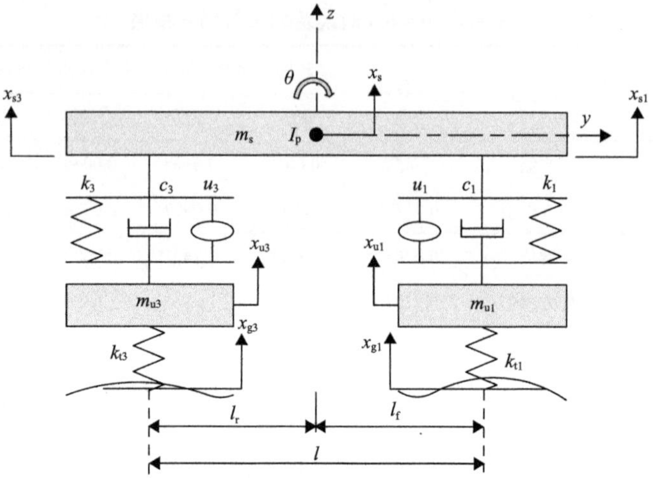

图 3.18　主动悬架 4 自由度半车动力学模型

以此模型为基础建立车身垂向、俯仰运动及前后非簧载质量垂向运动微分方程，并选取状态向量 $X=[x_s,\dot{x}_s,\theta,\dot{\theta},x_{u1},x_{u3},\dot{x}_{u1},\dot{x}_{u3}]^T$，干扰输入 $W=[x_{g1},x_{g3}]^T$，控制输入 $U=[u_1,u_3]^T$，控制输出 $Z=[\ddot{x}_s,\ddot{\theta},x_{s1}-x_{u1},x_{s3}-x_{u3},u_1,u_3]^T$，量测输出 $Y=[\dot{x}_s,\dot{\theta},x_{s1}-x_{u1},x_{s3}-x_{u3}]^T$，则主动悬架 4 自由度半车动力学模型的状态空间模型为

$$\begin{cases}\dot{X}=AX+B_1U+B_2W\\Z=C_1X+D_{11}U\\Y=C_yX\end{cases}\tag{3.91}$$

式中，A、B_1、B_2、C_1、D_{11}、C_y 为主动悬架 4 自由度半车动力学模型的状态空间模型适维矩阵。

3.3.2 主动悬架控制策略

如图 3.19 所示，对 ASS 的 4 自由度半车模型 $G(s)$ 采用加权输出反馈 H_∞ 控制[16]。

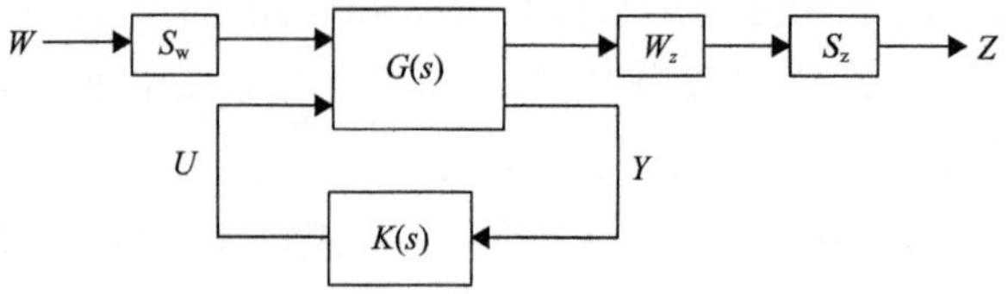

图 3.19　主动悬架加权输出反馈 H_∞ 控制框图

$U=K(s)Y$ 为设计的加权输出反馈 H_∞ 控制器控制输出向量。在 MATLAB 中

利用基于线性矩阵不等式方法的 H_∞ 控制器综合问题求解器 hinflmi 确定参数矩阵，设计出加权输出反馈 H_∞ 控制器。

选取某型车辆悬架参数[17]，如表 3.4 所示。本节的仿真与计算采用表 3.4 中半车模型参数。路面模型选择路面不平度系数为 $64\times10^{-6}\,\text{m}^3$，下截止频率为 0.01Hz 的 B 级路面。车辆以 64km/h 速度经过此路面。

选取干扰输入加权系数阵 $S_\text{w}=\text{diag}(0.00014,\ 0.00014)$，控制输出加权传递函数阵 $W_z=\text{diag}(W_1,W_2,1,1,1,1)$，控制输出加权系数阵 $S_\text{z}=\text{diag}\ (6,\ 3,\ 20,\ 20,\ 0.015,\ 0.015)$。其中，$W_1$ 为垂直方向控制输出加权传递函数，W_2 为旋转方向控制输出加权传递函数，它们分别为

$$W_1=\frac{s^2+314.2s+987}{s^2+43.98s+987} \tag{3.92}$$

$$W_2=\frac{s^2+50.27s+25.72}{s^2+7.037s+25.72} \tag{3.93}$$

式中，s 为拉普拉斯算子。

表 3.4　某型车辆悬架参数

悬架参数	参数值
车身质量 m_s /kg	2685
前非簧载质量 m_u1，m_u2 /kg	333
后非簧载质量 m_u3，m_u4 /kg	333
前悬架刚度 k_1，k_2 / (N/m)	44444
后悬架刚度 k_3，k_4 / (N/m)	35000
前阻尼系数 c_1，c_2 /[(N · s) /m]	1200
后阻尼系数 c_3，c_4 /[(N · s) /m]	900
前轮胎刚度 k_t1，k_t2 / (N/m)	420000
后轮胎刚度 k_t3，k_t4 / (N/m)	420000
车身侧倾转动惯量 I_r / (kg · m²)	1744
车身俯仰转动惯量 I_p / (kg · m²)	3000
车身质心到前轴距离 l_f /m	1.84
车身质心到后轴距离 l_r /m	1.88
前/后轴 1/2 轮距 d /m	0.9
悬架动挠度最大值 r_max /m	0.8
作动器输出的最大力 f_max /N	3500

在 MATLAB/Simulink 中进行仿真调试，获得具有良好控制性能的闭环控制器 $K(s)$。

3.3.3 4 自由度故障悬架模型

由 ASS 的 4 自由度半车控制模型可以看出，悬架系统通过量测输出传感器的输出，送给加权输出反馈 H_∞ 控制器，再通过前、后两个作动器实现车辆悬架主动控制，提高车辆乘坐舒适性。传感器作为控制器信号输入、作动器作为控制器信号输出，都存在故障可能性。本节只考虑主动悬架在同一个时段内仅一个作动器或某副悬架上的一个传感器发生故障时的故障检测、诊断与隔离技术的研究。

当第 i 个作动器或某悬架第 j 个传感器(后面统一简称为第 j 个传感器)发生故障时，结合前面所建传感器故障模型和作动器故障模型，4 自由度半车故障悬架状态空间模型为

$$\dot{X} = AX + B_1U + B_2W + B_1E_{\mathrm{a}}^i n_i(t) \tag{3.94}$$

$$Z = C_1X + D_{11}U + D_{11}E_{\mathrm{a}}^i n_i(t) \tag{3.95}$$

$$Y_{\mathrm{f}} = C_yX + F_{\mathrm{s}}^j f_j \tag{3.96}$$

式中，i 为主动悬架作动器编号，i=1,3 分别表示主动悬架半车模型的前、后作动器；j 为主动悬架系统中某个悬架的传感器编号，j=1,2,3,4 依次代表某个悬架的 4 个量测输出传感器，其他符号意义同前。此处，车身垂直速度信号是由车身垂直加速度传感器的测量信号经过一定的积分运算而获得的。

3.3.4 基于残差信息的主动悬架作动器故障检测、诊断与隔离

1. 作动器故障检测、诊断与隔离策略

ASS 作动器故障检测、诊断与隔离系统原理框图如图 3.20 所示[18]。当 ASS 作动器受故障影响时，因控制输入的异常变化而导致 ASS 控制输出和量测输出均发生改变，这类故障将直接导致 ASS 目标控制效果变差。这里可设计一个故障检测滤波器，产生和提取 ASS 作动器故障前后的输出残差信息。此时相对完好无故障状态的悬架系统，故障悬架系统的输出残差将超过某一阈值，波形发生明显波动，从而检测出 ASS 是否出现故障。再利用一定的故障隔离方法，对输出残差信息中所含故障特征信号进行提取，准确诊断、隔离发生故障的作动器部位。

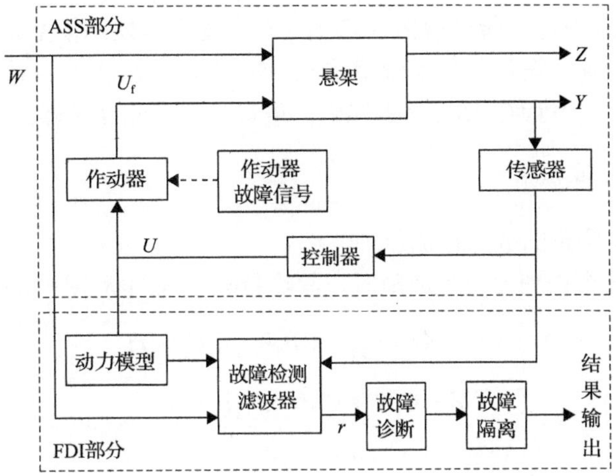

图 3.20 ASS 作动器故障检测、诊断与隔离系统原理框图

2. 故障检测滤波器设计

故障检测利用故障检测滤波器来实现。设计具有如下全维 Luenberger 状态观测器形式的故障检测滤波器[19]：

$$\dot{\hat{X}} = A\hat{X} + B_1U + B_2W + G_1(Y - \hat{Y}) \tag{3.97}$$

$$\hat{Y} = C_y\hat{X} \tag{3.98}$$

式中，$\hat{X}$ 为状态估计向量；$\hat{Y}$ 为量测输出估计；G_1 为待设计的故障检测滤波器反馈增益矩阵。

定义状态误差和输出残差(残差)分别为

$$\bar{X} = X - \hat{X} \tag{3.99}$$

$$r = Y - \hat{Y} \tag{3.100}$$

式中，$\bar{X}$ 为状态误差向量；r 为残差。

结合完好无故障状态下 ASS 的 4 自由度半车控制模型的状态方程和输出方程，状态误差方程和残差方程可分别表示为

$$\dot{\bar{X}} = (A - G_1C_y)\bar{X} \tag{3.101}$$

$$r = C_y\bar{X} \tag{3.102}$$

当设计的故障检测滤波器反馈增益矩阵 G_1 使得矩阵 $A - G_1C_y$ 特征值实部小于零时，由式(3.101)和式(3.102)可知，在作动器和传感器均完好无故障时，时间 $t \to \infty$，状态误差 $\bar{X} \to 0$，且残差 r 也趋向于零向量。

在 MATLAB 中可以验证得出 ASS 的 4 自由度半车控制模型完全能控、能观，故可采用极点配置法设计故障检测滤波器。使矩阵 $A-G_1C_y$ 特征值实部全为负值，从而保证状态误差方程(3.101)渐近稳定，求得故障检测滤波器反馈增益矩阵 G_1。

3. 作动器故障检测

1)基于残差信息的故障检测原理

当 ASS 第 i 个作动器发生故障时，故障悬架系统的状态空间模型为

$$\dot{X}=AX+B_1U+B_2W+B_1E_{\mathrm{a}}^in_i(t) \tag{3.103}$$

$$Z=C_1X+D_{11}U+D_{11}E_{\mathrm{a}}^in_i(t) \tag{3.104}$$

$$Y=C_yX \tag{3.105}$$

结合故障悬架状态方程和故障检测滤波器模型，作动器故障时故障悬架的状态误差方程为

$$\dot{\bar{X}}=\dot{X}-\dot{\hat{X}}=(A-G_1C_y)\bar{X}+B_1E_{\mathrm{a}}^in_i(t) \tag{3.106}$$

残差方程为

$$r=Y-\hat{Y}=C_y\bar{X} \tag{3.107}$$

由故障悬架状态误差和残差方程知，作动器故障时残差 r 的稳态解 r_{sa} 为

$$r_{\mathrm{sa}}=\lim_{t\to\infty}\int_0^t C_y\mathrm{e}^{(A-G_1C_y)(t-s)}B_1E_{\mathrm{a}}^in_i(s)\mathrm{d}s \tag{3.108}$$

式中，s 为积分变量。

由式(3.107)和式(3.108)可见，ASS 第 i 个作动器出现故障，当时间 $t\to\infty$ 时，状态误差 $\bar{X}\neq 0$，且残差 r 亦不为零向量。根据故障悬架残差信息大于零或出现大幅波动的情况，可检测出主动悬架系统作动器是否已发生故障。

2)仿真结果与分析

对 ASS 前、后两个作动器设置相应故障，故障具体情况如表 3.5 所示。相关故障符号含义参见 3.1 节所建作动器故障模型。

表 3.5 ASS 作动器故障设置表

故障	故障部位	故障具体情况
故障 1	前作动器(i=1)	在 15s 时发生故障增益为 $\delta_1=0.75$ 增益变化故障
故障 2	后作动器(i=3)	在 10s 时发生故障增益为 $\delta_2=0.4$ 增益变化故障

在对 ASS 模型 $G(s)$ 采用加权输出反馈 H_{∞} 控制的基础上，在 MATLAB/Simulink 中分别建立车辆悬架、控制器、作动器增益故障信号、故障检测滤波器等仿真模块，构建主动悬架作动器故障检测仿真系统。采用四阶龙格-库塔法，对 ASS 作动器故障进行故障检测仿真研究。图 3.21 和图 3.22 为主动悬架作动器发生表 3.5 中各类故障时相应的故障检测结果，图中 r_1、r_2、r_3、r_4 分别为四个量测输出对应的残差分量。

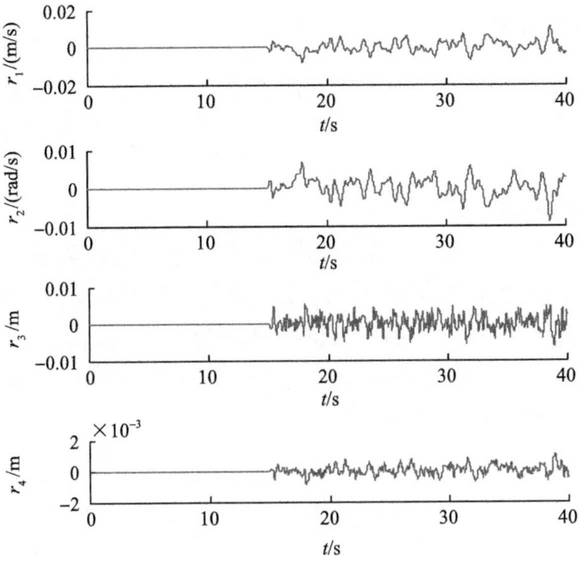

图 3.21　故障 1 情况下残差

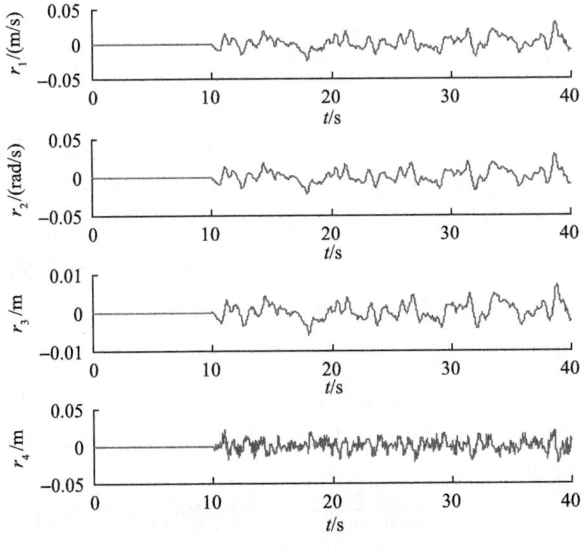

图 3.22　故障 2 情况下残差

从图 3.21 可看出，在 15s 之前，ASS 前作动器完好无故障，故障检测滤波器检测到的残差信息为零；而从 15s 时刻开始，ASS 前作动器发生增益变化故障，检测到的残差信息立刻发生大幅波动，各残差分量值不再为零。如图 3.22 所示，当 ASS 后作动器于 10s 时刻发生相应故障时，亦是如此。

因此，根据残差信息波动情况，可检测出 ASS 作动器故障是否已发生，即当残差值不为零时，检测出 ASS 作动器已发生故障。

4. 作动器故障隔离

从前面可看出，通过设计故障检测滤波器，由残差信息波动大小很容易检测出 ASS 作动器是否已发生故障。为了能进一步诊断故障发生的具体部位，下面进行故障隔离研究。

1) 作动器故障隔离原理

由式(3.108)可知，当第 i 个作动器发生故障时主动悬架系统残差 $r(k)$ 的稳态解 r_{sa} 方向与第 i 个故障作动器对应的特征向量 $V_i = C_y B_1 E_{\mathrm{a}}^i$ 的方向保持一致，即残差 $r(k)$ 的稳态解 r_{sa} 与故障作动器对应的特征向量 $V_i = C_y B_1 E_{\mathrm{a}}^i$ 夹角为零。当第 k 个作动器发生故障时，主动悬架系统残差 $r(k)$ 与第 i 个故障作动器对应的特征向量 $V_i = C_y B_1 E_{\mathrm{a}}^i$ 的相关系数 $\mathrm{CORR}_i(k)$ 为

$$\mathrm{CORR}_i(k) = \frac{\left| r(k)^{\mathrm{T}} V_i \right|}{\left\| r(k) \right\|_2 \left\| V_i \right\|_2} \tag{3.109}$$

式中，$\mathrm{CORR}_i(k)$ 为残差 $r(k)$ 与故障作动器对应的特征向量 V_i 的相关系数值大小；$|\cdot|$ 为绝对值；$\|\cdot\|_2$ 为向量的 2-范数。

$\mathrm{CORR}_i(k)$ 反映残差 $r(k)$ 的稳态解 r_{sa} 与故障作动器对应的特征向量 $V_i = C_y B_1 E_{\mathrm{a}}^i$ 的夹角大小。同样，可用相关系数来表示残差 $r(k)$ 的稳态解 r_{sa} 与其他作动器对应的特征向量的夹角。可以看出，相关系数值越大，表明故障悬架残差 $r(k)$ 与第 i 个作动器的故障特征向量的夹角越小，即两向量的方向越接近或一致。因而，故障特征向量 V_i 对应的作动器为故障部位所在，据此可以隔离出发生故障的作动器。相反，故障残差 $r(k)$ 与其他作动器的故障特征向量的夹角较大，相关系数值较小，则不是引起故障的作动器。

2) 仿真结果与分析

利用前面的 ASS 作动器故障检测仿真结果，计算并绘制残差 $r(k)$ 与作动器对应的特征向量相关系数 $\mathrm{CORR}_i(k)$ 与时间的关系曲线图。图 3.23 和图 3.24 为 ASS 作动器故障的隔离结果。

从图 3.23 可看出，当前作动器在 15s 发生故障时，残差 $r(k)$ 与前作动器特征向量 V_1 的相关系数 $\mathrm{CORR}_1(k)$ 的值远大于残差 $r(k)$ 与后作动器特征向量 V_2 的相关系

数 $CORR_2(k)$ 的值，而且 $CORR_1(k)$ 的值接近于 1。所以，残差 $r(k)$ 与前作动器特征向量 V_1 的夹角为 0，方向一致。从而根据相关系数值隔离出为前作动器故障，而非后作动器故障。从图 3.24 也可看出，当后作动器在 10s 发生增益故障时，残差 $r(k)$ 与后作动器特征向量 V_2 的相关系数 $CORR_2(k)$ 的值远大于残差 $r(k)$ 与前作动器特征向量 V_1 的相关系数 $CORR_1(k)$ 的值，且 $CORR_2(k)$ 的值接近于 1。所以，残差 $r(k)$ 与后作动器特征向量 V_2 方向一致，从而隔离出为后作动器故障，而非前作动器故障。

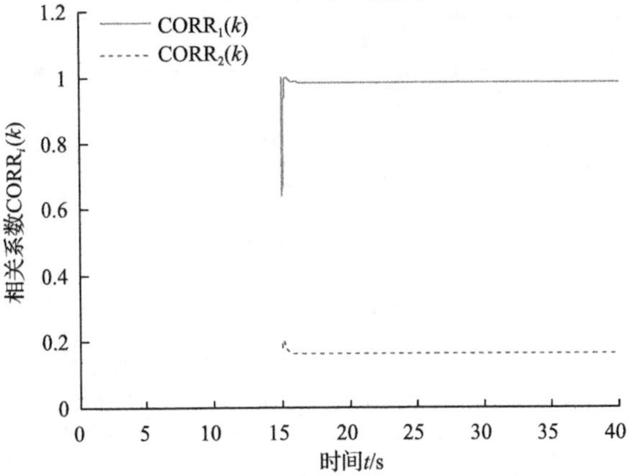

图 3.23　故障 1 情况下相关系数值

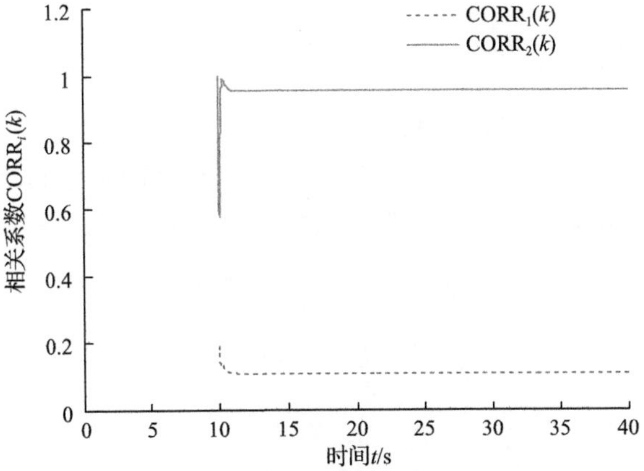

图 3.24　故障 2 情况下相关系数值

3.3.5　基于残差信息的主动悬架传感器故障检测、诊断与隔离

1. 传感器故障检测、诊断与隔离策略

ASS 传感器故障检测、诊断与隔离系统原理框图[18]如图 3.25 所示。当传感器受故障影响时，作为输出反馈控制器输入信号的量测输出将改变并随之影响控制

器控制输出。这类故障将导致ASS的控制效果变差。设计故障检测滤波器，产生和提取传感器故障前后的残差信息。此时，相对完好无故障状态的悬架系统，故障悬架系统的残差将超过某一阈值，波形发生明显波动，从而检测出主动悬架系统是否出现故障；再利用一定的故障隔离方法，对残差信息中所含故障特征信号进行提取，准确诊断并隔离发生故障的传感器部位。

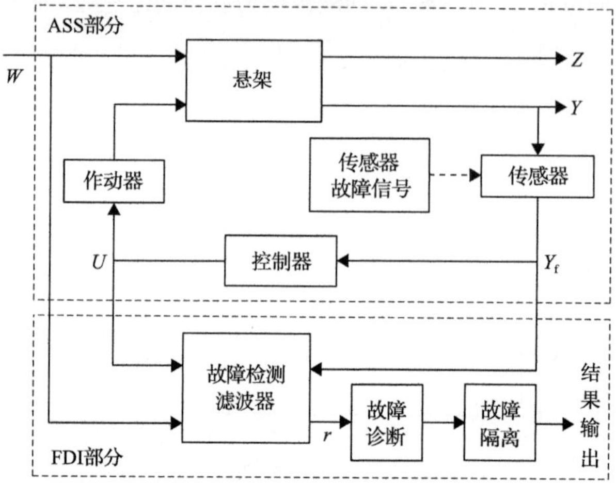

图 3.25 ASS 传感器故障检测诊断与隔离原理框图

2. 传感器故障检测

1) 基于残差信息的故障检测原理

仍利用前面设计的故障检测滤波器对传感器进行故障检测。当主动悬架系统第 j 个传感器发生故障时，故障悬架系统状态空间模型为

$$\dot{X} = AX + B_1U + B_2W \tag{3.110}$$

$$Z = C_1X + D_{11}U \tag{3.111}$$

$$Y_{\mathrm{f}} = C_yX + F_{\mathrm{s}}^j f_j \tag{3.112}$$

结合故障悬架系统的状态空间模型(3.110)～(3.112)与故障检测滤波器模型，传感器故障时的状态误差方程为

$$\dot{\bar{X}} = \dot{X} - \dot{\hat{X}} = (A - G_1C_y)\bar{X} - G_1F_{\mathrm{s}}^j f_j \tag{3.113}$$

传感器故障时的故障悬架残差方程为

$$r = Y_{\mathrm{f}} - \widehat{Y} = C_y\bar{X} + F_{\mathrm{s}}^j f_j \tag{3.114}$$

由式(3.113)、式(3.114)可知，传感器故障时故障悬架残差 r 的稳态解 r_{ss} 为

$$r_{ss}=\lim_{t\to\infty}\left[\int_0^t -C_y e^{(A-G_lC_y)(t-\sigma)}G_l F_s^j f_j(\sigma)d\sigma+F_s^j f_j(t)\right] \tag{3.115}$$

式中，σ 为积分变量。

由式(3.115)可知，第 j 个传感器出现故障，在 $t\to\infty$ 时，状态误差 $\bar{X}\neq 0$，且残差 r 也不为零向量，即由此时故障悬架残差大于零或大幅波动的情况，可诊断出传感器已发生故障。

2)仿真结果与分析

对 ASS 的 4 个输出传感器设置相应故障，故障具体情况如表 3.6 所示。相关故障符号含义参见 3.1 节所建传感器故障模型。

表 3.6　主动悬架传感器故障具体情况

故障	故障部位	故障具体情况
故障 3	车身垂直加速度传感器($j=1$)	在 5s 时发生故障增益为 $\varDelta_1=0.85$ 的增益变化故障
故障 4	车身垂直加速度传感器($j=1$)	在 5s 时于 $\alpha_1=0.25$ 处发生卡死故障
故障 5	车身垂直加速度传感器($j=1$)	在 5s 时发生恒偏差为 $\alpha_1=-0.10$ 的恒偏差故障
故障 6	俯仰角加速度传感器($j=2$)	在 10s 时发生故障增益为 $\varDelta_2=0.45$ 的增益变化故障
故障 7	俯仰角加速度传感器($j=2$)	在 10s 时于 $\alpha_2=-0.0035$ 处发生卡死故障
故障 8	俯仰角加速度传感器($j=2$)	在 10s 时发生恒偏差为 $\alpha_2=0.005$ 的恒偏差故障
故障 9	前悬架动挠度传感器($j=3$)	在 15s 时发生故障增益为 $\varDelta_3=0.35$ 的增益变化故障
故障 10	前悬架动挠度传感器($j=3$)	在 15s 时于 $\alpha_3=0.01$ 处发生卡死故障
故障 11	前悬架动挠度传感器($j=3$)	在 15s 时发生恒偏差为 $\alpha_3=0.01$ 的恒偏差故障
故障 12	后悬架动挠度传感器($j=4$)	在 20s 时发生故障增益为 $\varDelta_4=0.65$ 的增益变化故障
故障 13	后悬架动挠度传感器($j=4$)	在 20s 时于 $\alpha_4=-0.015$ 处发生卡死故障
故障 14	后悬架动挠度传感器($j=4$)	在 20s 时发生恒偏差为 $\alpha_4=-0.01$ 的恒偏差故障

在对主动悬架系统模型 $G(s)$ 采用加权输出反馈 H_∞ 控制的基础上，在 MATLAB/Simulink 中分别建立悬架、4 个量测输出传感器相应的故障信号、故障检测滤波器等仿真模块，构建主动悬架故障检测仿真系统。采用四阶龙格-库塔法，对主动悬架传感器故障系统进行故障检测仿真研究。图 3.26～图 3.37 为主动悬架传感器发生表 3.6 中各类故障时相应的故障检测结果。其中，图 3.26～图 3.37 中 r_1、r_2、r_3、r_4 分别为四个量测输出对应的残差分量。

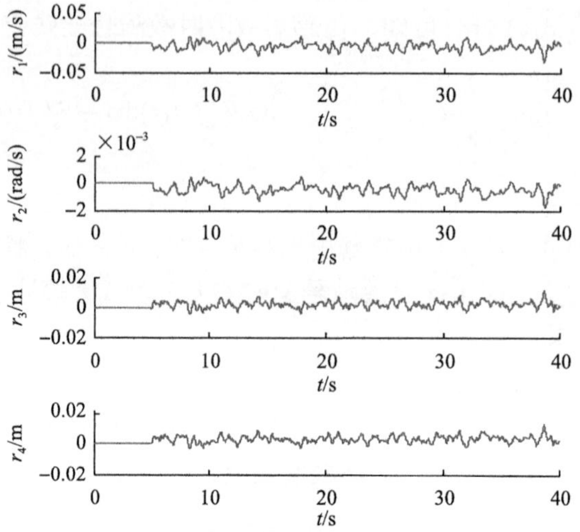

图 3.26　故障 3 情况下残差

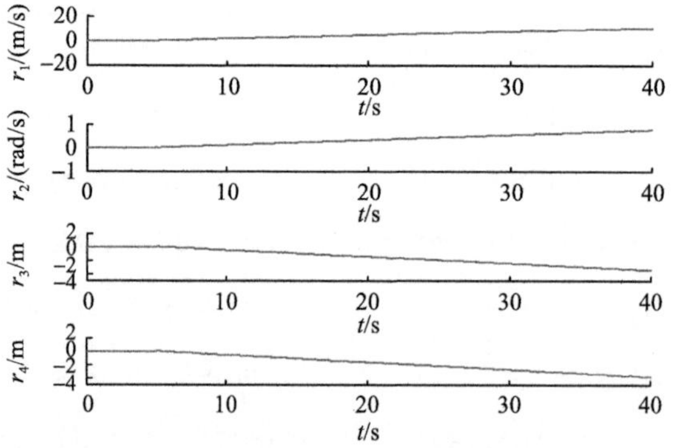

图 3.27　故障 4 情况下残差

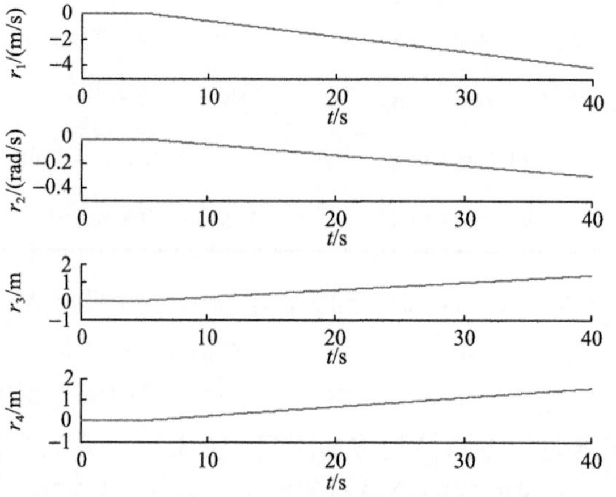

图 3.28　故障 5 情况下残差

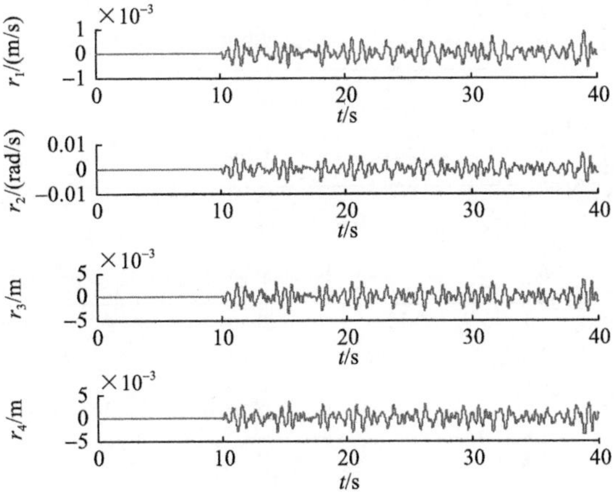

图 3.29　故障 6 情况下残差

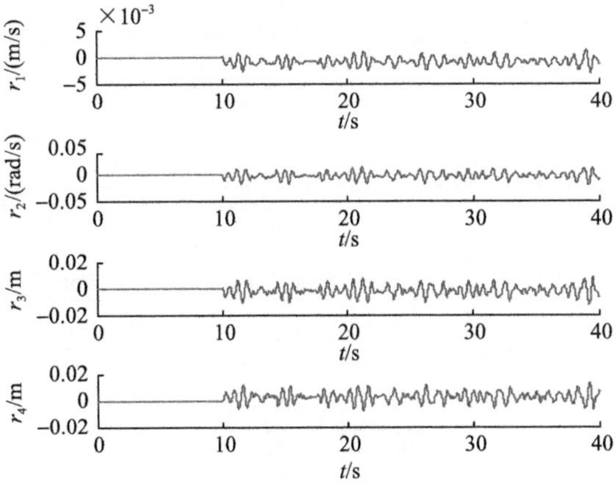

图 3.30　故障 7 情况下残差

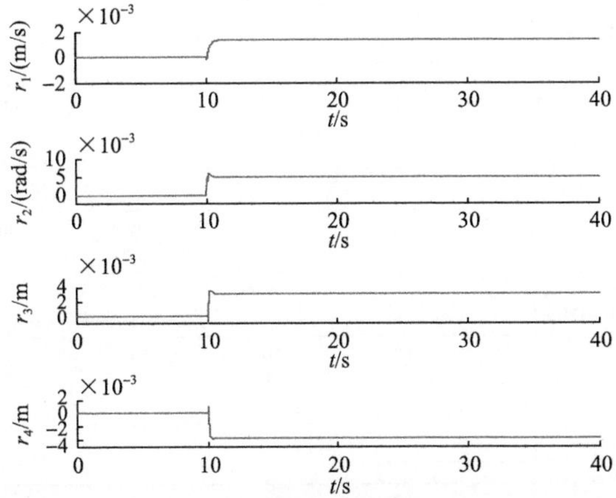

图 3.31　故障 8 情况下残差

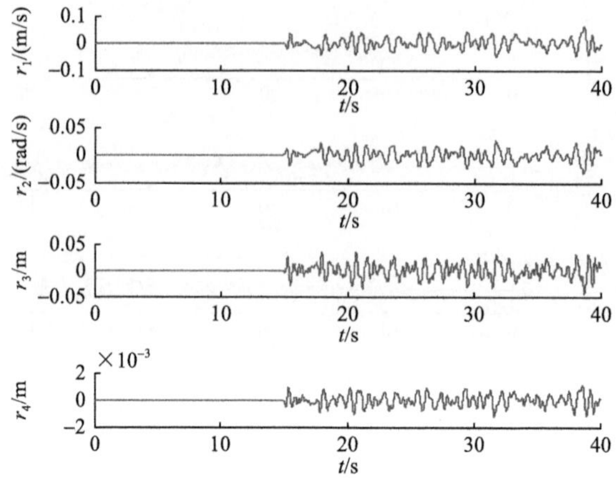

图 3.32　故障 9 情况下残差

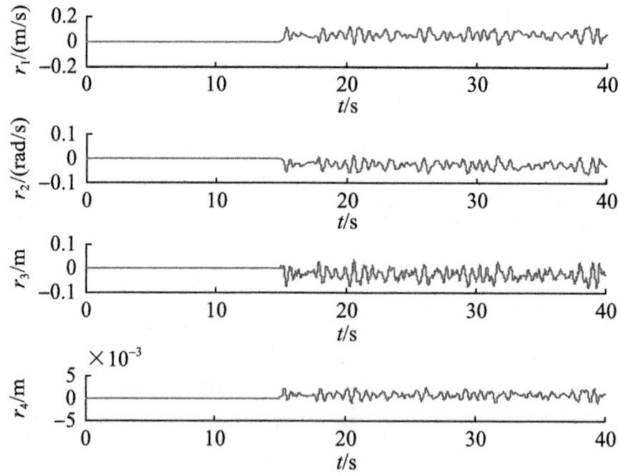

图 3.33　故障 10 情况下残差

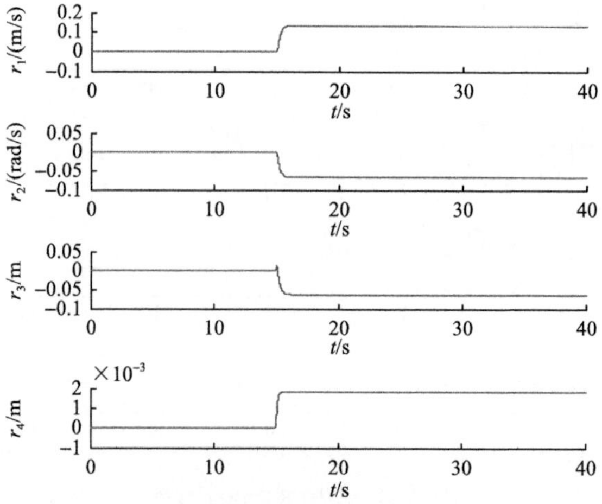

图 3.34　故障 11 情况下残差

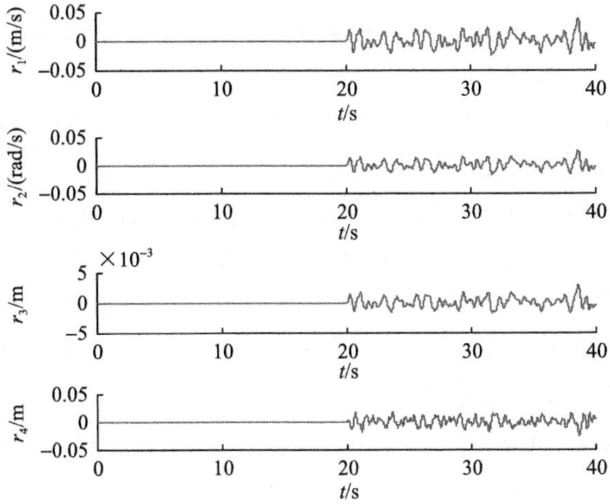

图 3.35　故障 12 情况下残差

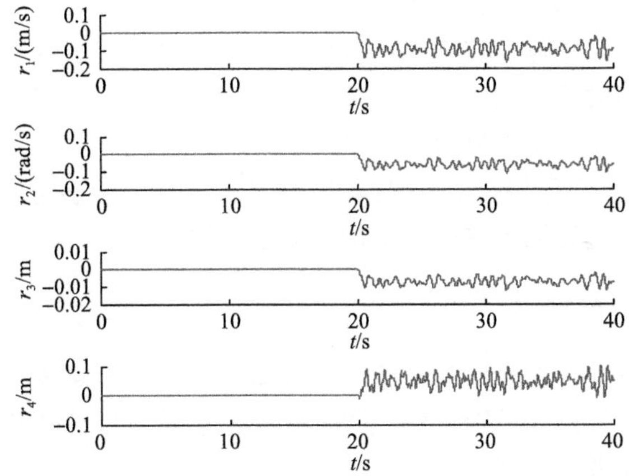

图 3.36　故障 13 情况下残差

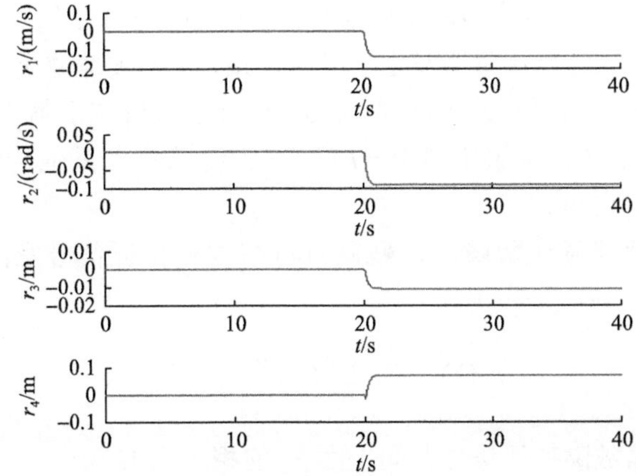

图 3.37　故障 14 情况下残差

由图 3.26 可看出，在 5s 之前，主动悬架车身垂直加速度传感器完好无故障，由故障检测滤波器检测到的残差信息为零；而从 5s 时刻开始，主动悬架车身垂直加速度传感器发生 $\varDelta_1 = 0.85$ 的增益变化故障，检测到的残差信息立刻发生大幅波动，各残差分量值不再为零。同样由图 3.27、图 3.28 可见，从 5s 开始，当主动悬架车身垂直加速度于 $\alpha_1 = 0.25$ 处发生卡死故障或发生恒偏差为 $\alpha_1 = -0.10$ 的恒偏差故障时，检测的各残差分量也即刻发生大幅波动，值不再为零。这表明车身垂直加速度传感器已发生故障。

由图 3.29～图 3.31 分析可得，在 10s 之前，主动悬架俯仰角加速度传感器完好无故障，故障检测滤波器检测到的残差信息为零；从 10s 时刻开始，俯仰角加速度分别发生故障 6、故障 7、故障 8 故障时，检测到的残差信息立刻发生大幅波动，各残差分量值不再为零。

图 3.32～图 3.34 是前悬架位移传感器于 15s 发生相应故障前后的残差信息变化曲线，图 3.35～图 3.37 是后悬架位移传感器于 20s 发生相应故障前后的残差信息变化曲线，由残差信息变化曲线可看出，当主动悬架传感器完好无故障时，各量测输出的残差均为零。而当主动悬架传感器自某一时刻发生相应故障时，自这一时刻起量测输出的残差不再为零，出现较大的波动。

因此，根据残差信息的波动情况，可检测出主动悬架传感器是否已发生故障，即当残差不为零时，检测出主动悬架传感器已发生故障。

3. 传感器故障隔离

从前面可看出，通过设计故障检测滤波器，由残差信息波动大小可很容易地检测主动悬架系统传感器是否已发生故障。为了能进一步诊断故障发生的具体部位，下面进行故障隔离研究。

1) 基于相关系数的故障隔离

由式(3.115)可知，第 j 个传感器故障特征信号空间平面为 $F_{sj} = [-C_y G F_s^j, \ F_s^j]$。当主动悬架系统的第 j 个传感器发生故障时，残差 $r(k)$ 稳态解 r_{ss} 方向与第 j 个传感器故障特征信号空间平面 F_{sj} 的夹角为 0，即残差 $r(k)$ 位于第 j 个传感器故障特征信号空间平面 F_{sj} 内。而输出残差 $r(k)$ 稳态解 r_{ss} 方向与其他传感器故障特征信号空间平面成一定夹角。

当第 j 个传感器发生故障时，残差 $r(k)$ 在故障特征信号空间平面上的投影 $r_j^*(k)$[20]为

$$r_j^*(k) = F_{sj}(F_{sj}^{\mathrm{T}} F_{sj})^{-1} F_{sj}^{\mathrm{T}} r(k) \tag{3.116}$$

残差 $r(k)$ 与传感器故障特征信号空间平面 F_{sj} 的相关系数为

$$\mathrm{CORR}_j(k)=\frac{\left|r(k)^{\mathrm{T}}r_j^*(k)\right|}{\left\|r(k)\right\|_2\left\|r_j^*(k)\right\|_2} \tag{3.117}$$

$\mathrm{CORR}_j(k)$ 反映的是残差 $r(k)$ 与传感器故障特征信号空间平面 F_{sj} 所构成的夹角。同样，可用相关系数来表示残差 $r(k)$ 与其他传感器对应的特征信号空间平面的夹角。与作动器故障隔离原理一样，相关系数 $\mathrm{CORR}_j(k)$ 值越大，表明残差 $r(k)$ 方向与传感器故障特征信号空间平面 F_{sj} 构成的夹角越小，当 $\mathrm{CORR}_j(k)$ 的值为 1 时，表明残差 $r(k)$ 位于传感器故障特征信号空间平面 F_{sj} 内，而与其他的传感器故障特征信号空间平面成一定的夹角，则隔离出第 j 个传感器为发生故障部位。

2) 基于故障向量径长的故障隔离

当主动悬架系统传感器发生故障时，因输出残差 $r(k)$ 位于故障特征信号空间平面 $\left[-C_2Ge_{\mathrm{m}}^i,\ e_{\mathrm{m}}^i\right]$ 中，残差 $r(k)$ 在故障特征信号空间平面 $\left[-C_2Ge_{\mathrm{m}}^i,\ e_{\mathrm{m}}^i\right]$ 上的投影距离将最小，而在其他传感器故障特征信号空间平面上的投影距离将偏大。故可将投影距离标准化为故障向量径长 MLF 来进行传感器故障隔离，残差 $r(k)$ 与第 j 个传感器故障特征信号空间平面 $\left[-C_2Ge_{\mathrm{m}}^i,\ e_{\mathrm{m}}^i\right]$ 的故障向量径长为

$$\mathrm{MLF}_j=\frac{\left\|r(k)-r_j^*(k)\right\|}{\left\|r(k)\right\|_2} \tag{3.118}$$

式中，MLF_j 为残差 $r(k)$ 与故障特征信号空间平面 $\left[-C_2Ge_{\mathrm{m}}^i,\ e_{\mathrm{m}}^i\right]$ 的故障向量径长值。

由投影原理可知，当残差 $r(k)$ 与某传感器的故障特征信号空间平面故障向量径长值最小时，表明残差 $r(k)$ 与该传感器的故障特征信号空间平面的夹角最小，或者是位于该传感器的故障特征信号空间平面内。所以，最小故障向量径长值对应的传感器为发生故障的传感器所在。

利用主动悬架传感器故障诊断仿真数据结果，计算并绘制残差 $r(k)$ 与传感器的故障特征信号空间平面相关系数和时间的关系曲线图，再计算故障向量径长值。图 3.38～图 3.41 为表 3.3 中部分传感器故障隔离结果。表 3.7 为表 3.6 中各传感器故障相应的故障向量径长值计算结果。

由图 3.38 可看出，在 5s 时车身垂直加速度传感器于 $\alpha_1=0.25$ 处发生卡死故障，残差 $r(k)$ 与各传感器故障特征信号空间平面 F_{sj} 的相关系数 $\mathrm{CORR}_j(k)$ 中，其 $\mathrm{CORR}_1(k)$ 的值最大，相关系数值为 1，即残差 $r(k)$ 位于车身垂直加速度传感器故障特征信号空间平面内，而与其他传感器故障特征信号空间平面成一定夹角，故可以隔离为车身垂直加速度传感器引起的故障。

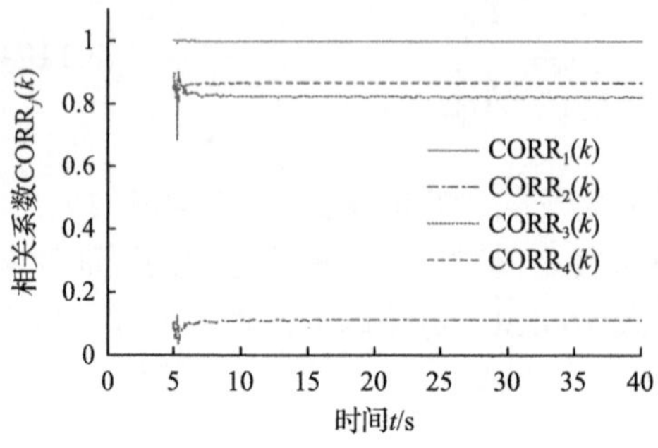

图 3.38　故障 4 情况下相关系数值

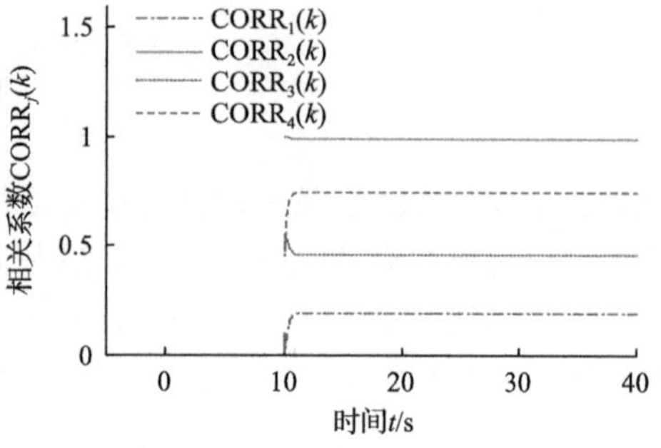

图 3.39　故障 8 情况下相关系数值

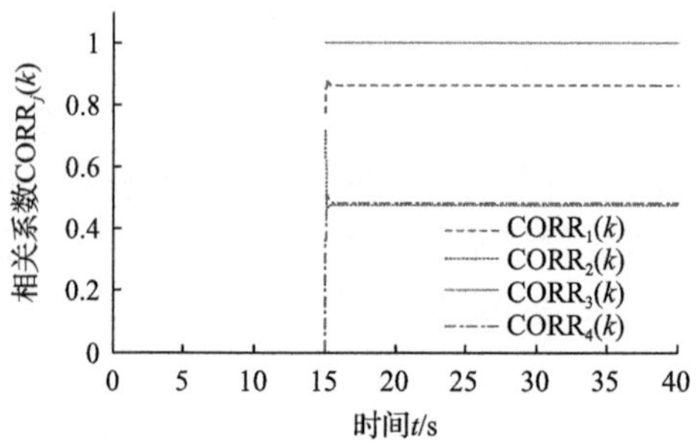

图 3.40　故障 11 情况下相关系数值

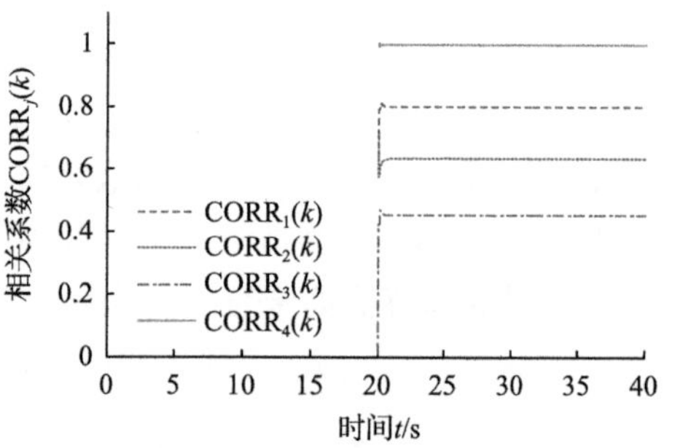

图 3.41　故障 14 情况下相关系数值

由图 3.39 可看出，在 10s 时俯仰角加速度传感器发生 $\alpha_2 = 0.005$ 的恒偏差故障，残差 $r(k)$ 与各传感器故障特征信号空间平面 F_{sj} 的相关系数 $\mathrm{CORR}_j(k)$ 中，$\mathrm{CORR}_2(k)$ 的值最大，相关系数值为 1，即残差 $r(k)$ 位于俯仰角加速度传感器故障特征信号空间平面内，而与其他传感器故障特征信号空间平面成一定夹角，故可隔离为俯仰角加速度传感器引起的故障。

同样，由图 3.40 和图 3.41 可看出，在 15s 时前悬架动挠度传感器发生 $\alpha_3 = 0.01$ 的恒偏差故障或在 20s 时后悬架动挠度传感器发生 $\alpha_4 = -0.01$ 的恒偏差故障，残差 $r(k)$ 与各传感器故障特征信号空间平面 F_{sj} 的相关系数 $\mathrm{CORR}_j(k)$ 中，分别是 $\mathrm{CORR}_3(k)$ 的值最大或 $\mathrm{CORR}_4(k)$ 的值最大，相关系数值为 1。因此，可以分别隔离为前悬架动挠度传感器和后悬架动挠度传感器引起的故障。其他故障情况下的相关系数值曲线图亦可隔离出故障传感器所在部位。

表 3.7 中，从故障 3 情况下所计算的传感器故障向量径长值中可看出，当车身垂直加速度传感器发生相应故障时，故障向量径长值 MLF_1 最小，明显小于其他三个值 MLF_2、MLF_3、MLF_4，且与其他三个故障向量径长值相差 10^{-1} 数量级，可隔离为车身垂直加速度传感器发生故障。同样，其他传感器发生相应故障的情

表 3.7　故障向量径长值计算结果

故障	故障向量径长 MLF			
	MLF_1	MLF_2	MLF_3	MLF_4
故障 3	0.0697	0.9956	0.5581	0.5145
故障 4	0.0781	0.9939	0.5722	0.5038
故障 5	0.0781	0.9939	0.5722	0.5038
故障 6	0.9990	0.0847	0.8273	0.7959
故障 7	0.9971	0.0831	0.8490	0.7636
故障 8	0.9819	0.0515	0.8892	0.6692
故障 9	0.5254	0.8700	0.0192	0.8877
故障 10	0.5131	0.8763	0.0123	0.8792
故障 11	0.5083	0.8785	0.0083	0.8760
故障 12	0.6141	0.7670	0.8995	0.0701
故障 13	0.6041	0.7732	0.8928	0.0722
故障 14	0.6026	0.7742	0.8919	0.0725

况下，对应的传感器故障向量径长值最小，明显小于其他三个值，且相差10^{-1}数量级。因此，根据故障向量径长值最小可隔离出对应的传感器为故障传感器。

3.3.6　基于滤波器组的主动悬架传感器故障检测、诊断与隔离

1. 基于滤波器组的故障检测、诊断与隔离策略

在传感器发生故障时，采用输出反馈控制的主动悬架控制效果将因此而变差，乘坐舒适性恶化。参照文献[21]，基于滤波器组的主动悬架传感器故障检测、诊断与隔离策略框图如图 3.42 所示。为对主动悬架传感器故障进行定量化检测，设计故障检测滤波器产生和提取主动悬架残差 r，设计故障检测指标检测主动悬架传感器故障。为进一步隔离和确认故障传感器，分别以四个量测输出传感器的量测输出 y_j 和悬架控制输入 U 为输入信号设计 Kalman 滤波器 j(j=1,2,3,4)并构成 Kalman 滤波器组。Kalman 滤波器组中各滤波器独立对主动悬架系统进行状态估计并向故障隔离与决策机构提供状态估计信息。再以各 Kalman 滤波器对悬架某一状态变量估计值为决策信息，选择故障隔离决策变量、构造决策函数、设计隔离决策单元，实现传感器的故障隔离。

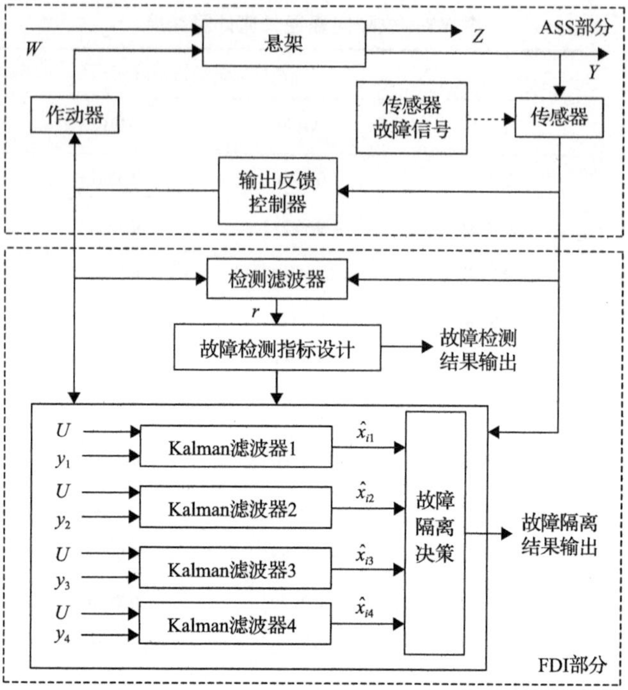

图 3.42　基于滤波器组的 ASS 故障检测、诊断与隔离策略框图

2. 基于滤波器组的传感器故障检测

1) 故障检测滤波器设计

考虑到主动悬架系统存在干扰输入和测量噪声，干扰输入 W 的协方差矩阵为 Q_n，测量噪声 v 的协方差矩阵为 R_n。故障检测滤波器采用具有如下形式的 Kalman 滤波器[22]：

$$\dot{\hat{X}} = A\hat{X} + B_1 U + L_k (Y - \hat{Y}) \tag{3.119}$$

$$\hat{Y} = C_y \hat{X} \tag{3.120}$$

式中，$\hat{X}$ 为状态估计向量；$\hat{Y}$ 为量测输出估计；L_k 为检测滤波器增益矩阵。

在 MATLAB 中用命令 Kalman $(G_{ss}\quad Q_n\quad R_n)$ 可得检测滤波器增益矩阵 L_k。其中，G_{ss} 为主动悬架系统状态空间模型系统矩阵。由于主动悬架路面干扰输入的随机性和传感器测量噪声的存在，为准确获得主动悬架状态估计值和输出残差信息，通过设计故障检测 Kalman 滤波器组得到解决。

2) 故障检测指标设计

定义状态误差 $\bar{X} = X - \hat{X}$，残差 $r = Y - \hat{Y}$。考虑残差中各分量对不同传感器

故障具有不同的敏感程度，配以一定的加权系数，定义故障检测指标为[22]

$$I(t)=\alpha\left\|W_{\mathrm{r}}r(t)\right\|_2+\beta\int_0^t \mathrm{e}^{-\sigma(\tau-t_0)}\left\|W_{\mathrm{r}}r(\tau)\right\|_2\mathrm{d}\tau \tag{3.121}$$

式中，$I(t)$ 为时刻 t 的故障检测指标值，定量反映传感器故障前后输出残差的变化；W_{r} 为考虑不同残差分量对不同传感器故障具有不同敏感程度而设定的输出残差分量加权系数矩阵；$r(t)$ 为时刻 t 的输出残差；$\|\cdot\|_2$ 表示 2-范数；α 为瞬时输出残差加权因子，$\alpha>0$；β 为累计输出残差加权因子，$\beta>0$；σ 为遗忘因子；τ 为积分变量。

式(3.121)等号右边第一项表示悬架系统在时刻 t 的瞬时输出残差，由 t 时刻主动悬架的输出残差决定。式(3.121)等号右边第二项表示悬架系统在时刻 $0\sim t$ 累计输出残差。遗忘因子 $\sigma>0$，用以控制输出残差在积分过程中的衰减速度，使故障检测指标对传感器故障保持较好的记忆效果并有界。σ 越大，则积分过程中衰减速度越快。

由式(3.121)定义可知，在故障时刻 t_{f} 前某时刻 t，主动悬架无传感器发生故障，残差 r 较小甚至为零，不仅瞬时输出残差小甚至为零，而且 $0\sim t$ 时刻的累计输出残差也小甚至为零，所以故障检测指标 $I(t)$ 值也小甚至为零。自故障时刻 t_{f} 开始，由于主动悬架传感器发生故障，故障时刻 t_{f} 后的残差 r 明显变大，所以瞬时输出残差变大。而且从故障时刻 $t_{\mathrm{f}}\sim t$ 的累计输出残差不断累加，不断变大，明显高于故障时刻 t_{f} 前的累计输出残差。最终，故障检测指标 $I(t)$ 值不再小或不再为零，而是明显变大。为了监控主动悬架系统故障检测指标值，设故障检测时间间隔为 Δt，连续计算各时间间隔点的故障检测指标值。再给定故障检测指标值一个允许阈值 I^0，根据故障检测指标值与阈值的比较结果来检测故障：若 $I(t)<I^0$，则无故障；若 $I(t)\geqslant I^0$，则有故障。

先根据反复大量仿真实验结果或实验结果确定经验值取值范围，在经验值取值范围内选择一个合适的值确定阈值 I^0。当故障检测指标值小于给定阈值时，检测结果为主动悬架无传感器发生故障；当故障检测指标值大于或等于给定阈值时，检测结果为传感器发生故障并可发出报警。

3) 故障检测结果与分析

结合悬架系统实际，将故障检测指标值 $I(t)$ 的检测时间间隔取为 $\Delta t=0.1\mathrm{s}$，取 α=100、β=300、σ=0.05、$W_{\mathrm{r}}=\mathrm{diag}\{1,6,3,3\}$。利用输出残差数据按式(3.121)计算各检测时间点的故障检测指标值。根据仿真实验结果，确定阈值 I^0 经验值为 0.5。选择车身垂直加速度传感器、俯仰角加速度传感器、悬架动挠度传感器为研究对象，结合 3.1 节中所述传感器卡死、增益变化、恒偏差等常见故障，选取各传感器故障具体情况，如表 3.8 所示。其中，各传感器故障符号意义同 3.1 节。

图 3.43～图 3.47 是表 3.8 中故障 15～故障 19 情况下故障检测指标值变化图。

表 3.8　传感器故障具体情况

故障	故障传感器	故障时刻 t_f / s	故障行为
故障 15	车身垂直加速度传感器	1	发生 $\alpha_1=-0.05$ 的卡死故障
故障 16	车身垂直加速度传感器	1	发生增益 $\Delta_1=0.3$、恒偏差值 $\alpha_1=0.03$ 的综合故障
故障 17	俯仰角加速度传感器	2	发生 $\alpha_2=0.006$ 的卡死故障
故障 18	前悬架动挠度传感器	3	发生 $\Delta_3=0.2$ 的增益变化故障
故障 19	后悬架动挠度传感器	4	发生 $\alpha_4=-0.005$ 的恒偏差故障

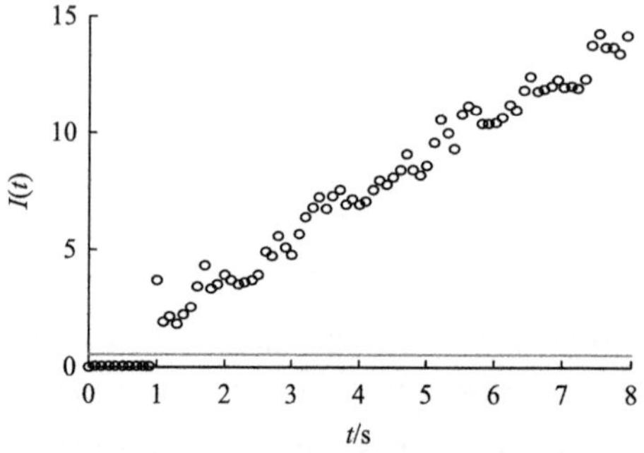

图 3.43　故障 15 情况下故障检测指标值

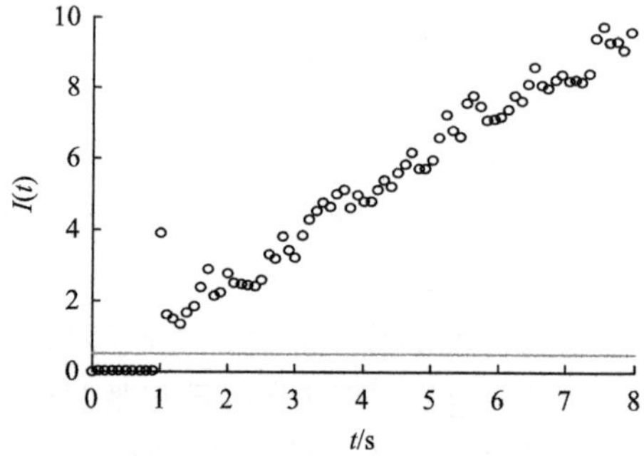

图 3.44　故障 16 情况下故障检测指标值

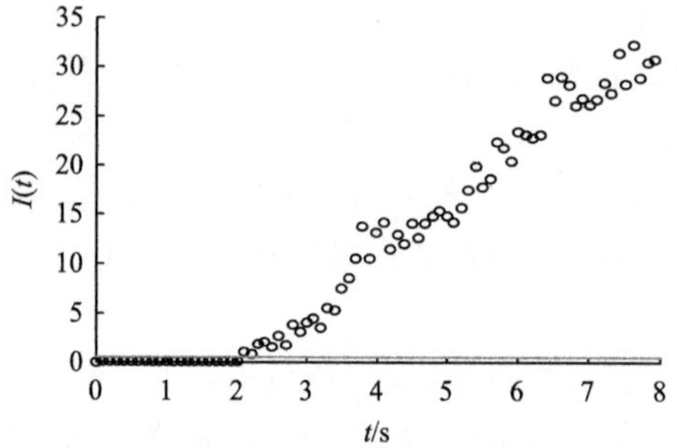

图 3.45　故障 17 情况下故障检测指标值

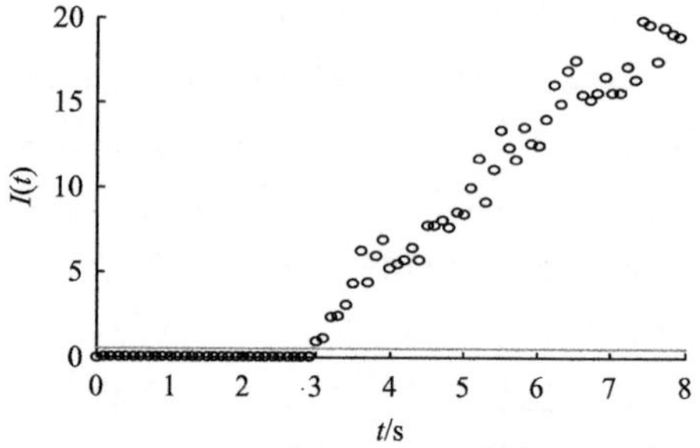

图 3.46　故障 18 情况下故障检测指标值

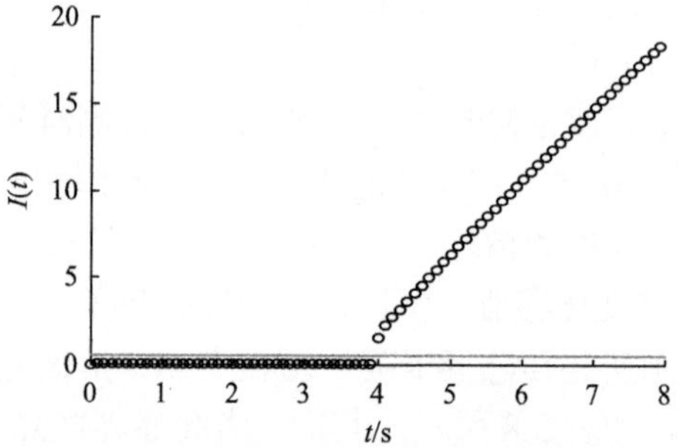

图 3.47　故障 19 情况下故障检测指标值

图 3.43 中，在车身垂直加速度传感器故障时刻 t_f=1s 前，各检测时间点故障检测指标值均小于给定阈值 0.5。而从车身垂直加速度传感器发生 $\alpha_1=-0.05$ 的卡死故障时刻 t_f=1s 开始，可看出故障检测指标值均在大于阈值范围内波动。由图 3.44～图 3.47 同样可看出，在相应时刻传感器发生表 3.8 中相应故障时，在故障时刻故障检测指标值均大于阈值，进而可实现故障检测与报警。表 3.9 所列为表 3.8 中各典型故障发生前后各检测时间点故障检测指标值部分数据。

表 3.9　故障 15～故障 19 情况下故障检测指标值部分数据

时间/s	0.1	0.2	0.3	…	0.8	0.9	1.0	1.1	1.2	…	7.8	7.9	8.0
$I_1(t)$	0.0002	0.0016	0.0012		0.0031	0.0033	3.7140	1.9090	2.1220		13.66	13.40	14.18
$I_2(t)$	0.0002	0.0016	0.0012		0.0031	0.0033	3.9050	1.5880	1.470		9.339	9.086	9.606
$I_3(t)$	0.0002	0.0016	0.0012		0.0070	0.0071	0.0076	1.0150	0.7347		28.870	30.40	30.770
$I_4(t)$	0.0002	0.0016	0.0012		0.0089	0.0094	0.9174	1.0970	2.343		19.450	19.090	18.910
$I_5(t)$	0.0002	0.0016	0.0012		0.0116	0.0115	1.5110	2.2210	2.708		17.590	17.980	18.360

在各典型故障发生时刻前，各检测时间点故障检测指标值均小于给定阈值 0.5。而自故障发生时刻开始，在故障发生时刻 t_f 或经 0.1s 短暂时滞后故障检测指标值均大于给定阈值 0.5，可即时检测出故障。

所以，针对主动悬架量测输出传感器卡死、增益变化、恒偏差三种常见故障，通过故障检测指标值与给定阈值比较定量化检测主动悬架传感器故障：当故障检测指标值小于给定阈值 0.5 时，无传感器发生故障。反之，传感器发生故障并可发出故障报警信号。根据故障检测指标值可定量化检测悬架传感器故障，并可及时发出故障报警信号。

3. 基于决策函数的传感器故障隔离

由前面可看出，通过故障检测滤波器设计、故障检测指标实时值计算可检测传感器有无故障发生。为进一步确认是哪一个传感器发生故障，需要进行故障隔离研究。

1) 故障隔离方法

采用两级故障诊断方法[23]对主动悬架系统进行传感器故障隔离研究。以第 j 个量测输出传感器输出 y_j 和控制输入 U 为信号设计第 j 个滤波器，滤波器仍采用具有如下形式的 Kalman 滤波器：

$$\dot{\hat{X}}_j = A\hat{X}_j + BU + L_{kj}(y_j - \hat{y}_j) \tag{3.122}$$

$$\hat{y}_j = C_{yj}\hat{X}_j \tag{3.123}$$

式中，$\hat{X}_j$ 为第 j 个滤波器估计的状态变量；$\hat{y}_j$ 为第 j 个量测输出传感器输出估计；L_{kj} 为第 j 个滤波器增益矩阵；C_{yj} 为矩阵 C_y 的第 j 行构成的行矩阵。

如此，可设计与量测输出个数相同的 Kalman 滤波器构成故障隔离滤波器组。从故障隔离滤波器组中各滤波器取第 i 个状态变量的状态估计值构造如下故障隔离决策函数：

$$\xi_1 = \left|\hat{x}_{i1} - \hat{x}_{i2}\right| \tag{3.124}$$

$$\xi_2 = \left|\hat{x}_{i2} - \hat{x}_{i3}\right| \tag{3.125}$$

$$\xi_3 = \left|\hat{x}_{i3} - \hat{x}_{i4}\right| \tag{3.126}$$

$$\xi_4 = \left|\hat{x}_{i4} - \hat{x}_{i1}\right| \tag{3.127}$$

$$n_1 = \xi_1\xi_4 \tag{3.128}$$

$$n_2 = \xi_2\xi_1 \tag{3.129}$$

$$n_3 = \xi_3\xi_2 \tag{3.130}$$

$$n_4 = \xi_4\xi_3 \tag{3.131}$$

式中，$\hat{x}_{ij}$ 为状态变量估计 $\hat{X}_j$ 的第 i 个分量；ξ_j 为故障隔离一级决策变量；n_j 为故障隔离二级决策变量；j 为主动悬架传感器编号。

故障隔离的决策过程如下。当传感器完好无故障时，故障隔离滤波器组中各滤波器对悬架系统状态变量估计值相接近，误差很小，因此决策函数中的一级决策变量 ξ_j 也很小且在零值附近波动。相应地，二级决策变量 n_j 更小且也在零值附近波动。当第 k 个传感器发生故障时，以此故障传感器输出 y_k 和控制输入 U 为信号设计的滤波器对悬架系统状态变量的估计值将发生较大波动，而故障隔离滤波器组中以其余传感器（$j \neq k$）输出和控制输入 U 为信号设计的滤波器对悬架系统状态变量的估计值仍维持原状。那么，决策函数中与由第 k 个传感器输出估计的状态估计值 $\hat{x}_{ik}$ 相关的两个一级决策变量将变大。最终，由两个变大的一级决策变量相乘得到的二级决策变量 n_k 也将发生更大的变化且不在零值附近波动，而是发生明显大幅度跳跃性波动，即二级决策变量 n_k 对第 k 个传感器故障响应更为敏感。由发生明显大幅度跳跃性波动的二级决策变量 n_k 可知是第 k 个传感器发生故障，从而实现主动悬架故障传感器的隔离。

2）故障隔离结果与分析

在 MATLAB/Simulink 中建立故障隔离滤波器组等仿真模块，按式(3.124)～式(3.131)编制计算程序，绘制二级决策变量变化曲线。图 3.48～图 3.52 分别是主动悬架量测输出传感器发生表 3.8 中所列典型故障时的二级决策变量变化曲线。

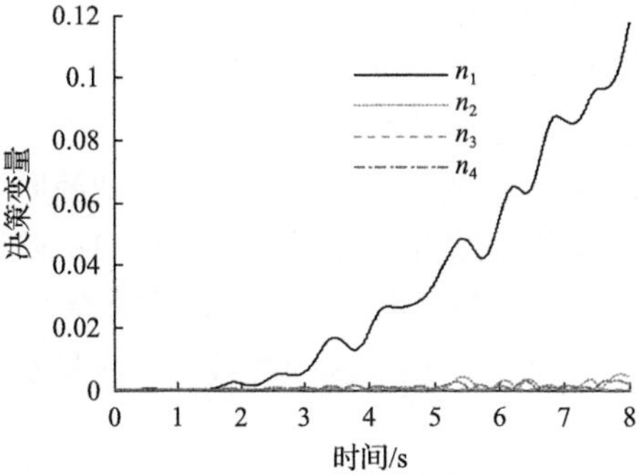

图 3.48　故障 15 情况二级决策变量变化曲线

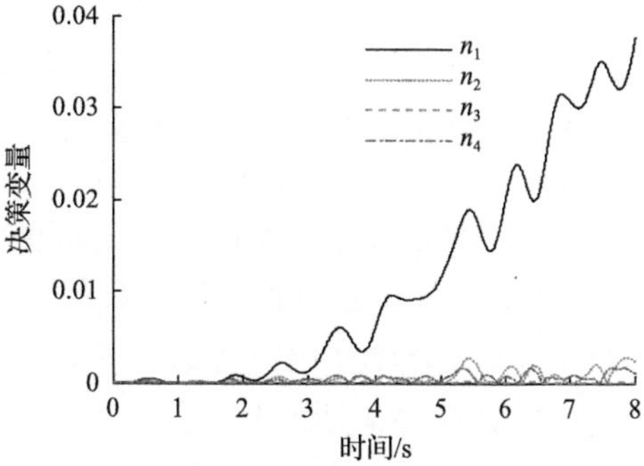

图 3.49　故障 16 情况二级决策变量变化曲线

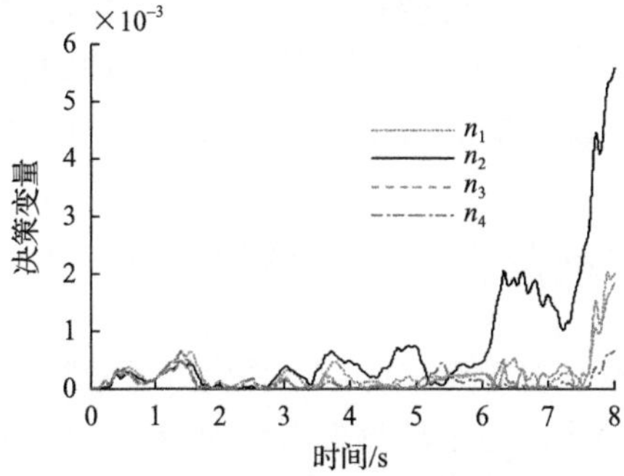

图 3.50　故障 17 情况二级决策变量变化曲线

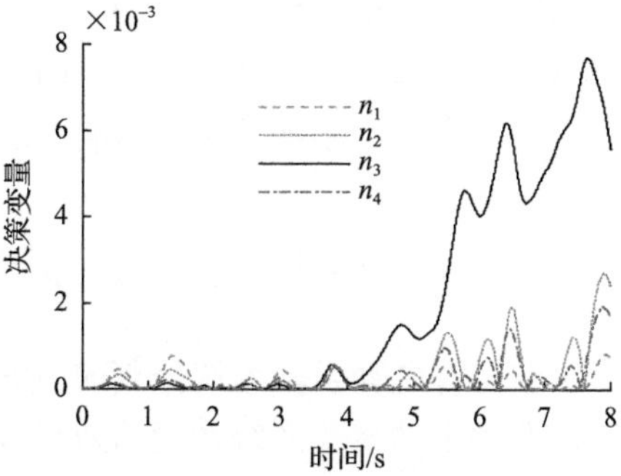

图 3.51　故障 18 情况二级决策变量变化曲线

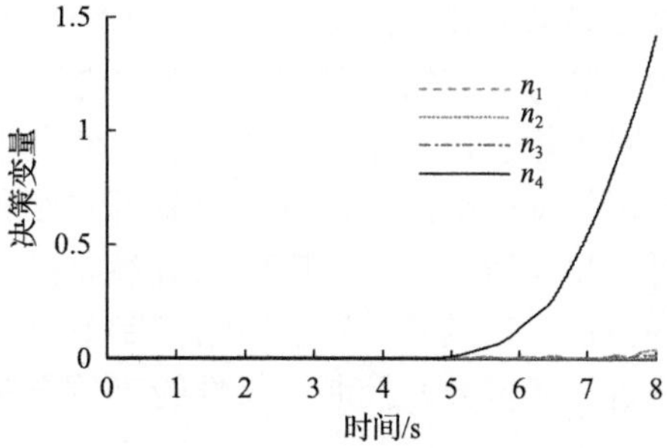

图 3.52　故障 19 情况二级决策变量变化曲线

由图 3.48 可以看出，在故障时刻 t_f=1s，前车身垂直加速度传感器完好无故障，决策函数中二级决策变量 n_j（j=1,2,3,4）均很小且在零值附近波动。在故障时刻 t_f=1s 后，由于车身垂直加速度传感器开始发生 $\alpha_1=-0.05$ 的卡死故障，结果二级决策变量 n_1 曲线自故障时刻 t_f=1s 经 0.5～1s 短暂时滞后出现明显大幅度跳跃性波动，即二级决策变量n_1对车身垂直加速度传感器故障响应相当敏感，而其他三个决策变量n_2、n_3、n_4依然很小且在零值附近波动，响应很小。根据故障隔离二级决策变量n_1曲线变化可确认隔离为车身垂直加速度传感器故障。

同样，由图 3.49～图 3.52 可以看出，当第k个量测输出传感器完好无故障时，二级决策变量均很小且对应的变化曲线在零值附近发生很小的波动。而自故障时刻t_f开始，第k个量测输出传感器发生相应故障，与其对应的二级决策变量n_k变化曲线也不再在零值附近波动，经 0.5～1s 时滞后，相对其他二级决策变量变化曲线出现明显大幅度跳跃性波动。

因此，为主动悬架系统构造合适故障隔离决策函数，应使二级决策变量响应仅对相应传感器故障敏感，对其他传感器故障不敏感，即当某传感器发生故障时，对应的二级决策变量并不在零值附近发生较小波动，而是相对其他二级决策变量出现明显大幅度跳跃性波动。根据二级决策变量变化曲线图中出现明显大幅度跳跃性波动的二级决策变量隔离出故障传感器，即当二级决策变量n_k曲线出现明显大幅度跳跃性波动并对故障响应敏感，则可隔离为第k个传感器发生故障。

3.4 基于H_2/H_∞控制的主动悬架被动容错控制

目前，对主动悬架系统控制的研究均建立在各元器件或部件完好无故障的基础上，改善主动悬架系统性能的效果较为明显。但主动悬架系统中弹性元件受疲劳影响、阻尼元件受减振器液黏性变化影响，将导致系统参数在一定范围内出现摄动。同时，元器件使用时间延长、老化、疲劳等原因，将导致传感器或作动器发生故障。这些都将造成完好无故障情况下设计的控制器误控制，达不到预期控制效果，甚至出现控制效果部分或全部丧失，影响车辆乘坐的舒适性。

被动容错控制作为一类有效容错控制方法，事先考虑主动悬架故障，离线设计控制器，使系统对故障不敏感，在系统元器件或部件发生故障时仍能维持系统性能或维持系统性能在可接受的范围内，提高控制可靠性和控制效果。同时，在离线设计容错控制器时，事先考虑一定范围的系统参数摄动，使设计的控制系统稳定，既具有一定的鲁棒性，也具有一定的容错控制效果。因此，对主动悬架进行鲁棒被动容错控制是进一步提升其控制可靠性的有效方法，这将提升主动悬架的控制品质。

3.4.1 主动悬架 7 自由度整车控制模型

1. 模型建立

参照文献[14]，建立主动悬架 7 自由度整车控制模型，如图 3.53 所示，图中各参数含义同图 3.18。

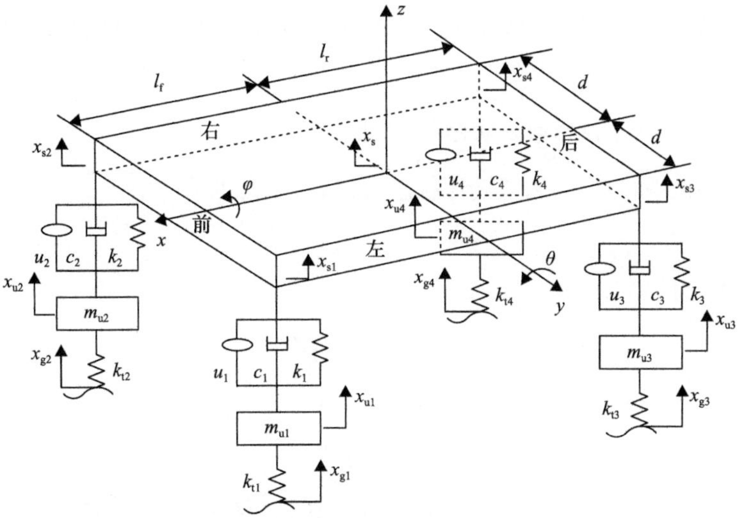

图 3.53　主动悬架 7 自由度整车控制模型

以此模型为基础建立车身垂向运动、俯仰运动、侧倾运动及非簧载质量垂向运动微分方程，选取状态向量 $X=[x_s, \dot{x}_s, \theta, \dot{\theta}, \varphi, \dot{\varphi}, x_{u1}, x_{u2}, x_{u3}, x_{u4}, \dot{x}_{u1}, \dot{x}_{u2}, \dot{x}_{u3}, \dot{x}_{u4}]^{T}$，干扰输入 $W=[x_{g1}, x_{g2}, x_{g3}, x_{g4}]^{T}$，控制输入 $U=[u_1, u_2, u_3, u_4]^{T}$。在车辆悬架中，受车身具体结构(缓冲块)的限制，反映车辆悬架舒适性指标的悬架动挠度的最大行程是受限的。此外，由于主动悬架作动器(多为液压伺服机构)受自身结构、形式及发动机所提供能量的限制，作动器控制输出力的大小也是受限的。考虑以上因素，控制输出 Z_∞ 选取

$$Z_\infty=\left[\frac{x_{su1}}{r_{max}}, \frac{x_{su2}}{r_{max}}, \frac{x_{su3}}{r_{max}}, \frac{x_{su4}}{r_{max}}, \frac{u_1}{f_{max}}, \frac{u_2}{f_{max}}, \frac{u_3}{f_{max}}, \frac{u_4}{f_{max}}\right]^{T}$$

其中，$x_{sui}=x_{si}-x_{ui}$ 为悬架动挠度，i=1,2,3,4；r_{max} 为悬架动挠度最大限值；f_{max} 为作动器控制输出力最大限值。

当考虑车辆的乘坐舒适性时，希望车身垂直加速度、俯仰角加速度、侧倾角加速度越小越好。

选取控制输出为 $Z_2=[\ddot{x}_s, \ddot{\theta}, \ddot{\varphi}]^{T}$，主动悬架 7 自由度整车控制模型的状态空间方程为

$$\dot{X}=AX+B_1U+B_2W \tag{3.132}$$

$$Z_\infty=C_1X+D_{11}U \tag{3.133}$$

$$Z_2=C_2X+D_{21}U \tag{3.134}$$

式中，A、B_1、B_2、C_1、D_{11}、C_2、D_{21}为主动悬架 7 自由度整车控制模型的适维矩阵。

2. 基于H_2/H_∞控制的主动悬架控制

对完好无故障的主动悬架设计状态反馈H_2/H_∞控制律：

$$U = KX \tag{3.135}$$

闭环系统$\sum_{\mathrm{c}}$为

$$\dot{X} = A_{\mathrm{c}}X + B_2W \tag{3.136}$$

$$Z_\infty = C_{1\mathrm{c}}X \tag{3.137}$$

$$Z_2 = C_{2\mathrm{c}}X \tag{3.138}$$

取$A_{\mathrm{c}} = (A + B_1K)$，$C_{1\mathrm{c}} = (C_1 + D_{11}K)$，$C_{2\mathrm{c}} = (C_2 + D_{21}K)$。要求闭环系统$\sum_{\mathrm{c}}$渐近稳定，从干扰输入$W$到控制输出$Z_\infty$的闭环传递函数$\left\|T_{WZ_\infty}(s)\right\|_\infty < \gamma$，闭环系统的$H_2$性能指标：

$$J_2(K) = \sup_F \lim_{t\to\infty} E\left\{Z_2^{\mathrm{T}}Z_2\right\} \leqslant \bar{J}_2(K)$$

取

$$\text{sys}\ \ G = \text{ltisys}\left(A,[B_2,\ B_1],[C_1;C_2],[0,\ D_{11};0,\ D_{21}]\right) \tag{3.139}$$

利用 MATLAB 中求得完好无故障主动悬架的状态反馈H_2/H_∞控制律K，并将此控制器称为正常H_2/H_∞状态反馈控制器。

主动悬架模型参数选择表 3.4 中的参数值，路面模型参数同 3.3 节。经仿真获得良好控制效果的正常H_2/H_∞状态反馈控制器。

3.4.2 具有参数摄动的故障悬架模型

在实际使用中，随着车辆行驶里程增加，由于弹簧疲劳损失、减振器液压油的泄漏或黏度变化等，主动悬架刚度、阻尼系数会发生一定范围的摄动，这导致主动悬架系统具有一定的不确定性。假设主动悬架系统不确定性具有如下结构[24]：

$$[\Delta A,\ \Delta B_1] = H\varOmega[E_1, E_2] \tag{3.140}$$

式中，ΔA、ΔB_1为主动悬架参数摄动而导致的不确定量；H、E_1、E_2为适维常量矩阵；$\varOmega \in L^2\left[0,+\infty\right)$为范数有界矩阵函数，且满足

$$\varOmega^{\mathrm{T}}\varOmega \leqslant I \tag{3.141}$$

式中，I为适维单位矩阵。

不失一般性地，这里仅考虑主动悬架作动器发生增益损失的故障。反映左前、右前、左后、右后四个位置的作动器增益损失故障程度的故障增益分别为 δ_1 、δ_2 、δ_3 、 δ_4 。

结合前面所建主动悬架作动器故障模型，故障作动器的故障输出 U_{f} 为

$$U_{\mathrm{f}}=\left[(f_1-\delta_1 f_1),\ (f_2-\delta_2 f_2),\ (f_3-\delta_3 f_3),\ (f_4-\delta_4 f_4)\right]^{\mathrm{T}}=MU \tag{3.142}$$

式中， M 为由作动器故障而形成的故障开关矩阵，且满足

$$M=M_0(I+L) \tag{3.143}$$

$$L_A \leqslant J \leqslant I \tag{3.144}$$

因此，当考虑主动悬架作动器增益损失故障，同时将参数摄动导致的系统不确定量引入主动悬架系统时，具有参数摄动的故障悬架系统的状态空间方程为

$$\dot{X}=(A+DA)X+(B_1+DB_1)MU+B_2W \tag{3.145}$$

$$Z_\infty=C_1X+D_{11}MU \tag{3.146}$$

$$Z_2=C_2X+D_{21}MU \tag{3.147}$$

3.4.3　主动悬架被动容错控制器设计

主动悬架被动容错控制器设计的目的是在控制器设计之初事先考虑作动器故障和悬架系统参数摄动情况，使设计的被动容错控制器不仅对完好无故障主动悬架控制具有良好的控制效果，或与正常 H_2/H_∞ 状态反馈控制器控制下主动悬架具有相近的性能指标，而且对发生参数摄动和作动器故障的故障悬架控制仍具有较好的控制效果，或优于正常 H_2/H_∞ 状态反馈控制器控制下的故障悬架控制效果[25]，使主动悬架控制在故障情况下具有容错控制效果和对参数摄动具有一定的鲁棒性，实现主动悬架的鲁棒容错控制(robust fault tolerant control，RFTC)。

对具有参数摄动的故障悬架系统设计的状态反馈最优鲁棒容错控制器可表示为[26]

$$U=K_{\mathrm{f}}X \tag{3.148}$$

式中， K_{f} 为设计的鲁棒容错控制律。

故障闭环系统 $\sum_{\mathrm{f}}$ 为

$$\dot{X}=\bar{A}_{\mathrm{c}}X+B_2W \tag{3.149}$$

$$Z_{\infty} = C_{1c}X \tag{3.150}$$

$$Z_2 = C_{2c}X \tag{3.151}$$

取 $\overline{A}_c = (A + B_1MK_f) + HW(E_1 + E_2MK_f) = A_c + H\Omega E_c$， $C_{1c} = (C_1 + D_{11}MK_f)$， $C_{2c} = (C_2 + D_{21}MK_f)$， $A_c = (A + B_1MK_f)$， $E_c = E_1 + E_2MK_f$。

对上述故障闭环系统 $\sum_f$ 设计控制器需满足以下设计目标：

(1) 故障闭环系统 $\sum_f$ 渐近稳定。

(2) 从干扰输入 W 到控制输出 Z_{∞} 的闭环传递函数 $\left\|T_{WZ_{\infty}}(s)\right\|_{\infty} < \gamma$， $\gamma > 0$ 为给定指标。

(3) 故障闭环系统的 H_2 性能指标 $J_2(K_f) = \sup\limits_{F} \lim\limits_{t\to\infty} E\left\{Z_2^{\mathrm{T}}Z_2\right\} \leqslant \overline{J}_2(K_f)$，其中，$E\{\cdot\}$ 表示矩阵期望算子。

根据多目标 H_2/H_{∞} 状态反馈控制器和有界实引定理可知，当且仅当下列矩阵不等式[24,26]：

$$\overline{A}_c^{\mathrm{T}}\overline{P} + \overline{P}\overline{A}_c + \gamma^{-2}\overline{P}B_2B_2^{\mathrm{T}}\overline{P} + C_{1c}^{\mathrm{T}}C_{1c} < 0 \tag{3.152}$$

存在对称正定矩阵可行解 $\overline{P}$ 时，可实现上述控制目标。

取标量 $\beta > 0$，式(3.152)等价于

$$\overline{A}_c^{\mathrm{T}}\overline{P} + \overline{P}\overline{A}_c + \gamma^{-2}\overline{P}B_2B_2^{\mathrm{T}}\overline{P} + C_{1c}^{\mathrm{T}}C_{1c} + \beta C_{2c}^{\mathrm{T}}C_{2c} < 0 \tag{3.153}$$

两边乘以 β^{-1}，取 $P=\beta^{-1}\overline{P}$，将 $\overline{A}_c = A_c + H\Omega E_c$ 代入，有

$$A_c^{\mathrm{T}}P + PA_c + \beta\gamma^{-2}PB_2B_2^{\mathrm{T}}P + \beta^{-1}C_{1c}^{\mathrm{T}}C_{1c} + C_{2c}^{\mathrm{T}}C_{2c} + E_c^{\mathrm{T}}\Omega^{\mathrm{T}}H^{\mathrm{T}}P + PH\Omega E_c < 0 \tag{3.154}$$

根据文献[24]中引理，存在一个很小正数 $\alpha > 0$ 并应用 Schur 补性质，式(3.154)变为

$$\begin{bmatrix} P^{-1}A_c^{\mathrm{T}} + A_cP^{-1} + \alpha HH^{\mathrm{T}} + \beta\gamma^{-2}B_2B_2^{\mathrm{T}} & P^{-1}E_c^{\mathrm{T}} & P^{-1}C_{1c}^{\mathrm{T}} & P^{-1}C_{2c}^{\mathrm{T}} \\ E_cP^{-1} & -\alpha I & 0 & 0 \\ C_{1c}P^{-1} & 0 & -\beta I & 0 \\ C_{2c}P^{-1} & 0 & 0 & -I \end{bmatrix} < 0 \tag{3.155}$$

在此理论基础上，运用 LMI 方法推导与设计主动悬架 7 自由度整车控制模型最优鲁棒容错控制器。取 $Q = P^{-1}$， $V = K_fP^{-1}$，并取 $M = M_0(I + L)$，再次应用文献[22]和[24]中引理和 Schur 补性质，存在一个很小正数 $\eta > 0$ 使式(3.156)成立，即

$$\begin{bmatrix} \Pi_{11} & * & * & * & V^{\mathrm{T}}J^{1/2} \\ \Pi_{21} & \Pi_{22} & * & * & 0 \\ \Pi_{31} & \Pi_{32} & \Pi_{33} & * & 0 \\ \Pi_{41} & \Pi_{42} & \Pi_{43} & \Pi_{44} & 0 \\ J^{1/2}V & 0 & 0 & 0 & -\eta I \end{bmatrix} < 0 \tag{3.156}$$

式中，*表示矩阵中对称转置项。

$$\Pi_{11} = (AQ + B_1M_0V) + (AQ + B_1M_0V)^{\mathrm{T}} + \alpha HH^{\mathrm{T}} + \beta\gamma^{-2}B_2B_2^{\mathrm{T}} + \eta B_1M_0J(B_1M_0)^{\mathrm{T}}$$

$$\Pi_{21} = (E_1Q + E_2M_0V) + \eta E_2M_0J(B_1M_0)^{\mathrm{T}}$$

$$\Pi_{31} = (C_1Q + D_{11}M_0V) + \eta D_{11}M_0J(B_1M_0)^{\mathrm{T}}$$

$$\Pi_{41} = (C_2Q + D_{21}M_0V) + \eta D_{21}M_0J(B_1M_0)^{\mathrm{T}}$$

$$\Pi_{22} = -\alpha I + \eta E_2M_0J(E_2M_0)^{\mathrm{T}}$$

$$\Pi_{32} = \eta D_{11}M_0J(E_2M_0)^{\mathrm{T}}$$

$$\Pi_{42} = \eta D_{21}M_0J\ (E_2M_0)^{\mathrm{T}}$$

$$\Pi_{33} = -\beta I + \eta D_{11}M_0J(D_{11}M_0)^{\mathrm{T}}$$

$$\Pi_{43} = \eta D_{21}M_0J(D_{11}M_0)^{\mathrm{T}}$$

$$\Pi_{44} = -I + \eta D_{21}M_0J(D_{21}M_0)^{\mathrm{T}}$$

考虑故障闭环系统 $\sum_{\mathrm{f}}$ 的 H_2 性能指标值满足 $R(K_{\mathrm{f}}) \leqslant \mathrm{Trace}(B_2^{\mathrm{T}}Q^{-1}B_2)$，通过下列具有约束条件的矩阵不等式可求得故障闭环系统 $\sum_{\mathrm{f}}$ 的 H_2/H_∞ 状态反馈最优鲁棒容错控制器。

$$\min_{\alpha,\beta,\eta,Q,V,N} \mathrm{Trace}(N) \tag{3.157}$$

$$\mathrm{s.t.}\begin{bmatrix} \Pi_{11} & * & * & * & V^{\mathrm{T}}J^{1/2} \\ \Pi_{21} & \Pi_{22} & * & * & 0 \\ \Pi_{31} & \Pi_{32} & \Pi_{33} & * & 0 \\ \Pi_{41} & \Pi_{42} & \Pi_{43} & \Pi_{44} & 0 \\ J^{1/2}V & 0 & 0 & 0 & -\eta I \end{bmatrix} < 0 \tag{3.158}$$

$$\begin{bmatrix} -N & B_2^{\mathrm{T}} \\ B_2 & -Q \end{bmatrix} < 0 \tag{3.159}$$

给定干扰抑制度$\gamma > 0$，应用LMI工具箱求解器mincx可得式(3.157)～式(3.159)的最优解：α^*、β^*、η^*、Q^*、V^*、N^*。故障闭环系统$\sum_{\rm f}$的H_2 / H_∞状态反馈最优鲁棒容错控制器为

$$K_{\rm f} = V^*(Q^*)^{-1} \tag{3.160}$$

这样，事先考虑主动悬架作动器故障和参数摄动情况，用最优鲁棒容错控制器离线设计的方法，运用多目标H_2 / H_∞状态反馈控制器和有界实引定理可将最优鲁棒容错控制器设计转化为LMI工具箱中最优可行解问题。

3.4.4 仿真计算与分析

1. 仿真计算

考虑车辆在使用过程中，主动悬架刚度和阻尼系数摄动均为±20%，且按正弦函数规律变化。利用式(3.140)借助 MATLAB 计算，取合适的 H、E_1、E_2 在 MATLAB 中经验证，故障悬架能控、能观。取干扰输入W到控制输出Z_∞闭环传递函数H_∞性能指标$\gamma > 1.75$，求得故障闭环系统的H_2 / H_∞状态反馈最优鲁棒容错控制律$K_{\rm f}$为

$$K_{\rm f} = \begin{bmatrix} -108.86 & -1894.9 & -2139 & -3963.4 \\ -3096.1 & -2790.7 & -1787.3 & -1477.9 \\ 56994 & 64342 & -51095 & -43632 \\ 15728 & 15652 & -15558 & -15637 \\ -4802.5 & -363.52 & -1789 & 2790 \\ -2870.7 & 2538 & -2775.6 & 2674.9 \\ 14796 & 8798.2 & -6884.7 & -10853 \\ 8275.1 & 15317 & -11378 & -6252.6 \\ -7486.2 & -10532 & 13915 & 9291.5 \\ -10970 & -7098.3 & 8927.8 & 14404 \\ 1012 & -267.16 & -110.78 & -62.809 \\ -263.07 & 1026.5 & -65.537 & -102.23 \\ -188.2 & -145.72 & 1115 & -167.84 \\ -144.6 & -171.95 & -172.42 & 1125.6 \end{bmatrix}^{\rm T}$$

主动悬架在实际使用中会处于完好无故障和故障两种状态。因而，从两种实际使用状态考虑，通过仿真进行控制效果分析。

2. 完好无故障主动悬架控制结果与分析

当主动悬架处于完好无故障状态时，在正常 H_2 / H_∞ 状态反馈控制器和最优鲁棒容错控制器控制下，各性能指标响应对比仿真图如图 3.54～图 3.57 所示，仿真结果如表 3.10 所示。主动悬架在正常 H_2 / H_∞ 状态反馈控制器控制下简记为 ASS/N，在鲁棒容错控制器控制下简记为 ASS/RFTC。

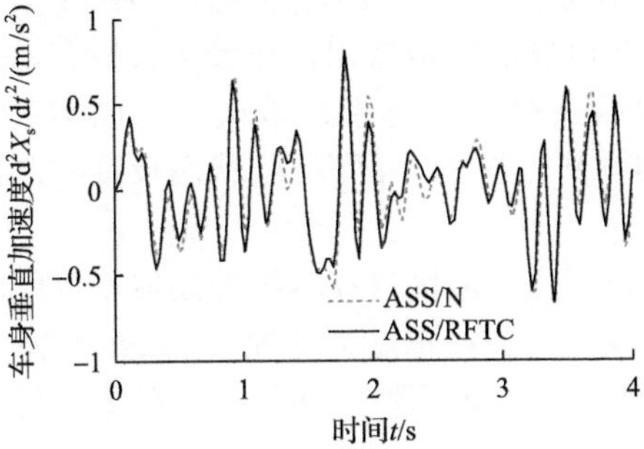

图 3.54　完好无故障状态车身垂直加速度响应

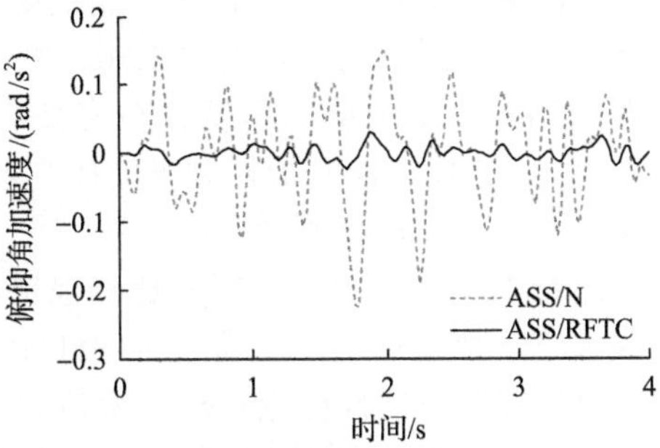

图 3.55　完好无故障状态俯仰角加速度响应

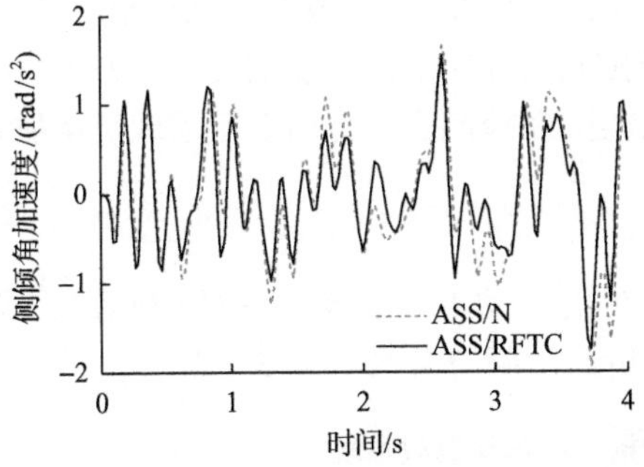

图 3.56　完好无故障状态侧倾角加速度响应

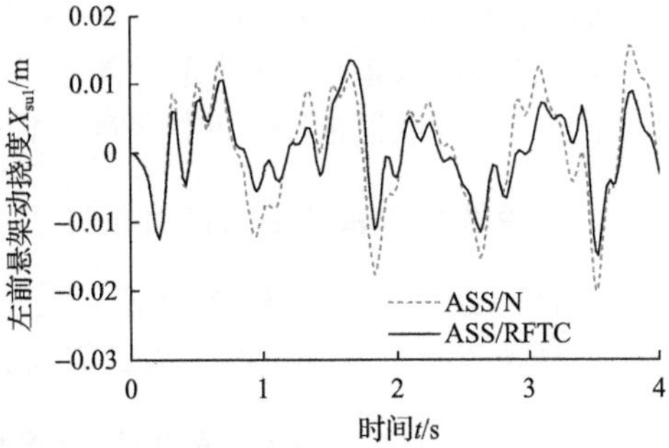

图 3.57　完好无故障状态左前悬架动挠度响应

表 3.10　两种控制器控制下的主动悬架性能对比

性能指标	均方根值		降低百分比/%
	ASS/N	ASS/RFTC	
$\ddot{x}_s$	0.2881	0.2845	1.25
$\ddot{\theta}$	0.0761	0.0102	86.60
$\ddot{\varphi}$	0.7023	0.5969	15.01
x_{su1}	0.0080	0.0063	21.25
x_{su2}	0.0103	0.0081	21.36
x_{su3}	0.0085	0.0066	22.35
x_{su4}	0.0117	0.0083	29.06

由图 3.54 可以看出，主动悬架在最优鲁棒容错控制器控制下，车身垂直加速度响应同完好无故障状态时设计的正常 H_2/H_∞ 状态反馈控制器控制下的响应具有相同的效果，能改善车辆乘坐舒适性。两种控制器控制下的性能响应较为接近，达到了良好的控制效果。

由图 3.55 可以看出，在最优鲁棒容错控制器控制下，俯仰角加速度的控制不仅与完好无故障状态下设计的正常 H_2/H_∞ 状态反馈控制器具有同样的控制效果，能明显改善悬架性能，而且在控制效果上还优于正常 H_2/H_∞ 状态反馈控制器控制下的控制效果。同样，由图 3.56、图 3.57 可以清晰地看出，在最优鲁棒容错控制器控制下，侧倾角加速度、左前悬架动挠度性能指标控制效果也均优于正常 H_2/H_∞ 状态反馈控制器控制下的控制效果，同时与正常 H_2/H_∞ 状态反馈控制器一样，能明显改善车辆乘坐舒适性。

由表 3.10 主动悬架性能对比结果也可以看出，最优鲁棒容错控制器不仅能明显改善车辆乘坐舒适性，而且各项性能指标的均方根值相对正常 H_2/H_∞ 状态反馈控制器控制下的性能指标均方根值均有所下降，各项性能指标控制效果均优于正常 H_2/H_∞ 状态反馈控制器控制下的控制效果。

在应用最优鲁棒容错控制器对主动悬架进行控制后，由仿真结果可以看出：相对于被动悬架，最优鲁棒容错控制器能较好地控制车身姿态，改善车辆乘坐舒适性，具有良好的控制效果；同时将最优鲁棒容错控制器控制下的性能响应与完好无故障状态下设计的控制器控制下的性能响应相比较，在控制效果上前者接近或优于后者。

3. 故障悬架容错控制结果与分析

为验证最优鲁棒容错控制器对具有参数摄动的故障悬架的控制效果，以表 3.11 中所设置的故障进行仿真计算与分析。故障符号含义同 3.1 节。

表 3.11 故障悬架的参数摄动和作动器故障表

故障序号	系统参数摄动情况	故障时间 t_f/s	作动器故障情况			
			左前作动器	右前作动器	左后作动器	右后作动器
故障1	悬架刚度 k_{si} 和阻尼系数 c_{si} 摄动均为 −10%	1	发生故障增益 $\delta_1=0.6$ 的增益变化故障	完好状态	完好状态	完好状态
故障2	悬架刚度 k_{si} 和阻尼系数 c_{si} 摄动均为 −15%	1	发生故障增益 $\delta_1=0.6$ 的增益变化故障	完好状态	发生故障增益 $\delta_3=0.6$ 的增益变化故障	完好状态
故障3	悬架刚度 k_{si} 和阻尼系数 c_{si} 摄动均为 10%	0.5	发生故障增益 $\delta_1=0.6$ 的增益变化故障	发生故障增益 $\delta_2=0.3$ 的增益变化故障	发生故障增益 $\delta_3=0.3$ 的增益变化故障	发生故障增益 $\delta_4=0.4$ 的增益变化故障

基于上述故障 1～故障 3 进行仿真。将正常 H_2/H_∞ 状态反馈控制器控制下

的故障悬架(简记为 FASS/N)与最优鲁棒容错控制器控制下的故障悬架(简记为 FASS/RFTC)各性能响应进行对比。考虑篇幅限制，本书列出几个代表性的性能响应对比图。

当发生故障 1 情况时，两种控制器控制下的故障悬架相关性能响应对比如图 3.58 所示。

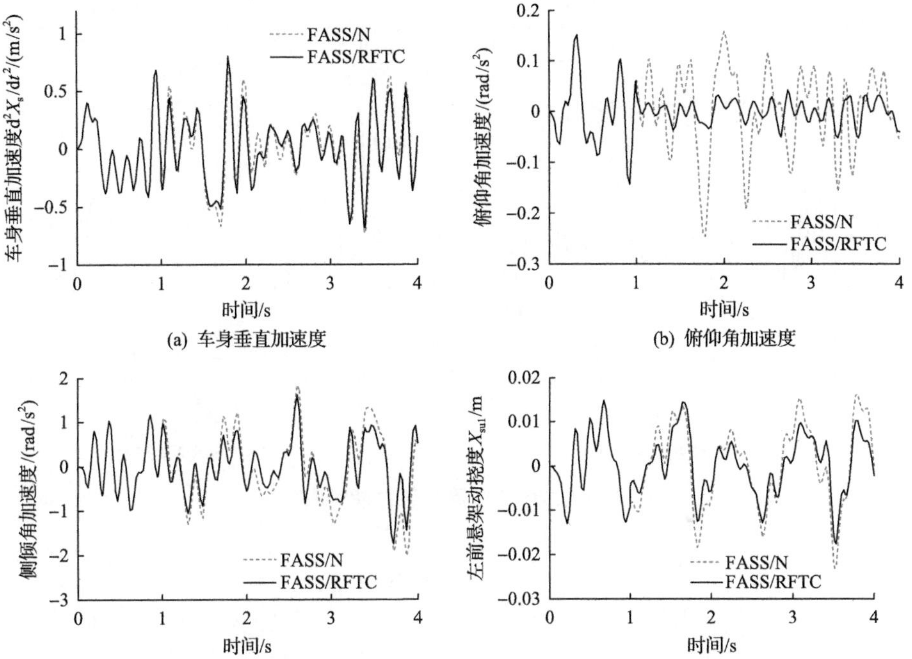

(a) 车身垂直加速度　(b) 俯仰角加速度

(c) 侧倾角加速度　(d) 左前悬架动挠度

图 3.58　故障 1 故障悬架性能响应对比

由图 3.58 可以看出，主动悬架处于故障 1 状态时，在故障时刻$t_f = 1s$前，主动悬架采用正常H_2 / H_∞状态反馈控制器，控制效果正常。而在故障时刻$t_f = 1s$后，若仍采用正常H_2 / H_∞状态反馈控制器，由于作动器故障和参数摄动，车身垂直加速度、俯仰角加速度、左前悬架动挠度等性能指标开始出现波动，控制效果变差，如图 3.58 中虚线部分所示。经仿真计算，左前悬架动挠度、侧倾角加速度、右后悬架动挠度的均方根值波动量分别达 12.7%、11.8%、10.99%。在故障时刻$t_f = 1s$后，若采用最优鲁棒容错控制器，故障悬架的车身垂直加速度、俯仰角加速度、悬架动挠度性能得到很好控制，而且控制效果优于正常H_2 / H_∞状态反馈控制器控制下的控制效果，如图 3.58 中实线部分所示。

当发生故障 2 情况时，两种控制器控制下的故障悬架相关性能响应对比如图 3.59 所示。当发生故障 3 情况时，两种控制器控制下的故障悬架相关性能响应对比如图 3.60 所示。

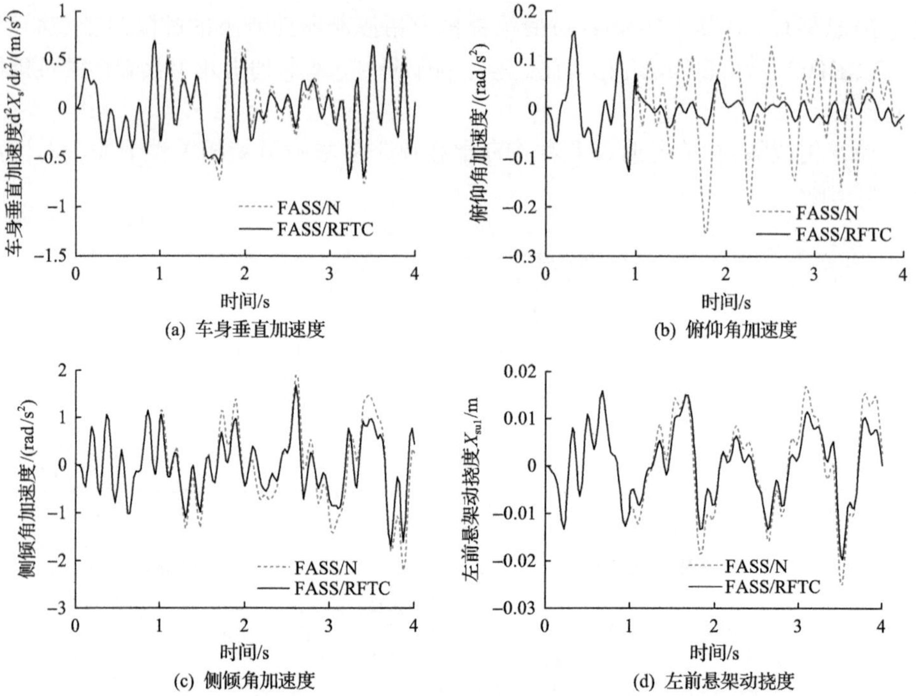

(a) 车身垂直加速度　(b) 俯仰角加速度
(c) 侧倾角加速度　(d) 左前悬架动挠度

图 3.59　故障 2 故障悬架性能响应对比

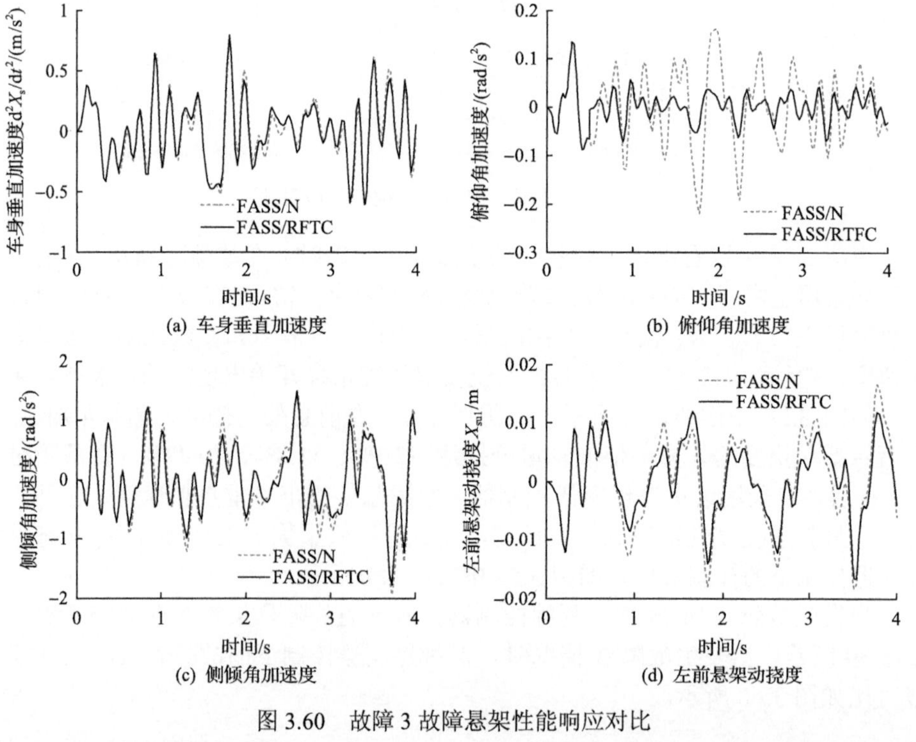

(a) 车身垂直加速度　(b) 俯仰角加速度
(c) 侧倾角加速度　(d) 左前悬架动挠度

图 3.60　故障 3 故障悬架性能响应对比

同样，从图 3.59 及图 3.60 可以看出，当主动悬架分别处于故障 2 或故障 3 状态时，在故障发生时刻 $t_f = 1s$ 或 $t_f = 0.5s$ 后，在最优鲁棒容错控制器控制下，其各项性能指标均满足要求，且性能均优于正常 H_2 / H_∞ 状态反馈控制器控制下的性能。

正常 H_2 / H_∞ 状态反馈控制器控制下和最优鲁棒容错控制器控制下的故障悬架各项性能指标均方根值对比结果如表 3.12 所示。

表 3.12　FASS/N 和 FASS/RFTC 的性能指标对比结果

性能指标	故障 1			故障 2			故障 3		
	FASS/N	FASS/RFTC	降低百分比/%	FASS/N	FASS/RFTC	降低百分比/%	FASS/N	FASS/RFTC	降低百分比/%
$\ddot{x}_s$	0.3084	0.2919	5.4	0.3240	0.3156	2.6	0.2719	0.2585	4.93
$\ddot{\theta}$	0.0797	0.0247	69.0	0.0827	0.0191	76.9	0.0747	0.0272	63.6
$\ddot{\varphi}$	0.7849	0.6275	20.1	0.8329	0.6525	21.7	0.6636	0.5898	11.1
x_{su1}	0.0090	0.0066	26.7	0.0097	0.0074	23.7	0.0077	0.0063	18.2
x_{su2}	0.0113	0.0080	29.2	0.0120	0.0083	30.8	0.0096	0.0079	17.7
x_{su3}	0.0094	0.0068	27.7	0.0103	0.0080	22.3	0.0083	0.0067	19.3
x_{su4}	0.0129	0.0083	35.7	0.0135	0.0083	38.5	0.0108	0.0084	22.2

由表 3.12 中的性能指标对比结果可明显得出结论：最优鲁棒容错控制器控制下的故障悬架各项性能均优于正常 H_2 / H_∞ 状态反馈控制器控制下故障悬架性能，相对于后者，前者使悬架系统各项性能指标的均方根值均有明显降低。

可见，对完好无故障主动悬架，基于 H_2 / H_∞ 控制的最优鲁棒容错控制器对车辆乘坐舒适性控制效果接近于或优于正常 H_2 / H_∞ 状态反馈控制器控制下的效果。对故障悬架采用最优鲁棒容错控制器，不但在改善车辆乘坐舒适性方面具有很好的控制效果，而且与在正常 H_2 / H_∞ 状态反馈控制器控制下的故障悬架相比较，最优鲁棒容错控制器控制下的故障悬架各项性能均优于前者。相对正常 H_2 / H_∞ 状态反馈控制器，最优鲁棒容错控制器对主动悬架参数摄动控制获得了较强鲁棒性，对作动器故障控制获得很好的被动容错控制品质，提高了主动悬架系统控制可靠性。

3.5　基于传感器信号重构的主动悬架主动容错控制

由 3.4 节对故障悬架被动容错控制的研究可看出，所设计的被动容错控制器不仅使主动悬架系统稳定，而且保证了主动悬架系统对悬架刚度和阻尼系数两参数摄动及作动器故障不敏感，具有较好的容错效果。但 3.4 节设计的被动容错控制器具有相当的保守性。一是被动容错控制是在离线状态下根据一定的先验故障知识来设计结构与参数相对固定的控制器。这种情况下设计的控制器针对已考虑的摄动参数和故障元器件具有较好的被动容错控制效果，但在所有可能的故障或参数摄动情况下、未事先考虑元器件发生故障的情况下，无法将主动悬架调校到具有最优的容错控制性能。二是被动容错控制效果还受设计人员预先对故障先验知识掌握程度的影响。

此外，在主动悬架系统中，作为控制系统信号测量元件的传感器和执行元件的作动器，它们发生的故障在时间上和类型上具有随机性和适时性，如果像被动容错控制那样事先预知，将是很困难的事。因此，实时跟踪主动悬架系统中传感器或作动器的故障，根据故障情况实时调整控制器参数或对控制器结构与参数同时进行调整显得相当有必要。这就需要研究主动悬架的主动容错控制。主动容错控制和对主动悬架的故障检测与诊断是相辅相成的两个关键技术。

本节研究主动悬架系统传感器发生故障时的主动容错控制问题。

利用输出反馈对主动悬架系统进行主动控制是常用的主动控制方法，能明显改善悬架系统性能。控制系统通过传感器采集的测量信号作为控制器输入信号，按照一定的控制策略计算控制器控制输出，实现悬架系统的主动控制。传感器使用时间延长、老化、安装位置松动或其他内部结构原因等，都将导致传感器所测量的悬架系统输出信号异常或发生故障。这些都将造成完好无故障情况下设计的控制器误控制，达不到预期控制效果，甚至出现控制效果部分或全部丧失，影响车辆乘坐舒适性。

所以，当传感器发生故障时，仍能维持主动悬架系统性能或维持其性能在可接受的范围内是容错控制的目标。对故障传感器的故障信号进行重构，使重构后的信号作为控制器的输入信号，这样无须对控制器原有的控制律进行重组，也无须对控制器原有的结构进行重构或重新设计[17]。在经过传感器信号重构后，使故障悬架在原控制器的控制下仍然具有良好的控制效果或恢复到与完好无故障情况相接近的水平，最终实现主动悬架的主动容错控制。

3.5.1　主动悬架 7 自由度整车控制模型

基于 3.4 节中建立的主动悬架 7 自由度整车控制模型，选取控制输出 $Z=[x_{su1}, x_{su2}, x_{su3}, x_{su4}, u_1, u_2, u_3, u_4, \ddot{x}_s, \ddot{\theta}, \ddot{\varphi}]^T$，其中 $x_{sui}=x_{si}-x_{ui}$ 为悬架动挠度（$i=1,2,3,4$）。为了更好地评价整车操纵稳定性，这里选取俯仰角速度或俯仰角、侧倾角速度或侧倾角作为量测输出，设计相应的输出反馈控制器对主动悬架 7 自由度整车控制模型进行控制。量测输出 $Y=[\ddot{x}_s, \dot{\theta}, \dot{\phi}]^T$。主动悬架 7 自由度整车系统状态空间模型为

$$\dot{X} = AX + B_1U + B_2W \tag{3.161}$$

$$Z = C_1X + D_{11}U \tag{3.162}$$

$$Y = C_yX + D_{y1}U \tag{3.163}$$

式中，A、B_1、B_2、C_1、D_{11}、C_y、D_{y1}为适维矩阵。

3.5.2　基于 H_∞控制策略的主动悬架控制

对主动悬架 7 自由度整车系统采取 H_∞ 输出反馈控制。根据现代控制理论，主动悬架 7 自由度整车控制模型中系统输出$[Z \quad Y]^{\mathrm{T}}$对输入$[U \quad W]^{\mathrm{T}}$的传递函数矩阵$G(s)$为

$$G(s) = \begin{bmatrix} G_{11}(s) & G_{12}(s) \\ G_{21}(s) & G_{22}(s) \end{bmatrix} \tag{3.164}$$

式中，$G_{11}(s)$、$G_{12}(s)$、$G_{21}(s)$、$G_{22}(s)$为$G(s)$中对应矩阵。

系统输出$[Z \quad Y]^{\mathrm{T}}$可表示为

$$\begin{bmatrix} Z \\ Y \end{bmatrix} = \begin{bmatrix} G_{11}(s) & G_{12}(s) \\ G_{21}(s) & G_{22}(s) \end{bmatrix} \begin{bmatrix} U \\ W \end{bmatrix} \tag{3.165}$$

$U = K(s)Y$ 是要设计的输出反馈 H_∞ 控制器的控制律，从干扰输入W到控制输出Z的传递函数T_{WZ}为

$$T_{WZ} = G_{11} + G_{12}K(s)[I - G_{22}K(s)]G_{21} \tag{3.166}$$

控制器设计目的是使闭环系统稳定，且从干扰输入W到控制输出Z的传递函数T_{WZ}的H_∞范数$\|T_{WZ}\|_\infty$小于给定上界γ。

在MATLAB中利用基于线性矩阵不等式方法求得加权输出反馈H_∞控制器的系统矩阵$K(s)$，经反复仿真调试设计出控制效果良好的加权输出反馈H_∞控制器。

车辆悬架模型参数选择表 3.4 中的参数值，路面模型同 3.3 节。选取干扰输入加权系数矩阵S_{w}= diag(0.00014, 0.00014,0.00014, 0.00014)，控制输出加权传递函数矩阵W_z=diag(1, 1, 1, 1, 1, 1, 1, 1, W_2, W_1, W_1)，控制输出加权系数矩阵S_z = diag (20, 20, 20, 20, 0.015, 0.0152, 0.015, 0.015, 6, 3, 3)。其中，W_1、W_2分别为旋转方向和垂直方向的加权传递函数：

$$W_1 = \frac{s^2 + 50.27s + 25.72}{s^2 + 7.037s + 25.72} \tag{3.167}$$

$$W_2 = \frac{s^2 + 314.2s + 987}{s^2 + 43.98s + 987} \tag{3.168}$$

式中，s 为拉普拉斯算子。

在 MATLAB/Simulink 中经反复仿真实验调试，获得对主动悬架 7 自由度整车控制模型具有良好控制效果的加权输出反馈 H_∞ 控制器。

3.5.3 传感器故障时故障悬架模型

结合主动悬架 7 自由度整车控制模型，考虑传感器故障建立故障悬架模型。当第 j 个传感器发生故障时，结合 3.1 节中所建故障传感器模型，故障悬架系统状态空间模型为

$$\dot{X} = AX + B_1U + B_2W \tag{3.169}$$

$$Z = C_1X + D_{11}U \tag{3.170}$$

$$Y_{\mathrm{f}} = C_yX + D_{y1}U + F_{\mathrm{s}}f \tag{3.171}$$

式中，故障悬架的状态空间模型中各矩阵和符号意义同前。

3.5.4 基于传感器信号重构的主动容错控制设计

1. 主动容错控制策略

基于传感器信号重构的主动悬架主动容错控制策略框图如图 3.61 所示[27]。主动悬架输出反馈控制器以量测输出传感器信号为输入。当量测输出传感器发生相

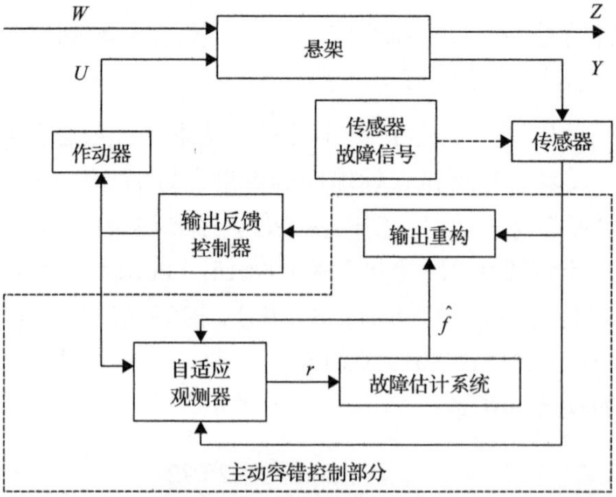

图 3.61　基于传感器信号重构的主动悬架主动容错控制策略框图

应故障时，传感器故障输出将偏离完好无故障输出发生异常变化，随之导致控制器控制输出信号异常，最终影响主动悬架目标控制效果。基于自适应技术设计的观测器获得主动悬架系统输出残差，再以输出残差为信号设计悬架故障估计系统，估计出量测输出传感器故障信号。利用故障传感器的故障估计值和故障输出共同重构量测输出传感器故障信号，以重构的量测输出传感器故障信号为输出反馈控制器输入，实现故障悬架主动容错控制目标，使故障悬架性能恢复到与完好无故障主动悬架性能相接近的水平。

2. 基于自适应观测器传感器故障估计

当主动悬架量测输出传感器发生相应故障时，设计如下自适应观测器来获得主动悬架状态和传感器故障估计信息[28,29]：

$$\dot{\hat{X}} = A\hat{X} + B_1U + G_a(Y - \hat{Y}) \tag{3.172}$$

$$\hat{Y} = C_y\hat{X} + D_{y1}U + F_s\hat{f} \tag{3.173}$$

式中，$\hat{X}$ 为状态估计向量；$\hat{Y}$ 为量测输出估计；G_a 为维数适当待设计的自适应观测器增益矩阵；$\hat{f}$ 为传感器故障估计值，其中 $\hat{f} = \left[f_1^e,\ f_2^e,\ f_3^e\right]^{\mathrm{T}}$，$f_1^e$、$f_2^e$、$f_3^e$ 分别代表车身垂直加速度、俯仰角速度、侧倾角速度传感器的故障估计值。

故障诊断算法采用如下自适应故障估计律：

$$\dot{\hat{f}} = G_s(Y - \hat{Y}) \tag{3.174}$$

式中，G_s 为学习率，为维数适当待设计矩阵。

同样，取状态误差 $\bar{X} = \hat{X} - X$，残差 $r = \hat{Y} - Y$，故障误差 $\bar{f} = \hat{f} - f$，从而有

$$\dot{\bar{X}} = \dot{\hat{X}} - \dot{X} = (A - G_aC_y)\bar{X} - G_aF_s\bar{f} - B_2W \tag{3.175}$$

$$\dot{\bar{f}} = \dot{\hat{f}} - \dot{f} = -G_sC_y\bar{X} - G_sF_s\bar{f} - \dot{f} \tag{3.176}$$

取误差增广矩阵为

$$\dot{\psi} = \bar{A}\psi + \bar{B}w \tag{3.177}$$

式中，$\bar{A} = \begin{bmatrix} A - G_aC_y & -G_aF_s \\ -G_sC_y & -G_sF_s \end{bmatrix}$；$\bar{B} = \begin{bmatrix} 0 & -B_2 \\ -I & 0 \end{bmatrix}$；$\psi = \begin{bmatrix} \bar{X} \\ \bar{f} \end{bmatrix}$；$w = \begin{bmatrix} \dot{f} \\ W \end{bmatrix}$。

针对以上误差增广矩阵，取 Lyapunov 函数[19]

$$L = \psi^{\mathrm{T}} P_1 \psi \tag{3.178}$$

对 Lyapunov 函数(3.178)沿着误差增广矩阵轨迹求导，有

$$\dot{L} = \psi^{\mathrm{T}}(P_1\bar{A} + \bar{A}^{\mathrm{T}}P_1)\psi + 2\varphi^{\mathrm{T}}P_1\bar{B}w \tag{3.179}$$

将悬架干扰输入 W 视为扰动输入，参照文献[29]中方法，引入 H_∞ 性能指标：

$$J_H = \int_0^t (\psi^{\mathrm{T}}\psi - \gamma w^{\mathrm{T}}w)\,\mathrm{d}t \tag{3.180}$$

则有

$$\begin{aligned} J_H &= \int_0^t (\psi^{\mathrm{T}}\psi - \gamma w^{\mathrm{T}}w + \dot{L})\,\mathrm{d}t - L(t) + L(0) < \int_0^t (\psi^{\mathrm{T}}\psi - \gamma w^{\mathrm{T}}w + \dot{L})\mathrm{d}t + L(0) \\ &= \int_0^t \left(\begin{bmatrix} \bar{X} \\ \bar{f} \\ w \end{bmatrix}^{\mathrm{T}} \begin{bmatrix} P_1\bar{A} + \bar{A}^{\mathrm{T}}P_1 + I & P_1\bar{B} \\ \bar{B}^{\mathrm{T}}P_1 & -\gamma I \end{bmatrix} \begin{bmatrix} \bar{X} \\ \bar{f} \\ w \end{bmatrix} \right) \mathrm{d}t + L(0) \end{aligned} \tag{3.181}$$

式中，γ 为 H_∞ 性能指标。

取

$$P_1 = \begin{bmatrix} P & 0 \\ 0 & S \end{bmatrix} \tag{3.182}$$

目标是使

$$\begin{bmatrix} P_1\bar{A} + \bar{A}^{\mathrm{T}}P_1 + I & P_1\bar{B} \\ \bar{B}^{\mathrm{T}}P_1 & -\gamma I \end{bmatrix} < 0 \tag{3.183}$$

以保证性能指标 $J_H < L(0)$ 且 Lyapunov 函数稳定，即

$$J_H = \int_0^t \left(\begin{bmatrix} \bar{X} \\ \bar{f} \\ w \end{bmatrix}^{\mathrm{T}} \begin{bmatrix} P_1\bar{A} + \bar{A}^{\mathrm{T}}P_1 + I & P_1\bar{B} \\ \bar{B}^{\mathrm{T}}P_1 & -\gamma I \end{bmatrix} \begin{bmatrix} \bar{X} \\ \bar{f} \\ w \end{bmatrix} \right) \mathrm{d}t + L(0) < L(0) \tag{3.184}$$

将式(3.182)代入式(3.183)，有

$$\begin{bmatrix} PA - PG_{\mathrm{a}}C_y + A^{\mathrm{T}}P - (PG_{\mathrm{a}}C_y)^{\mathrm{T}} + I & -PG_{\mathrm{a}}F_{\mathrm{s}} - (SG_{\mathrm{s}}C_y)^{\mathrm{T}} & 0 & -PB_2 \\ -(PG_{\mathrm{a}}F_{\mathrm{s}})^{\mathrm{T}} - SG_{\mathrm{s}}C_y & -SG_{\mathrm{s}}F_{\mathrm{s}} - (SG_{\mathrm{s}}F_{\mathrm{s}})^{\mathrm{T}} + I & -S & 0 \\ 0 & -S^{\mathrm{T}} & -\gamma I & 0 \\ 0 & 0 & 0 & -\gamma I \end{bmatrix} < 0 \tag{3.185}$$

取 $PG_{\rm a}=N$、$SG_{\rm s}=V$，则有

$$\begin{bmatrix} PA-NC_y+A^{\rm T}P-(NC_y)^{\rm T}+I & -NF_{\rm s}-(VC_y)^{\rm T} & 0 & -PB_2 \\ * & -VF_{\rm s}+(-VF_s)^{\rm T}+I & -S & 0 \\ * & * & -\gamma I & 0 \\ * & * & * & -\gamma I \end{bmatrix}<0 \tag{3.186}$$

$$P>0 \tag{3.187}$$

$$S>0 \tag{3.188}$$

式中，*为对称转置矩阵。

找到适当的 P、S、N、V 矩阵，使以上线性矩阵不等式组成立，则满足性能指标 $J<V(0)$ 且 Lyapunov 函数稳定。在 MATLAB 中用 feasp 命令求线性矩阵不等式组(3.186)～(3.188)的可行解 P^*、S^*、N^*、V^*。自适应观测器增益矩阵、故障估计律学习率 $G_{\rm s}$ 分别为

$$G_{\rm a}=(P^*)^{-1}N^* \tag{3.189}$$

$$G_{\rm s}=(S^*)^{-1}V^* \tag{3.190}$$

这样，设计出自适应观测器后，利用自适应故障估计律可对传感器故障信号 $\hat{f}$ 进行估计。视路面输入为干扰输入，在给定 H_∞ 性能指标约束情况下，基于自适应观测器设计和故障估计系统设计可转化成 LMI 可行解问题。

3. 基于传感器信号重构的主动容错控制

当主动悬架系统量测输出传感器发生相应故障时，利用式(3.174)获得传感器故障的估计值，结合传感器故障输出，将故障悬架量测输出传感器信号重构为[30,31]

$$Y_{\rm r}=Y_{\rm f}-F_{\rm s}\hat{f} \tag{3.191}$$

式中，$Y_{\rm r}$ 为故障悬架量测输出传感器的重构信号。

故障悬架传感器信号重构后，进一步将重构信号 $Y_{\rm r}$ 作为输出反馈控制器输入，实现故障悬架主动容错控制[17]。这种基于输出传感器信号重构的主动容错控制无须改变主动悬架输出反馈控制器的结构和参数，仍采用原控制律，利用传感器重构信号 $Y_{\rm r}$ 进行容错控制。其控制输入为

$$U=K(s)(Y_{\rm f}-F_{\rm s}\hat{f}) \tag{3.192}$$

3.5.5 仿真计算与分析

取 H_∞ 性能指数 $\gamma=0.015$，利用 LMI 求得自适应观测器增益矩阵 G_a 和自适应故障估计律学习率 G_s。在 MATLAB/Simulink 中分别建立主动悬架系统、输出反馈 H_∞ 控制器、自适应观测器、故障估计系统、传感器故障及传感器信号重构等仿真模块，构建主动悬架传感器信号重构容错控制系统。这里仅考虑同一时间内单个传感器发生故障的容错计算。故障 1～故障 12 具体情况描述见表 3.13。为了清晰对比容错控制前后结果，在仿真中设置了容错控制时刻 t_r 值。

表 3.13 传感器故障具体情况描述

故障	故障传感器	故障行为	容错控制时刻
故障 1	车身垂直加速度传感器	$t_f=1s$ 时发生 $\Delta_1=0.2$ 的增益变化故障	$t_r=5s$
故障 2	车身垂直加速度传感器	$t_f=1s$ 时发生 $\alpha_1=0.35$ 的恒偏差故障	$t_r=2s$
故障 3	车身垂直加速度传感器	$t_f=1s$ 时发生 $\alpha_1=0.5$ 的卡死故障	$t_r=2s$
故障 4	车身垂直加速度传感器	$t_f=1s$ 时发生 $\alpha_1=5$ 的输出饱和故障	$t_r=2s$
故障 5	俯仰角速度传感器	$t_f=1.5s$ 时发生 $\Delta_2=0.45$ 的增益变化故障	$t_r=5s$
故障 6	俯仰角速度传感器	$t_f=1.5s$ 时发生 $\alpha_2=-0.004$ 的恒偏差故障	$t_r=5s$
故障 7	俯仰角速度传感器	$t_f=1.5s$ 时发生 $\alpha_2=0.005$ 的卡死故障	$t_r=5s$
故障 8	俯仰角速度传感器	$t_f=1.5s$ 时发生 $\alpha_2=1$ 的输出饱和故障	$t_r=5s$
故障 9	侧倾角速度传感器	$t_f=2s$ 时发生 $\Delta_3=0.65$ 的增益变化故障	$t_r=6s$
故障 10	侧倾角速度传感器	$t_f=2s$ 时发生 $\alpha_3=0.04$ 的恒偏差故障	$t_r=6s$
故障 11	侧倾角速度传感器	$t_f=2s$ 时发生 $\alpha_3=0.08$ 的卡死故障	$t_r=6s$
故障 12	侧倾角速度传感器	$t_f=2s$ 时发生 $\alpha_3=3$ 的输出饱和故障	$t_r=6s$

1. 故障估计仿真结果与分析

当主动悬架量测传感器完好无故障时，在完好输出 y_j 与故障 1～故障 12 的情况下故障输出 y_{jf}、故障实际值与故障估计值的仿真结果对比分别见图 3.62～图 3.73。

由图 3.62 可以看出，在故障时刻 $t_f=1s$ 前，车身垂直加速度传感器完好无故障，其故障输出 y_{1f} 与完好无故障状态时完好输出 y_1 相同，自适应观测器和故障估计系统能较为准确地估计出该传感器状态，故障估计值为 0。故障时刻 $t_f=1s$ 发生 $\Delta_1=0.2$ 的增益变化故障后，车身垂直加速度传感器处于故障 1 情况。此时，传感器故障输出 y_{1f} 相对传感器完好无故障输出损失 80%。自适应观测器和故障估计系统能较为准确地估计出传感器完好无故障输出和故障输出间的故障估计值，且故障估计误差数值很小，达10^{-3}数量级，即故障估计值与故障实际值基本吻合。在容错时刻$t_{\mathrm{r}}=5\mathrm{s}$，故障悬架系统采取输出传感器信号重构容错控制，自适应观测器和故障估计系统仍能很好地跟踪故障信号，对输出故障值进行较为准确的故障估计。在图 3.63 中，在车身垂直加速度传感器发生故障时刻$t_{\mathrm{f}}=1\mathrm{s}$前，自适应观测器和故障估计系统较为准确地估计出故障估计值为 0。而在故障时刻$t_{\mathrm{f}}=1\mathrm{s}$后及容错时刻$t_{\mathrm{r}}=2\mathrm{s}$后，自适应观测器和故障估计系统均能较为准确地估计出传感器完好无故障输出和故障输出间的故障值，故障估计误差数值很小，也达10^{-3}数量级，故障估计值与故障实际值基本一致。

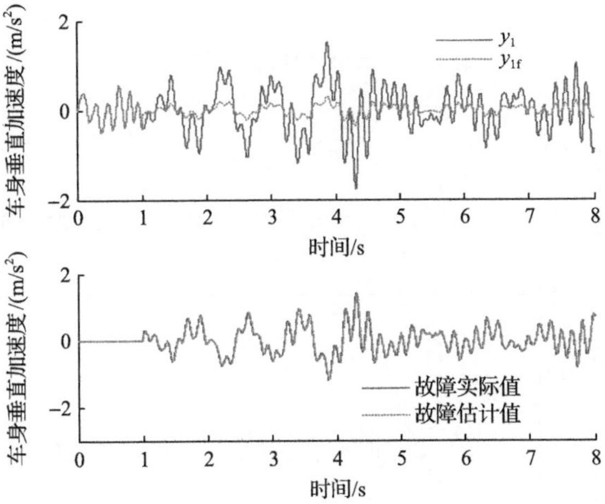

图 3.62　故障 1 情况下故障估计

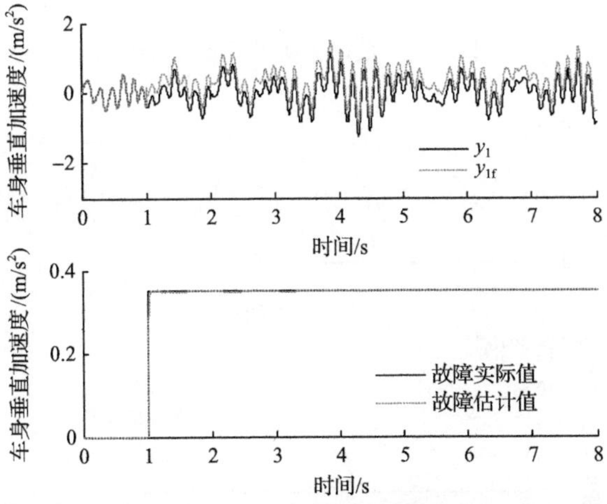

图 3.63　故障 2 情况下故障估计

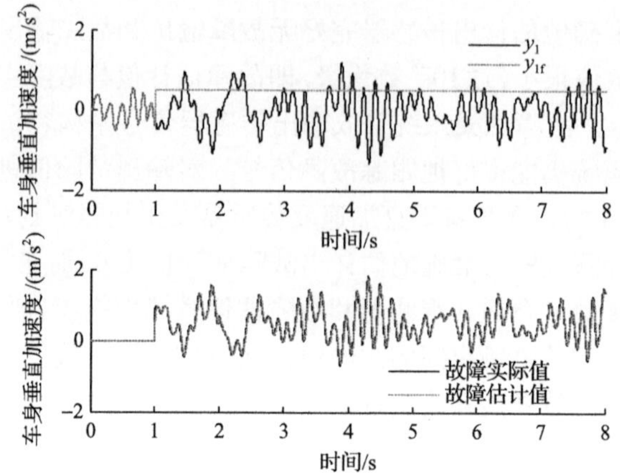

图 3.64 故障 3 情况下故障估计

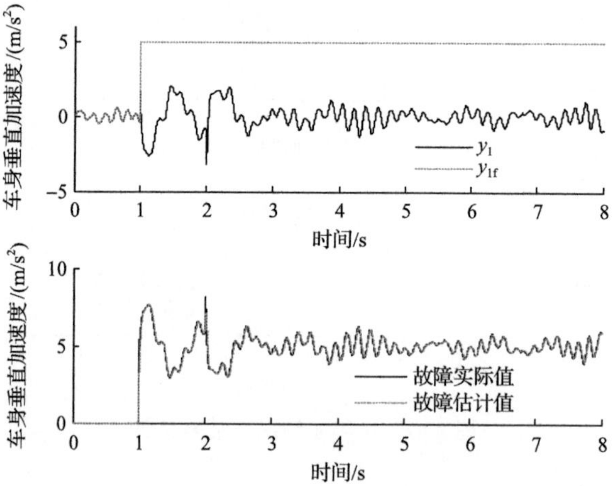

图 3.65 故障 4 情况下故障估计

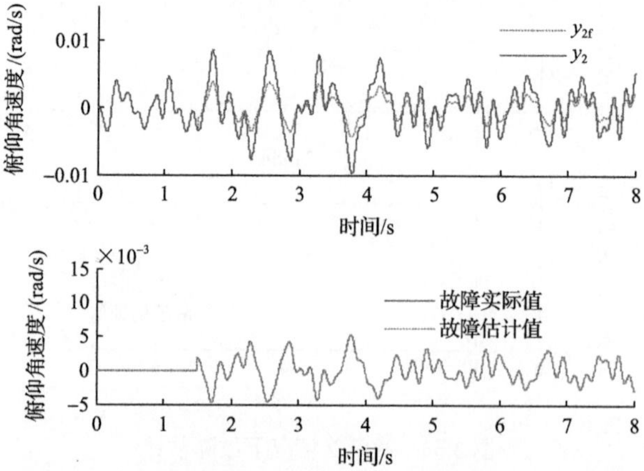

图 3.66 故障 5 情况下故障估计

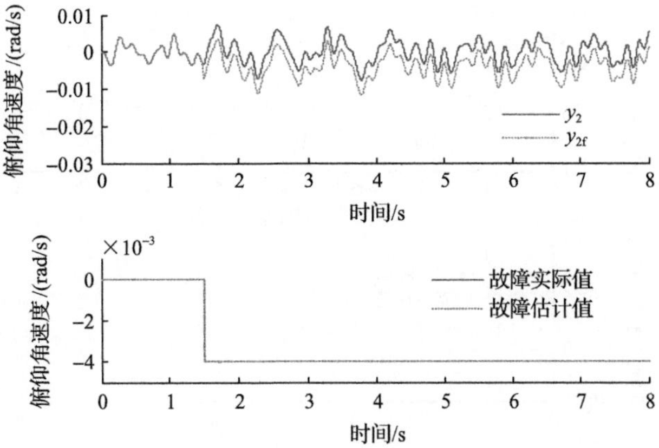

图 3.67　故障 6 情况下故障估计

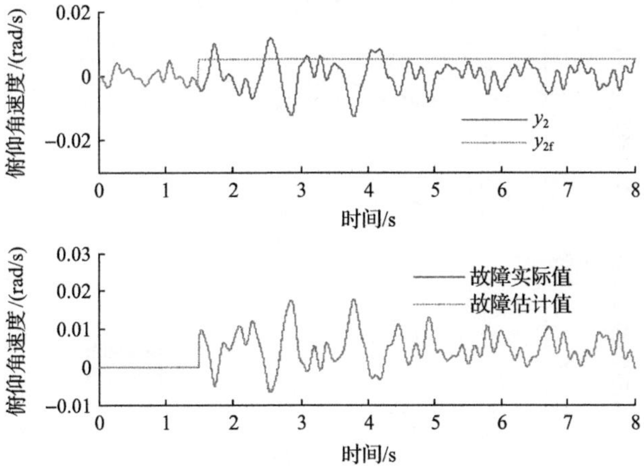

图 3.68　故障 7 情况下故障估计

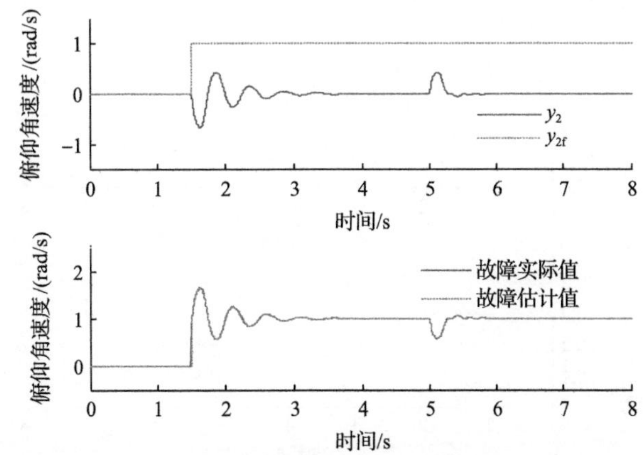

图 3.69　故障 8 情况下故障估计

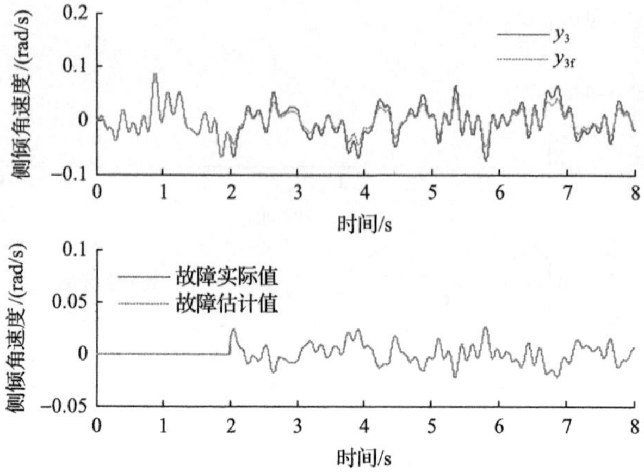

图 3.70 故障 9 情况下故障估计

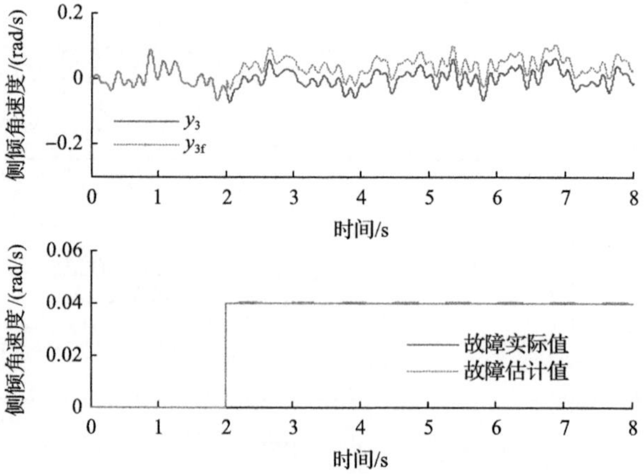

图 3.71 故障 10 情况下故障估计

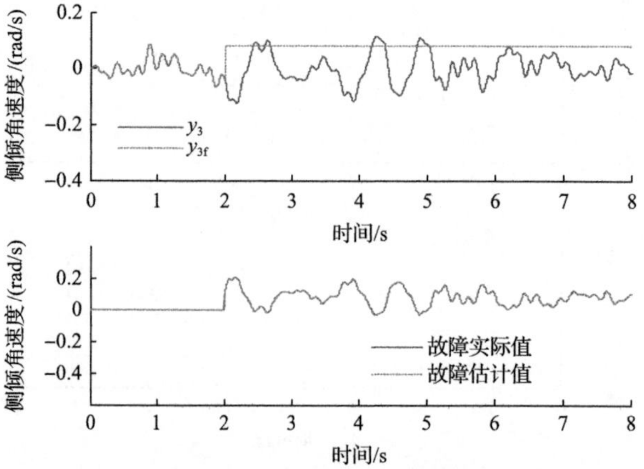

图 3.72 故障 11 情况下故障估计

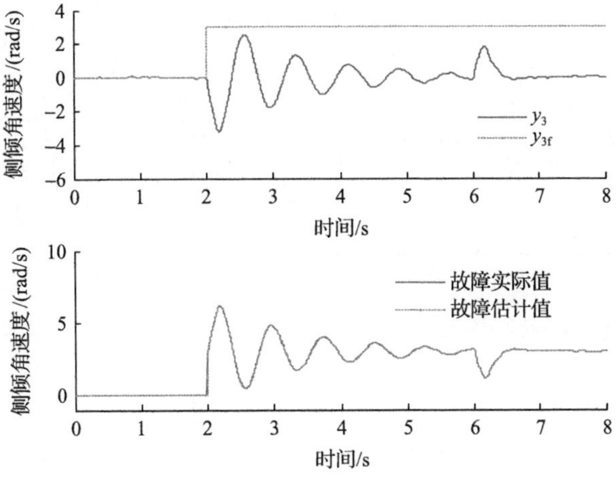

图 3.73　故障 12 情况下故障估计

同样由图 3.64～图 3.73 可看出，在车身垂直加速度传感器、俯仰角速度传感器及侧倾角速度传感器分别处于故障 3 或故障 12 情况前后及容错控制后，自适应观测器和故障估计系统均能很好地跟踪故障信号，较为准确地估计故障值，故障估计值与故障实际值基本一致。

以上仿真结果表明，对于车身垂直加速度、俯仰角速度及侧倾角速度传感器出现增益变化、恒偏差、卡死及输出饱和等常见故障情况，基于自适应技术设计的观测器和故障估计系统能较为准确地估计量测输出传感器故障的实际值，且故障估计误差数值数量级很小。

2. 容错控制仿真结果与分析

车身垂直加速度、俯仰角速度、侧倾角速度传感器发生相应故障后，在故障估计基础上对量测输出进行传感器信号重构，仍以表 3.13 中所列故障情况为例分别对故障悬架进行容错控制仿真。为清晰对比容错控制前后结果，仿真中设置了容错时刻 t_r 值。

1) 车身垂直加速度故障容错控制结果与分析

当车身垂直加速度传感器分别处于故障 1～故障 4 情况时，容错控制下的故障悬架与完好无故障主动悬架的各性能响应对比如图 3.74～图 3.77 所示，仿真结果如表 3.14 所示。

图 3.74 中，从故障时刻 $t_f=1s$ 开始，车身垂直加速度传感器处于故障 1 情况，在主动容错控制时刻 $t_r=5s$ 前，相对完好无故障主动悬架性能响应(图 3.74 中实线所示) 来说，故障悬架车身垂直加速度、俯仰角、左前悬架动挠度响应(图 3.74 中虚线所示) 开始变差，振幅明显变大，其峰值分别增加 31.2%、40.4%、24.3%，均方根

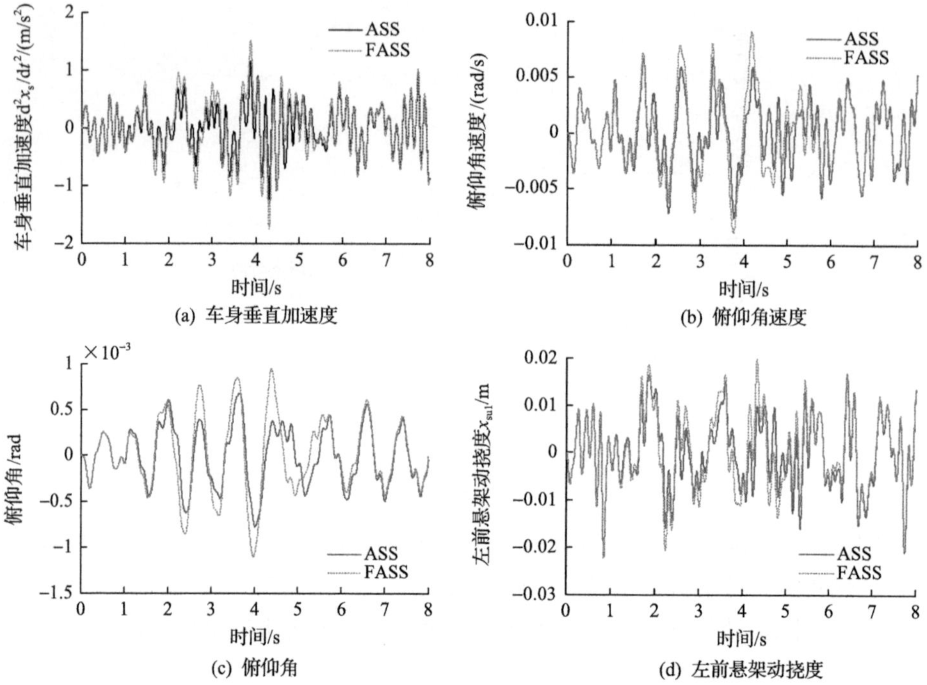

(a) 车身垂直加速度　(b) 俯仰角速度

(c) 俯仰角　(d) 左前悬架动挠度

图 3.74　故障 1 情况容错控制前后性能响应对比

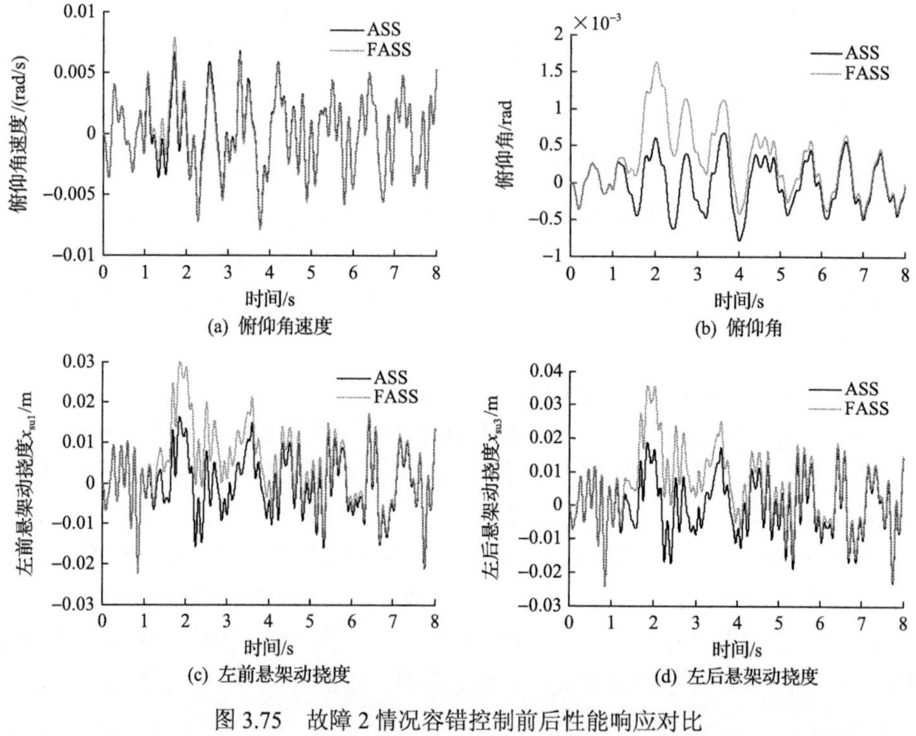

(a) 俯仰角速度　(b) 俯仰角

(c) 左前悬架动挠度　(d) 左后悬架动挠度

图 3.75　故障 2 情况容错控制前后性能响应对比

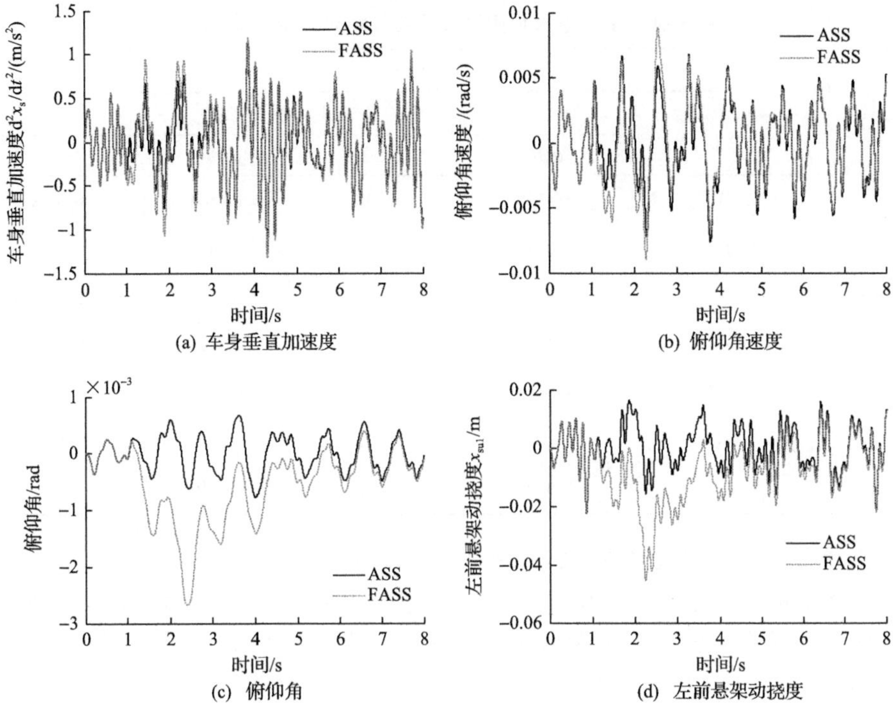

(a) 车身垂直加速度　(b) 俯仰角速度
(c) 俯仰角　(d) 左前悬架动挠度

图 3.76　故障 3 情况容错控制前后性能响应对比

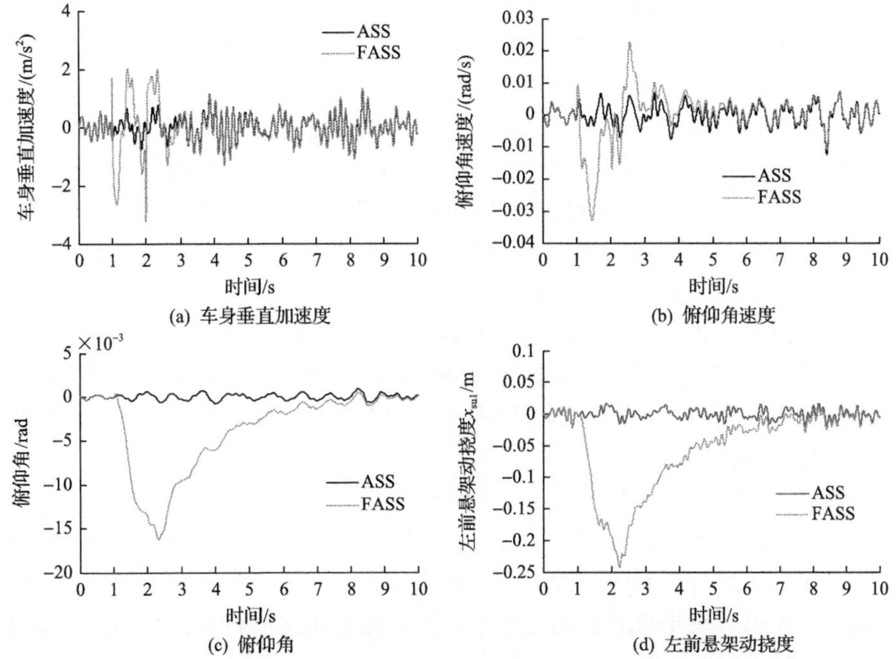

(a) 车身垂直加速度　(b) 俯仰角速度
(c) 俯仰角　(d) 左前悬架动挠度

图 3.77　故障 4 情况容错控制前后性能响应对比

表 3.14　车身垂直加速度传感器故障时悬架性能对比

性能指标	均方根值				
	车辆主动悬架（H_∞ 控制下）	故障悬架（主动容错控制下）			
		故障 1	故障 2	故障 3	故障 4
$\ddot{x}_s$	0.4014	0.5118	0.4101	0.4564	0.7018
$\dot{\theta}$	0.0030	0.0035	0.0030	0.0032	0.0076
$\dot{\varphi}$	0.0263	0.0263	0.0263	0.0263	0.0263
x_{su1}	0.0073	0.0083	0.0091	0.0105	0.0649
x_{su2}	0.0080	0.0093	0.0090	0.0117	0.0676
x_{su3}	0.0085	0.0096	0.0107	0.0127	0.0835
x_{su4}	0.0093	0.0109	0.0107	0.0140	0.0837

值分别增加 38.12%、40.07%、22.73%。但是从容错时刻 $t_r = 5s$ 开始，基于传感器信号重构对故障悬架采取主动容错控制，故障悬架上述性能指标响应经 0.5～1s 短暂时滞后开始逐渐恢复，最终恢复到与完好无故障主动悬架性能相接近的水平。

图 3.75 中，从故障时刻 $t_f = 1s$ 开始，车身垂直加速度传感器发生恒偏差故障，处于故障 2 情况，在主动容错控制时刻 $t_r = 2s$ 前，相对完好无故障主动悬架性能响应，故障悬架俯仰角受影响最显著，振幅呈现逐渐增大趋势，左前悬架动挠度振幅亦明显增大，其峰值增加 24.3%，均方根值增加 73.1%。但是从主动容错时刻 $t_r = 2s$ 开始，在容错控制策略下，上述性能响应也经 4～5.5s 的时滞后开始逐渐恢复，最终恢复到与完好无故障主动悬架性能相接近的水平。

同样，由图3.76、图3.77可分别看出，当车身垂直加速度传感器处于故障3或故障4情况下时，主动容错控制前各性能响应均变差，均值与峰值均增大；而在主动容错控制时刻 $t_r = 2s$ 后，故障悬架性能响应经短暂时滞后即可恢复到与完好无故障主动悬架性能相接近的水平。

由表 3.14 可看出，当车身垂直加速度传感器出现表 3.13 中所列故障 1～故障 4 故障时，在主动容错控制下，故障悬架各性能指标均方根值相对主动悬架性能指标均方根值虽有所增大，但基本上同主动悬架性能指标均方根值相接近，性能水平得到了较好的恢复。

2) 俯仰角速度故障容错控制结果与分析

在俯仰角速度传感器分别处于故障 5～故障 8 情况下，故障悬架容错控制与完好无故障主动悬架控制时各性能响应对比仿真图分别如图 3.78～图 3.81 所示，考虑篇幅，本书只列出代表性的性能响应图。俯仰角速度传感器故障时悬架性能对比如表 3.15 所示。

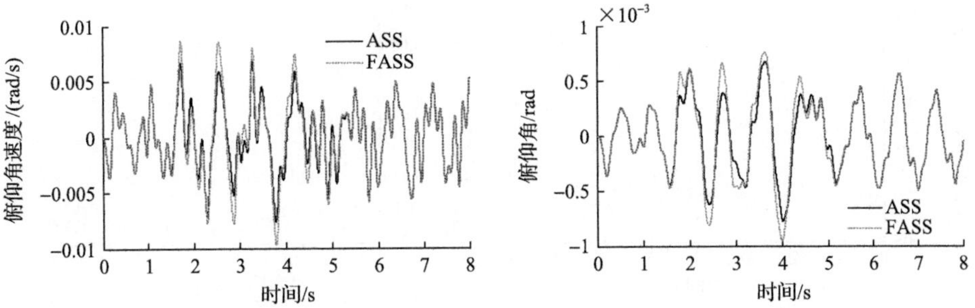

(a) 俯仰角速度　　(b) 俯仰角

图 3.78　故障 5 情况容错控制前后性能对比

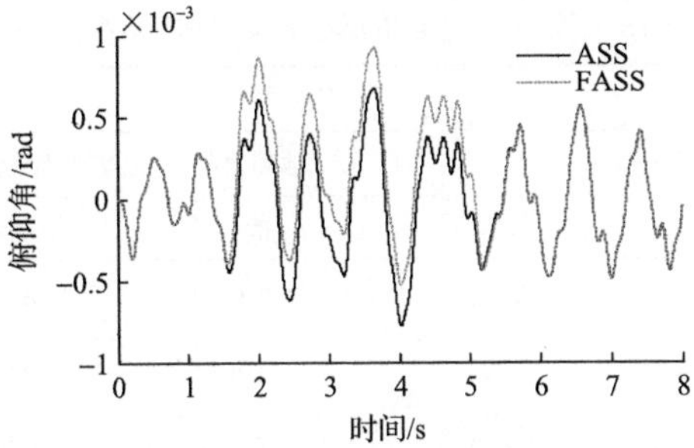

图 3.79　故障 6 情况容错控制前后性能对比

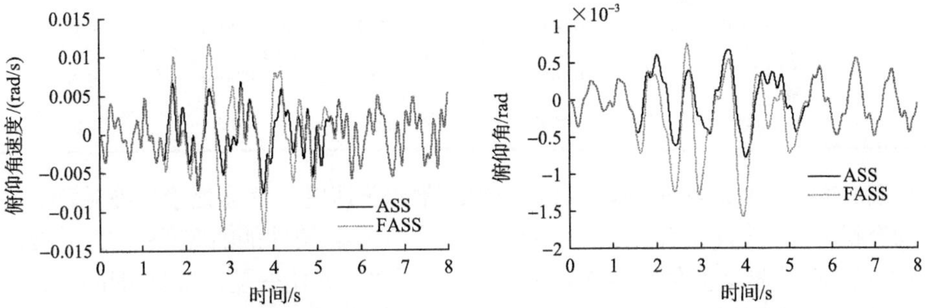

(a) 俯仰角速度　　(b) 俯仰角

图 3.80　故障 7 情况容错控制前后性能对比

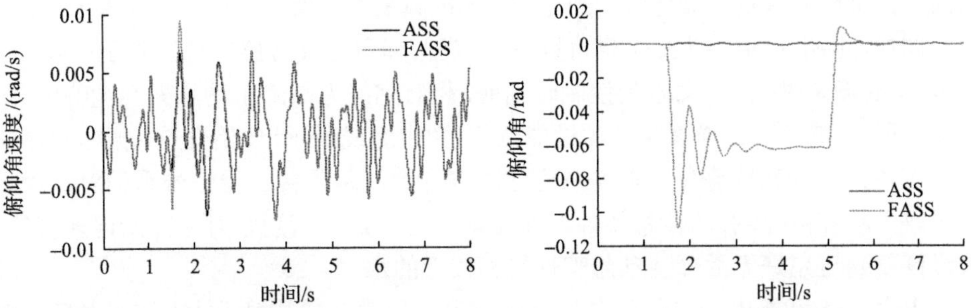

(a) 俯仰角速度　　(b) 俯仰角

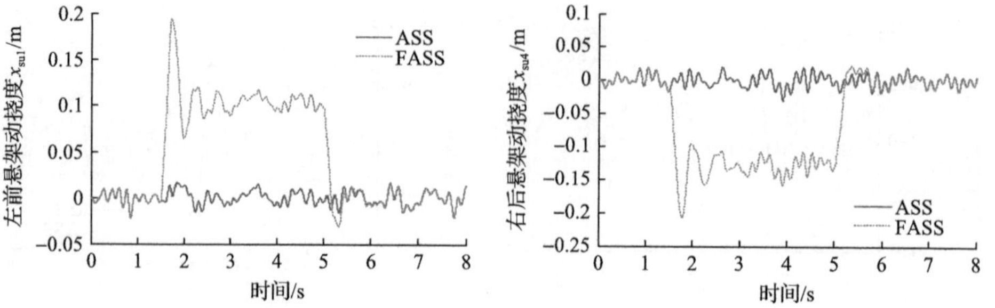

(c) 左前悬架动挠度　　(d) 右后悬架动挠度

图 3.81　故障 8 情况容错控制前后性能响应对比

表 3.15　俯仰角速度传感器故障时悬架性能对比

性能指标	均方根值				
	车辆主动悬架（H_∞ 控制下）	故障悬架（主动容错控制下）			
		故障 5	故障 6	故障 7	故障 8
$\ddot{x}_s$	0.4014	0.3920	0.3920	0.3921	0.4466
$\dot{\theta}$	0.0030	0.0034	0.0031	0.0042	0.0032
$\dot{\varphi}$	0.0263	0.0263	0.0263	0.0263	0.0263
x_{su1}	0.0073	0.0074	0.0074	0.0072	0.0553
x_{su2}	0.0080	0.0078	0.0079	0.0078	0.0555
x_{su3}	0.0085	0.0085	0.0085	0.0086	0.0655
x_{su4}	0.0093	0.0093	0.0093	0.0094	0.0665

图3.78中，从故障时刻$t_f=1.5$s开始，俯仰角速度传感器处于故障5情况，在主动容错控制时刻$t_r=5$s前，相对完好无故障主动悬架性能响应(图3.78中实线所示)来说，故障悬架俯仰角响应(图3.78中虚线部分)开始变差，振幅明显变大，其峰值增加12.93%，均方根值增加21.85%。但是从容错时刻$t_f=5$s开始，基于传感器信号重构对故障悬架采取主动容错控制，故障悬架的俯仰角响应经0.5s左右短暂时滞后开始逐渐恢复，最终恢复到与完好无故障主动悬架性能相接近的水平。

同样，由图 3.79～图 3.81 也可以看出，当俯仰角速度传感器分别处于故障 6、故障 7、故障 8 时，在主动容错控制时刻前，相对完好无故障主动悬架性能响应（图中实线所示）来说，故障悬架各项性能响应（图中虚线所示）开始变差，振幅明显变大，车辆乘坐舒适性恶化。但是从容错时刻开始，基于传感器信号重构对故障悬架采取主动容错控制，故障悬架各项性能响应经 0.5s 左右短暂时滞开始逐渐恢复，最终恢复到与完好无故障主动悬架性能相接近的水平。

由表 3.15 可看出，当俯仰角速度传感器出现表 3.13 中所列故障 5～故障 8 情况时，在主动容错控制下，故障悬架各性能指标均方根值与主动悬架性能指标均方根值基本上保持相接近。主动容错控制使故障悬架性能水平得到了一定的改善。

3) 侧倾角速度故障容错控制结果与分析

在侧倾角速度传感器分别处于故障 9～故障 12 情况下，故障悬架容错控制与完好无故障主动悬架控制各性能响应对比仿真图分别如图 3.82～图 3.85 所示。考虑篇幅，本书只列出代表性的性能响应图。侧倾角速度传感器故障时悬架性能对比如表 3.16 所示。

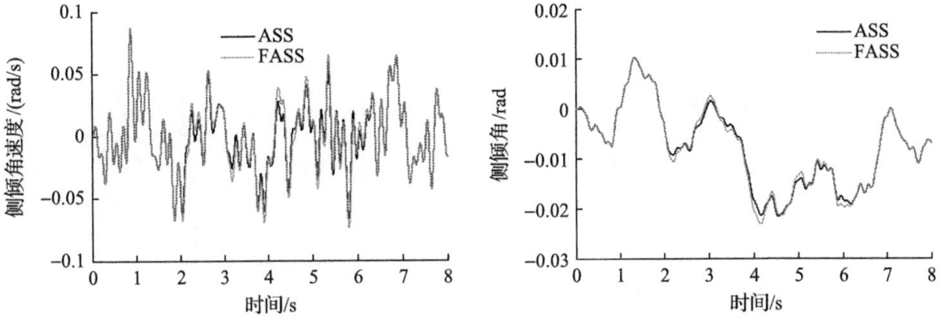

(a) 侧倾角速度　(b) 侧倾角

图 3.82　故障 9 情况容错控制前后性能响应对比

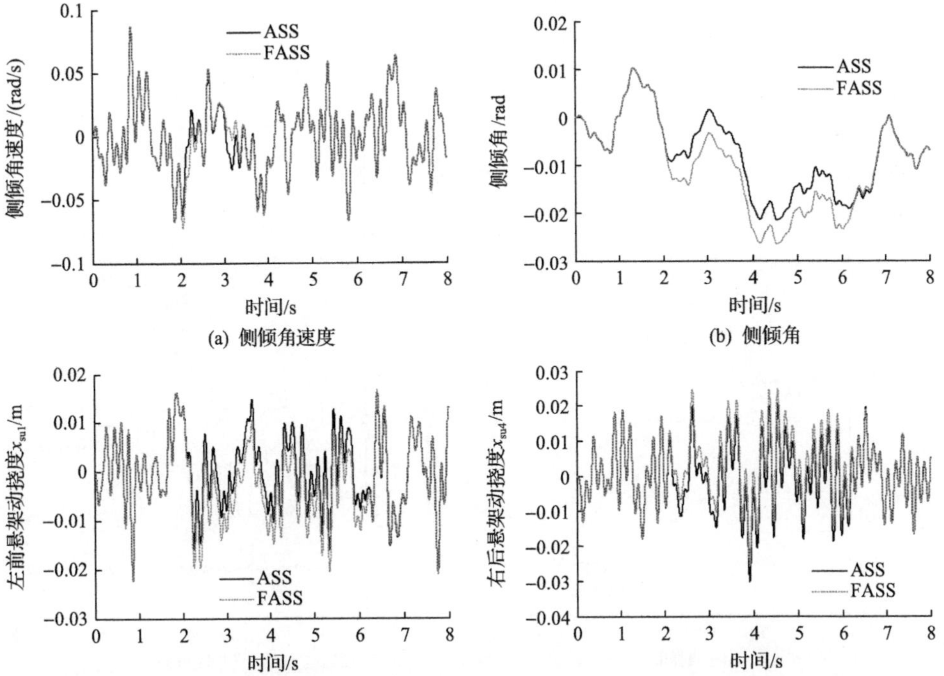

(a) 侧倾角速度　(b) 侧倾角

(c) 左前悬架动挠度　(d) 右后悬架动挠度

图 3.83　故障 10 情况容错控制前后性能响应对比

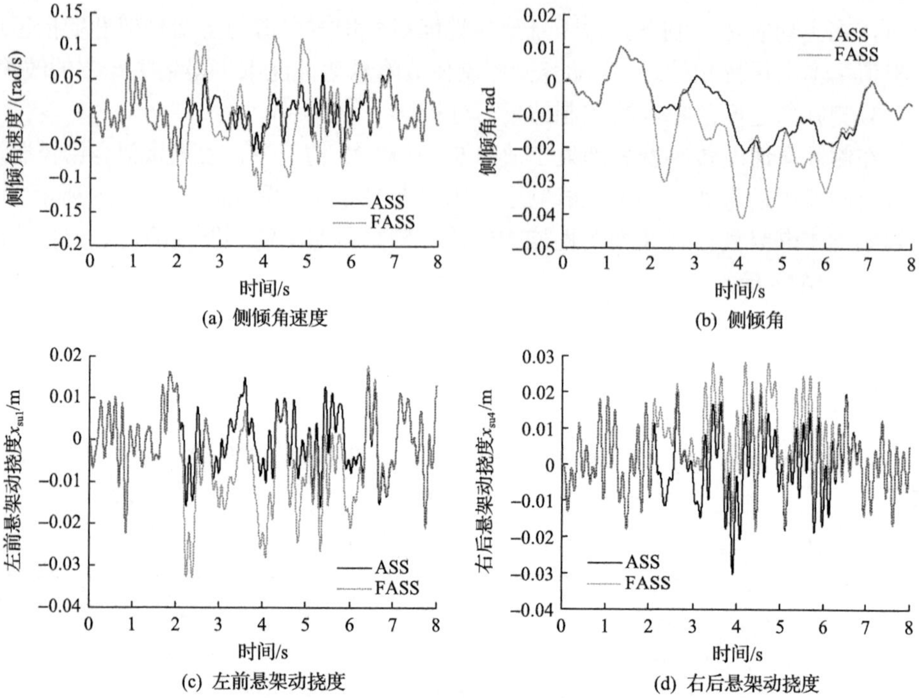

(a) 侧倾角速度　(b) 侧倾角　(c) 左前悬架动挠度　(d) 右后悬架动挠度

图 3.84　故障 11 情况容错控制前后性能响应对比

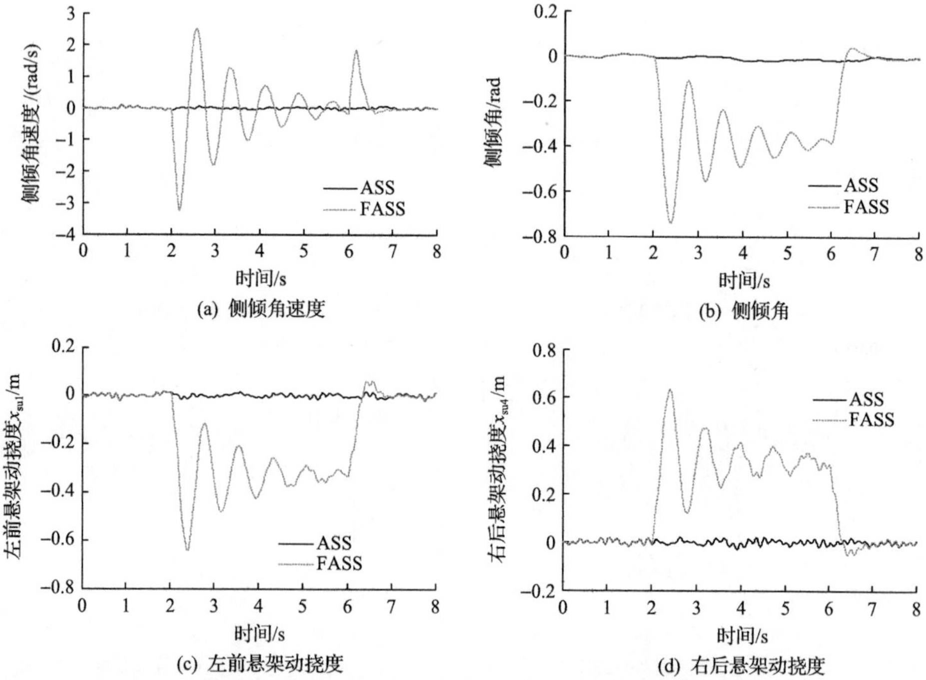

(a) 侧倾角速度　(b) 侧倾角　(c) 左前悬架动挠度　(d) 右后悬架动挠度

图 3.85　故障 12 情况容错控制前后性能响应对比

表 3.16　侧倾角速度传感器故障时悬架性能对比

性能指标	均方根值				
	主动悬架（H_∞ 控制下）	故障悬架(主动容错控制下)			
		故障 9	故障 10	故障 11	故障 12
$\ddot{x}_s$	0.4014	0.4012	0.4013	0.4014	0.4014
$\dot{\theta}$	0.0030	0.0030	0.0030	0.0030	0.0030
$\dot{\varphi}$	0.0263	0.0281	0.0269	0.0498	0.8059
x_{su1}	0.0073	0.0074	0.0078	0.0102	0.1829
x_{su2}	0.0080	0.0081	0.0082	0.0091	0.1809
x_{su3}	0.0085	0.0086	0.0089	0.0113	0.1874
x_{su4}	0.0093	0.0093	0.0095	0.0101	0.1848

图 3.82 中，从故障时刻 $t_f = 2s$ 开始，侧倾角速度传感器处于故障 9 情况下，在主动容错控制时刻 $t_r = 6s$ 前，相对完好无故障主动悬架性能响应(图 3.82 中实线所示)来说，故障悬架侧倾角响应(图 3.82 中虚线所示)开始变差，振幅明显变大，其均方根值将增加 2.87%。但是从容错时刻 $t_r = 6s$ 开始，基于传感器信号重构对故障悬架采取主动容错控制，故障悬架上述性能指标响应经 0.5～1s 短暂时滞后开始逐渐恢复，最终恢复到与完好无故障主动悬架性能相接近的水平。

同样，由图 3.83～图 3.85 也可以看出，当侧倾角速度传感器分别处于故障 10、故障 11、故障 12 时，在主动容错控制时刻前，相对完好无故障主动悬架性能响应(图中实线所示)来说，故障悬架各项性能响应(图中虚线所示)开始变差。但是从容错时刻开始，故障悬架各项性能响应经 0.5～1s 短暂时滞后开始逐渐恢复，最终恢复到与完好无故障主动悬架性能相接近的水平。

由表 3.16 可以看出，当侧倾角速度传感器出现表 3.13 中所列故障 9～故障 12 情况时，在主动容错控制下，故障悬架各性能指标均方根值与主动悬架性能指标均方根值基本上相接近，故障悬架性能得到了较好的恢复。

以上各传感器发生各类故障的容错控制仿真实验结果表明，基于量测输出传感器信号重构的主动容错控制策略使故障悬架性能经短暂时滞后得到迅速和很好的恢复，改善了主动悬架系统控制可靠性和控制品质。

3.6　基于控制律重组的悬架系统主动容错控制

作动器在主动悬架整个控制系统中属于执行元件。当作动器发生故障时，作为执行元件作动器将无法准确执行控制器送来的控制指令，无法准确地将控制输出施加到悬架系统上，进而达不到预期控制效果。所以，针对故障作动器必须进行适时故障容错控制，方能维持故障悬架性能在可接受范围内或保持故障悬架性能与完好无故障悬架性能相一致[32]。

文献[33]～[35]对主动悬架的研究均是在各部件完好无故障的基础上进行的，3.4 节仅研究了主动悬架作动器发生故障时的被动容错控制。控制律重组可实现主动悬架作动器故障的主动容错控制。它无须改变控制器自身结构，仅通过控制器参数的调整或改变来实现主动容错控制。同时，它不同于改变控制器结构的重构容错控制。但要对控制器的控制律实现重组，必须建立在对传感器或作动器甚至是被控对象的故障检测与诊断基础上。通过对主动悬架系统作动器故障进行检测获得相关故障特征信息，为控制律重组提供重组依据或信息，从而最终针对故障悬架实现主动容错控制。

3.6.1　主动悬架 7 自由度整车控制模型

基于前面建立的主动悬架 7 自由度整车控制模型，选取状态变量 $X=[\dot{x}_{\rm s}, \dot{\theta}, \dot{\varphi}, x_{\rm su1}, x_{\rm su2}, x_{\rm su3}, x_{\rm su4}, \dot{x}_{\rm u1}, \dot{x}_{\rm u2}, \dot{x}_{\rm u3}, \dot{x}_{\rm u4}, x_{\rm ug1}, x_{\rm ug2}, x_{\rm ug3}, x_{\rm ug4}]^{\rm T}$，干扰输入 $W=[\dot{x}_{\rm g1}, \dot{x}_{\rm g2}, \dot{x}_{\rm g3}\ \ , \dot{x}_{\rm g4}]^{\rm T}$，控制输入 $U=[u_1, u_2, u_3, u_4]^{\rm T}$。选取量测输出 $Y=[\ddot{x}_{\rm s}, \ddot{\theta}, \ddot{\varphi}, x_{\rm su1}, x_{\rm su2}, x_{\rm su3}, x_{\rm su4}, x_{\rm ug1}, x_{\rm ug2}, x_{\rm ug3}, x_{\rm ug4}]^{\rm T}$。其中，$x_{{\rm su}i}=x_{{\rm s}i}-x_{{\rm u}i}$ 为悬架动挠度，$x_{{\rm ug}i}=x_{{\rm u}i}-x_{{\rm g}i}$ 为轮胎动载荷(i=1,2,3,4)。建立主动悬架 7 自由度整车状态空间模型为

$$\dot{X}=AX+B_1U+B_2W \tag{3.193}$$

$$Y=C_yX+D_{y1}U \tag{3.194}$$

式中，A、B_1、B_2、C_y、D_{y1} 为主动悬架 7 自由度整车状态空间模型的适维矩阵。

3.6.2　基于 LQG 控制策略的主动悬架控制

为考虑当主动悬架在不同控制器控制下发生故障时，容错控制策略对故障悬架的容错效果，本小节对完好无故障主动悬架采用 LQG 控制策略。考虑改善车辆乘坐舒适性、操纵稳定性和降低能量损耗，取车身垂直加速度 $\ddot{x}_{\rm s}$、俯仰角加速度 $\ddot{\theta}$、侧倾角加速度 $\ddot{\phi}$、悬架动挠度 $x_{{\rm su}i}$、轮胎动载荷 $x_{{\rm ug}i}$ 和控制输入 u_i 作为性能评价指标，二次型性能指标为

$$J_l=\lim_{T\to\infty}\frac{1}{T}\int_0^T[q_1\ddot{x}_{\rm s}^2+q_2\ddot{\theta}^2+q_3\ddot{\phi}^2+q_4x_{\rm su1}^2+q_5x_{\rm su2}^2+q_6x_{\rm su3}^2+q_7x_{\rm su4}^2+q_8x_{\rm ug1}^2+q_9x_{\rm ug2}^2$$

$$+q_{10}x_{\rm ug3}^2+q_{11}x_{\rm ug4}^2+q_{12}u_1^2+q_{13}u_2^2+q_{14}u_3^2+q_{15}u_4^2] \tag{3.195}$$

式中，$q_1 \sim q_{15}$ 为各项性能指标的性能加权系数。

根据最优控制理论，二次型性能函数整理成标准二次型形式[36]为

$$J_l = \lim_{T \to \infty} \frac{1}{T} \int_0^T \begin{bmatrix} X^{\mathrm{T}} & U^{\mathrm{T}} \end{bmatrix} \begin{bmatrix} Q & N \\ N^{\mathrm{T}} & R \end{bmatrix} \begin{bmatrix} X \\ U \end{bmatrix} \mathrm{d}t \tag{3.196}$$

式中，$Q = C^{\mathrm{T}} \bar{Q} C$，$N = C^{\mathrm{T}} \bar{Q} D$，$R = \bar{R} + D^{\mathrm{T}} \bar{Q} D$，$\bar{Q} = \mathrm{diag}\{q_1, q_2, q_3, q_4, q_5, q_6, q_7, q_8, q_9, q_{10}, q_{11}\}$，$\bar{R} = \mathrm{diag}\{q_{12}, q_{13}, q_{14}, q_{15}\}$。在MATLAB/Simulink环境下根据性能控制效果确定合适的性能加权系数 $q_1 \sim q_{15}$，无故障状态下设计LQG控制律为

$$U = -K_{\mathrm{s}} X \tag{3.197}$$

其中

$$K_{\mathrm{s}} = -R^{-1}(B_1^{\mathrm{T}} P + N^{\mathrm{T}}) \tag{3.198}$$

式中，K_{s} 为 LQG 控制器反馈增益矩阵，称为控制律 I。

P 是下列 Ricatti 方程解：

$$PA + A^{\mathrm{T}} P - (PB_l^{\mathrm{T}} + N) R^{-1} (B_1^{\mathrm{T}} P + N^{\mathrm{T}}) + Q = 0 \tag{3.199}$$

采取相同的仿真时间，在 H_2 / H_∞ 控制、H_∞ 控制、LQG 控制三种方法下，主动悬架 7 自由度整车控制模型性能响应对比如表 3.17 所示。

表 3.17　不同控制方法下主动悬架 7 自由度整车控制模型性能响应对比

性能指标	均方根值		
	H_2 / H_∞ 控制	H_∞ 控制	LQG 控制
$\ddot{x}_{\mathrm{s}}$	0.2881	0.3592	0.3096
$\ddot{\theta}$	0.0761	0.0508	0.0473
$\ddot{\varphi}$	0.7023	0.5029	0.4925
x_{su1}	0.0080	0.0073	0.0068
x_{su2}	0.0103	0.0080	0.0086
x_{su3}	0.0085	0.0085	0.0079
x_{su4}	0.0117	0.0093	0.0099

由表 3.17 性能响应对比结果可看出，当主动悬架采取不同控制方法时，各性能响应基本上相接近，取得了明显的控制效果。

3.6.3　作动器故障时故障悬架模型

对主动悬架 7 自由度整车控制模型来说，仅考虑主动悬架作动器发生增益变化故障。所以，故障开关矩阵 M 为

$$M = \delta \tag{3.200}$$

式中，δ 为主动悬架作动器故障增益，$\delta = \mathrm{diag}\{\delta_1, \delta_2, \delta_3, \delta_4\}$。

结合 3.1 节中作动器故障建模，故障悬架系统状态空间模型为

$$\dot{X} = AX + B_1\delta U + B_2 W \tag{3.201}$$

$$Y = C_y X + D_{y1}\delta U \tag{3.202}$$

3.6.4　基于控制律重组的主动容错控制设计

1. 主动容错控制策略

当主动悬架的作动器出现增益变化故障时，完好无故障状态下设计的控制器将达不到预期控制效果，主动悬架出现性能降低、可靠性变差现象。图 3.86 是主动悬架作动器发生增益变化故障时主动容错控制策略框图。完好无故障状态下主动悬架通过 LQG 控制器控制可获得良好的控制效果。当作动器发生故障时，基于

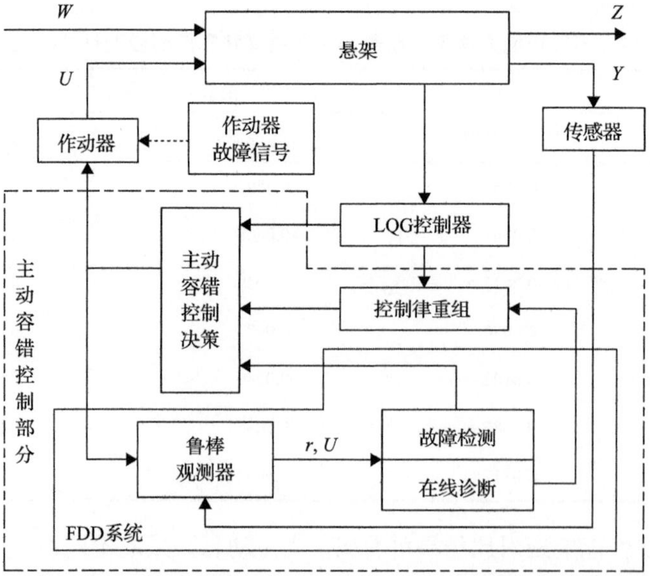

图 3.86　主动悬架作动器发生增益变化故障时主动容错控制策略框图

鲁棒观测器获得系统输出残差 r，以输出残差 r 为信号设计主动悬架故障检测系统，检测故障发生时刻。再以输出残差 r 和控制输入 U 为信号设计主动悬架在线诊断系统，实时在线估计作动器故障增益大小；然后基于诊断信息和控制律重组方法进行容错控制器设计[37]。主动容错控制决策机构将根据故障检测与诊断信息结果在 LQG 控制器和主动容错控制器间进行切换，对故障悬架实行主动容错控制，使其仍具有良好的乘坐舒适性，或具有与完好无故障主动悬架系统性能相接近的性能，以提高悬架系统的可靠性。

2. 故障检测与诊断系统设计

1) 鲁棒观测器设计

由于主动悬架 7 自由度整车控制模型存在路面干扰输入影响，为了抑制其对状态观测的影响，设计如下形式鲁棒观测器[38]：

$$\dot{z} = T_{\mathrm{r}} z + G_{\mathrm{r}} B_1 U + K_{\mathrm{r}} Y \tag{3.203}$$

$$\hat{X} = z + H_{\mathrm{r}} Y \tag{3.204}$$

式中，Z 为鲁棒观测器状态向量；$\hat{X}$ 为主动悬架状态估计向量。

定义状态误差 $\bar{X} = X - \hat{X}$，输出残差 $r = Y - \hat{Y}$。结合主动悬架状态空间模型，完好无故障主动悬架状态误差为

$$\begin{aligned}\dot{\bar{X}} &= \dot{X} - \dot{\hat{X}} \\ &= (A - H_{\mathrm{r}} C_y A - K_{\mathrm{r}1} C_y)\bar{X} + [(A - H_{\mathrm{r}} C_y A - K_{\mathrm{r}1} C_y) - T_{\mathrm{r}}]z \\ &\quad + [(A - H_{\mathrm{r}} C_y A - K_{\mathrm{r}1} C_y) H_{\mathrm{r}} - K_{\mathrm{r}2}]Y \\ &\quad + [(I - H_{\mathrm{r}} C_y) B_1 - G_{\mathrm{r}} B_1 - K_{\mathrm{r}1} D_{y1}]U + (I - H_{\mathrm{r}} C_y) B_2 W - H_{\mathrm{r}} D_{y1} \dot{U}\end{aligned} \tag{3.205}$$

由式(3.205)可知，所设计的鲁棒观测器参数满足以下 6 个条件：

$$(I - H_{\mathrm{r}} C_y) B_2 = 0 \tag{3.206}$$

$$H_{\mathrm{r}} D_{y1} = 0 \tag{3.207}$$

$$\lambda_i(T_{\mathrm{r}}) \subset C^{-1} \tag{3.208}$$

$$T_{\mathrm{r}} H_{\mathrm{r}} = K_{\mathrm{r}2} \tag{3.209}$$

$$A - H_{\mathrm{r}} C_y A - K_{\mathrm{r}1} C_y = T_{\mathrm{r}} \tag{3.210}$$

$$(I - H_{\mathrm{r}} C_y) B_1 - G_{\mathrm{r}} B_1 = K_{\mathrm{r}1} D_{y1} \tag{3.211}$$

则可保证观测器稳定，且具有准确的状态估计性能和很好的干扰抑制作用。上述式中，$\lambda_i(\cdot)$为系统矩阵特征值复变量；C^-为复平面左半平面。

按以下步骤计算鲁棒观测器参数矩阵：

(1) 算出H_r；

(2) 验证矩阵H_r的计算值；

(3) 设矩阵$T_r = -\lambda I$（$\lambda > 0$），I为适维单位矩阵，可保证鲁棒观测器特征值具有负实部；

(4) 依次按照条件计算K_{r1}、K_{r2}、K_r；

(5) 计算矩阵G_r；

(6) 在 MATLAB/Simulink 中对设计的观测器进行仿真，根据状态观测效果对λ进行调整和修正。如观测效果不良，则重复步骤(3)～步骤(6)，直到设计出稳定、良好的状态观测效果，良好干扰输入抑制的鲁棒观测器。

2) 作动器故障检测

当设计的鲁棒观测器满足以上 6 个条件时，完好无故障主动悬架系统状态误差和输出残差可写为

$$\dot{\bar{X}} = T_r \bar{X} \tag{3.212}$$

$$r = C_y \bar{X} \tag{3.213}$$

由式(3.212)和式(3.213)可见，当$t \to \infty$时，状态估计误差$\bar{X}$趋向于零向量，残差r亦趋向于零向量。而当主动悬架作动器发生增益变化故障时，结合故障悬架模型和所设计的鲁棒观测器模型，状态误差和输出残差分别变为

$$\dot{\bar{X}} = T_r \bar{X} + G_r B_1 (\delta - I) U \tag{3.214}$$

$$r = C_y \bar{X} + D_{y1} (\delta - I) U \tag{3.215}$$

式中，I为适维单位矩阵。

同样，由式(3.214)和式(3.215)，结合 3.3 节的故障检测研究可知，当$t \to \infty$时，由于作动器存在增益变化故障，输出残差r不再趋向于零向量，而是出现大幅波动。根据 3.3 节中研究结果可以检测出主动悬架故障发生时刻，可为主动容错控制决策机构提供主动容错控制切换的依据。

3) 作动器故障实时诊断

当主动悬架作动器发生增益变化故障时，输出残差表达式为

$$
\begin{aligned}
r &= C_y\int_0^t \mathrm{e}^{T_r(t-\sigma)}G_r B_1(\delta - I)U(\sigma)\mathrm{d}\sigma + D_{y1}(\delta - I)U(t) \\
&= C_y\int_0^t \mathrm{e}^{T_r(t-\sigma)}G_r B_1\bar{U}(\sigma)(\bar{\delta} - \bar{I})\mathrm{d}\sigma + D_{y1}\bar{U}(t)(\bar{\delta} - \bar{I})
\end{aligned} \tag{3.216}
$$

式中，$\bar{U}$ 为主动悬架系统控制输入U 的转换向量，其中$\bar{U} = \mathrm{diag}\{u_1, u_2, u_3, u_4\}$；$\bar{\delta}$ 为主动悬架作动器故障增益δ的转换向量，其中$\bar{\delta} = [\delta_1, \delta_2, \delta_3, \delta_4]^{\mathrm{T}}$；$\bar{I}$ 为单位向量I 的转换向量，其中$\bar{I} = [1,1,1,1]^{\mathrm{T}}$；$\sigma$为积分变量。

所以，可得作动器故障增益δ估计值为

$$
\hat{\delta} = \left[\int_0^t C_y \mathrm{e}^{T_r(t-\sigma)}G_r B_1\bar{U}(\sigma)\mathrm{d}\sigma + D_{y1}\bar{U}(t)\right]^+ r + \bar{I} \tag{3.217}
$$

式中，$\hat{\delta}$ 为作动器故障增益估计值；$\left[\int_0^t C_y \mathrm{e}^{T_r(t-\sigma)}G_r B_1\bar{U}(\sigma)\mathrm{d}\sigma + D_{y1}\bar{U}(t)\right]^+$ 为伪逆矩阵。

由式(3.217)可实时诊断出故障增益估计值，为控制律重组提供信息依据。

3. 基于控制律重组的主动容错设计

完好无故障主动悬架在 LQG 控制律的控制下，闭环系统 $\sum_{\mathrm{c}}$ 为

$$
\dot{X} = (A - B_1K_{\mathrm{s}})X + B_2W \tag{3.218}
$$

$$
Y = (C_y - D_{y1}K_{\mathrm{s}})X \tag{3.219}
$$

当主动悬架作动器发生增益变化故障时，为保证悬架控制效果良好，故障悬架控制律需重新设计为

$$
U = -K_{\mathrm{sf}}X \tag{3.220}
$$

式中，K_{sf} 为故障悬架主动容错控制反馈增益矩阵。

在主动容错控制律控制下，故障闭环系统 $\sum_{\mathrm{cf}}$ 为

$$
\dot{X} = (A - B_1\delta K_{\mathrm{sf}})X + B_2W \tag{3.221}
$$

$$
Y = (C_y - D_{y1}\delta K_{\mathrm{sf}})X \tag{3.222}
$$

闭环系统 $\sum_{\mathrm{c}}$ 的闭环特征极点由 $A - B_1K_{\mathrm{s}}$ 决定，而故障闭环系统 $\sum_{\mathrm{cf}}$ 的闭环特征极点由 $A - B_1\delta K_{\mathrm{sf}}$ 决定。考虑到故障悬架希望能保持性能不变或与完好无故障状态主动悬架的性能相接近，要求

$$\lambda_i(A-B_1K_{\mathrm{s}})=\lambda_{if}(A-B_1\delta K_{\mathrm{sf}}) \tag{3.223}$$

式中，λ_i 为闭环系统特征极点；λ_{if} 为故障闭环系统特征极点。

根据式(3.223)，可有

$$B_1K_{\mathrm{s}}=B_1\delta K_{\mathrm{sf}} \tag{3.224}$$

取 $B_{1j}\in\mathbb{R}^{14\times1}$，为矩阵 B_1 的第 j 列，$j=1,2,3,4$；$K_{\mathrm{s}i}\in\mathbb{R}^{1\times14}$，为矩阵 K_{s} 的第 i 行，$i=1,2,3,4$；$K_{\mathrm{sf}i}\in\mathbb{R}^{1\times14}$，为矩阵 K_{sf} 的第 i 行，$i=1,2,3,4$。式(3.224)可写为

$$\begin{bmatrix}B_{11} & B_{12} & B_{13} & B_{14}\end{bmatrix}\begin{bmatrix}K_{\mathrm{s}1}\\K_{\mathrm{s}2}\\K_{\mathrm{s}3}\\K_{\mathrm{s}4}\end{bmatrix}=\begin{bmatrix}B_{11} & B_{12} & B_{13} & B_{14}\end{bmatrix}\delta\begin{bmatrix}K_{\mathrm{sf}1}\\K_{\mathrm{sf}2}\\K_{\mathrm{sf}3}\\K_{\mathrm{sf}4}\end{bmatrix} \tag{3.225}$$

如图 3.53 所示，考虑到主动悬架四个作动器按前后左右分布在车身四个位置上，当某一作动器输出控制力发生增益变化时，可相应调整其他作动器输出控制力，以实现对车辆乘坐舒适性和操纵稳定性的控制。基于重组方法对故障悬架反馈控制律 K_{sf} 进行重组设计[1,39]，以相应地补偿作动器增益变化故障情况下故障作动器的输出[40]。设

$$K_{\mathrm{sf}i}=K_{\mathrm{s}i}+\varDelta_i \tag{3.226}$$

式中，$\varDelta_i$ 为故障情况下控制器控制律的重组分量，则可得到

$$\begin{bmatrix}\varDelta_1\\\varDelta_2\\\varDelta_3\\\varDelta_4\end{bmatrix}=\begin{bmatrix}\delta_1B_{11} & \delta_2B_{12} & \delta_3B_{13} & \delta_4B_{14}\end{bmatrix}^{+}\begin{bmatrix}(1-\delta_1)B_{11}\\(1-\delta_2)B_{12}\\(1-\delta_3)B_{13}\\(1-\delta_4)B_{14}\end{bmatrix}^{\mathrm{T}}\begin{bmatrix}K_{\mathrm{s}1}\\K_{\mathrm{s}2}\\K_{\mathrm{s}3}\\K_{\mathrm{s}4}\end{bmatrix} \tag{3.227}$$

式中，$\begin{bmatrix}\delta_1B_{11} & \delta_2B_{12} & \delta_3B_{13} & \delta_4B_{14}\end{bmatrix}^{+}$ 为伪劣矩阵。

用故障增益估计值 $\hat{\delta}$ 取代式(3.227)中故障增益 δ，则主动容错控制律重组增量为

$$\varDelta=\begin{bmatrix}\hat{\delta}_1B_{11} & \hat{\delta}_2B_{12} & \hat{\delta}_3B_{13} & \hat{\delta}_4B_{14}\end{bmatrix}^{+}\begin{bmatrix}(1-\hat{\delta}_1)B_{11}\\(1-\hat{\delta}_2)B_{12}\\(1-\hat{\delta}_3)B_{13}\\(1-\hat{\delta}_4)B_{14}\end{bmatrix}^{\mathrm{T}}\begin{bmatrix}K_{\mathrm{s}1}\\K_{\mathrm{s}2}\\K_{\mathrm{s}3}\\K_{\mathrm{s}4}\end{bmatrix} \tag{3.228}$$

式中，Δ 为主动容错控制律重组增量。

所以，对于故障悬架，基于控制律重组方法设计的主动容错控制律 K_{sf} 为

$$K_{sf}=\begin{bmatrix}K_{s1}+\Delta_1 & K_{s2}+\Delta_2 & K_{s3}+\Delta_3 & K_{s4}+\Delta_4\end{bmatrix}^{T} \tag{3.229}$$

3.6.5 仿真计算与分析

主动悬架模型参数仍采用表 3.4 中的参数值，路面模型同 3.3 节。在 MATLAB/Simulink 中反复进行仿真调试实验，取性能加权系数 $q_1=1\times10^6$、$q_2=1\times10^6$、$q_3=1.4\times10^5$、$q_4=q_5=q_6=q_7=q_8=q_9=q_{10}=q_{11}=100$，$q_{12}=q_{13}=q_{14}=q_{15}=1$，得到完好无故障状态下设计的 LQG 控制律 K_s，称为控制器Ⅰ。取矩阵 $T_r=-0.42I$，利用线性矩阵理论和相关矩阵运算求出稳定的鲁棒观测器矩阵 G_r、K_r、H_r。基于控制律重组方法设计的主动悬架的主动容错控制律为 K_{sf}，称为控制器Ⅱ。

假设主动悬架四个作动器发生增益变化故障情况如表 3.18 所示，主动容错控制决策机构在 $t_r=4.5\text{s}$ 时刻切换至基于控制律重组方法设计的容错控制器Ⅱ系统。

表 3.18　主动悬架四个作动器发生增益变化故障情况

故障	故障作动器	故障行为	容错控制时刻 t_r/s
故障 1	左前悬架作动器（$i=1$）	$t_f=1\text{s}$ 时发生 $\delta_1=0.1$ 的增益变化故障	4.5
故障 2	左前悬架作动器（$i=1$）	$t_f=1\text{s}$ 时发生 $\delta_1=0.1$ 的增益变化故障	4.5
	左后悬架作动器（$i=3$）	$t_f=1.5\text{s}$ 时发生 $\delta_3=0.25$ 的增益变化故障	
故障 3	左前悬架作动器（$i=1$）	$t_f=1\text{s}$ 时发生 $\delta_1=0.1$ 的增益变化故障	4.5
	右前悬架作动器（$i=2$）	$t_f=2\text{s}$ 时发生 $\delta_2=0.8$ 的增益变化故障	
	左后悬架作动器（$i=3$）	$t_f=1.5\text{s}$ 时发生 $\delta_3=0.25$ 的增益变化故障	
	右后悬架作动器（$i=4$）	$t_f=2.5\text{s}$ 时发生 $\delta_4=0.6$ 的增益变化故障	

当主动悬架发生故障 1 情况时，左前悬架作动器输出发生 90%损失，即发生故障增益 $\delta_1=0.1$ 的增益变化故障。取量测输出的第 1 个和第 2 个分量，即车身垂直加速度和俯仰角加速度分量，绘制输出残差曲线进行故障诊断，如图 3.87 所示。图 3.88 为主动悬架左前作动器故障增益估计曲线。图 3.89 为主动悬架在控制器Ⅰ控制下(ASS/Ⅰ，由实线表示)与故障前后在控制器Ⅰ和控制器Ⅱ控制下(FASS/(Ⅰ+Ⅱ)，由图 3.89 中虚线表示)两种情况的悬架性能控制效果对比。

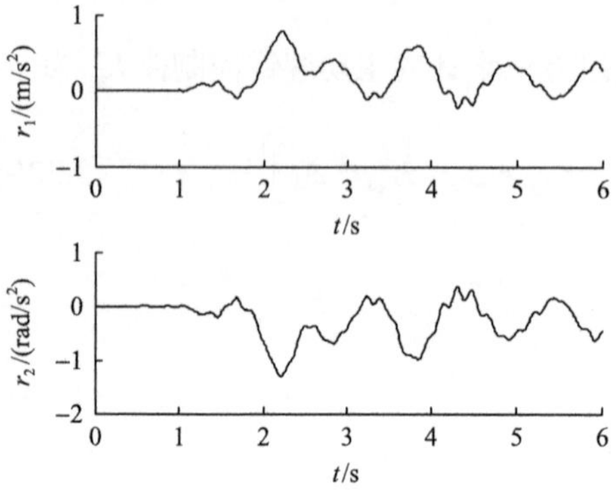

图 3.87　故障 1 情况下输出残差

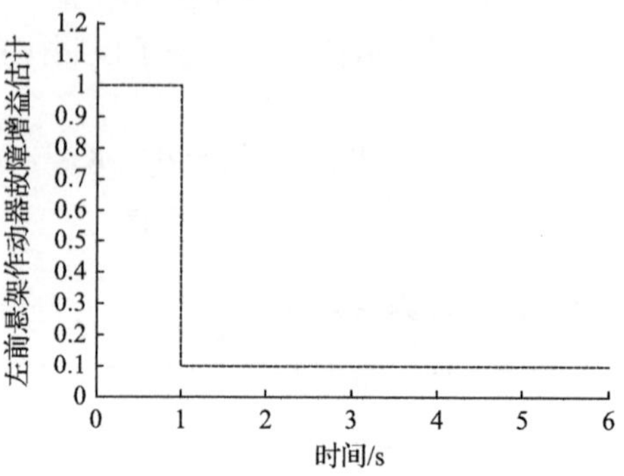

图 3.88　故障 1 情况下故障增益估计

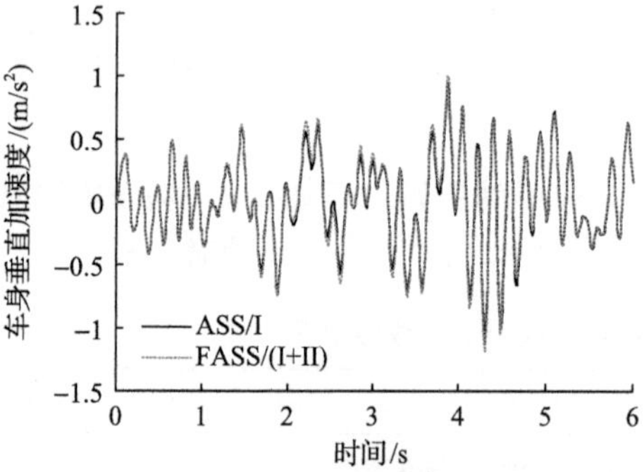

(a) 车身垂直加速度响应对比

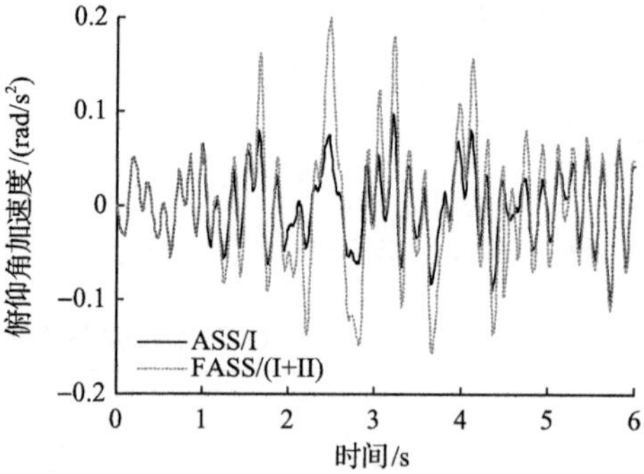

(b) 俯仰角加速度响应对比

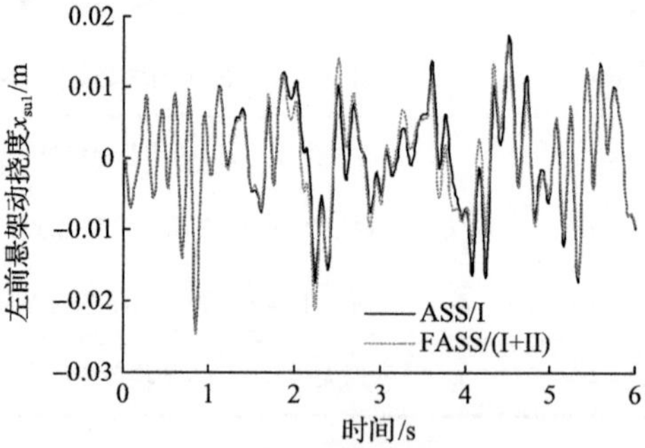

(c) 左前悬架动挠度响应对比

图 3.89　故障 1 情况下主动容错控制仿真结果

由图 3.87 可看出，在故障时刻 $t_{\mathrm{f}} = 1\mathrm{s}$ 前，主动悬架处于完好无故障状态，基于鲁棒观测器所得两个输出残差分量(r_1、r_2 两分量分别对应车身垂直加速度和俯仰角加速度输出)均为零。在故障时刻 $t_{\mathrm{f}} = 1\mathrm{s}$ 后，左前悬架作动器开始出现故障增益 $\delta_1 = 0.1$ 的增益变化故障，输出残差两个分量不再为零，出现明显波动。由 3.3 节的研究可知，根据残差波动情况清晰地检测出主动悬架系统故障发生时刻。

图 3.88 清晰地显示出，在故障时刻 $t_f = 1s$ 之前，主动悬架处于完好无故障状态，故障增益估计值 $\hat{\delta}_1 = 1$；而在故障时刻 $t_f = 1s$ 后，故障诊断与检测系统估算的左前悬架作动器故障增益估计值为 $\hat{\delta}_1 = 0.1$。

由图 3.89 主动容错控制仿真结果可看出，若主动悬架作动器完好无故障，则主动悬架在控制器 I 控制下具有很好的性能控制效果，如图中实线(ASS/I)所示。当左前悬架作动器在故障时刻 $t_f = 1s$ 发生增益变化故障时，若由控制器 I 控制，则相对完好无故障主动悬架来说，故障悬架车身垂直加速度、俯仰角加速度、悬架动挠度均方根值将分别增加 5.96%、82.82%、1.60%。而在 $t_r = 4.5s$ 时刻采取主动容错控制，切换至控制器 II 后，经 0.5s 短暂时滞主动悬架各性能响应开始逐渐恢复，最终和完好无故障状态主动悬架性能响应相接近。仿真结果说明，采取容错控制后故障悬架性能开始恢复，接近完好无故障状态时的主动悬架性能水平。

当主动悬架发生故障 2 情况：左前悬架作动器输出发生 90%损失，即发生 $\delta_1 = 0.1$ 的增益变化故障，左后悬架作动器输出发生 75%损失，即发生 $\delta_3 = 0.25$ 的增益变化故障。主动悬架主动容错控制结果如图 3.90～图 3.92 所示。

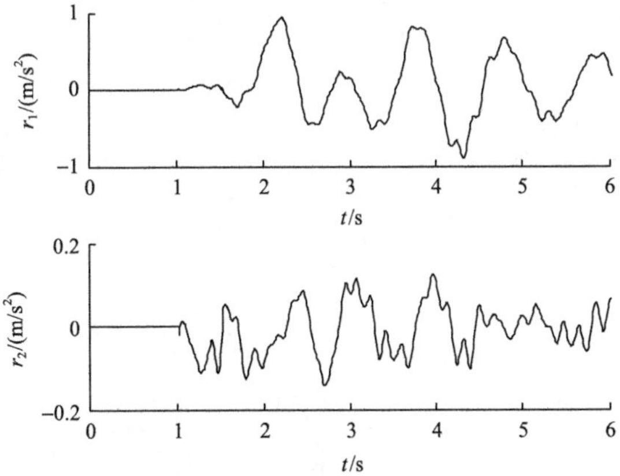

图 3.90　故障 2 情况下输出残差

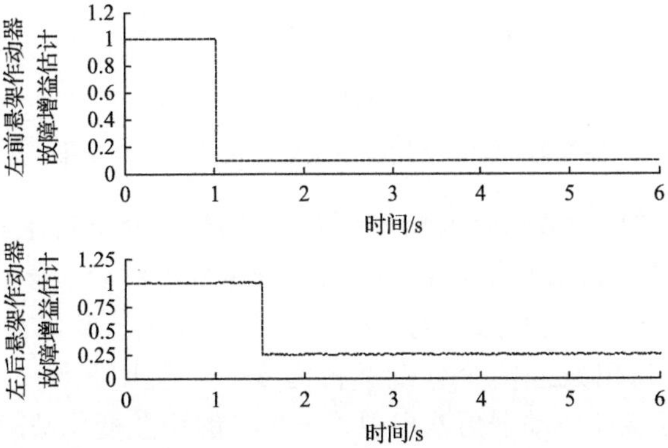

图 3.91　故障 2 情况下故障增益估计

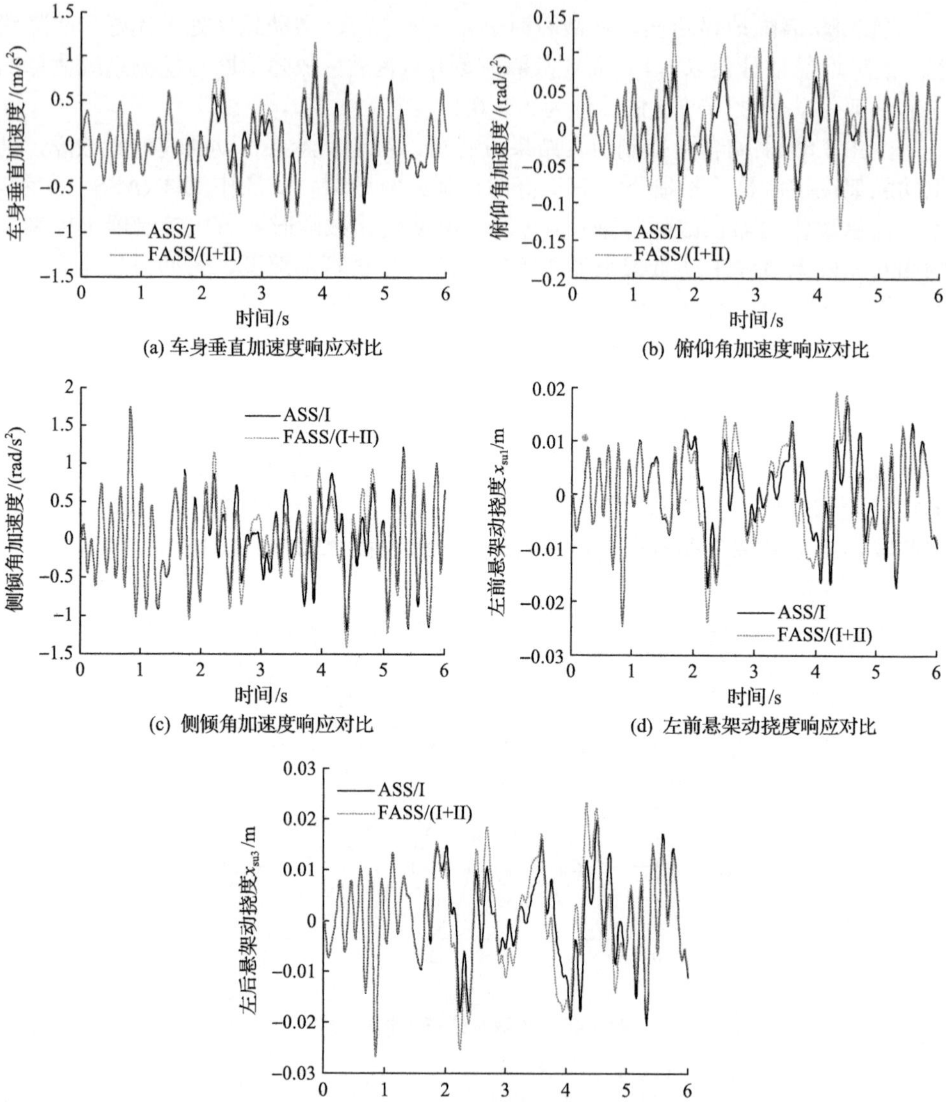

(a) 车身垂直加速度响应对比　　(b) 俯仰角加速度响应对比

(c) 侧倾角加速度响应对比　　(d) 左前悬架动挠度响应对比

(e) 左后悬架动挠度响应对比

图 3.92　故障 2 情况下主动容错控制仿真结果

由图 3.90 可看出，故障时刻 $t_f = 1s$ 前，主动悬架处于完好无故障状态，基于鲁棒观测器所得两个输出残差分量（r_1、r_2 两分量分别对应车身垂直加速度和俯仰角加速度输出）均为零。在故障时刻 $t_f = 1s$ 后，左前悬架作动器首先出现 $\delta_1 = 0.1$ 的增益变化故障，输出残差两个分量不再为零，出现明显波动。而当故障时刻 $t_f = 1.5s$ 时，左后悬架作动器再次出现 $\delta_3 = 0.25$ 的增益变化故障，输出残差两个分量仍然不为零，出现明显波动。根据残差波动情况清晰地检测出主动悬架系统故障发生时刻。

图 3.91 清晰地显示，在左前悬架作动器的故障时刻 $t_f = 1s$ 前，故障增益估计值为 $\hat{\delta}_1 = 1$。在左后悬架作动器的故障时刻 $t_f = 1.5s$ 前，故障增益估计值为 $\hat{\delta}_3 = 1$。而在故障时刻 $t_f = 1s$ 后，即左前悬架作动器发生故障后，故障诊断与检测系统估算的左前悬架作动器故障增益估计值为 $\hat{\delta}_1 = 0.1$。同样，在故障时刻 $t_f = 1.5s$ 后，即左后悬架作动器发生故障后，故障诊断与检测系统估算的左后悬架作动器故障增益估计值为 $\hat{\delta}_3 = 0.25$。

由图 3.92 所示的主动容错控制仿真结果可以看出，若主动悬架作动器完好无故障，则主动悬架在控制器 I 的控制下具有很好的控制效果，如图 3.92 中实线所示。当作动器在故障时刻 $t_f = 1s$ 和 $t_f = 1.5s$ 开始发生增益变化故障时，若由控制器 I 控制，则相对完好无故障主动悬架来说，故障悬架车身垂直加速度、俯仰角加速度、侧倾角加速度、左前悬架动挠度、左后悬架动挠度的均方根值将分别增加 17.33%、43.21%、4.30%、15.31%、17.42%。而在 $t_r = 4.5s$ 时刻采取主动容错控制，切换至控制器 II 后，经 0.5s 短暂时滞主动悬架各性能响应开始逐渐恢复，最终与完好无故障状态的主动悬架性能响应相接近。仿真结果说明，采取容错控制后故障悬架性能开始恢复，与完好无故障状态时的主动悬架性能水平相接近。

当主动悬架发生故障 3 情况时，左前悬架作动器输出产生 90%损失，即发生故障增益 $\delta_1 = 0.1$ 的增益变化故障，右前悬架作动器输出产生 20%损失，即发生故障增益 $\delta_2 = 0.8$ 的增益变化故障，左后悬架作动器输出发生 75%损失，即发生故障增益 $\delta_3 = 0.25$ 的增益变化故障，右后悬架作动器输出发生 40%损失，即发生故障增益 $\delta_4 = 0.6$ 的增益变化故障。主动悬架主动容错控制结果如图 3.93～图 3.95 所示。

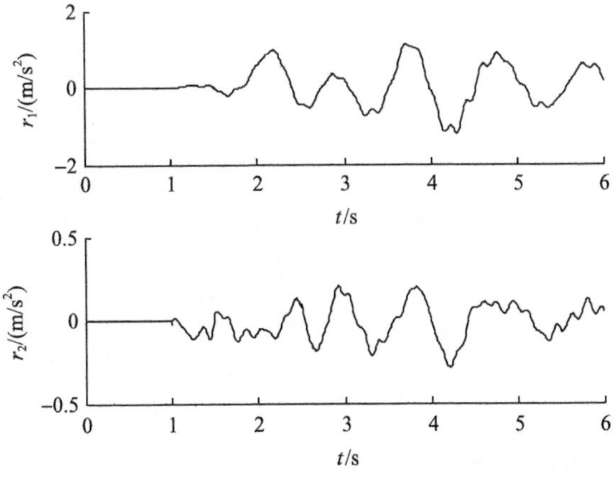

图 3.93　故障 3 情况下输出残差

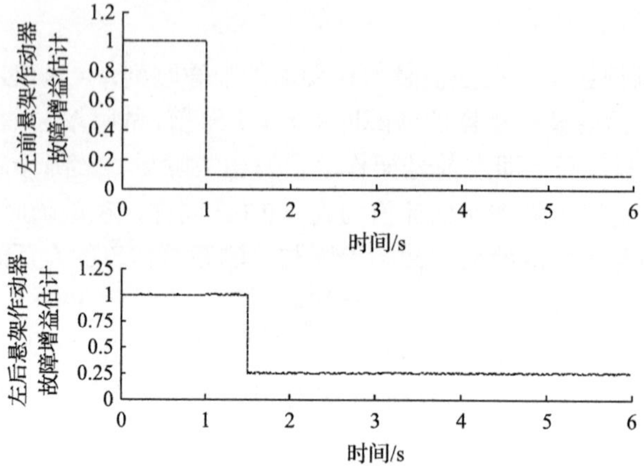

(a) δ_1与δ_3估计

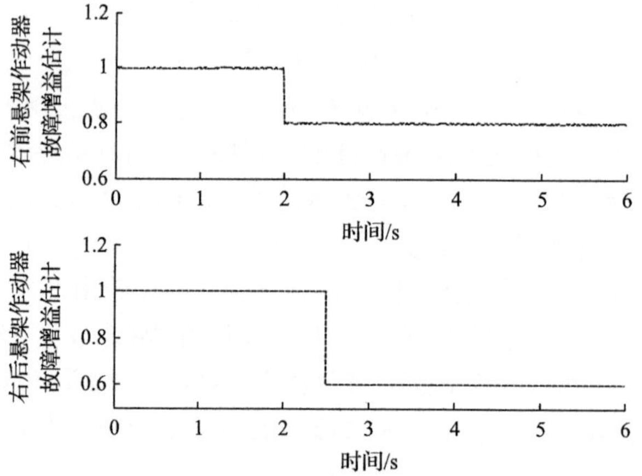

(b) δ_2与δ_4估计

图 3.94　故障 3 情况下故障增益估计

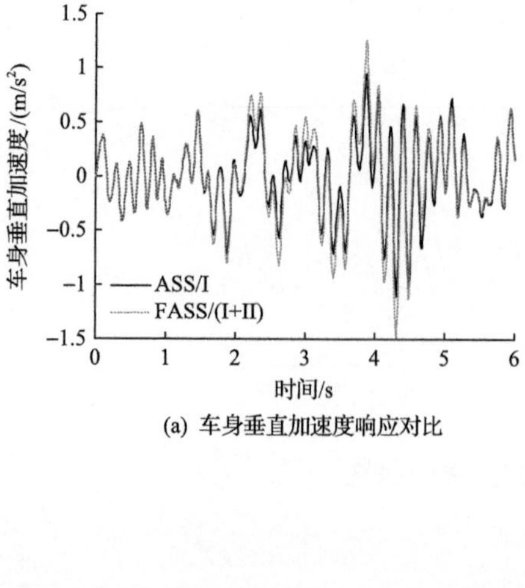

(a) 车身垂直加速度响应对比

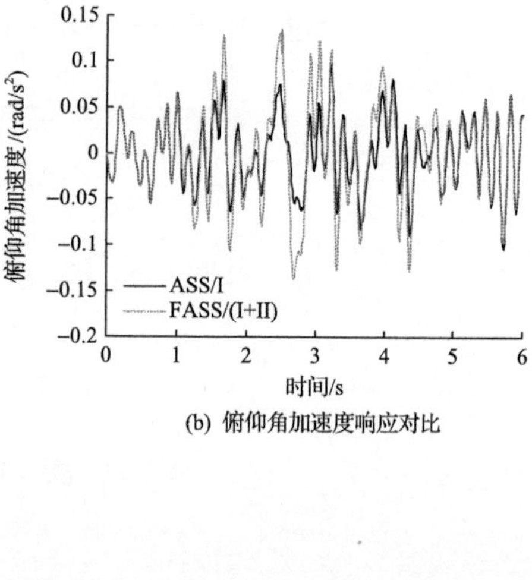

(b) 俯仰角加速度响应对比

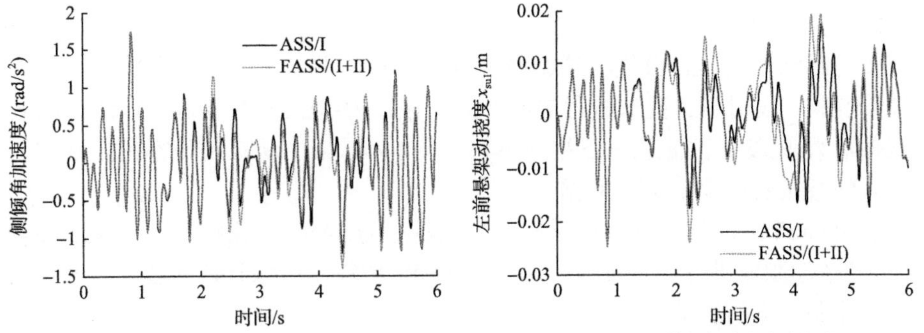

(c) 侧倾角加速度响应对比　(d) 左前悬架动挠度响应对比

图 3.95　故障 3 情况下主动容错控制

同样，由图 3.93 可看出，在故障时刻前，主动悬架处于完好无故障状态，基于鲁棒观测器所得两个输出残差分量（r_1、r_2两分量分别对应车身垂直加速度和俯仰角加速度的输出）均为零。在故障时刻后，主动悬架作动器开始出现增益变化故障，两个输出残差分量不再为零，出现明显波动，根据残差波动情况清晰地检测出主动悬架系统故障发生时刻。

图 3.94 清晰地显示，在故障时刻前，主动悬架处于完好无故障状态，故障增益估计值为 1，即作动器输出为 100%，无输出损失。而在各作动器发生相应故障后，故障诊断与检测系统可准确地估算出故障增益估计值为 $\hat{\delta}_1 = 0.1$、$\hat{\delta}_2 = 0.8$、$\hat{\delta}_3 = 0.25$、$\hat{\delta}_4 = 0.6$。

由图 3.95 可知，若主动悬架作动器完好无故障，则主动悬架在控制器 I 控制下具有良好的控制效果，如图中实线所示。当作动器在故障时刻发生相应的增益变化故障时，若由控制器 I 控制，则相对完好无故障主动悬架来说，故障悬架车身垂直加速度、俯仰角加速度、侧倾角加速度、左前悬架动挠度均方根值将分别增加 23.18%、48.70%、4.36%、15.79%。而在 $t_r = 4.5$s 时刻采取主动容错控制，切换至控制器 II 后，经 0.5s 短暂时滞主动悬架各性能响应开始逐渐恢复，最终与完好无故障状态的主动悬架性能响应相接近。仿真结果说明，采取容错控制后故障悬架性能可得到恢复，并接近完好无故障状态时主动悬架的性能水平。

3.7　容错控制实验

在 3.6 节中，针对主动悬架进行了建模、作动器故障检测与在线诊断、基于控制律重组的主动容错控制方面的理论研究与仿真及结果分析。为此，本节采用某型车辆车用电磁阀式阻尼连续可调减振器和部分悬架组件研制用于实验的电磁阀式可调阻尼的半主动悬架系统（semi-active suspension system, SASS），再将该 SASS 安装在单通道电液伺服悬架动态性能实验台上构成容错控制实验系统。本节将利用 3.6 节中的主动容错控制方法对电磁阀式可调阻尼的 SASS 进行相关容错控制的实验研究。

实验时利用实验台分别完成减振器速度特性实验、SASS 主动控制实验及容错控制实验。采用多工况法进行电磁阀式减振器力-速度特性实验，绘制出电磁阀式减振器力-速度特性曲线和三维速度特性图，为悬架主动控制和容错控制实验提供有效的减振器可变阻尼力数据。

应用LabVIEW软件进行电磁阀式可调阻尼的SASS的硬件在环实验。对SASS采用 LQG 控制器进行主动控制，利用 LabVIEW 软件和自制硬件装置对 SASS 进行主动控制效果的验证。

最后，在主动控制的基础上，人为设置减振器的增益变化故障，基于控制律重组的容错控制方法设计容错控制器对故障悬架的主动容错控制效果进行验证。

3.7.1 实验方案设计

根据前面基于控制律重组的容错控制方法来搭建 SASS 的主动容错控制实验系统示意图[41]，如图 3.96 所示。

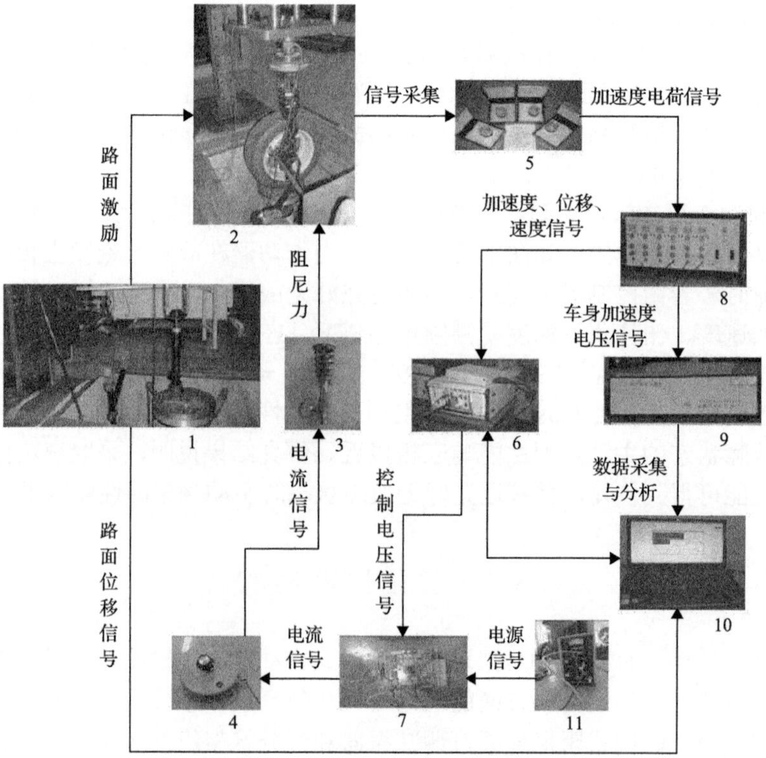

图 3.96 主动容错控制实验系统示意图

1—实验台；2—悬架；3—电磁阀式可调阻尼减振器；4—电位器；5—加速度传感器；6—PXI8196 主机；7—驱动电路；8—电荷放大器；9—数据采集仪；10—计算机；11—稳压电源

将电磁阀式可调阻尼减振器力-速度特性实验中数据，利用插值法在 LabVIEW 软件中设置查表程序。使查表程序根据 SASS 控制力、减振器活塞杆相对速度查取所需的控制输入电压，通过 LabVIEW 软件的 DAQ 设备输出 0～5V 的驱动电路控制输入电压，经驱动电路对电磁阀线圈回路输送相应的控制输出电流或控制输出电压，实现对电磁阀式可调阻尼减振器阻尼力的调节与控制。

对装配电磁阀式可调阻尼减振器的 SASS 而言，减振器中液压油泄漏、黏度变化、驱动电路控制输出电压值波动、减振器中电磁阀线圈的阻值变化、电磁阀阀芯在某一位置卡滞或移动行程未按预期值移动到位，均会造成作为 SASS 的作动器——减振器的故障，导致 SASS 预期控制效果变差。实验中可通过以下方式设置作动器故障：在驱动电路输出回路上串接一个电阻值在 0～100Ω 的电位器。在驱动电路控制输出电压不变的情况下，当可调阻值调至某一数值时，电磁阀线圈回路中由阻值增加导致流经电磁阀线圈的电流发生相应改变，导致阀芯位移改变，引起了减振器的可调阻尼值发生变化，相当于减振器发生了增益变化故障。

3.7.2　实验结果与分析

在路面振幅为 30mm，激振频率为 1.5Hz 下，对被动悬架、LQG 控制律控制下的半主动悬架(SASS/I)、LQG 控制律(I)和容错控制律(II)控制下的故障半主动悬架(FSASS/(I+II))的车身垂直加速度分别采集信号，实验结果对比如图 3.97 所示。

在路面振幅为 30mm，激振频率为 2Hz 下，对被动悬架、LQG 控制律控制下的半主动悬架(SASS/ I)、LQG 控制律(I)和容错控制律(II)控制下的故障半主动悬架(FSASS/(I + II))的车身垂直加速度分别采集信号，实验结果对比如图 3.98 所示。

在路面振幅为 20mm，激振频率为 2Hz 下，对被动悬架、LQG 控制律控制下的半主动悬架(SASS/ I)、LQG 控制律(I)和容错控制律(II)控制下的故障半主动悬架(FSASS/(I + II))的车身垂直加速度分别采集信号，实验结果对比如图 3.99 所示。

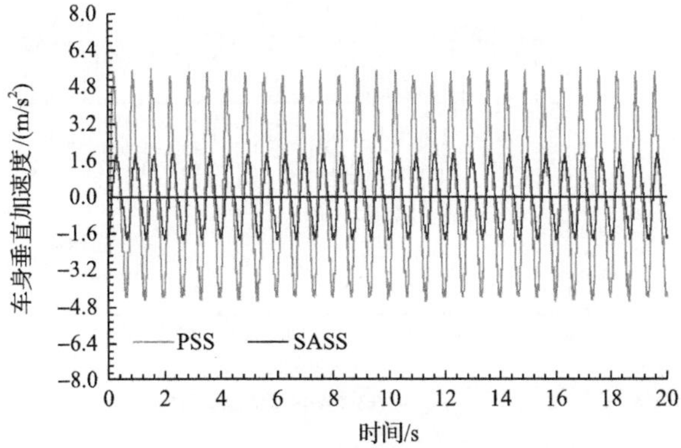

(a) PSS与SASS

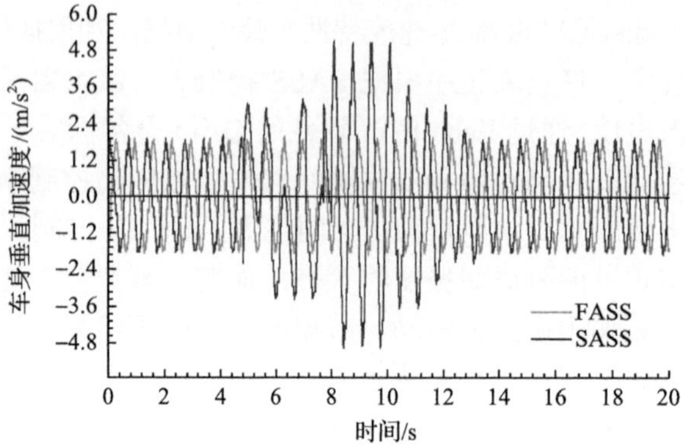

(b) FASS与SASS

图 3.97　车身垂直加速度实验结果对比(振幅 30mm，激振频率 1.5Hz 正弦谐波输入)

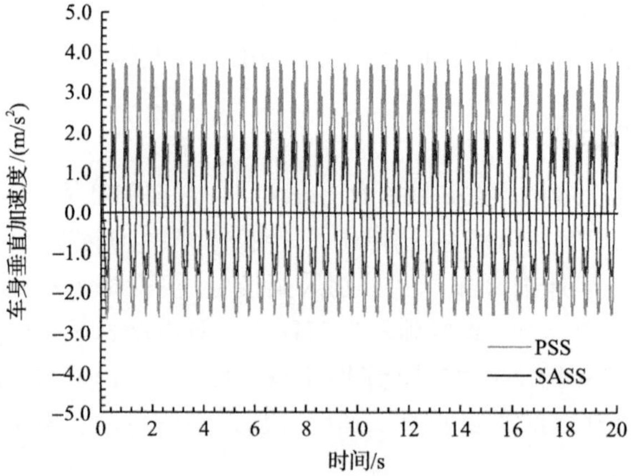

(a) PSS与SASS

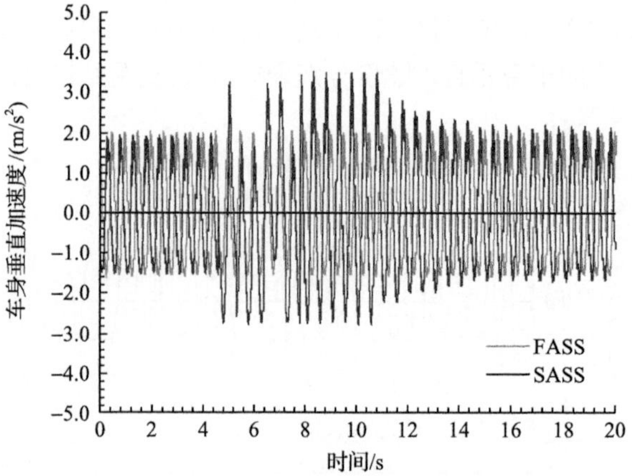

(b) FASS与SASS

图 3.98　车身垂直加速度实验结果对比(振幅 30mm，激振频率 2Hz 正弦谐波输入)

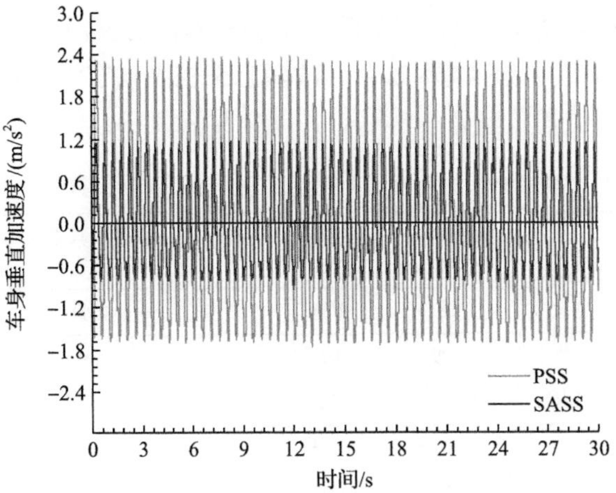

(a) PSS与SASS

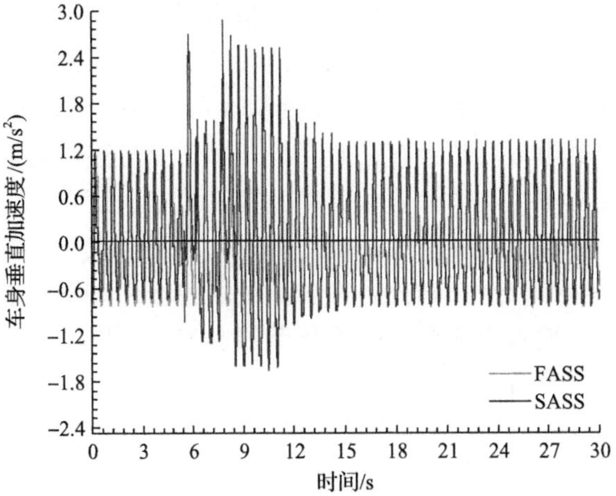

(b) FASS与SASS

图 3.99　车身垂直加速度实验结果对比(振幅 20mm，激振频率 2Hz 正弦输入)

由图 3.97 可以看出，在故障时刻 t_f=5s 前，悬架未发生故障，在控制器 I 控制下悬架车身垂直加速度响应与完好无故障状态时的半主动悬架车身垂直加速度响应趋于一致。但自故障时刻 t_f=5s 开始，通过阻值调节给作动器施加故障后，故障悬架的车身垂直加速度响应开始出现异常，最大值相对半主动悬架增加了 71.12%，仅比被动悬架小 8.31%。在 10s 时刻进行容错控制切换，故障悬架系统经 3.5s 左右时滞后，车身垂直加速度逐渐恢复并接近控制器 I 控制的完好无故障半主动悬架性能水平。在图 3.98、图 3.99 中，在改变正弦谐波输入的振幅和激振频率后，故障悬架的车身垂直加速度性能亦具有明显恢复的趋势，逐渐恢复至与完好无故障时半主动悬架相接近的性能水平，容错控制效果显著。

对比实验与仿真结果：完好无故障半主动悬架在 LQG 控制下，车身垂直加速度响应仿真数值与实验数值基本吻合。故障悬架在主动容错律控制下，车身垂直加速度实验数值同仿真数值亦基本吻合，具体见表 3.19。

表 3.19 车身垂直加速度实验与仿真结果对比

控制方式	对比指标	振幅 30mm，激振频率 1.5Hz 正弦谐波		振幅 30mm，激振频率 2Hz 正弦谐波		振幅 20mm，激振频率 2Hz 正弦谐波	
		仿真	实验	仿真	实验	仿真	实验
主动控制（控制器 I）	最大值	1.829	1.976	1.868	2.05	1.246	1.161
	均方根值	1.156	1.227	1.156	1.169	0.771	0.668
容错控制（控制器 I + II）	最大值	5.303	5.145	3.776	3.516	2.517	2.876
	均方根值	2.477	1.813	1.817	1.490	1.212	0.830

由研究结果可看出，不论是台架实验还是仿真过程，容错控制中均存在时滞现象，且台架实验的时滞比仿真过程的时滞长。其原因为：在台架实验中，由于扰动输入通道中各连接件间隙存在时滞，控制输入通道中电磁阀电压或电流上升、电磁阀响应、减振器阻尼液响应存在时滞，传感器信号测量通道中信号测量与传输存在时滞，控制器中控制律计算和切换及控制策略决策存在时滞，最终导致实验结果出现时滞，这符合实际情况。而在仿真过程中，仅存在控制器中控制律计算、切换及控制策略决策产生的时滞，在仿真模块中均未刻意考虑信号测量通道、控制输入通道、扰动输入通道等各时滞环节的影响。所以，仿真中也存在时滞，但相对台架实验中的时滞较短。

在减振器出现故障瞬间，车身垂直加速度响应曲线出现一定幅度的瞬时跳变，在实际中需进一步考虑淡化环节加以处理。

参 考 文 献

[1] 闻新, 张洪钺, 周露. 控制系统的故障诊断和容错控制. 北京: 机械工业出版社, 1998.

[2] Gao Z, Antsaklis P J. Stability of the pseudo-inverse method for reconfigurable control. International Journal of Control, 1991, 51(3): 717-729.

[3] Koyama K, Matsunaga T. A control method utilizing EPS to reduce steering pull when driving on rutted roads. SAE Technical Paper, 2009.

[4] DelanneY, Beurier G, Sirdi N M. Evaluation of tire/Road friction performance models from on-site Measurements. Mai, 2000: 423-431.

[5] 武钟财. 基于扩展卡尔曼滤波的路面附着系数估计算法研究. 长春: 吉林大学硕士学位论文, 2008.

[6] 刘振, 包继华, 刘静静, 等. 基于改进欧拉法的反馈分析. 煤矿机械, 2011, 32(6): 120-122.

[7] 刘朝林. 约束条件下线性模型参数有偏估计的研究. 重庆: 重庆大学博士学位论文, 2013.
[8] Coello C A C, Lamont G B, van Veldhuizen D A. Evolutionary algorithms for solving multi-objective problems. 2nd Edition. New York: Springer, 2007.
[9] Jazar R N. Vehicle Dynamics: Theory and Applications. New York: Springer, 2008.
[10] 高富德. 最小二乘法的初等证明. 玉溪师专学报, 1989, 4: 1-2.
[11] Kailath T, Sayed A H, Hassibi B. Linear Estimation. New Jersey: Prentice Hall, 2000.
[12] Morgando A. Linear approach to ESP control logic design. SAE Technical Paper. 2006.
[13] 苏海涛. 汽车非线性轮胎力的估计方法研究. 长春: 吉林大学硕士学位论文, 2007.
[14] 陈无畏, 王其东, 肖寒松, 等. 汽车系统动力学与集成控制. 北京: 科学出版社, 2014.
[15] 杨柳青, 陈无畏, 初长宝. 汽车主动悬架与 ABS 联合控制研究. 合肥工业大学学报, 2006, 29(6): 767-771.
[16] 方敏, 汪洪波, 陈无畏. 汽车主动悬架系统 H_∞控制器的降阶. 控制理论与应用, 2007, 24(4): 553-560.
[17] 陈无畏, 孙启启, 胡延平, 等. 基于干扰抑制的汽车转向与悬架系统的集成控制. 机械工程学报, 2007, 43(11): 98-104.
[18] 杨柳青, 陈无畏, 汪洪波. 基于残差信息的汽车液压主动悬架故障诊断与隔离研究. 中国机械工程, 2012, 23(14): 1746-1752.
[19] 王孝武. 现代控制理论基础. 北京: 机械工业出版社, 2003.
[20] 杨伟, 章卫国, 杨朝旭, 等. 容错飞行控制系统. 西安: 西北工业大学出版社, 2007.
[21] 杨柳青, 陈无畏, 张卫华, 等. 汽车主动悬架传感器故障检测与隔离研究. 控制工程, 2014, 21(2): 283-289.
[22] Hwang I, Kim S, Kim Y, et al. A survey of fault detection, isolation, and reconfig-uration Methods. IEEE Transactions on Control Systems Technology, 2010, 18(3): 636-653.
[23] 周东华, 叶银忠. 现代故障诊断与容错控制. 北京: 清华大学出版社, 2000.
[24] 俞立. 鲁棒控制——线性矩阵不等式处理方法. 北京: 清华大学出版社, 2002.
[25] 杨柳青, 陈无畏, 汪洪波. 基于 H_2/H_∞控制的汽车主动悬架最优鲁棒容错控制. 中国机械工程, 2012, 23(24): 3013-3019.
[26] 姜长生, 吴庆宪, 陈文华, 等. 现代鲁棒控制基础. 哈尔滨: 哈尔滨工业大学出版社, 2005.
[27] 杨柳青, 陈无畏. 基于传感器信号重构的汽车主动悬架主动容错控制. 汽车工程, 2013, 35(12): 1084-1091.
[28] 姜斌, 冒泽慧, 杨浩, 等. 控制系统的故障诊断与故障调节. 北京: 国防工业出版社, 2009.
[29] 王占山, 张化光. 故障估计的自适应观测器设计. 东北大学学报(自然科学版), 2005, 26(1): 221-224.
[30] Jiang B, Chowdhury F N. Fault estimation and accommodation for linear MIMO discrete-time systems. IEEE Transactions on Control Systems Technology, 2005, 13(3): 493-499.

[31] Gao Z G, Yang L Q, Wang H B, et al. Active Fault tolerant control of electric power steering system with sensor fault. Proceedings of the 36th Chinese Control Conference, Dalian, 2017.
[32] 杨柳青, 陈无畏, 张荣芸, 等. 基于控制律重组的汽车半主动悬架容错控制与试验. 农业机械学报, 2013, 44(10): 1-8.
[33] 陈杰平, 冯武堂, 郭万山, 等. 整车磁流变减振器半主动悬架变论域模糊控制策略. 农业机械学报, 2011, 42(5): 8-13.
[34] Chen S, He R, Liu H G, et al. An optimal design for suspension based on LQG control. International Conference on Electric Information and Control Engineering Proceedings, Wuhan, 2011: 1987-1992.
[35] Zheng L, Li Y N, Chen B K. A new semi-active suspension control strategy through mixed H_2/H_∞ robust technique. Journal of CentralSouth University of Technology: English Edition, 2010, (17): 332-339.
[36] 李国勇. 最优控制理论与应用. 北京: 国防工业出版社, 2008.
[37] 杨柳青. 基于作动器故障的整车主动悬架容错控制. 贵州大学学报, 2014, 31(2): 112-117.
[38] Zhou K, Zhang R, Wei W. On the design of unknown input observers and fault detectionfilters. Proceedings of the 6th World Congress on Intelligent Control and Automation, Dalian, 2006: 5638-5642.
[39] Wang D J, Li Y C. Estimation of effectivness factor on-line and fault tolerant control. Proceedings of the Second International Conference on Machine Learning and Cybernetics, Xi'an, 2003: 765-770.
[40] 杨柳青, 陈无畏, 高振刚, 等. 基于电磁阀减振器的 1/4 车车辆半主动悬架非线性控制. 农业机械学报, 2014, 45(4): 1-7.
[41] 杨柳青. 汽车主动悬架容错控制关键技术研究. 合肥: 合肥工业大学博士学位论文, 2013.

第4章　车辆转向、驱动和转向/悬架集成系统动力学及容错控制

转向系统与驱动系统是影响智能车辆行驶安全性的两个重要子系统。目前，大部分智能车辆的设计中仍保留了普通车辆中的转向机构，并以普通车辆 EPS 系统的助力电动机为执行机构实现车辆的自主转向，而 EPS 系统的可靠性直接影响智能车辆的行驶安全性。驱动系统方面，智能车辆轮毂电机驱动与其所代表的轮毂电机驱动电动车辆在未来有着很好的发展前景，与普通车辆的结构相比较，轮毂电机驱动电动车辆在其四轮内部集成了轮毂电机，增加了系统的复杂性和执行器的数量，故障频发率也随之显著提高，严重时甚至影响车辆稳定性及整车行驶安全。

本章主要针对基于 EPS 的智能车辆转向系统与基于轮毂电机驱动的智能车辆驱动系统，分析两个子系统中传感器及执行器故障对车辆性能产生的影响，并提出相应的容错控制算法，从而提高智能车辆转向系统与驱动系统的可靠性。

4.1　EPS 系统动力学模型

以装有转向盘转角、转矩传感器的 EPS 系统为研究对象，对其各主要部件列出动力学方程。

转向盘：

$$J_{\mathrm{c}}\ddot{\theta}_{\mathrm{c}}+B_{\mathrm{c}}\dot{\theta}_{\mathrm{c}}+K_{\mathrm{c}}\left(\theta_{\mathrm{c}}-\frac{x_{\mathrm{r}}}{r_{\mathrm{p}}}\right)=T_{\mathrm{d}} \tag{4.1}$$

式中，θ_{c}、J_{c}、B_{c}、K_{c} 分别为转向盘转角、转动惯量、阻尼及刚度；T_{d} 为驾驶员转矩；x_{r}、r_{p} 分别为转向齿条位移及转向小齿轮半径。

助力电动机：

$$J_{\mathrm{m}}\ddot{\theta}_{\mathrm{m}}+B_{\mathrm{m}}\dot{\theta}_{\mathrm{m}}+K_{\mathrm{m}}\left(\theta_{\mathrm{m}}-N\frac{x_{\mathrm{r}}}{r_{\mathrm{p}}}\right)=T_{\mathrm{m}} \tag{4.2}$$

$$T_{\mathrm{m}} = K_{\mathrm{t}} I_{\mathrm{m}} \tag{4.3}$$

$$U_{\mathrm{m}} = L_{\mathrm{m}} \dot{I}_{\mathrm{m}} + R_{\mathrm{m}} I_{\mathrm{m}} + K_{\mathrm{b}} \dot{\theta}_{\mathrm{m}} \tag{4.4}$$

式中，θ_{m}、J_{m}、B_{m}、K_{m} 分别为助力电动机转角、转动惯量、阻尼及刚度；N 为电动机减速机构传动比；T_{m} 为助力电动机转矩；K_{t}、K_{b} 分别为电动机力矩常数及反电动势常数；L_{m}、R_{m}、I_{m} 分别为电动机电枢绕组的电感、电阻及通过的电流；U_{m} 为助力电动机端电压。

齿条：

$$M_{\mathrm{r}} \ddot{x}_{\mathrm{r}} + B_{\mathrm{r}} \dot{x}_{\mathrm{r}} + K_{\mathrm{r}} x_{\mathrm{r}} = \frac{K_{\mathrm{c}} \left(\theta_{\mathrm{c}} - \dfrac{x_{\mathrm{r}}}{r_{\mathrm{p}}} \right)}{r_{\mathrm{p}}} + N \frac{K_{\mathrm{m}} \left(\theta_{\mathrm{m}} - N \dfrac{x_{\mathrm{r}}}{r_{\mathrm{p}}} \right)}{r_{\mathrm{p}}} - F_{\mathrm{r}} \tag{4.5}$$

式中，M_{r}、B_{r}、K_{r} 分别为齿条等效质量、等效阻尼及等效刚度。F_{r} 为齿条上受到的外部阻力，主要由轮胎回正力矩及转向系统的摩擦力矩组成，假设转向系统润滑良好，在转角较小的情况下，轮胎回正力矩 T_{r} 为

$$\begin{cases} T_{\mathrm{r}} = C_{\mathrm{f}} \alpha_{\mathrm{f}} \eta_{\mathrm{t}} \\ \alpha_{\mathrm{f}} = \beta + \dfrac{l_{\mathrm{f}} r}{v_x} - \delta_{\mathrm{f}} \end{cases} \tag{4.6}$$

式中，α_{f} 为前轮侧偏角；η_{t} 为轮胎纵向拖距。

转向盘转矩传感器测量值 T_{s} 为

$$T_{\mathrm{s}} = K_{\mathrm{c}} \left(\theta_{\mathrm{c}} - \frac{\theta_{\mathrm{m}}}{N} \right) \tag{4.7}$$

为适当简化模型，令 $\theta_{\mathrm{m}} = N x_{\mathrm{r}} / r_{\mathrm{p}}$、$T_{\mathrm{a}} = N T_{\mathrm{m}}$、$T_{\mathrm{r}} = F_{\mathrm{r}} r_{\mathrm{p}}$，$T_{\mathrm{a}}$ 为电动机输出的助力矩。令状态变量 $x_{\mathrm{e}} = [\theta_{\mathrm{c}}, \dot{\theta}_{\mathrm{c}}, \theta_{\mathrm{m}}, \dot{\theta}_{\mathrm{m}}, I_{\mathrm{m}}]^{\mathrm{T}}$，控制输入 $u = [U_{\mathrm{m}}]$，干扰输入 $w_{\mathrm{e}} = [T_{\mathrm{d}}, T_{\mathrm{r}}]^{\mathrm{T}}$，量测输出 $y = [\theta_{\mathrm{c}}, \dot{\theta}_{\mathrm{c}}, T_{\mathrm{s}}, \dot{\theta}_{\mathrm{m}}, I_{\mathrm{m}}]^{\mathrm{T}}$，建立如下的 EPS 状态空间方程：

$$\begin{cases} \dot{x}_{\mathrm{e}} = A_{\mathrm{e}} x_{\mathrm{e}} + B_{\mathrm{e1}} u + B_{\mathrm{e2}} w_{\mathrm{e}} \\ y = C_{\mathrm{e}} x_{\mathrm{e}} \end{cases} \tag{4.8}$$

式中，矩阵 A_{e}、B_{e1}、B_{e2}、C_{e} 分别为

$$A_e=\begin{bmatrix} 0 & 1 & 0 & 0 & 0 \\ -\dfrac{K_c}{J_c} & -\dfrac{B_c}{J_c} & \dfrac{K_c}{J_c N} & 0 & 0 \\ 0 & 0 & 0 & 1 & 0 \\ \dfrac{K_c}{J_{eq}N} & 0 & -\dfrac{(r_p^2 K_r+K_c)}{J_{eq}N^2} & -\dfrac{B_{eq}}{J_{eq}} & \dfrac{K_t}{J_{eq}} \\ 0 & 0 & 0 & -\dfrac{K_b}{L_m} & -\dfrac{R_m}{L_m} \end{bmatrix},\quad B_{e1}=\begin{bmatrix} 0 \\ 0 \\ 0 \\ 0 \\ \dfrac{1}{L_m} \end{bmatrix}$$

$$B_{e2}=\begin{bmatrix} 0 & 0 \\ \dfrac{1}{J_c} & 0 \\ 0 & 0 \\ 0 & -\dfrac{1}{J_{eq}N} \\ 0 & 0 \end{bmatrix},\quad C_e=\begin{bmatrix} 1 & 0 & 0 & 0 & 0 \\ 0 & 1 & 0 & 0 & 0 \\ K_c & 0 & -\dfrac{K_c}{N} & 0 & 0 \\ 0 & 0 & 0 & 1 & 0 \\ 0 & 0 & 0 & 0 & 1 \end{bmatrix}$$

各矩阵中，J_{eq}、B_{eq} 分别为电机及齿条等效至助力电动机轴上的转动惯量及阻尼系数。其取值分别为

$$J_{eq}=J_m+\frac{M_r r_p^2}{N^2},\quad B_{eq}=B_m+\frac{B_r r_p^2}{N^2}$$

4.2　考虑传感器和执行器故障的 EPS 系统主动容错控制

4.2.1　EPS 传感器与执行器故障建模

现有文献中对 EPS 的研究大多基于精确的 EPS 模型。实际中，由于制造及测量等误差的存在，难以准确获取 EPS 的参数值，且部分 EPS 的参数值会在车辆使用过程中发生缓慢变化，而这些参数值的变化会对 EPS 系统性能产生一定的影响。考虑转向盘阻尼系数及等效至电机轴的阻尼系数发生参数摄动，即

$$\begin{cases} B_c=B_{c0}+\Delta B_c \\ B_{eq}=B_{eq0}+\Delta B_{eq} \end{cases}\tag{4.9}$$

式中，B_{c0}、B_{eq0} 为阻尼系数的常量值；ΔB_c、ΔB_{eq} 为不确定量。

此外，EPS 系统中的元器件也会因使用周期增长及外界因素的影响而发生故障。假设 EPS 系统的助力电动机由绝缘不良、绕组阻值变化等引起端电压发生增益故障[1]，其故障端电压可表示为

$$u_{\mathrm{f}} = \varDelta_{\mathrm{m}} u = u + (\varDelta_{\mathrm{m}} - 1)u \tag{4.10}$$

式中，$\varDelta_{\mathrm{m}} \in (0,1)$ 为电压增益故障系数。

在传感器故障中，考察对 EPS 助力特性影响较大的转向盘转矩传感器及助力电动机电流传感器故障。当第 j 个（j=1, 2 分别代表转矩传感器及电流传感器）传感器发生增益、偏差、卡死及信号中断等不同模式的故障时，其输出可统一表示为[2]

$$y_{j\mathrm{f}} = \varDelta_j y_j + \alpha_j = y_j + (\varDelta_j - 1) y_j + \alpha_j \tag{4.11}$$

式中，$y_{j\mathrm{f}}$ 为第 j 个传感器的故障输出；y_j 为第 j 个传感器的实际输出；$\varDelta_j$ 为故障的增益值大小；α_j 为故障的恒偏差或卡死值。特别地，当 $\varDelta_j = 0$、$\alpha_j = 0$ 时，说明传感器发生信号中断故障。

定义 $F_{\mathrm{s}} = \left[F_{\mathrm{s}}^1,\ F_{\mathrm{s}}^2\right]$、$f_{\mathrm{s}} = \left[f_{\mathrm{s}}^1,\ f_{\mathrm{s}}^2\right]$ 分别为转矩传感器、电流传感器的故障向量及故障值，其取值分别为

$$F_{\mathrm{s}}^1 = [0,\ 0,\ 1,\ 0,\ 0]^{\mathrm{T}},\quad F_{\mathrm{s}}^2 = [0,\ 0,\ 0,\ 0,\ 1]^{\mathrm{T}},\quad f_{\mathrm{s}}^j = (\varDelta_j - 1) y_j + \alpha_j$$

含参数不确定性及传感器和助力电动机端电压故障的 EPS 系统模型可表示为

$$\begin{cases} \dot{x}_{\mathrm{e}} = (A_{\mathrm{e}} + \Delta A_{\mathrm{e}}) x_{\mathrm{e}} + B_{\mathrm{e1}}(u + f_{\mathrm{a}}) + B_{\mathrm{e2}} w_{\mathrm{e}} \\ y = C_{\mathrm{e}} x_{\mathrm{e}} + F_{\mathrm{s}} f_{\mathrm{s}} \end{cases} \tag{4.12}$$

式中，

$$f_{\mathrm{a}} = (\varDelta_{\mathrm{m}} - 1)u\ ;\quad \Delta A_{\mathrm{e}} = \begin{bmatrix} 0 & 0 & 0 & 0 & 0 \\ 0 & -\dfrac{\Delta B_{\mathrm{c}}}{J_{\mathrm{c}}} & 0 & 0 & 0 \\ 0 & 0 & 0 & 0 & 0 \\ 0 & 0 & 0 & -\dfrac{\Delta B_{\mathrm{eq}}}{J_{\mathrm{eq}}} & 0 \\ 0 & 0 & 0 & 0 & 0 \end{bmatrix}$$

根据文献[3]提供的方法，将系统的不确定性量值通过适当的转化并视为系统干扰，式(4.12)可以重写为

$$\begin{cases}\dot{x}_{\mathrm{e}}=A_{\mathrm{e}}x_{\mathrm{e}}+B_{\mathrm{e1}}(u+f_{\mathrm{a}})+B_{\mathrm{e2}}d\\ y=C_{\mathrm{e}}x_{\mathrm{e}}+F_{\mathrm{s}}f_{\mathrm{s}}\end{cases}\tag{4.13}$$

式中，

$$d=\left[T_{\mathrm{d}}-\Delta B_{\mathrm{c}}\dot{\theta}_{\mathrm{c}}\ ,\ T_{\mathrm{r}}+N\Delta B_{\mathrm{eq}}\dot{\theta}_{\mathrm{m}}\right]^{\mathrm{T}}$$

4.2.2　助力控制策略

采用 PID 控制方法设计 EPS 系统的助力控制器。可按照图 4.1 来设计助力特性曲线，调试并选取适当的 PID 参数使助力电动机实际电流能较好地跟随目标电流，从而获得理想的助力转矩，提高 EPS 系统转向轻便性的同时获得较好的驾驶员路感。

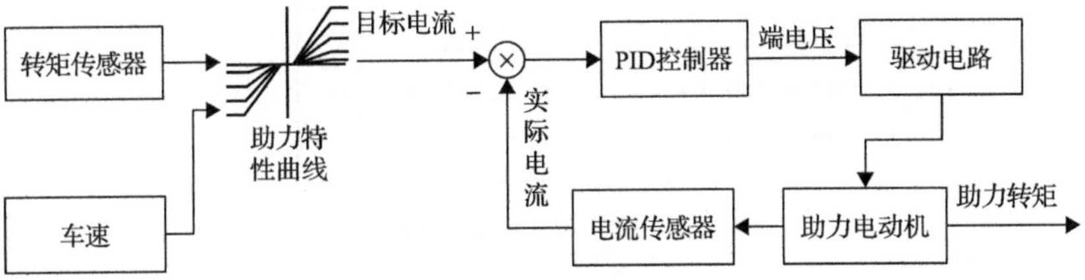

图 4.1　EPS 控制框图

假设 EPS 系统 PID 控制器的控制律为 $K(s)$，则其控制输入为

$$u=K(s)y\tag{4.14}$$

4.2.3　主动容错控制设计

1. EPS 主动容错控制策略

EPS 容错控制系统结构如图 4.2 所示，该系统主要由 PID 控制器、基于未知输入观测器的故障估计模块、基于信号重构及控制律补偿的容错控制模块构成。

PID 控制的 EPS 系统在无故障时可获得较好的助力特性。综合考虑助力车速区间及助力电动机选型，由转向盘转矩及车速设计合理的助力特性曲线，PID 控制器根据助力特性曲线确定的目标电流与助力电动机实际电流的偏差输出来控制电压信号，并经驱动电路使助力电动机产生理想的助力转矩。

故障估计模块建立了包含 EPS 系统状态变量、传感器和执行器故障的增广系统，推导利用未知输入观测器实现增广系统状态变量的鲁棒估计应满足线性矩阵不等式条件，由 LMI 区域极点配置技术进一步改进故障估计性能。

容错控制模块由分别针对执行器及传感器故障设计的容错控制算法组成。执行器容错控制是通过设计合适的补偿控制律，改变系统控制输入通道的控制量以抵消由硬件故障而导致的系统性能下降。传感器容错控制是通过信号重构，使发生故障的量测传感器恢复至无故障状态。执行器与传感器容错控制算法结合助力PID 控制器共同实现 EPS 主动容错控制。

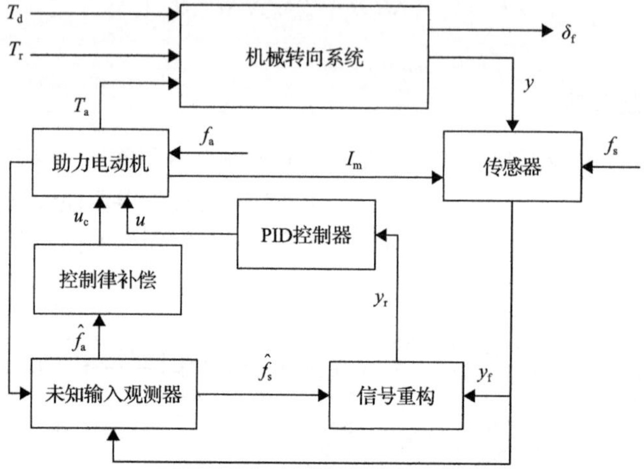

图 4.2　EPS 容错控制系统结构

2. 基于未知输入观测器的传感器与执行器同时故障估计

对于式(4.13)，将执行器故障 f_a 及传感器故障 f_s 看作系统状态变量，构建增广系统：

$$\begin{cases}\dot{\bar{x}} = \bar{A}\bar{x} + \bar{B}_1 u + \bar{B}_2 \bar{d} \\ y = \bar{C}x\end{cases} \tag{4.15}$$

式中，

$$\bar{x} = \begin{bmatrix} x_e \\ f_a \\ f_s \end{bmatrix}; \quad \bar{d} = \begin{bmatrix} d \\ \dot{f}_a \\ \dot{f}_s \end{bmatrix}; \quad \bar{A} = \begin{bmatrix} A_e & B_{e1} & 0 \\ 0 & 0 & 0 \\ 0 & 0 & 0 \end{bmatrix}; \quad \bar{B}_1 = \begin{bmatrix} B_{e1} \\ 0 \\ 0 \end{bmatrix}; \quad \bar{B}_2 = \begin{bmatrix} B_{e2} & 0 & 0 \\ 0 & I_1 & 0 \\ 0 & 0 & I_2 \end{bmatrix};$$

$$\bar{C} = \left[C_e,\ 0,\ F_s\right];$$

I_1、I_2 为单位矩阵。

为能有效地估计系统状态及传感器和执行器的故障值，设计如下形式的未知输入观测器：

$$\begin{cases}\dot{z}_1 = Mz_1 + G\bar{B}_1 u + Ly \\ \hat{\bar{x}} = z_1 + Hy\end{cases} \tag{4.16}$$

式中，M、G、L、H 为待设计的适维矩阵；$\hat{\bar{x}}$ 为增广系统状态 $\bar{x}$ 的实时估计。

定义 $\dot{e}=\dot{\bar{x}}-\dot{\hat{\bar{x}}}$，则有

$$\dot{e}=(\varXi\bar{A}-L_1C)e+(\varXi\bar{A}-L_1\bar{C}-M)z_1+(\varXi-G)\bar{B}_1u+\left[(\varXi\bar{A}-L_1C)H-L_2\right]y+\varXi\bar{B}_2\bar{d} \tag{4.17}$$

式中，$\varXi=I-H\bar{C}$；$L=L_1+L_2$。误差变化率系统(4.17)稳定的充分条件如下：

(1) M 矩阵的特征值具有负实部；

(2) $(\varXi\bar{A}-L_1\bar{C}-M)=0$　　(4.18)

(3) $(\varXi-G)=0$　　(4.19)

(4) $(\varXi\bar{A}-L_1C)H-L_2=0$　　(4.20)

此时，误差动态系统可写为

$$\begin{cases}\dot{e}=\tilde{A}e+\tilde{D}\bar{d}\\ \bar{z}=\tilde{C}e\end{cases} \tag{4.21}$$

式中，$\bar{z}$ 为误差动态系统的被控输出，各矩阵分别为

$$\tilde{A}=\begin{bmatrix}A-H_1CB_1-L_{11}C & F_a-H_1CB_1 & -L_{11}F_s\\ -H_2CA-L_{12}C & -H_2CB_1 & -L_{12}F_s\\ -H_3CA-L_{13}C & -H_3CB_1 & -L_{13}F_s\end{bmatrix},\quad \tilde{D}=\begin{bmatrix}B_2-H_1CB_2 & 0 & -H_1F\\ -H_2CB_2 & I & -H_2F_s\\ -H_3CB_2 & 0 & I-H_3F_3\end{bmatrix}$$

$$H=\left[H_1,H_2,H_3\right]^{\mathrm{T}},\quad L_1=\left[L_{11},L_{12},L_{13}\right]^{\mathrm{T}},\quad \tilde{C}=[C_{\mathrm{ex}},C_{\mathrm{efa}},C_{\mathrm{efs}}]$$

C_{ex}、C_{efa}、C_{efs} 分别为状态估计、执行器及传感器故障估计的输出矩阵。

根据有界实引理，误差动态系统(4.21)渐近稳定并具有 H_∞ 性能指标 $\left\|G_{\bar{z}\bar{d}}\right\|<\gamma$，当且仅当存在对称正定矩阵 P_0 满足以下条件[4]：

$$\begin{bmatrix}P_0\tilde{A}+\tilde{A}^{\mathrm{T}}P_0 & P_0\tilde{D} & \tilde{C}^{\mathrm{T}}\\ * & -\gamma I & 0\\ * & * & -\gamma I\end{bmatrix}<0 \tag{4.22}$$

取 $P_0=\mathrm{diag}\{P,Q,R\}$，$P=P^{\mathrm{T}}>0$、$Q=Q^{\mathrm{T}}>0$、$R=R^{\mathrm{T}}>0$ 均为适维矩阵，代入式(4.22)，并取 $PH_1=M_1$，$PL_{11}=M_2$，$QH_2=M_3$，$QL_{12}=M_4$，$R_1H_3=M_5$，$R_1L_{13}=M_6$，得

$$\begin{bmatrix} \Xi_{11} & \Xi_{12} & \Xi_{13} & PD - M_1CD & 0 & -M_1F_{\mathrm{s}} & C_{\mathrm{ex}}^{\mathrm{T}} \\ * & \Xi_{22} & \Xi_{23} & -M_3CD & Q & -M_3F_{\mathrm{s}} & C_{\mathrm{efa}}^{\mathrm{T}} \\ * & * & \Xi_{33} & -M_5CD & 0 & R - M_5F_{\mathrm{s}} & C_{\mathrm{efs}}^{\mathrm{T}} \\ * & * & * & -\gamma I & 0 & 0 & 0 \\ * & * & * & * & -\gamma I & 0 & 0 \\ * & * & * & * & * & -\gamma I & 0 \\ * & * & * & * & * & * & -\gamma I \end{bmatrix} < 0 \tag{4.23}$$

式中，

$$\Xi_{11} = PA - M_1CA - M_2C + A^{\mathrm{T}}P - (M_1CA)^{\mathrm{T}} - (M_2C)^{\mathrm{T}}$$
$$\Xi_{12} = PB_1 - M_1CB_1 - (M_3CA + M_4C)^{\mathrm{T}}$$
$$\Xi_{13} = -M_2F_{\mathrm{s}} - (M_5CA + M_6C)^{\mathrm{T}}$$
$$\Xi_{22} = -M_3CB_1 - (M_3CB_1)^{\mathrm{T}}$$
$$\Xi_{23} = -M_4F_{\mathrm{s}} - (M_5CB_1)^{\mathrm{T}}$$
$$\Xi_{33} = -M_6F_{\mathrm{s}} - (M_6F_s)^{\mathrm{T}}$$

仅在 H_∞ 性能指标约束下的故障估计结果并不理想，为进一步抑制系统不确定性及干扰输入对故障估计的影响，提升故障估计的性能，引入区域极点配置引理。

引理[4]：若一个给定系统的状态矩阵 $A \in \mathbb{R}^{n \times n}$ 的所有特征值 λ 位于垂直条形区域 $D_{\mathrm{vs}}(\lambda \in C : h_1 < \mathrm{Re}(\lambda) < h_2)$ 内，则系统是 D 稳定的，当且仅当存在对称正定矩阵 P_0 满足

$$\begin{bmatrix} 2h_1P_0 - (P_0A + A^{\mathrm{T}}P_0) & 0 \\ * & (P_0A + A^{\mathrm{T}}P_0) - 2h_2P_0 \end{bmatrix} < 0 \tag{4.24}$$

将 $P_0 = \mathrm{diag}\{P, Q, R\}$ 代入式(4.24)，并以矩阵 $\tilde{A}$ 代替式(4.24)中的 A 得

$$\begin{bmatrix} -\Xi_{11} + 2h_1P & -\Xi_{12} & -\Xi_{13} & 0 & 0 & 0 \\ * & -\Xi_{22} + 2h_1Q & -\Xi_{23} & 0 & 0 & 0 \\ * & * & -\Xi_{33} + 2h_1R_1 & 0 & 0 & 0 \\ * & * & * & \Xi_{11} - 2h_2P & \Xi_{12} & \Xi_{12} \\ * & * & * & * & \Xi_{22} - 2h_2Q & \Xi_{23} \\ * & * & * & * & * & \Xi_{33} - 2h_2R_1 \end{bmatrix} < 0 \tag{4.25}$$

联立式(4.23)与式(4.25)，在LMI工具箱中求解，可以得到矩阵P、Q、R及$M_1\sim M_6$的可行解，分别记为P^*、Q^*、R^*及$M_1^*\sim M_6^*$，矩阵H及L_1可由式(4.26)计算得到

$$\begin{cases}H_1=(P^*)^{-1}M_1,\ H_2=(Q^*)^{-1}M_3,\ H_3=(R^*)^{-1}M_5\\ L_{11}=(P^*)^{-1}M_2,\ L_{12}=(Q^*)^{-1}M_4,\ L_{13}=(R^*)^{-1}M_6\end{cases}\tag{4.26}$$

求得矩阵H及L_1后，观测器剩余的未知矩阵根据式(4.18)～式(4.20)求解，故障估计值$\hat{f}_{\mathrm{a}}$及$\hat{f}_{\mathrm{s}}$可由未知输入观测器估计的增广状态变量求得

$$\begin{cases}\hat{f}_{\mathrm{a}}=[0,\ I_1,\ 0]\hat{\bar{x}}\\ \hat{f}_{\mathrm{s}}=[0,\ 0,\ I_2]\hat{\bar{x}}\end{cases}\tag{4.27}$$

3. 执行器容错控制策略

为使EPS系统在助力电动机发生端电压增益故障时仍能有理想的助力特性，在执行器故障估计的基础上，设计基于控制律补偿的容错控制算法，由PID控制器及设计的补偿控制律共同实现容错控制。按如下步骤设计补偿控制律。

假设存在适维矩阵B_1^*，使得式(4.28)成立：

$$(I_n-B_1B_1^*)B_1=0\tag{4.28}$$

根据文献[5]，上述假设成立等价于

$$\mathrm{rank}(B_1,E)=\mathrm{rank}(B_1)\tag{4.29}$$

式中，矩阵B_1和E分别为系统控制输入矩阵与故障分布矩阵。

本书中，由于执行器故障发生在控制输入通道，执行器故障分布矩阵及控制输入矩阵均为B_1，故满足式(4.29)的约束条件，则式(4.28)中B_1^*的一个可行解为

$$B_1^*=(B_1^{\mathrm{T}}B_1)^{-1}B_1^{\mathrm{T}}\tag{4.30}$$

设计补偿控制律为

$$u_{\mathrm{afc}}=-B_1^*B_1\hat{f}_{\mathrm{a}}\tag{4.31}$$

当助力电动机端电压发生故障时，主动容错控制律为

$$u_{\mathrm{ftc}}=u+u_{\mathrm{afc}}\tag{4.32}$$

显然，如果未知输入观测器可准确估计故障幅值，则由补偿控制律输出的辅助控制量可抵消由硬件故障引起的端电压变化，从而达到主动容错控制的目的。

考虑实际中助力电动机端电压的有界性，在故障模式下，由 PID 控制器和控制律补偿构成的容错控制律为

$$\begin{cases} u_{\mathrm{ftc}} = u - B_1^* B_1 \hat{f}_{\mathrm{a}}, & u_{\mathrm{ftc}} < u_{\max} \\ u_{\mathrm{ftc}} = u_{\max}, & u_{\mathrm{ftc}} \geqslant u_{\max} \end{cases} \tag{4.33}$$

4. 传感器容错控制策略

当 EPS 系统的传感器发生故障时，采用基于传感器信号重构的容错控制方法。假设故障传感器的量测信号为 y_{f}，故障估计值为 $\hat{f}_{\mathrm{s}}$，则根据式(4.12)的输出方程，可得量测信号的重构值为

$$y_{\mathrm{r}} = y_{\mathrm{f}} - F_{\mathrm{s}} \hat{f}_{\mathrm{s}} \tag{4.34}$$

如果由故障估计算法所得的传感器故障估计值相对准确，则式(4.34)所得的传感器重构值与无故障时的测量值基本相等，保持控制器不变，将此重构值作为 EPS 系统控制器的反馈输入，即可使发生传感器故障的 EPS 系统仍然有与无故障 EPS 系统相接近的助力特性，从而达到容错控制的目的。由于实际中传感器输出饱和值远大于正常值，所以不考虑重构过程中的饱和性约束。原 PID 控制律下信号重构容错控制的控制输入为

$$u = K(s)(y_{\mathrm{f}} - F_{\mathrm{s}} \hat{f}_{\mathrm{s}}) \tag{4.35}$$

4.2.4 仿真计算与分析

为验证本书提出的故障估计及容错控制方法的有效性，在 MATLAB/Simulink 环境下分别建立 EPS 控制、故障设置、故障估计及主动容错控制等模块，分析故障估计的准确度及主动容错控制的效果。

仿真中主要的参数如表 4.1 所示，EPS 助力特性曲线采用折线型，转向盘转矩值小于 1m 时不进行助力控制，EPS 系统参数不确定量在 10%范围内。在 Simulink 中设置变步长仿真，求解器采用 oder23tb，在驾驶员输入转矩 T_{d} 为 $3\sin(2\pi t/5)\,\mathrm{N\cdot m}$，车速 v_x 为 10km/h 及 50km/h 工况下进行仿真研究。

取 $C_x = I_5$、$C_{\mathrm{efa}} = [1,\ 1,\ 1,\ 1,\ 1]^{\mathrm{T}}$、$C_{\mathrm{efs}} = \begin{bmatrix} 1 & 1 & 1 & 1 & 1 \\ 1 & 1 & 1 & 1 & 1 \end{bmatrix}^{\mathrm{T}}$，设定 H_∞ 性能指标 $\gamma = 2.1$，选取窄条区域 $-12 < \mathrm{Re}(\lambda) < -3$，由 LMI 工具箱可求解相应的未知输入

观测器矩阵。

表 4.1　EPS 容错控制仿真参数

参数	数值	参数	数值
整车质量 m / kg	1650	齿条等效质量 M_r / kg	32
质心至前轮的距离 l_f / m	1.4	齿条等效阻尼 B_r / [(N·m·s) / rad]	3620
质心至后轮的距离 l_r / m	1.65	齿条等效刚度 K_r / (N / m)	46000
车身绕 z 轴的转动惯量 I_z / (kg·m^2)	2765	电动机转动惯量 J_m / (kg·m^2)	0.00045
前轮侧偏刚度 k_f / (N / rad)	59000	电动机阻尼 B_m / [(N·m·s) / rad]	0.0033
后轮侧偏刚度 k_r / (N / rad)	80000	电动机减速机构传动比 N	16.5
轮胎纵向拖距 η_t / m	0.025	电枢电感 L_m / H	0.00023
转向盘转动惯量 J_c / (kg·m^2)	0.029	电枢电阻 R_m / Ω	0.345
转向盘阻尼 B_c / [(N·m·s) / rad]	0.361	电枢反电动势系数 K_b / [(V·s) / rad]	0.051
转向机构刚度系数 K_c / [(N·m) / rad]	115	电机转矩系数 K_t / [(N·m) / A]	0.0506

1. 故障估计仿真与分析

根据 4.2.3 节中所分析的传感器及执行器故障模式，考虑传感器及执行器分别发生单一故障及两者同时发生故障情况，设置如表 4.2 所示的故障进行仿真验证。其中，故障 1 和故障 2 在车速为 10km/h 下进行仿真，故障 3 和故障 4 在车速为 50km/h 下进行仿真。

表 4.2　EPS 故障具体情况描述

故障	故障行为	容错时刻 t_r / s
故障 1	助力电动机端电压在 $t_f = 5\text{s}$ 发生 $\varDelta_m = 0.3$ 的增益故障	10
故障 2	转矩传感器在 $t_f = 6\text{s}$ 发生卡死故障	10
故障 3	电流传感器在 $t_f = 5\text{s}$ 发生信号中断故障	10
故障 4	转矩传感器在 $t_f = 5\text{s}$ 发生 $\alpha_1 = \sin\left(\dfrac{2\pi t}{5}\right)$ N·m 的偏差故障，助力电动机端电压同时发生 $\varDelta_m = 0.2$ 的增益故障	10

图 4.3～图 4.6 为故障 1～故障 4 下传感器实际输出与故障输出、执行器实际输入与故障输入及故障设置值与故障估计值的对比曲线。图中，实际输出与故障输出分别指传感器无故障值及发生故障后的值；实际输入与故障输入分别为执行器无故障及发生故障后的值；故障设置值是指按表 4.2 各故障模式设定故障后的

故障实际值；故障估计值是由故障估计算法得到对故障设置值的估计。

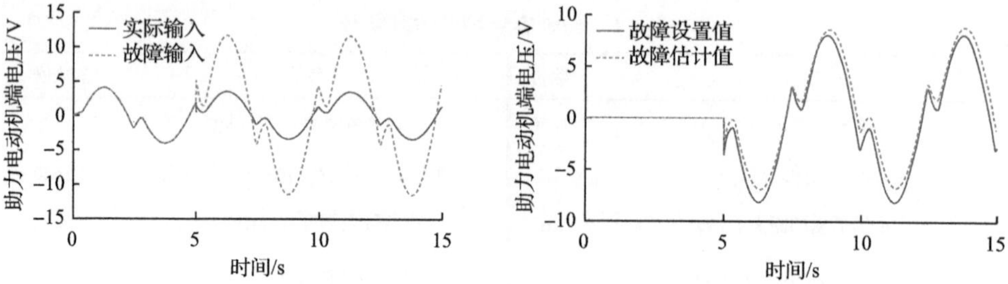

(a) 助力电动机故障输入　　(b) 助力电动机故障估计值

图 4.3　故障 1 下助力电动机故障输入及故障估计值

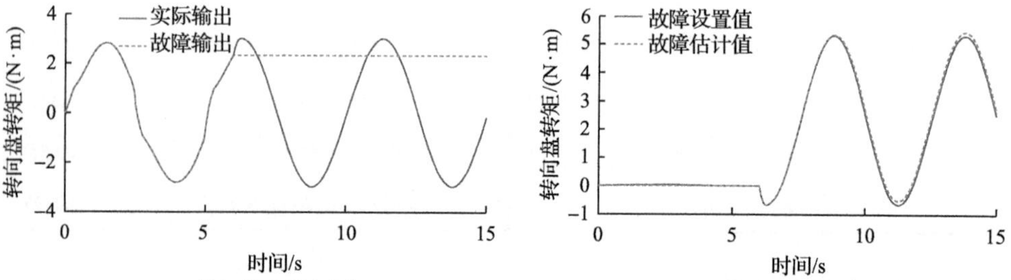

(a) 转矩传感器故障输出　　(b) 转矩传感器故障估计值

图 4.4　故障 2 下转矩传感器故障输出及故障估计值

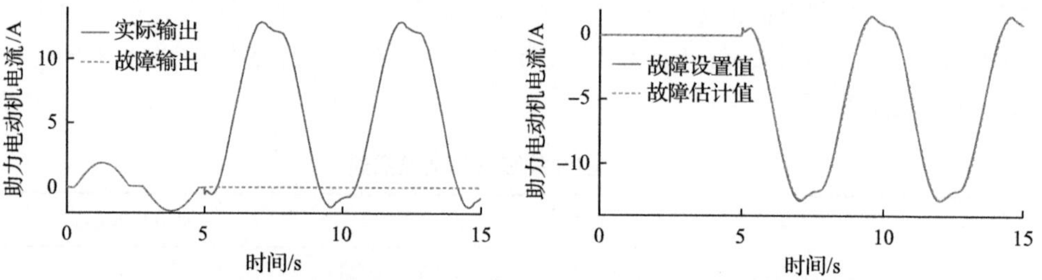

(a) 电流传感器故障输出　　(b) 电流传感器故障估计值

图 4.5　故障 3 下电流传感器故障输出及故障估计值

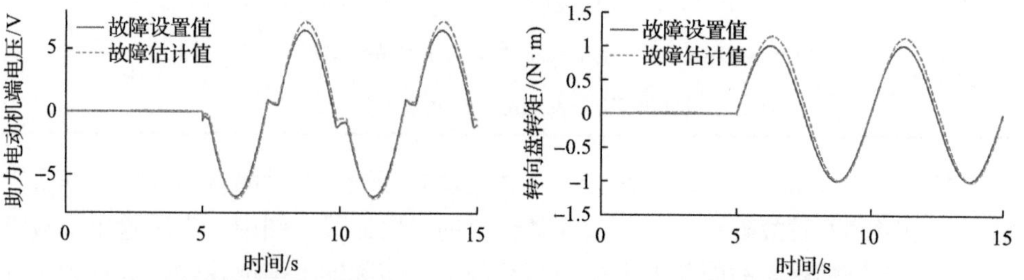

(a) 助力电动机故障估计值　　(b) 转矩传感器故障估计值

图 4.6　故障 4 下助力电动机及转矩传感器故障估计值

图 4.3 中，在仿真时间 0～5s，助力电动机未发生故障时，助力电动机实际输入的端电压不变，基于未知输入观测器的故障估计算法可准确估计当前故障值为 0。在 $t_f = 5s$ 发生增益故障时，输入电动机的电压减小，助力电动机的电流也随之减小，使实际电流与目标电流的差值增大。为跟踪目标电流，PID 控制器将增大控制量，从而自故障发生时刻起，助力电动机的故障输入较实际输入增大。比较发生增益故障后的故障设置值及故障估计值可见，故障估计值曲线可较为准确地跟踪故障设置值曲线，故障估计的总体性能较好。

由图 4.4 可见，当转矩传感器未发生故障时，传感器实际输出与故障输出相同，故障估计系统可准确估计故障值为 0。当转矩传感器在 $t_f = 6s$ 发生卡死故障时，传感器输出自故障发生时刻起变为固定值，而故障估计值曲线可自故障发生时刻起较好地逼近故障设置值曲线，说明本书设计的故障估计算法可有效估计传感器故障幅值，故障估计偏差较小。

图 4.5 中，当电流传感器在 $t_f = 5s$ 发生信号中断故障时，传感器实际输出变为 0，使得实际电流与目标电流的差值增大，因而自故障发生时刻起，PID 控制器将增大控制量而使传感器故障输出增大。显然，故障估计算法也可较为准确地估计电流传感器的故障值。图 4.6 为故障 4 下助力电动机及转矩传感器的故障设置值及估计值。图 4.6 中，当传感器与执行器同时发生故障时，故障估计值曲线与故障设置值曲线的偏差也较小，说明设计的故障估计算法对传感器与执行器同时故障同样有效。

通过对 EPS 故障估计的仿真结果分析可见，当 EPS 系统助力电动机端电压发生增益故障，传感器发生增益、偏差等常见故障，以及传感器与执行器同时发生故障时，基于未知输入观测器的故障估计算法均可较为准确地估计故障值，故障估计的偏差总体较小，为下一步开展容错控制奠定了良好的基础。

2. 容错控制仿真与分析

图 4.7～图 4.10 为发生故障 1～故障 4 时，EPS 系统主动容错控制前后助力性能对比。图中，EPS、EPS_f、EPS_{ftc} 分别表示 EPS 系统未发生故障、EPS 系统元器件在 t_f 时刻发生故障、元器件在 t_f 时刻发生故障且在 t_r 时刻启动容错控制时的助力转矩。

由图 4.7 可见，在 0～5s 助力电动机未发生故障时，各 EPS 系统输出的助力转矩均一致。在 t_f =5s 发生增益故障时，故障 EPS 系统的助力转矩较无故障 EPS 系统有明显下降，说明助力电动机端电压故障影响 EPS 系统的助力性能。在 t_r =10s 启动容错控制后，故障 EPS 系统的助力转矩逐渐恢复，其与无故障 EPS 系统助力性能偏差较小。可见，主动容错控制可降低助力电动机故障对其助力性能的影响，使故障 EPS 系统具有与无故障 EPS 系统相接近的助力性能，验证了 EPS 执行器发生故障时，基于控制律补偿的主动容错控制方法的有效性。

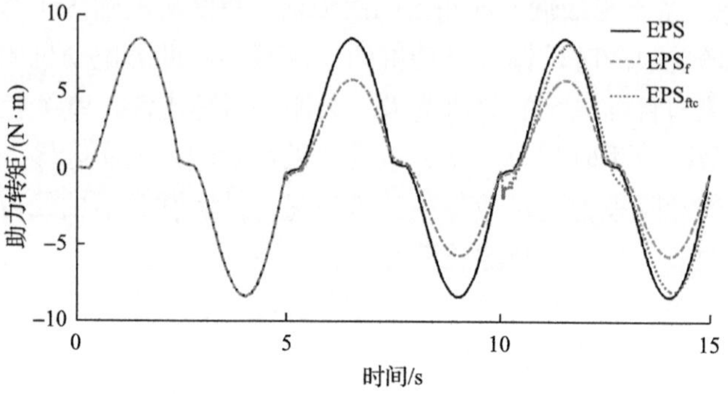

图 4.7　故障 1 容错控制前后助力性能对比

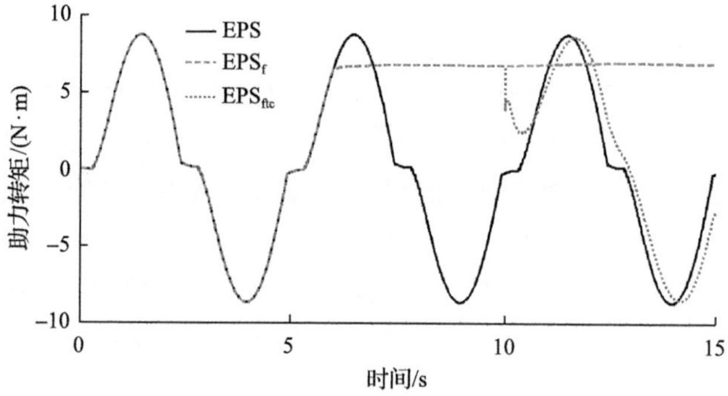

图 4.8　故障 2 容错控制前后助力性能对比

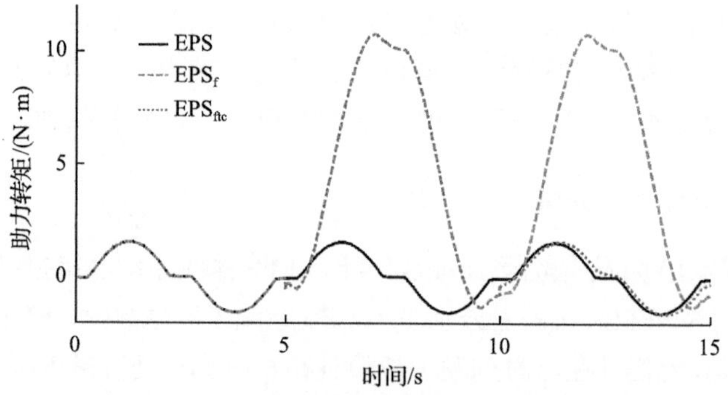

图 4.9　故障 3 容错控制前后助力性能对比

图 4.8 为故障 2 容错控制前后助力性能对比。图 4.8 中，转矩传感器未发生故障时，三种 EPS 系统的助力转矩完全相同。当 t_f =6s 发生卡死故障时，故障 EPS 系统的助力转矩输出变为定值，与无故障 EPS 系统相比，其助力性能发生较大变化。自 t_r =10s 容错控制作用开始，经短暂的时滞后，故障 EPS 系统的助力转矩逐渐恢复至与无故障 EPS 系统助力转矩相接近的水平。这说明当转矩传感器发生故

障时，基于信号重构的传感器主动容错控制可降低故障对 EPS 系统助力性能的影响，验证了主动容错控制算法的有效性。

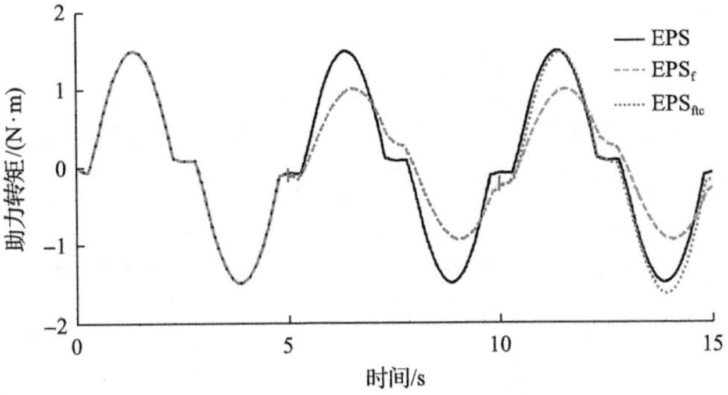

图 4.10　故障 4 容错控制前后助力性能对比

同样由图 4.9 和图 4.10 可见，当电流传感器发生信号中断故障及转矩传感器、助力电动机端电压同时发生故障时，本书所设计的容错控制算法均可使故障 EPS 系统的助力性能有所恢复，降低了故障对 EPS 系统助力性能及驾驶员路感的影响。这说明针对不同形式的传感器与执行器故障，本书所设计的容错控制算法均有较为理想的效果。

表 4.3 为自容错控制时刻 t_r=10s 起，EPS_f、EPS_{ftc} 分别与 EPS 的助力转矩误差均方根值及峰值。比较表 4.3 中数据可见，各故障模式下，EPS_{ftc} 与 EPS_f 助力转矩误差的峰值及均方根值均较小，说明容错控制算法使故障 EPS 系统的助力性能有所恢复。考察各故障模式下助力转矩的恢复情况，故障 2 下的 EPS_{ftc} 与 EPS_f 转矩误差均方根值较其他故障稍大，但其助力性能也恢复至原助力转矩的 80%，进一步说明了容错控制算法可降低故障对 EPS 系统助力性能的影响。

表 4.3　EPS 容错控制前后助力性能对比

系统模式	故障 1		故障 2		故障 3		故障 4	
	均方根值	峰值	均方根值	峰值	均方根值	峰值	均方根值	峰值
EPS_f/(N·m)	0.9645	2.785	5.305	15.51	3.424	10.37	0.2051	0.8522
EPS_{ftc}/(N·m)	0.5016	1.105	0.976	3.925	0.352	0.672	0.0901	0.2531

上述仿真结果表明，当 EPS 系统的传感器或执行器发生单一故障或同时发生故障时，均会对 EPS 系统的助力性能产生不同程度的影响。由未知输入观测器设计的故障估计系统可较为准确地估计传感器及执行器的故障值，故障估计的偏差较小。本书设计的容错控制算法可降低元器件故障对 EPS 系统助力性能的影响，使 EPS 系统的助力性能有所恢复。

4.2.5　容错控制实验

1. 实验方案

为进一步验证本书所提出的 EPS 容错控制算法的有效性，搭建基于 LabVIEW 的 EPS 硬件在环实验台架，并按照 4.2.3 节所提出的 EPS 传感器与执行器容错控制策略进行实验，实验系统结构示意图如图 4.11 所示。

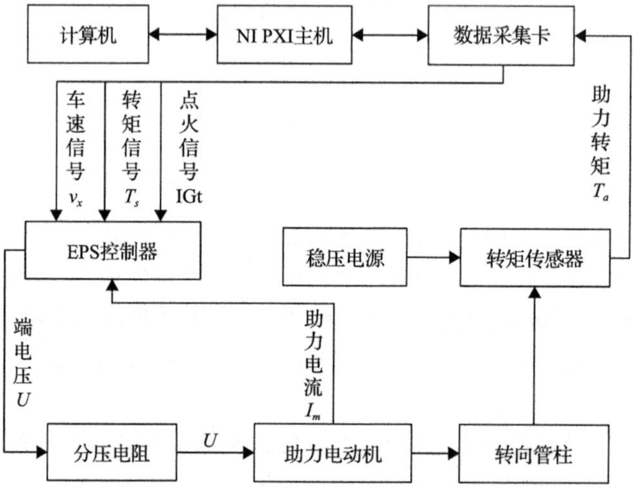

图 4.11　EPS 容错控制实验系统结构示意图

容错控制实验系统主要由装有 LabVIEW 软件的上位机计算机、下位机 NI PXI 主机及硬件部分组成，上位机与下位机通过网线传输数据。在 LabVIEW 中设置虚拟转矩信号、车速信号及发动机点火信号，并编制故障估计及容错控制等程序下载到 NI PXI 主机中运行，数据采集卡将车速信号、转矩信号及点火信号实时发送给自制的 EPS 控制器，EPS 控制器向助力电动机输出端电压控制信号，使助力电动机输出相应的助力转矩。在图 4.12 所示的 EPS 实验台架上，将转矩传感器连接在转向机构下端以测量助力电动机的助力转矩，通过数据采集卡采集转矩传感器信号输出至计算机进行容错控制结果分析。按照表 4.2 所列的故障，在故障 1 和故障 4 下进行容错控制实验。实验中，通过标定助力电动机的内阻并在自制驱动电路板输出回路中串接电阻模拟助力电动机端电压的增益故障，转矩传感器故障由 LabVIEW 系统中编制的虚拟转矩信号模拟。

2. 实验结果与分析

实验工况的驾驶员转矩及车速与 4.2.4 节的仿真工况相同，仅将驾驶员输入正弦转矩的周期更改为 40s，LabVIEW 中设置控制周期为 0.01s。在 EPS 系统无故

图 4.12　EPS 硬件在环容错控制实验台架

障、$t = 40$s 发生故障、$t = 40$s 发生故障且 $t = 80$s 启动容错控制三种工况下分别进行实验，并与 4.2.4 节的仿真相类似，同样表示为 EPS、EPS_f 及 EPS_{ftc}。在故障 1 和故障 4 下进行容错控制实验，实验结果对比如图 4.13 与图 4.14 所示。

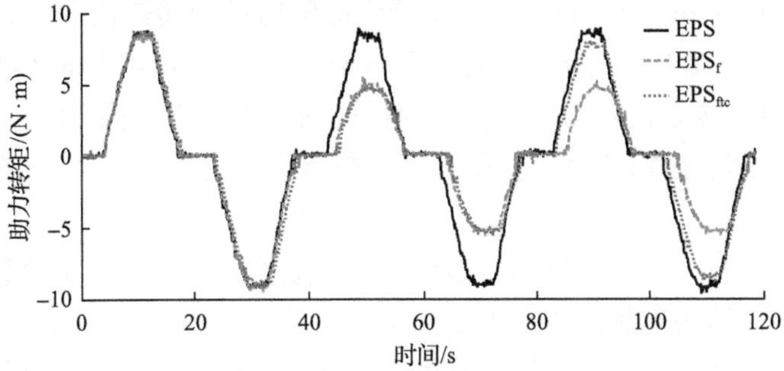

图 4.13　故障 1 容错控制实验助力性能对比

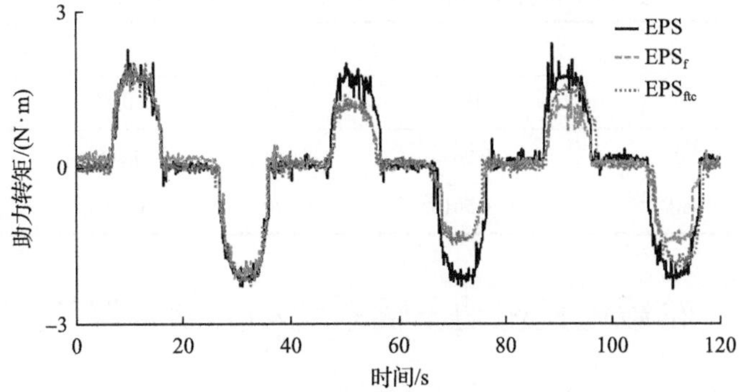

图 4.14　故障 4 容错控制实验助力性能对比

由图 4.13 可见，在 $t = 40$s 前未发生故障时，三次实验的助力转矩基本一致，当EPS系统助力电动机在 $t = 40$s 发生端电压增益故障时，助力转矩下降较为明显，对驾驶员手感影响较大。在 $t = 80$s 启动容错控制后，助力转矩有所恢复，故障EPS系统的助力性能与无故障EPS系统助力性能基本相当，说明容错控制可降低助力电动机故障对EPS系统助力性能的影响。

图4.14中，当EPS系统的转矩传感器发生偏差故障、助力电动机端电压同时发生增益故障时，同样将使EPS系统的助力性能下降；而在 $t = 80$s 启用容错控制后，也验证了容错控制算法可使故障EPS系统助力转矩恢复至与无故障EPS系统相接近的水平。这说明传感器与执行器同时发生故障时，容错控制算法同样可降低故障对EPS系统助力性能的影响，提升EPS系统的可靠性，充分验证了4.2.3节所提的EPS系统传感器与执行器容错控制算法的有效性。

表4.4给出从容错时刻 $t = 80$s 开始，在故障1和故障4模式下，EPS_f、EPS_{ftc} 的助力转矩与EPS系统助力转矩差值在实验工况时的均方根值。由表4.4中数据可见，在故障1下，EPS_f 与无故障EPS助力转矩误差均方根值约为2.8N·m，助力转矩下降至原助力转矩的49%，而 EPS_{ftc} 与无故障EPS助力转矩误差均方根值降至约0.9N·m，助力转矩可恢复至无故障时助力转矩的86%，充分说明容错控制可使故障EPS系统助力特性有所恢复。比较故障4下的 EPS_f、EPS_{ftc} 与无故障EPS助力转矩误差均方根值，同样说明了本书提出的EPS主动容错控制算法可使发生故障的EPS系统的助力性能恢复至与无故障EPS系统基本接近的水平。

进一步比较表4.4中仿真与实验结果，可见同一故障下，实验获得的容错控制效果不如仿真结果理想，这是由信号传输的时滞及助力电动机动作时滞等引起的，而对助力电动机内阻标定的误差也会影响仿真与实验结果的一致性。

表4.4　故障1与故障4下助力转矩误差均方根值

系统模式	故障1		故障4	
	仿真	实验	仿真	实验
EPS_f/(N·m)	0.9645	2.766	0.2051	0.5570
EPS_{ftc}/(N·m)	0.5016	0.870	0.0901	0.2717

4.3　轮毂电机驱动车辆系统动力学及容错控制

与传统内燃机汽车相比，电动汽车具有节能、环保等显著特点，是未来汽车发展的主要方向之一。按驱动方式分类，电动汽车有集中式驱动与分布式驱动两种方式。其中，轮毂电机驱动的分布式驱动方式将驱动、制动等装置全部整合在轮毂内，简化了系统结构，且由于每个车轮都由一个单独轮毂电机来驱动，各轮毂之间的转速和转矩互相独立可控，转矩响应精确，其在改善汽车的操纵稳定性、提升汽车的整体性能等方面具有独特的优势。同时，为保证汽车行驶的安全性，对轮毂电机的可靠性也提出了更高的要求，当某一轮毂电机发生故障时，势必对整车的稳定性产生影响。本节针对轮毂电机驱动的智能汽车，提出当单一轮毂电机发生扭矩输出故障时的故障诊断方法，并进一步研究其容错控制策略，以提高轮毂电机驱动的智能汽车的可靠性及行驶安全性。

4.3.1　系统建模

1. 车辆动力学模型

建立 3 自由度车辆动力学模型[6,7]，如图 4.15 所示，其动力学方程如下：

$$\begin{cases} \dot{v}_x = v_y r - \dfrac{C_{\mathrm{a}}}{m} v_x^2 + \dfrac{1}{m} F_X \\ \dot{v}_y = -v_x r + \dfrac{1}{m} F_Y \\ \dot{r} = \dfrac{1}{I_z} M_Z \end{cases} \tag{4.36}$$

式中，v_x、v_y 和 r 分别为纵向速度、横向速度和横摆角速度；m 为整车质量；I_z 为转动惯量；C_{a} 为空气动力学阻力系数；F_X、F_Y、M_Z 分别为四轮纵向力、横向力的合力以及合力矩，具体定义如下：

$$\begin{cases} F_X = (F_{x\mathrm{fl}} + F_{x\mathrm{fr}})\cos\sigma - (F_{y\mathrm{fl}} + F_{y\mathrm{fr}})\sin\sigma + F_{x\mathrm{rl}} + F_{x\mathrm{rr}} \\ F_Y = (F_{y\mathrm{fl}} + F_{y\mathrm{fr}})\cos\sigma - (F_{x\mathrm{fl}} + F_{x\mathrm{fr}})\sin\sigma + F_{y\mathrm{rl}} + F_{y\mathrm{rr}} \\ M_Z = F_{y\mathrm{fl}}\sin\sigma - F_{x\mathrm{fl}}\cos\sigma - F_{x\mathrm{rl}} + F_{x\mathrm{rr}} + (F_{x\mathrm{fr}}\cos\sigma - F_{y\mathrm{fr}}\sin\sigma) l_{\mathrm{s}} \\ -(F_{y\mathrm{fr}} + F_{y\mathrm{rr}}) l_{\mathrm{r}} + [(F_{y\mathrm{fr}} + F_{x\mathrm{fl}})\cos\sigma + (F_{x\mathrm{fr}} + F_{x\mathrm{fl}})\sin\sigma] l_{\mathrm{f}} \end{cases} \tag{4.37}$$

式中，σ 为前轮的道路转角；F_{xi}、F_{yi} 分别为沿各自坐标轴方向的轮胎力，$i \in \{\mathrm{fl}, \mathrm{fr}, \mathrm{rl}, \mathrm{rr}\}$ 代表各驱动轮；l_{s} 为左右车轮距离车辆质心位置的横向距离。

基于式(4.37)来重新改写式(4.36)，得

$$\begin{bmatrix} \dot{v}_x \\ \dot{v}_y \\ \dot{r} \end{bmatrix} = \begin{bmatrix} v_y r - \dfrac{C_{\mathrm{a}}}{m} v_x^2 \\ -v_x r \\ 0 \end{bmatrix} + B_y F_y + B_x F_x \tag{4.38}$$

式中，

$$F_x = \left[F_{x\mathrm{fl}},\ F_{x\mathrm{fr}},\ F_{x\mathrm{rl}},\ F_{x\mathrm{rr}} \right]^{\mathrm{T}},\ F_y = \left[F_{y\mathrm{fl}},\ F_{y\mathrm{fr}},\ F_{y\mathrm{rl}},\ F_{y\mathrm{rr}} \right]^{\mathrm{T}}$$

$$B_x = \begin{bmatrix} \frac{1}{m} & 0 & 0 \\ 0 & \frac{1}{m} & 0 \\ 0 & 0 & \frac{1}{I_z} \end{bmatrix} \begin{bmatrix} \cos\sigma & \cos\sigma & 1 & 1 \\ \sin\sigma & \sin\sigma & 0 & 0 \\ l_{\mathrm{f}}\sin\sigma - l_{\mathrm{s}}\cos\sigma & l_{\mathrm{f}}\sin\sigma + l_{\mathrm{s}}\cos\sigma & -l_{\mathrm{s}} & l_{\mathrm{s}} \end{bmatrix}$$

$$B_y = \begin{bmatrix} \frac{1}{m} & 0 & 0 \\ 0 & \frac{1}{m} & 0 \\ 0 & 0 & \frac{1}{I_z} \end{bmatrix} \begin{bmatrix} -\sin\sigma & -\sin\sigma & 0 & 0 \\ \cos\sigma & \cos\sigma & 1 & 1 \\ l_{\mathrm{f}}\cos\sigma + l_{\mathrm{s}}\sin\sigma & l_{\mathrm{f}}\cos\sigma - l_{\mathrm{s}}\sin\sigma & -l_{\mathrm{r}} & -l_{\mathrm{r}} \end{bmatrix}$$

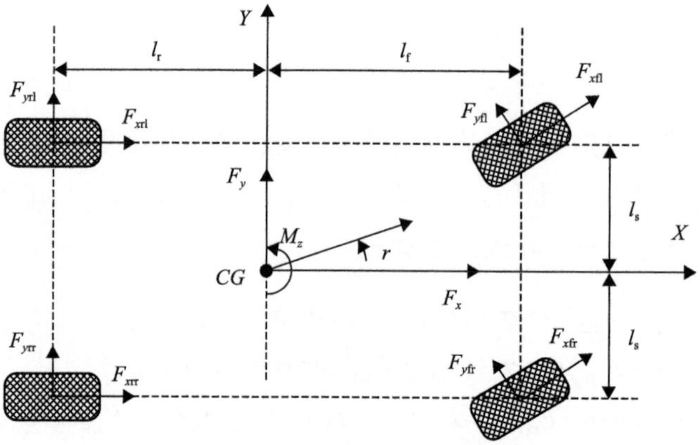

图 4.15　车辆动力学模型

故障轮的故障状态可用故障比例系数 k_i 表示为[8]

$$k_i = \frac{T_{\mathrm{a}i}}{T_i} \tag{4.39}$$

式中，$T_{\mathrm{a}i}$ 为发生故障时驱动轮转矩；T_i 为正常工作时转矩输出电信号。

发生故障时地面对轮胎的纵向力 $F_{\mathrm{a}x}$ 可由轮胎的动力学计算获得，具体可表示为

$$F_{ax}=\begin{bmatrix}F_{axfl}\\F_{axfr}\\F_{axrl}\\F_{axrr}\end{bmatrix}=\frac{1}{R_{eff}}\begin{bmatrix}k_{fl}&0&0&0\\0&k_{fr}&0&0\\0&0&k_{rl}&0\\0&0&0&k_{rr}\end{bmatrix}\begin{bmatrix}T_{fl}\\T_{fr}\\T_{rl}\\T_{rr}\end{bmatrix}-\frac{1}{R_{eff}}\begin{bmatrix}I_{\omega}\dot{\omega}_{fl}\\I_{\omega}\dot{\omega}_{fr}\\I_{\omega}\dot{\omega}_{rl}\\I_{\omega}\dot{\omega}_{rr}\end{bmatrix}-\begin{bmatrix}F_{fl\_roll}\\F_{fr\_roll}\\F_{rl\_roll}\\F_{rr\_roll}\end{bmatrix}\tag{4.40}$$

式中，ω_i 为车轮转速(rad/ s)；R_{eff} 为车轮的有效半径(m)；F_{i_roll} 为第 i 轮的滚动阻力，可以忽略。因此，基于式(4.38)与式(4.40)，发生故障时车辆动力学模型的状态空间表达式为

$$\begin{cases}\dot{X}=f(X)+BT\\Y=X\end{cases}\tag{4.41}$$

式中，

$$X=\begin{bmatrix}v_x\\v_y\\r\end{bmatrix},\quad f(X)=\begin{bmatrix}v_y r-\dfrac{C_a}{m}v_x^2\\-v_x r\\0\end{bmatrix}+B_yF_y-\frac{B_x}{R_{eff}}\begin{bmatrix}I_{\omega}\dot{\omega}_{fl}\\I_{\omega}\dot{\omega}_{fr}\\I_{\omega}\dot{\omega}_{rl}\\I_{\omega}\dot{\omega}_{rr}\end{bmatrix}$$

$$B=\frac{B_x}{R_{eff}}\begin{bmatrix}k_{fl}&0&0&0\\0&k_{fr}&0&0\\0&0&k_{rl}&0\\0&0&0&k_{rr}\end{bmatrix},\quad T=\begin{bmatrix}T_{fl}\\T_{fr}\\T_{rl}\\T_{rr}\end{bmatrix}$$

车轮中心速度为

$$\begin{cases}v_{xfl}=(v_x-rl_s)\cos\sigma+(v_y+rl_f)\sin\sigma\\v_{xfr}=(v_x+rl_s)\cos\sigma+(v_y+rl_f)\sin\sigma\\v_{xrl}=v_x-rl_s\\v_{xrr}=v_x+rl_s\end{cases}\tag{4.42}$$

车轮纵向滑移率为

$$s_i=\frac{\omega_i R_{eff}-v_{xi}}{\max(v_{xi},\omega_i R_{eff})}\tag{4.43}$$

2. 轮毂电机驱动系统模型

理想情况下的轮毂电机输出服从轮毂电机的峰值转矩特性，电机的输出转矩

与峰值转矩、额定转速及峰值功率密切相关，可用式(4.44)表示：

$$T_i = \begin{cases} T_{\max}, & 0 \leqslant n \leqslant n_e \\ \dfrac{P_{\max}}{n_e}, & n_e < n \leqslant n_{\max} \end{cases} \tag{4.44}$$

式中，$T_{\max}$ 为峰值转矩；n_e 为额定转速；$P_{\max}$ 为峰值功率。

表 4.5 为轮毂电机参数列表，图 4.16 为轮毂电机峰值转矩特性，由此可在 MATLAB/Simulink 中定义轮毂电机的峰值转矩特性。

由式(4.44)可知，当轮毂电机的转速低于额定转速时，电机处于峰值转矩输出状态，最大输出转矩为 167N·m。当轮毂电机转速高于额定转速时，电机处于峰值功率输出状态，输出转矩随着车速的增加而减小[9]。

表 4.5　轮毂电机参数列表

参数名称	数值
峰值功率 $P_{\max}$ /kW	7.5
峰值转矩 $T_{\max}$ /(N·m)	167
额定转速 n_e /(r/min)	750

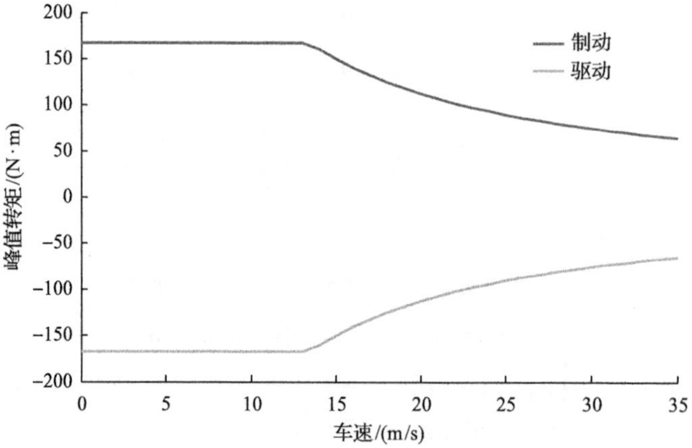

图 4.16　轮毂电机峰值转矩特性

3. 魔术轮胎模型

轮毂电机驱动车辆由于引入了轮毂电机，增加了非簧载质量，所以其轮胎特性区别于传统车辆。魔术公式能够真实地反映特定车辆的轮胎特性[10]。这里主要使用魔术轮胎模型作为参考模型，评估行驶过程中轮胎的纵向力。其轮胎纵向力计算公式为

$$F_x = D\sin\left(C\arctan\left\{Bx_1 - E[Bx_1 - \arctan(Bx_1)]\right\}\right) + S_v \tag{4.45}$$

式中，F_x 为轮胎纵向力，自变量 x 代表轮胎的纵向滑移率；系数 B、C、D 等由轮胎的滑移率和垂直载荷来确定。

4.3.2　轮毂电机驱动的智能车辆容错控制

1. 故障诊断器

文献[8]和[11]均提出一种适用于轮毂电机转矩补偿控制的故障诊断器：

$$I_\omega \dot{\hat{\omega}}_i = k_i T_i - R_{\text{eff}} \hat{F}_{xi} + l\tilde{\omega}_i + u_i \tag{4.46}$$

式中，T_i、R_{eff}、F_{xi} 分别为车轮的驱动力矩、有效半径及地面对轮胎的纵向作用力；k_i 为单个车轮的比例故障系数；$\hat{\omega}$ 为传感器量测的车轮转速；$l\tilde{\omega}$ 为传感器动态测量误差，$l>0$，$\tilde{\omega}_i = \omega_i - \hat{\omega}_i$；$\hat{F}_{xi}$ 为魔术轮胎模型估计的地面对轮胎的纵向作用力；u_i 为补偿转矩。

若没有故障发生，则补偿转矩 $u_i = 0$，否则可得 $u_i \neq 0$ 并收敛于故障值。因此，通过观测 u_i 不仅可以判断出故障轮的位置，还可估计轮毂电机输出转矩的故障值的大小，为执行器进行转矩容错控制奠定基础。

2. 轮毂电机容错控制系统设计

车辆稳定性控制系统总体框架如图 4.17 所示，其系统输入为基于 Carsim 软件设定的整车运动状态和反映驾驶员期望与操作的“人-车”系统状态信号[12]，其中，T_q 为总驱动转矩。系统通过故障情形下动力学模型模拟故障时车辆系统动力学状态，并将故障状态下的动力学信息发送给故障观测器，故障观测器采集各动力学状态信息后，根据比例故障系数 k_i 判断驱动系统是否发生故障，若有故障发生，则进一步根据故障特性与驾驶工况选择对应的容错控制算法，分别对转矩分配控制器与电机驱动系统模型的转矩信号进行重构，从而得到转矩补偿信号 T_i^*，控制轮毂电机驱动车辆消除故障带来的失稳现象，最终实现整车驱动系统的容错控制。

1) 控制方法判断选择

针对单电机转矩输出故障，可设计两种控制方法进行容错控制。对于故障轮，采用转矩补偿控制，在原有故障转矩输出信号施加一个附加的补偿转矩信号，使电机的实际输出转矩与整车控制器要求的转矩指令一致。对于健全轮，依据上层控制策略进行转矩分配，通过协调三个健全轮的输出转矩来抑制故障轮对整车稳定性的影响，保障后续的行驶需求。其判断选择模块判定故障车辆的行驶工况，便于控制方法的选取[13]，其判断规则如下：

$$\begin{cases}\theta_c < \Delta\theta_c \text{且} v < \Delta v, & \text{门限值下工况} \\ \theta_c > \Delta\theta_c \text{或} v > \Delta v, & \text{门限值上工况}\end{cases} \tag{4.47}$$

式中，v 为驾驶员期望车速；$\Delta\theta_c$ 为转角门限值；Δv 为车速门限值。

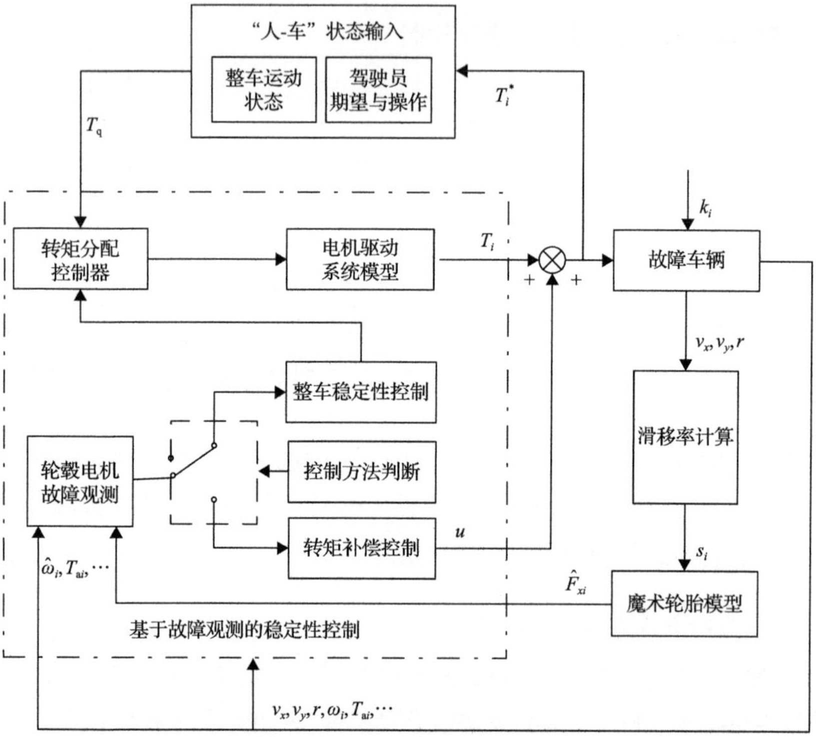

图 4.17　车辆稳定性控制系统总体框架

针对门限工况做出以下假定：门限值下驾驶工况为低速小转角工况，驾驶员对车辆驾驶需求不高，具有较好的故障应对能力。此时，可以选择性地在转矩补偿控制和整车稳定性控制之间切换容错控制算法。而针对门限值上的驾驶工况，驾驶员对车辆的驾驶期望相对较高，存在高速大转角的驾驶指令，应对突发故障能力较弱。因此，只针对健全轮进行稳定性容错控制，从而保证整车行驶的安全性。

此外，在转矩补偿控制中，尽管电机发生了故障，但仍保有一定的控制性能与转矩输出能力，不影响补偿行为的执行。实际上，在补偿转矩较大的情况下，电机的输出能力已经饱和，转矩补偿控制可能会引起整车运动状态发生突变而导致失稳。同时，转矩补偿控制在控制输出方面要求留有一定的稳定裕度，不能充分逼近极限输出工况[14]。因此，对补偿转矩设定如下的安全区间：

$$T_a + u = kT_i + u \in [0,\ \eta T_{\max}], \quad u \leqslant \gamma \tag{4.48}$$

式中，γ 为补偿转矩的补偿限值；η 为补偿转矩的稳定裕度。

需要指出的是，当车辆处于转矩补偿区间以外或者门限值上的危险工况中时，考虑整车的安全性，视故障车辆均处于门限值上的危险工况中。进一步地，为了避免频繁切换容错控制算法对系统稳定性的影响，一旦进入整车稳定性容错控制就不再退出，直至停车。

2) 转矩补偿容错控制

对于门限值下的工况，设计三步法补偿控制器[15-18]，直接作用于故障轮，进行转矩补偿容错控制。三步法控制的控制器框图如图 4.18 所示。

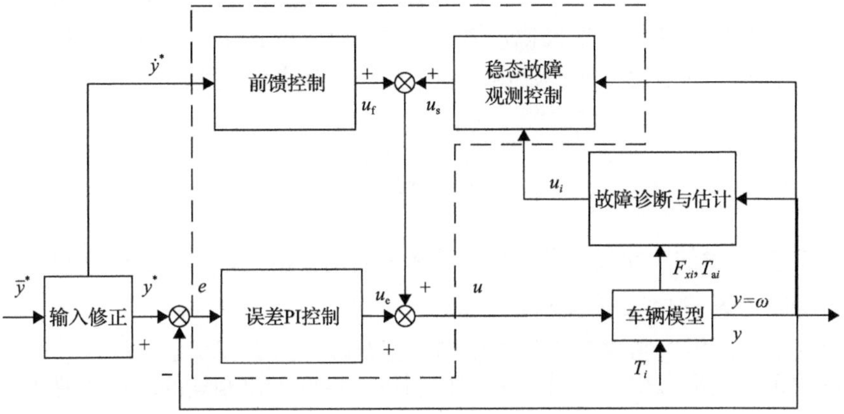

图 4.18　三步法控制的控制器框图

(1) 三步法控制器的设计。

步骤一：稳态故障观测控制。

如果轮毂电机驱动轮系统处于稳态，则有 $\dot{\omega}_i = 0$，将其代入式(4.46)，得到故障车辆稳态下的补偿转矩表达式如下：

$$u_s = -k_i T_i + R_{\text{eff}} \hat{F}_{xi} - l\tilde{\omega}_i + u_i \tag{4.49}$$

稳态控制表达式由驱动转矩、地面对轮胎的纵向作用力等动力学变量组成，在稳态下可由故障观测器直接获得。

步骤二：前馈控制。

单一的稳态控制不足以达到所期望的转矩补偿要求，需要考虑一些附加的信息量的变化，如控制系统的期望值变化、结构参数摄动等。因此，增加额外的输入 u_f 作为补偿控制量，控制输入调整为下列形式：

$$u = u_s + u_f \tag{4.50}$$

式中，u_s 由式(4.49)给出。将式(4.49)、式(4.50)代入式(4.46)可以得到 u_f 关于系

统动力学的表达式为

$$u_{\mathrm{f}} = I_{\omega}\dot{\omega} \tag{4.51}$$

然后令 $\dot{y}=\dot{\omega}$、$\dot{y}=\dot{y}^*$、$b=I_{\omega}$，y^* 为期望车速对应的车轮转速，$\dot{y}^*$ 为期望的车轮角加速度，获得前馈控制的控制律表达式为

$$u_{\mathrm{f}} = b\dot{y}^* \tag{4.52}$$

考虑到轮毂电机驱动轮是大惯性系统，输入指令的输入可能会引起汽车行驶状态的突然变化而导致汽车失稳，为了在输入指令的作用下保证系统稳定[19,20]，在前馈控制的基础上设置滤波器用于输入修正，其表达式为

$$\frac{y^*}{\overline{y}^*} = \frac{1}{\tau s+1} \tag{4.53}$$

式中，$\overline{y}^*$ 为实测的车轮转速值；时间常数 τ 的选择由指定信号的带宽决定。

步骤三：误差 PI 反馈控制。

上述的两步没有考虑控制过程中的误差跟踪。为了实现最后的误差跟踪并达到更好的跟踪效果，引入 u_{e} 作为新的控制量，将输入控制量的表达式修改为

$$u = u_{\mathrm{s}} + u_{\mathrm{f}} + u_{\mathrm{e}} \tag{4.54}$$

式中，u_{s} 在式(4.49)中给出；u_{f} 在式(4.51)中给出。将式(4.49)、式(4.51)代入式(4.54)，得

$$\dot{y} = \dot{y}^* + \frac{1}{b}u_{\mathrm{e}} \tag{4.55}$$

定义跟踪误差为 $e=y^*-y$，系统的动态误差可以被表示为

$$\dot{e} = -\frac{1}{b}u_{\mathrm{e}} \tag{4.56}$$

对于式(4.56)给出的误差系统，选择 $V_{\mathrm{c}}=\lambda^2/2$ 作为 Lyapunov 函数。其中，$\lambda=e+\alpha\chi$，$\chi=\int e\,\mathrm{d}t$，$\alpha>0$，其关于时间的导数表达式为

$$\dot{V}_{\mathrm{c}} = \lambda\dot{\lambda} = (e+\alpha\chi)\left(-\frac{1}{b}u_{\mathrm{e}} + \alpha e\right) \tag{4.57}$$

令 $-\frac{1}{b}u_{\mathrm{e}}+\alpha e=-\frac{\kappa}{2}(e+\alpha\chi)$，如果 $\kappa>0$，则有 $\dot{V}_{\mathrm{c}}=-\frac{\kappa}{2}(e+\alpha\chi)^2<0$，控制系统将逐渐趋向稳定。因此，误差反馈控制策略可以被表示为

$$u_{\mathrm{e}}=b\left[\left(\alpha+\frac{\kappa}{2}\right)e+\frac{\kappa\alpha}{2}\chi\right] \tag{4.58}$$

设计 PI 控制器来实现 u_{e} 的误差跟踪控制，则 $u_{\mathrm{e}}=k_{\mathrm{p}}e+k_i\chi$，其中，$k_{\mathrm{p}}=b\left(\alpha+\frac{\kappa}{2}\right)$，$k_i=\frac{\kappa}{2}b\alpha$。

联合式(4.49)及式(4.51)，完整的补偿转矩表达式可以表示为

$$u=u_{\mathrm{s}}+u_{\mathrm{f}}+u_{\mathrm{e}}=-k_iT_i+R_{\mathrm{eff}}\hat{F}_{xi}-l\tilde{\omega}_i+b\dot{y}^*+k_{\mathrm{p}}e+k_i\chi \tag{4.59}$$

(2) 控制器的鲁棒特性分析。

在转矩补偿控制律(4.59)中，轮胎对地面的纵向力 $\hat{F}_{xi}$ 是通过魔术轮胎模型估计而得的，其估计误差会影响模型估计的误差 e_x，并进一步影响对系统的精确控制。另外，考虑基于模型预测的状态参数与实际车辆的状态参数无法保持完全一致，因此引入有界的变量 $\varDelta$ 描述存在于控制系统中的不确定因素。将模型评估误差 e_x 与系统不确定因素 d 引入式(4.54)中进行鲁棒特性分析，可得

$$u'=u-R_{\mathrm{eff}}e_x+d \tag{4.60}$$

将转矩补偿控制律(4.60)代入式(4.56)，改写闭环控制误差表达式(4.56)为考虑模型评估误差 e_x 的闭环控制误差表达式：

$$\dot{e}=-\left(\alpha+\frac{\kappa}{2}\right)e-\frac{\kappa\alpha}{2}\chi-\frac{1}{b}(R_{\mathrm{eff}}e_x-d) \tag{4.61}$$

$$\dot{V}_{\mathrm{c}}=-\frac{\kappa}{2}(e+\alpha\chi)^2-\frac{R_{\mathrm{eff}}e_x}{b}(e+\alpha\chi)+\frac{d}{b}(e+\alpha\chi) \tag{4.62}$$

另外，有

$$-\frac{R_{\mathrm{eff}}e_x}{b}(e+\alpha\chi)\leqslant\frac{1}{2}\left(\frac{R_{\mathrm{eff}}}{b}e_x\right)^2+\frac{1}{2}(e+\alpha\chi)^2 \tag{4.63}$$

$$\frac{d}{b}(e+\alpha\chi)\leqslant\frac{1}{2}\left(\frac{d}{b}\right)^2+\frac{1}{2}(e+\alpha\chi)^2 \tag{4.64}$$

则式(4.62)变形为

$$\dot{V}_{\mathrm{c}} \leqslant -\frac{\kappa-2}{2}(e+\alpha\chi)^2+\frac{1}{2}\left(\frac{R_{\mathrm{eff}}}{b}e_x\right)^2+\frac{1}{2}\left(\frac{d}{b}\right)^2 \tag{4.65}$$

如果$\kappa>2$，则整个系统将会基于模型评估误差e_x与有界值 d 呈现输入状态稳定性(input-to-state stability，ISS) [21]，即所考虑的输入扰动量e_x对d具有很好的鲁棒性。

3. 整车稳定性容错控制

整车稳定性容错控制由转矩跟踪控制与转矩最优分配控制两个部分组成。其中，单轮故障带来的异侧驱动轮转矩不一致是造成整车失稳的主要原因，因此先对故障轮的输出转矩进行跟踪控制，其设计原则就是降低故障轮的同轴异侧轮的输出转矩，跟踪并与故障轮输出转矩保持一致，令系统不产生非期望的横摆力矩与质心侧偏角，从而形成单桥驱动的驱动形式，提高整车稳定性[22]。以左前轮故障为例，若左前轮发生故障，则降低右前轮转矩，令转矩变化值为U，使其与左前轮输出转矩保持一致，即 $T_{\mathrm{fr}}=T_{\mathrm{fl}}$。右前轮的转矩分配过程可以用式(4.66)表达：

$$T'_{\mathrm{fr}}=T_{\mathrm{fr}}-U \tag{4.66}$$

转矩跟踪控制对故障轮与其同轴异侧轮进行了转矩跟踪，使车辆暂时摆脱了因驱动轮故障而可能导致的车辆失稳，但驱动轮的故障现象仍然存在，随着驾驶员的期望和道路环境的变化，存在随时复发的可能，因此还需要设计转矩分配控制器。

在轮毂驱动车辆的正常行驶过程中，整车采用平均分配控制四轮驱动转矩，四轮附着利用率良好，能确保整车稳定性。但若车辆处于故障后的失稳状态，则四轮的附着情况发生改变，并不能确保轮胎的附着特性，必须对四轮的转矩进行二次分配。同时，为避免产生非期望的横摆力矩，将转矩信号分配给正常工作且没有额外控制要求的自由轮。

仍以左前轮故障为例，则保持其与右前轮转矩分配信号不变，对后轴两轮进行转矩二次分配，考虑到上述的附着力问题，选用基于最优理论的二次规划法对后轴两轮进行转矩二次分配。基于转矩分配的稳定性容错控制策略结构图如图 4.19 所示。

1)转矩跟踪控制器设计

考虑到输出转矩的互补能力，转矩跟踪控制量也具有转矩故障的稳态与动态双重特性。因此，可选择前面提及的三步法控制器作为转矩跟踪控制的控制器，控制对象修正为右前轮。

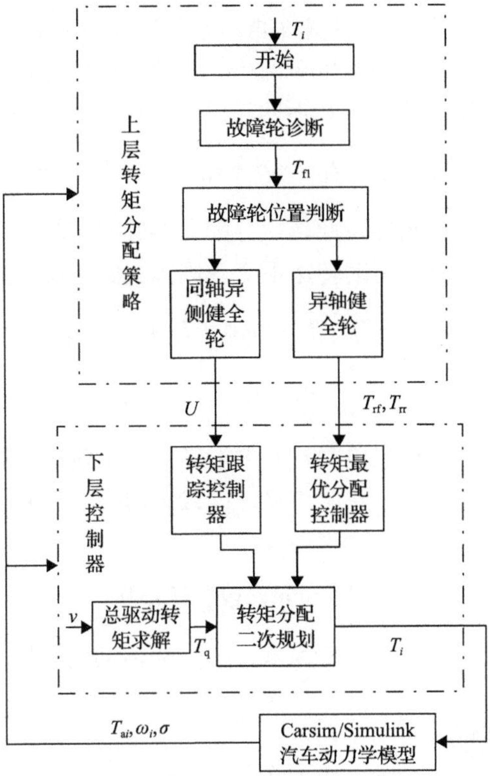

图 4.19　基于转矩分配的稳定性容错控制策略结构图

在式(4.66)中，U 的物理意义与转矩补偿值 u 相同，皆为正常工作的驱动轮输出指令值与故障轮的转矩输出指令值之差，不同的是转矩补偿过程为转矩信号的叠加过程，而转矩跟踪过程为转矩信号的求差过程，在信号重构上为转矩的逆补偿形式，因此在此不再赘述三步法的设计过程。

2) 转矩最优分配控制器设计

在转矩跟踪控制的基础上，采用路面附着消耗率最小作为优化目标设计转矩最优分配控制器[23]。由于控制策略是对轮毂电机目标转矩的求解，侧向力为不可控变量，所以将目标函数设定为

$$\min J = \sum C_i \frac{T_i^2}{(\mu R_{\text{eff}} F_{zi})^2} \tag{4.67}$$

式中，i = fl, fr, rl, rr(左前、右前、左后、右后)；F_{zi} 为各轮垂向力；C_i 为各轮转矩分配的权重系数；μ 为路面附着系数。

采用二次规划方法对轮毂电机转矩进行优化分配[24]，为方便求解，对约束条件进行以下说明：仍以左前轮故障为例，当左前轮发生单轮转矩输出故障时，车

辆已经处于非正常工作状态，因此无法再考虑驾驶员的直接横摆力矩需求，此时，车辆的转向横摆力矩与横摆角速度全部由转向轮的横向力提供，驾驶员的纵向驱动力需求不干涉整车稳定性[25]，从而四轮纵向力绕质心的横摆力矩 $M_z = 0$，即

$$T_{\mathrm{fl}} \cos\sigma - T_{\mathrm{fr}} \cos\sigma + T_{\mathrm{rl}} - T_{\mathrm{rr}} = M_z = 0 \tag{4.68}$$

为了不影响整车的稳定性，此转矩分配主要针对车辆后驱动轮，两个前驱动轮仍保持转矩跟踪控制下的驱动转矩不变，则等式约束条件为

$$\text{s.t.}\quad (T_{\mathrm{fl}} + T_{\mathrm{fr}})\cos\sigma + T_{\mathrm{rl}} + T_{\mathrm{rr}} = T_{\mathrm{q}} \tag{4.69}$$

$$T_{\mathrm{fl}} = T_{\mathrm{fr}} = T_{\mathrm{afl}} \tag{4.70}$$

在控制分配中，为了避免电动轮发生滑转而给车辆的行驶带来危险，要求分配给电动轮的转矩值不能超过轮胎与路面的最大附着力，并且要小于电机的峰值转矩，则不等式约束条件为

$$|T_i| \leqslant \min(\mu_i g F_{zi}, |T_{\max}|) \tag{4.71}$$

式中，μ_i 为车轮与路面之间的附着系数；$T_{\max}$ 为驱动电机的峰值转矩。

4.3.3　仿真计算及分析

基于 Carsim/Simulink 软件，联合建立四轮轮毂电机驱动电动车辆模型进行仿真验证。车辆主要参数如表 4.6 所示，设置门限工况的门限值为 $\Delta\theta_{\mathrm{c}} = 1\mathrm{rad}$，$\Delta v = 30\mathrm{km/h}$，转矩补偿区间中补偿限值 $\gamma = 50$，稳定裕度 η=95%。

表 4.6　车辆主要参数

参数名称	数值
簧载质量 m/kg	600
车辆转动惯量 $I_z/(\mathrm{kg \cdot m^2})$	3
有效车轮半径 R_{eff}/m	0.33
轮距 l_{s}（至质心）/m	0.7
前轴距 l_{f}（至质心）/m	0.8
后轴距 l_{r}（至质心）/m	0.8

为验证单电机故障下容错控制算法的有效性，设计了如表 4.7 所示的 5 组仿真实验方案，验证转矩补偿容错控制和整车稳定性容错控制算法下车辆的综合性能。其中，工况 A_1、A_2 引入文献[26]提出的线性转矩补偿控制进行仿真比较，用于验证三步法容错控制的控制效果与转矩补偿区间的合理性。工况 A_3、A_4 用于验证稳定性容错控制的控制效果与门限工况制定的合理性，工况 A_5 用于验证综合复

合工况下容错控制系统的控制效果。

表 4.7 仿真实验方案

序号	驾驶工况	补偿转矩	容错控制方法
A_1	门限值下工况	补偿区间以外	三步法控制/线性反馈控制
A_2	门限值下工况	补偿区间以内	三步法控制/线性反馈控制
A_3	门限值下工况	补偿区间以外	转矩补偿容错控制/稳定性容错控制
A_4	门限值上工况	—	转矩补偿容错控制/稳定性容错控制
A_5	综合工况	—	综合容错控制

设置工况 A_1：仿真中车速为 25km/h，在路面附着系数为 0.8 的单移线工况下进行仿真，之后在 2～4s 左前轮电机发生故障系数为 0.8 的比例故障。仿真监控故障轮转矩补偿过程中补偿转矩的实时信号，考虑稳定裕度后，期望补偿转矩约为 83N · m，不属于转矩补偿的控制区间，控制系统进行转矩补偿控制。其中，转向盘转角输入如图 4.20 所示，仿真结果如图 4.21 所示。

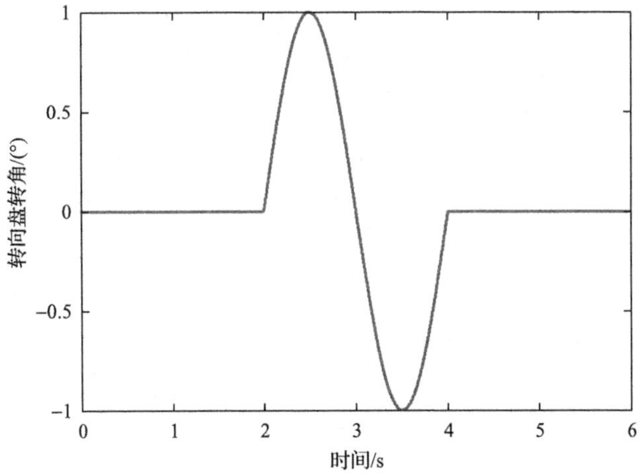

图 4.20 单移线转向盘转角输入

从车辆动力学方面来分析仿真结果。在单移线工况下，横摆角速度和质心侧偏角直接反映了车辆行驶路径状况与转矩补偿容错控制的控制能力。根据图 4.21(a)，其中线性反馈控制与三步法控制下的横摆角速度曲线波动相近且与期望值偏差最小，在 ± 0.1588°/s 变化，但由横摆角速度的局部放大图可以看出，三步法的控制性能稍好，无控制下的车辆横摆角速度最大，在 ± 0.1753°/s 变化。同样地，在图 4.21(b) 中，线性反馈控制与三步法控制下的质心侧偏角偏差最小且相近，在 ± 0.0335°变化，但由局部放大图可知，三步法的幅值要略小于线性反馈控制，无控制下的车辆质心侧偏角最大，变化范围为 ± 0.0354°。

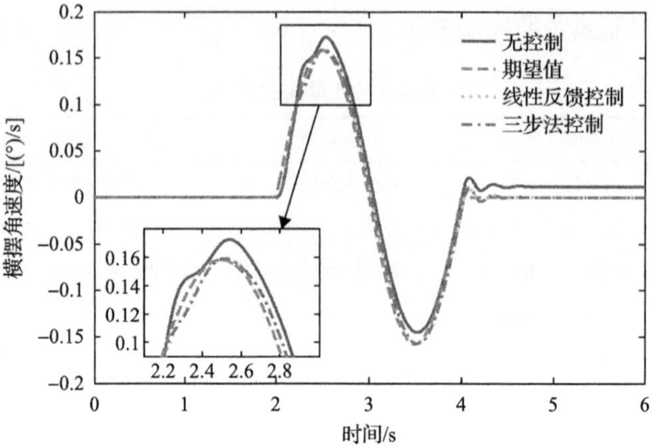

(a) 横摆角速度

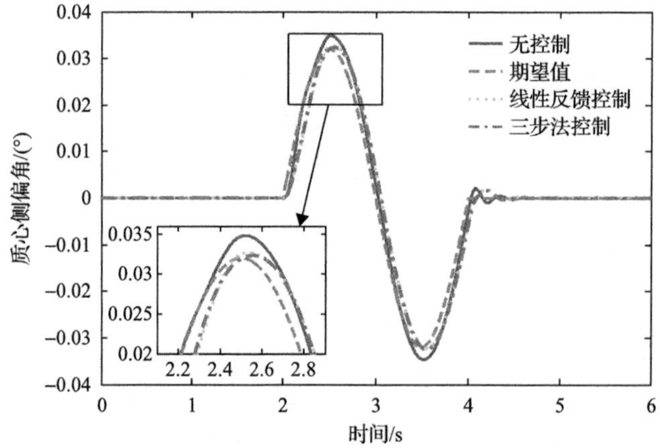

(b) 质心侧偏角

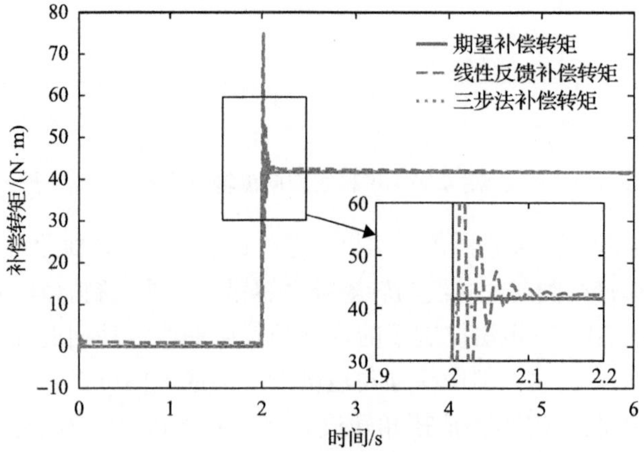

(c) 补偿转矩

图 4.21　单移线工况仿真结果

进一步从电机方面来分析仿真结果。根据图 4.21(c)可知，在 2s 时刻，诊断器工作可得到补偿转矩估计值，若执行线性反馈控制，则其补偿值在 2s 后出现明显超调，最大偏差为 66.83N·m，最大超调量为 80.5%，调节时间为 2.282s；而采用三步法补偿控制器进行转矩补偿，最大偏差为 10.52N·m，最大超调量和调节时间分别为 12.6%与 2.263s，分别减少了 84.3%与 0.8%，总体来看三步法控制器所获得的系统性能好于线性反馈控制器。

由此可知，采取三步法补偿控制器进行转矩补偿容错控制，能够有效补偿故障轮的缺失转矩，但是转矩补偿方法自身有缺陷，对于补偿转矩较大的情况，仍会出现较大的超调量，造成电机系统瞬时电流太大，将会增加电机的瞬时负荷，影响电机工作乃至整车行驶的稳定性，可见控制区间的设定是十分必要的。

设置工况 A_2：采用 *J* 转弯加速工况来检验故障情况下稳定性控制的性能优劣[9, 27]。设置低速 *J* 转弯加速仿真工况为：路面附着系数为 0.6，初始车速为 12km/h，在 10s 内加速至 25km/h，并在 2s 时刻输入 0.8rad 的阶跃转向盘转角，属于门限值下的工况。在 2.2～4s，左前轮电机发生故障系数为 0.8 的比例故障，仿真监控故障轮转矩补偿控制过程中补偿转矩的实时信号，由于处于加速状态，轮毂电机的输出转矩为峰值转矩 167N·m，考虑稳定裕度后观测的期望补偿转矩约为 32N·m，属于转矩补偿的控制区间，控制系统进行转矩补偿容错控制。其中，转向盘转角输入如图 4.22 所示，仿真结果如图 4.23 所示。

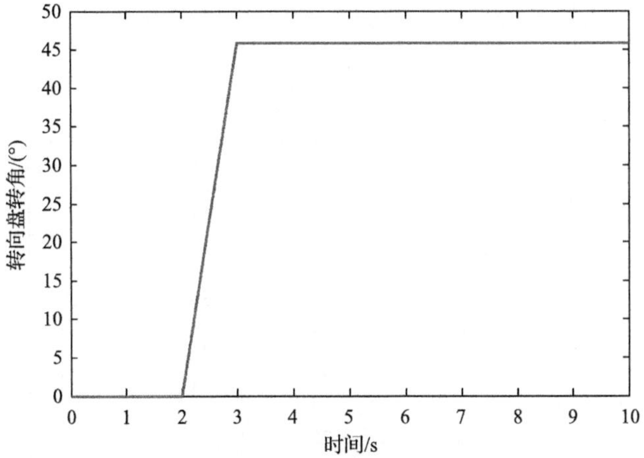

图 4.22　*J* 转弯加速工况下转向盘转角输入

从车辆动力学方面来分析仿真结果。根据图 4.23(a)及图 4.23(b)可以发现，无控制下的横摆角速度、质心侧偏角在故障时明显处于发散状态，表明车辆已经失稳。而三步法控制下的横摆角速度、质心侧偏角明显减小，其与期望值的平均偏差分别为 0.186°/s、0.246°，与线性反馈控制下的 0.639°/s、0.336°相比，分别

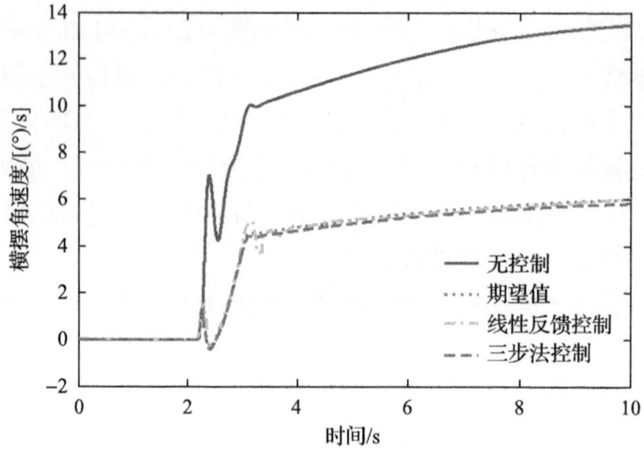

(a) 横摆角速度

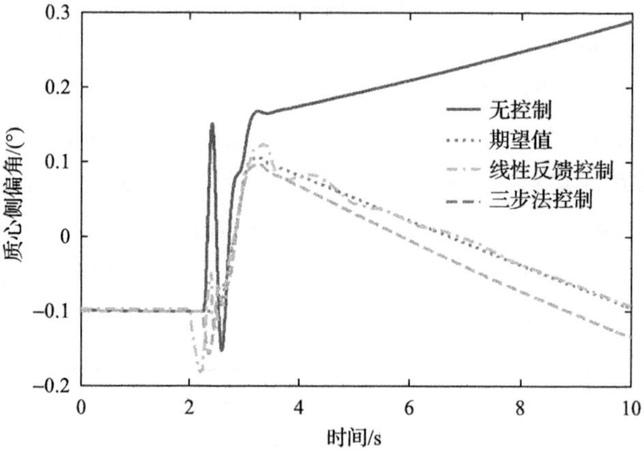

(b) 质心侧偏角

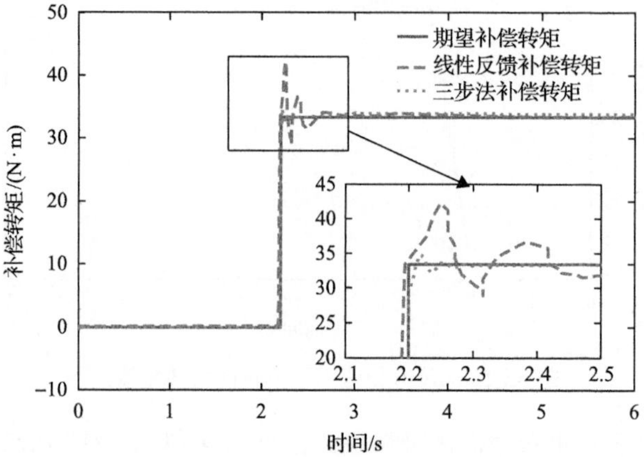

(c) 补偿转矩

图 4.23　*J* 转弯加速工况仿真结果

优化了 70.9%、26.8%，显著改善了车辆的稳定性控制特性。从以上各方面综合考虑，三步法控制的效果要好于线性反馈控制。

进一步从电机方面来分析仿真结果。根据图 4.23 (c) 可知，若进行线性反馈补偿，其补偿值在 2s 后出现明显超调，最大偏差为 10.31N · m，最大超调量为 32.2%，调节时间为 2.583s。而采用三步法补偿控制器来进行转矩补偿，最大偏差为 2.05N · m，最大超调量与调节时间分别为 6.4%与 2.388s，分别减少了 80.1%与 7.5%。由此可知，处于控制区间内的转矩补偿容错控制，超调量和瞬时电流较小，保障了电机驱动的安全性。同时，采取三步法补偿控制器进行转矩补偿，能够有效地减小超调量，缩短调节时间，恢复电机驱动特性，从而提高整车稳定性与安全性。

由以上仿真分析可知，在控制策略判断过程中设置转矩补偿控制区间能够保障转矩补偿容错控制的有效性与安全性，并通过与线性反馈控制器的比较，验证了三步法控制器在控制性能上的优越性。

设置仿真工况 A_3 为：J 转弯加速工况，路面附着系数为 0.8，初始车速为 30km/h，在 10s 内加速至 40km/h，并在 2.2s 时刻输入 1.0rad 的阶跃转向盘转角。在 2.3～3.2s 左前轮的电机发生故障系数为 0.45 的转矩输出故障，当故障观测器检测到故障时，开始转矩补偿控制，据观测器估计补偿转矩约为 80N · m，超出转矩补偿的控制区间，仿真结果如图 4.24 所示。

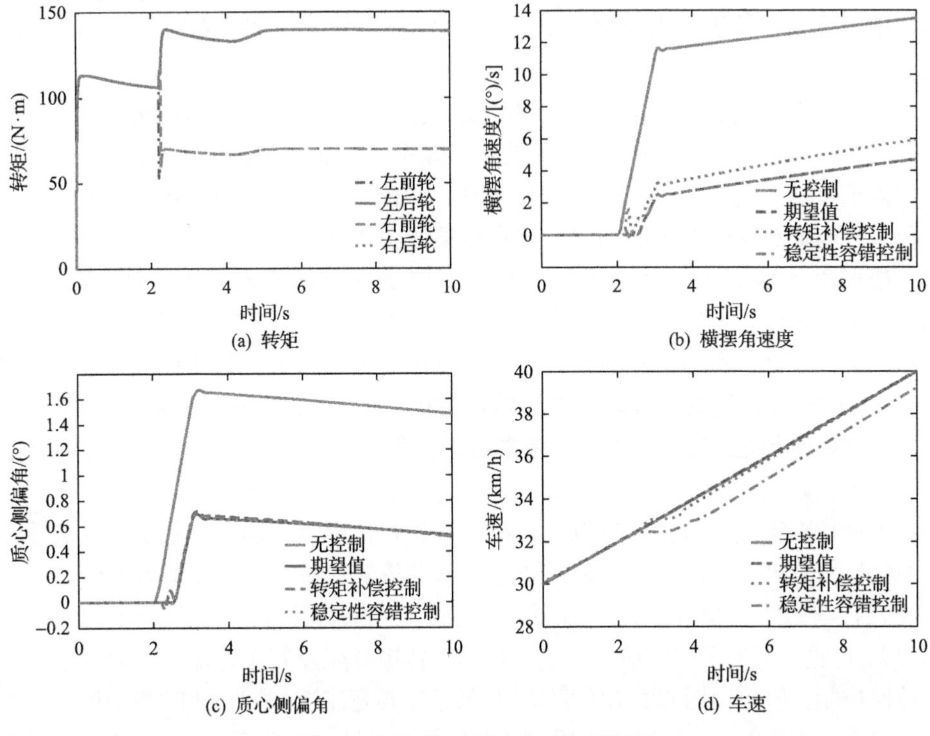

(a) 转矩　(b) 横摆角速度　(c) 质心侧偏角　(d) 车速

图 4.24　低速 J 转弯工况仿真结果

根据图 4.24(a)～图 4.24(c)可知，2.3～3.2s，车辆左前轮发生故障系数为 0.45 的转矩输出故障。此时，整车质心侧偏角与横摆转矩急剧上升，整车处于即将失稳的状态，而转矩跟踪控制器控制右前轮驱动转矩迅速降低，由 2.3s 时刻原先的 140N·m 降低至 52.99N·m，接近于故障轮的输出转矩 53.3N·m；之后也紧随故障轮变化，最大偏差率不超过 5%，转矩跟踪效果良好，然后车辆脱离故障状态。为了重新满足驾驶员对纵向驱动力的需求，加速踏板开度增大，后轮转矩上升至约束条件内最大优选值后保持稳定，整个加速过程横摆角速度与质心侧偏角变化相对稳定。可见转矩最优分配过程能够充分利用轮胎附着力，保障整车安全性。

通过进一步仿真得到的数据来分析容错控制的有效性。在稳定性容错控制下，系统几乎不产生非期望的横摆角速度与质心侧偏角，其响应只存在少许短暂振荡，与期望值的最大偏差分别为 0.3731°/s、0.0153°，与转矩补偿控制的 1.635°/s、0.07152°相比，分别优化了 77.2%与 78.6%。因此，若补偿转矩超出控制区间，基于转矩分配的稳定性容错控制在整车稳定性方面要好于转矩补偿控制。但是由图 4.24(d)可知，处于稳定性容错控制下的车辆无法满足驾驶员对期望纵向驱动力的要求，在速度跟随方面劣于转矩补偿容错控制，与期望速度相差较大，这是因为转矩分配过程降低了车辆的总驱动转矩，牺牲了部分整车动力性。尽管如此，考虑到在低速行驶过程中，驾驶员对于速度的期望值不高，在补偿转矩超出控制区间的情况下，基于转矩分配的稳定性容错控制优于转矩补偿控制，符合控制方法的判断与应用。

设置仿真工况 A_4：为高速 J 转弯加速实验，在 10s 内车速由 40km/h 加速至 80km/h，在 2.3～3.2s 左前轮的电机发生故障系数为 0.4 的转矩输出故障，此工况为门限值上的工况，为了提高驾驶安全性，只能采用整车稳定性容错控制，其余工况条件与低速 J 转弯工况相同，仿真结果如图 4.25 所示。

根据图 4.25(a)～图 4.25(c)可知，2.3～3.2s 车辆左前轮发生故障系数为 0.4 的转矩输出故障，整车质心侧偏角与横摆转矩急剧上升，整车即将发生失稳。而转矩跟踪控制器控制右前轮驱动转矩迅速降低，由 2.3s 时刻原先的 106.6N·m 降低至 39.18N·m，接近于故障轮输出转矩 43.13N·m，并跟随故障轮的转矩变化，最大偏差率不超过 3%，转矩跟踪效果良好。类似仿真工况 A_3，整车稳定性容错控制效果良好。

根据仿真得到的数据进行以下分析：在稳定性容错控制下，系统产生的非期望的横摆角速度与质心侧偏角偏差较小，与期望值的最大偏差分别为 0.5761°/s、0.2828°，与转矩补偿容错控制的 0.1736°/s、0.1439°相比，分别优化了 69.9%与 49.1%。可见，当处于门限值以上的工况时，转矩分配控制在稳定性方面要好于转矩补偿控制。但是由图 4.25(d)可知，与低速 J 转弯工况相同，此时基于控制分配的稳定性容错控制在一定程度上限制了车辆的动力性，在速度跟踪方面仍逊于转矩

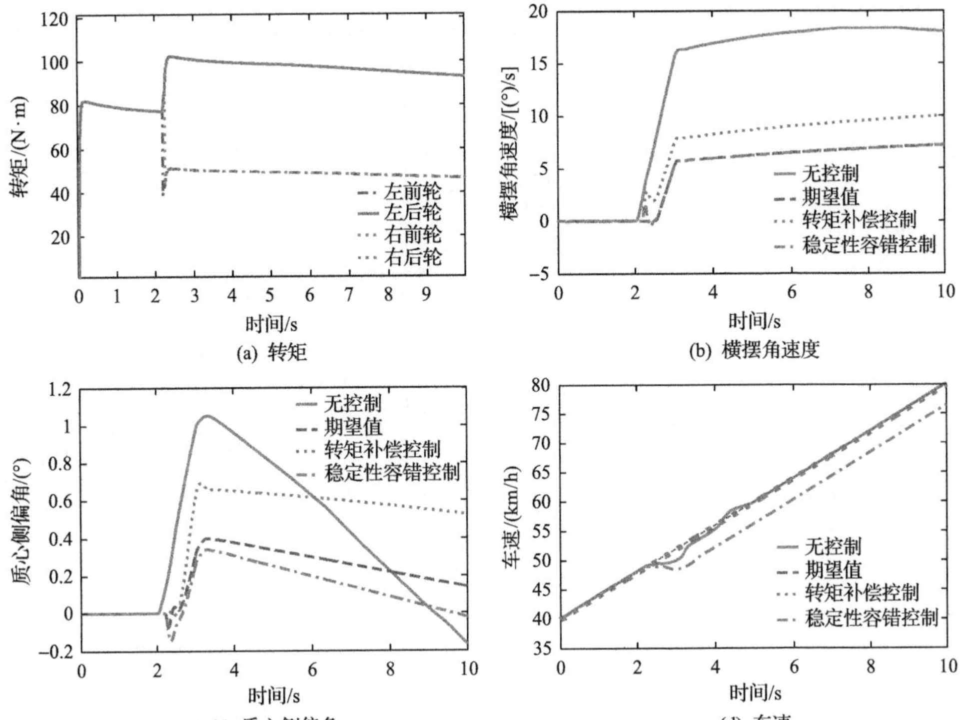

(a) 转矩　(b) 横摆角速度

(c) 质心侧偏角　(d) 车速

图 4.25　高速 J 弯工况仿真结果

补偿控制。尽管如此，考虑到在高速 J 转弯加速工况下低速行驶有利于整车的安全性，从稳定性容错控制的角度出发，门限值上的工况下，转矩补偿容错控制效果不如转矩分配控制，符合控制方法判断的结果。

工况 A_5 的对应结果如图 4.26 所示。在仿真开始时，车辆在平路直行起步，在 2s 时刻左前轮发生故障。根据车辆的运行状况，应该进入转矩补偿容错控制，补偿故障轮的缺失转矩，其所运行的工况类似工况 A_2，但由于转矩补偿区间的存在，并未完全恢复驱动状态。车辆在 5～10s 进行转向，随着车速的上升与转向盘转角的加大，在 5s 时刻，超过进入稳定性协调控制的门限值，此时车辆进入稳定性容错控制模式，类似工况 A_4。期间车辆前轴两侧驱动力保持相同，后轮转矩处于最优分配状态，虽然总的纵向驱动力有损失，但是保证了车辆的稳定运行。10s 时刻，转弯完成，车辆继续直线加速前进；10s 后，车辆并不退出稳定性容错控制模式，直至停车。

通过以上仿真分析可知，控制策略判断模块准确估计了故障特性，合理区分出了转矩补偿容错控制与整车稳定性容错控制的最佳应用情况，根据不同工况设计的容错控制策略能够有效补偿电动轮故障带来的整车失稳现象，提高了分布式驱动车辆的可靠性，保证了车辆行驶过程中的稳定性与安全性。

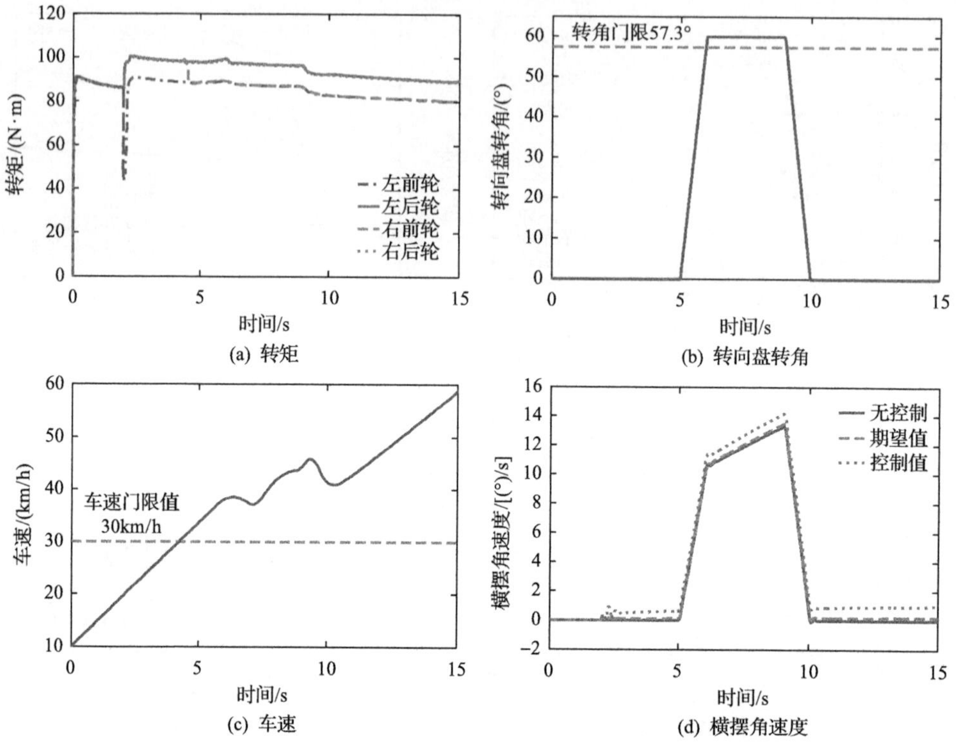

(a) 转矩　　(b) 转向盘转角

(c) 车速　　(d) 横摆角速度

图 4.26　综合工况

4.4　车辆转向与悬架集成系统容错控制

车辆作为一个由多个子系统组成的整体，各子系统通过这个整体相互影响，其中转向系统和悬架系统是影响车辆安全性和舒适性的两个关键子系统。转向系统主要用来改变或恢复车辆行驶方向；悬架系统则起到缓冲、减振和导向的作用，电子控制悬架系统不仅可以改善汽车的乘坐舒适性，还可以降低由转向引起的车辆载荷转移及车身侧倾，提高车身的稳定性。相关研究表明，当悬架与转向系统集成控制时，可通过调节电子悬架系统作动器的控制力，提升车辆的总体性能。同时，从系统论的观点出发，各子系统出现故障都将影响车辆总体性能。为进一步协调子系统性能的同时共享传感器信息，有必要对转向系统和悬架系统进行集成控制，使车辆性能达到最优，并在此基础上进一步研究集成系统的容错控制策略。

4.4.1　系统建模

建立 14 自由度车辆模型，包括车辆垂向、纵向、侧向、横摆、侧倾、俯仰运动，车辆非簧载质量的垂向运动及四个车轮的旋转运动。车辆纵向、侧向及横摆运动如图 4.27 所示，侧倾运动如图 4.28 所示。各运动状态下的动力学方程可表示如下[27]。

其中，车辆垂向、纵向及侧向动力学方程分别为

$$m(\dot{v}_z - v_x\dot{\theta} + v_y\dot{\varphi}) = \sum F_{zi} - mg \tag{4.72}$$

$$m(\dot{v}_x + v_z\dot{\theta} - v_y r) = \sum F_{xi} + m_s h_s r\varphi \tag{4.73}$$

$$m(\dot{v}_y + rv_x - v_z\dot{\varphi}) = \sum F_{yi} - m_s h_s \ddot{\varphi} \tag{4.74}$$

式中，h_s 为车辆质心至侧倾轴线的距离；v_z 为车辆质心处垂向速度；F_{xi} 为车辆轮胎纵向力沿车辆坐标系 x 轴方向的分力；F_{yi} 为车辆轮胎侧向力沿车辆坐标系 y 轴方向的分力；F_{zi} 为轮胎垂向力；$i = 1,2,3,4$ 分别为车辆左前、右前、左后、右后四个车轮。

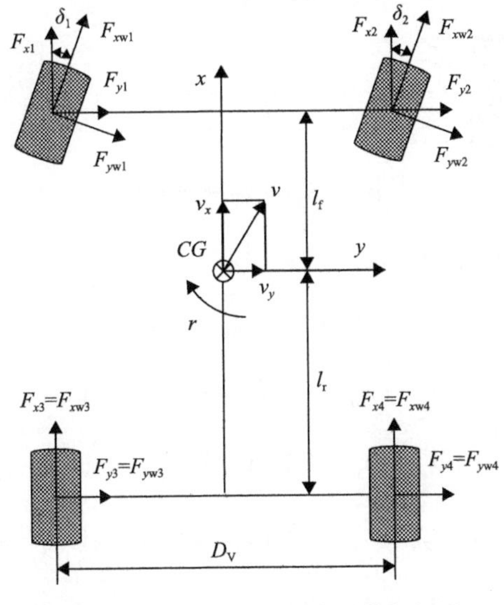

图 4.27　车辆纵向、侧向及横摆运动

车辆横摆动力学方程为

$$I_z\dot{r} - I_{xz}\ddot{\varphi} = (F_{y1} + F_{y2})l_f - (F_{y3} + F_{y4})l_r + 0.5(F_{y1} + F_{y3})D_V - 0.5(F_{y2} + F_{y4})D_V \tag{4.75}$$

车辆侧倾动力学方程为

$$I_x\ddot{\varphi} - I_{xz}\dot{r} = -m_s h_s^2\ddot{\varphi} - m_s h_s(\dot{v}_y + v_x r) + m_s g h_s\varphi - (K_{\varphi f} + K_{\varphi r})\varphi - (C_{\varphi f} + C_{\varphi r})\dot{\varphi} \tag{4.76}$$

车辆俯仰动力学方程为

$$I_y\ddot{\theta}=(F_{z1}+F_{z2})l_{\mathrm{f}}+(F_{z3}+F_{z4})l_{\mathrm{r}}-\sum(h-h_{\mathrm{s}})F_{xi}+(I_z-I_x)r\dot{\varphi} \tag{4.77}$$

式(4.75)～式(4.77)中，I_x、I_y、I_z 分别为车身的侧倾、俯仰及对 z 轴的转动惯量；I_{xz} 为车身侧倾与横摆运动的惯性积；$K_{\varphi\mathrm{f}}$、$C_{\varphi\mathrm{f}}$ 分别为车辆前悬架侧倾刚度和侧倾阻尼；$K_{\varphi\mathrm{r}}$、$C_{\varphi\mathrm{r}}$ 分别为车辆后悬架刚度的侧倾刚度和侧倾阻尼；D_{V} 为车辆轮距。

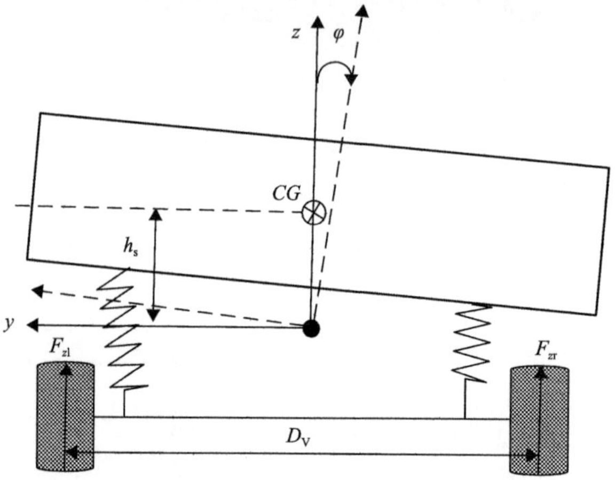

图 4.28　车辆侧倾运动

四个非簧载质量的运动方程为

$$m_{\mathrm{u1}}\ddot{x}_{\mathrm{u1}}=k_{\mathrm{t1}}(x_{\mathrm{g1}}-x_{\mathrm{u1}})-k_1(x_{\mathrm{u1}}-x_{\mathrm{s1}})-c_1(\dot{x}_{\mathrm{u1}}-\dot{x}_{\mathrm{s1}})-u_1 \tag{4.78}$$

$$m_{\mathrm{u2}}\ddot{x}_{\mathrm{u2}}=k_{\mathrm{t2}}(x_{\mathrm{g2}}-x_{\mathrm{u2}})-k_2(x_{\mathrm{u2}}-x_{\mathrm{s2}})-c_1(\dot{x}_{\mathrm{u2}}-\dot{x}_{\mathrm{s2}})-u_2 \tag{4.79}$$

$$m_{\mathrm{u3}}\ddot{x}_{\mathrm{u3}}=k_{\mathrm{t3}}(x_{\mathrm{g3}}-x_{\mathrm{u3}})-k_3(x_{\mathrm{u3}}-x_{\mathrm{s3}})-c_3(\dot{x}_{\mathrm{u3}}-\dot{x}_{\mathrm{s3}})-u_3 \tag{4.80}$$

$$m_{\mathrm{u4}}\ddot{x}_{\mathrm{u4}}=k_{\mathrm{t4}}(x_{\mathrm{g4}}-x_{\mathrm{u4}})-k_4(x_{\mathrm{u4}}-x_{\mathrm{s4}})-c_4(\dot{x}_{\mathrm{u4}}-\dot{x}_{\mathrm{s4}})-u_4 \tag{4.81}$$

四个车轮的旋转运动为

$$I_{\mathrm{w}}\dot{\omega}_{\mathrm{w}i}=-F_{x\mathrm{w}i}R_{\mathrm{w}}+T_{\mathrm{w}i} \tag{4.82}$$

式中，I_{w} 为车轮转动惯量；R_{w} 为车轮的有效滚动半径；$T_{\mathrm{w}i}$ 为车轮制动或驱动转矩。

四个轮胎力与沿 x 轴、y 轴坐标系的分力之间的关系为

$$\begin{bmatrix}F_{xi}\\F_{yi}\end{bmatrix}=\begin{bmatrix}\cos\delta_i & -\sin\delta_i\\ \sin\delta_i & \cos\delta_i\end{bmatrix}\begin{bmatrix}F_{x\mathrm{w}i}\\F_{y\mathrm{w}i}\end{bmatrix} \tag{4.83}$$

四个车轮的转角满足 $\delta_1=\delta_2=\delta_{\mathrm{f}}$、$\delta_3=\delta_4=0$，$\delta_{\mathrm{f}}$ 为前轮转角。

轮胎力采用魔术轮胎公式描述，考虑动态载荷分布的耦合机理，四个车轮处垂直载荷 F_z 的计算公式为

$$F_{z1}=\frac{l_{\mathrm{r}}mg}{2(l_{\mathrm{f}}+l_{\mathrm{r}})}-\frac{hma_x}{2(l_{\mathrm{f}}+l_{\mathrm{r}})}+\frac{l_{\mathrm{r}}hma_y}{D_{\mathrm{V}}(l_{\mathrm{f}}+l_{\mathrm{r}})} \tag{4.84}$$

$$F_{z2}=\frac{l_{\mathrm{r}}mg}{2(l_{\mathrm{f}}+l_{\mathrm{r}})}-\frac{hma_x}{2(l_{\mathrm{f}}+l_{\mathrm{r}})}-\frac{l_{\mathrm{r}}hma_y}{D_{\mathrm{V}}(l_{\mathrm{f}}+l_{\mathrm{r}})} \tag{4.85}$$

$$F_{z3}=\frac{l_{\mathrm{f}}mg}{2(l_{\mathrm{f}}+l_{\mathrm{r}})}+\frac{hma_x}{2(l_{\mathrm{f}}+l_{\mathrm{r}})}+\frac{l_{\mathrm{f}}hma_y}{D_{\mathrm{V}}(l_{\mathrm{f}}+l_{\mathrm{r}})} \tag{4.86}$$

$$F_{z4}=\frac{l_{\mathrm{f}}mg}{2(l_{\mathrm{f}}+l_{\mathrm{r}})}+\frac{hma_x}{2(l_{\mathrm{f}}+l_{\mathrm{r}})}-\frac{l_{\mathrm{f}}hma_y}{D_{\mathrm{V}}(l_{\mathrm{f}}+l_{\mathrm{r}})} \tag{4.87}$$

根据车辆纵向、侧向动力学关系，前后轮的侧偏角近似为

$$\alpha_1=\delta_{\mathrm{f}}-\arctan\left(\frac{v_y+l_{\mathrm{f}}r}{v_x-0.5D_{\mathrm{V}}r}\right) \tag{4.88}$$

$$\alpha_2=\delta_{\mathrm{f}}-\arctan\left(\frac{v_y+l_{\mathrm{f}}r}{v_x+0.5D_{\mathrm{V}}r}\right) \tag{4.89}$$

$$\alpha_3=-\arctan\left(\frac{v_y-l_{\mathrm{r}}r}{v_x-0.5D_{\mathrm{V}}r}\right) \tag{4.90}$$

$$\alpha_4=-\arctan\left(\frac{v_y-l_{\mathrm{r}}r}{v_x+0.5D_{\mathrm{V}}r}\right) \tag{4.91}$$

4.4.2　基于 EPS 的转向与悬架系统集成控制

1. 集成控制系统结构

在 4.2 节中，设计了 EPS 系统转向助力性能控制器，并对 EPS 传感器与执行器的故障开展了容错控制研究。随着智能车辆高级驾驶辅助系统(advanced driving assistance system，ADAS)的快速发展，基于 EPS 的车道保持系统等主动安全技术亦日趋成熟，EPS 既可作为转向助力系统来减轻驾驶员的转向负担，也可以作为辅助驾驶系统的转向执行机构来提高汽车的行驶安全性，即 EPS 可工作在转向助力和辅助驾驶两种模式[28]。其中，基于 EPS 的转向助力容错控制已在 4.1 节和 4.2

节中详细阐述；EPS 辅助驾驶系统的主要功能是根据车辆-道路的相对位置关系，由设计的辅助转向控制器向 EPS 电动机发出辅助转向力矩信号，控制车辆始终保持在车道线内行驶或跟踪车道中心线。基于 EPS 的转向助力系统在转向与悬架集成控制研究中，需充分考虑 EPS 工作在不同模式时与悬架系统的运动学及动力学耦合关系，实现集成系统的优化控制。

文献[29]针对 SASS 和 EPS 集成控制问题，以 SASS 和 EPS 的机械结构参数与控制器参数为设计变量，以车辆动力学性能指标为目标函数，提出了一种基于模拟退火的机械结构参数和控制器参数集成优化设计方法。文献[30]以 ASS 和主动前轮转向(active front steering，AFS)系统为研究对象，基于遗传算法设计了 ASS 和 AFS 的集成优化算法，实现了转向和悬架系统的集成优化控制。

受上述文献的启发，本节采用遗传优化算法设计了 EPS 与 SASS 的集成优化控制，集成优化控制系统结构如图 4.29 所示。图 4.29 中，上层优化层根据车辆动力学综合性能指标建立目标函数，采用基于遗传算法的集成优化控制程序，其输入为与目标函数相关的车辆综合性能指标，输出为待优化的控制器参数。控制层中针对各子系统，半主动悬架采用 LQG 控制器，EPS 助力转向系统采用 PID 控制器，EPS 辅助转向系统采用模型预测控制器(model predictive controller，MPC)。执行层中半主动悬架作动器可根据控制器指令输出相应的作动力 u_i，EPS 系统中的助力电动机根据其工作模式分别输出助力转矩 T_a 或辅助转矩 T_c，并通过整车动力学模型产生响应，将其与目标函数相关的性能指标反馈给优化层的基于遗传算法的集成优化程序。在控制周期内循环实现上述过程，直至符合循环终止准则，得到待优化的各子系统控制器参数，实现转向与悬架系统的集成优化控制。

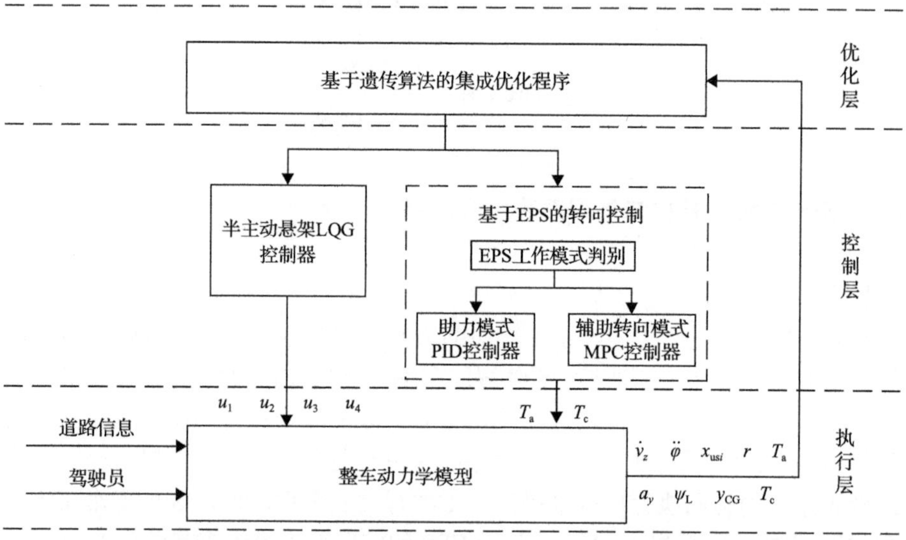

图 4.29 EPS 与半主动悬架系统集成优化控制系统结构

2. 集成控制系统设计

当 EPS 单独控制时，主要目标是减轻驾驶员的转向负担，并使驾驶员具有较好的路感，同时影响车辆的侧向稳定性[31]；SASS 的良好控制则可提高车辆的乘坐舒适性及侧向稳定性[32]。因此，有必要对 EPS 与 SASS 这两个子系统进行集成控制研究。

基于 EPS 的辅助转向控制器可根据车辆-道路的相对位置关系，通过 EPS 来输出辅助转向力矩，主要控制目标是使车辆在预定轨迹中行驶，但同时要考虑辅助转向力矩对车辆操纵稳定性及乘坐舒适性的影响。结合 SASS 的控制目标，将两个子系统进行集成优化控制的设计，使车辆侧向稳定性、车道保持性能及乘坐舒适性都得到较为全面的综合控制[33]。

综上所述，在进行 EPS 与 SASS 的集成控制时，根据 EPS 助力转向系统、EPS 辅助转向系统及 SASS 的控制目标，综合考虑整车的乘坐舒适性、操纵稳定性、转向轻便性等，设计如下统一形式的目标函数：

$$J_{SS}=\sqrt{\frac{\omega_1 J_1^2+\omega_2 J_2^2+\omega_3 J_3^2+\omega_4 J_4^2+\omega_5 J_5^2+\omega_6 J_6^2+\omega_7 J_7^2+\omega_8 J_8^2}{\omega_1+\omega_2+\omega_3+\omega_4+\omega_5+\omega_6+\omega_7+\omega_8}} \tag{4.92}$$

式中，J_{SS} 为转向与悬架系统集成优化评价指标；J_1 为车身垂直加速度总方差；J_2 为车身侧倾角加速度总方差；J_3 为悬架动行程总方差；J_4 为车身侧向加速度总方差；J_5 为车身横摆角速度总方差；J_6 为驾驶员转向沉重程度（J_6 的具体定义可参照文献[34]）；J_7 为辅助转向中车辆质心与车道中心线横向偏差的总方差；J_8 为辅助转向力矩总方差；$\omega_1 \sim \omega_8$ 为各评价指标对集成优化评价指标 J_{SS} 的权重因子。

当考虑车辆乘坐舒适性、操纵稳定性及转向轻便性时，可令 $\omega_7=\omega_8=0$，由式(4.92)可得到如下的优化目标函数：

$$J_{ES}=\sqrt{\frac{\omega_1 J_1^2+\omega_2 J_2^2+\omega_3 J_3^2+\omega_4 J_4^2+\omega_5 J_5^2+\omega_6 J_6^2}{\omega_1+\omega_2+\omega_3+\omega_4+\omega_5+\omega_6}} \tag{4.93}$$

式中，J_{ES} 为 EPS 系统与 SASS 集成优化评价指标。

当考虑车辆乘坐舒适性、操纵稳定性及车道保持性时，可令 $\omega_6=0$，由式(4.92)可得到 SASS 与 EPS 辅助转向系统的优化目标函数如下：

$$J_{LS}=\sqrt{\frac{\omega_1 J_1^2+\omega_2 J_2^2+\omega_3 J_3^2+\omega_4 J_4^2+\omega_5 J_5^2+\omega_7 J_7^2+\omega_8 J_8^2}{\omega_1+\omega_2+\omega_3+\omega_4+\omega_5+\omega_7+\omega_8}} \tag{4.94}$$

式中，J_{LS} 为 EPS 辅助转向系统与 SASS 集成优化评价指标。

在集成优化控制中，待优化变量的合理选取尤为重要，优化变量选取过多，不仅造成优化过程计算量较大，而且不易得到全局最优解。在 SASS 与 EPS 助力转向控制中，选取待控制优化变量为 $X_{\mathrm{o}}=[q_1\ \ q_3\ \ q_4\ \ K_{\mathrm{p}}\ \ K_{\mathrm{i}}]^{\mathrm{T}}$ 。优化变量选取考虑如下因素：在 SASS 控制中，设车辆匀速行驶，可不考虑车身俯仰角加速度的变化，且认为悬架动行程响应在同一数量级，其加权系数大致相等，故选取车身垂直加速度加权系数 q_1、侧倾角加速度加权系数 q_3 及悬架动行程加权系数 q_4 为悬架控制优化变量；在 EPS 助力转向控制中，经过初期仿真研究发现，PID 控制变量中，EPS 系统助力性能对微分系数 K_{d} 并不敏感，故在 EPS 控制中选取比例系数 K_{p} 及微分系数 K_{i} 作为待优化控制变量。

在 EPS 辅助转向与 SASS 集成控制中，选取控制优化变量为 $X_o'=\left[q_1\ \ q_3\ \ q_4\ \ q_1'\ \ q_2'\ \ q_3'\right]^{\mathrm{T}}$，SASS 控制优化变量按照 SASS 与 EPS 集成优化选取；在 EPS 辅助转向控制中，考虑车辆侧向加速度 q_1'、航向角偏差 q_2' 及横向位置偏差 q_3'，对其 MPC 加权系数 q_1 进行优化。

限定各优化参数的范围，结合整车动力学模型，按照如图 4.30 所示的遗传算法流程图，在 MATLAB 中编制优化控制算法程序，实现 EPS 辅助转向系统与悬架系统的集成优化控制。

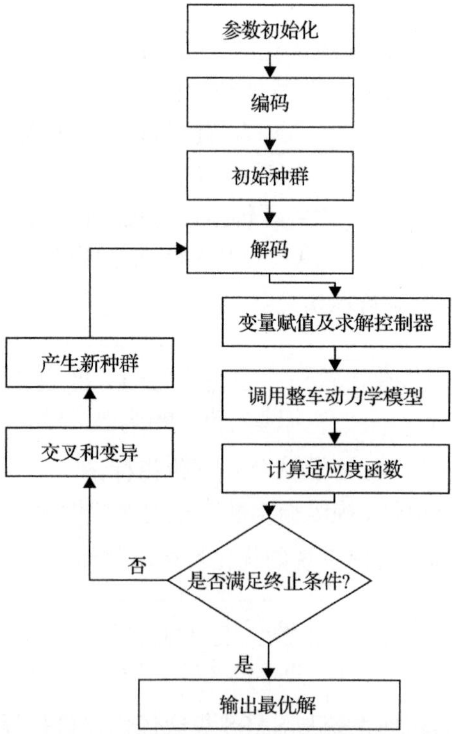

图 4.30　集成优化控制遗传算法流程图

4.4.3 执行器故障分级的集成系统容错控制

4.4.2 节研究了 EPS 转向系统与悬架系统集成控制，建立了基于遗传算法的集成优化目标函数，通过对目标函数寻优，使集成系统性能最优，达到集成控制的目的。结合 4.2 节对 EPS 系统电动机故障及 SASS 作动器故障的容错控制研究，本小节对 EPS 转向系统与悬架集成系统的容错控制进一步开展研究。

在研究 EPS 助力转向容错控制策略时，仅考虑了助力电动机端电压发生增益故障；在研究 SASS 容错控制策略时，也仅考虑了单一作动器的故障，且在执行器发生上述故障时，均可通过主动容错控制使故障子系统的性能有所恢复，提升系统的可靠性。然而，在实际中，EPS 电动机还可能完全失效而使电动转向系统变为机械转向系统，SASS 也可能出现多个作动器同时失效而变为被动悬架的情况。本节中，根据不同程度的执行器故障，将其分为可恢复的部分故障及完全失效故障，并研究在不同程度的执行器故障下，仍维持车辆具有可接受性能的容错控制策略。

以工作在助力模式下的 EPS 与 SASS 集成系统容错控制为例，执行器发生不同程度故障时，设计如图 4.31 所示的集成系统容错控制策略。图 4.31 中，容错控制层通过故障观测器检测执行器故障，根据故障估计值判断执行器是否完全失效，并对子系统实现主动容错控制。协调层则根据容错控制层对执行器是否完全失效的判断结果切换优化目标函数，具体分以下两种情况进行讨论：

(1) 当故障观测器检测到执行器发生故障，且对于 SASS，作动器未完全失效或单一作动器失效时，容错控制层按照按照文献[35]基于故障补偿的方法实现 SASS

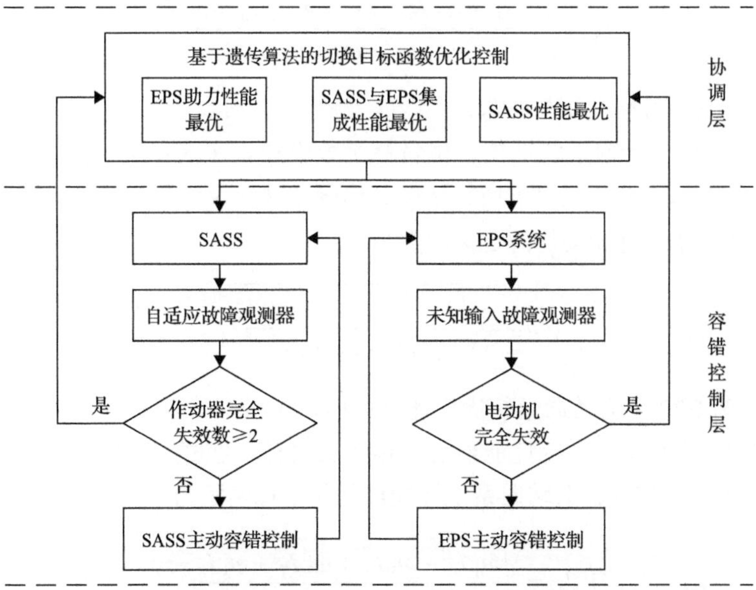

图 4.31　执行器故障分级的 EPS 与 SASS 集成系统容错控制策略

主动容错控制；当 EPS 电动机发生增益故障时，按照 4.3 节控制律补偿方法实现 EPS 主动容错控制。此时，协调层仍以两个系统集成控制优化目标函数进行控制参数优化。

(2)当 SASS 作动器完全失效数超过一个或 EPS 电动机完全失效时，各子系统无法实现主动容错控制。同时，由于执行器已不能响应控制器的指令，两个子系统的集成控制并不能实现性能最优，而在集成控制时考虑了全局性能，可能会削弱单个子系统的性能，使未失效的子系统性能也不能达到较好的状态。因此，在协调层设计基于遗传算法的切换目标函数优化控制，具体过程如下：当 SASS 作动器完全失效数超过一个时，协调层不再以 SASS 与 EPS 集成性能最优为目标函数来进行优化控制，而选择以 EPS 性能最优为目标函数来进行优化控制；当 EPS 电动机完全失效时，协调层则选择以 SASS 性能最优为目标函数来进行优化控制。

EPS 辅助转向系统与 SASS 的集成容错控制策略与上述 EPS 助力转向系统和 SASS 的控制策略相类似，在判断 SASS 作动器及电动机是否发生故障及是否完全失效的基础上，使协调层的优化目标函数在 EPS 辅助转向系统与 SASS 集成系统性能最优、SASS 性能最优或 EPS 辅助转向系统性能最优三者之间进行切换即可。设计各子系统性能最优的目标函数如下。

(1) SASS 性能最优目标函数设计。在式(4.92)中，不考虑驾驶员操纵转向盘负担及 EPS 辅助转向系统性能指标，即令 $\omega_6 = \omega_7 = \omega_8 = 0$，得到如下 SASS 子系统最优目标函数：

$$J_{\mathrm{S}} = \sqrt{\frac{\omega_1 J_1^2 + \omega_2 J_2^2 + \omega_3 J_3^2 + \omega_4 J_4^2 + \omega_5 J_5^2}{\omega_1 + \omega_2 + \omega_3 + \omega_4 + \omega_5}} \tag{4.95}$$

式中，J_{S} 为 SASS 优化评价指标。

(2) EPS 助力转向系统性能最优目标函数设计。在式(4.93)中，令 $\omega_1 = \omega_2 = \omega_3 = 0$、$\omega_7 = \omega_8 = 0$，仅以侧向加速度、横摆角速度及驾驶员转向沉重程度设计 EPS 助力转向系统性能最优的目标函数为

$$J_{\mathrm{E}} = \sqrt{\frac{\omega_4 J_4^2 + \omega_5 J_5^2 + \omega_6 J_6^2}{\omega_4 + \omega_5 + \omega_6}} \tag{4.96}$$

式中，J_{E} 为 EPS 助力转向系统优化评价指标。

(3) EPS 辅助转向系统性能最优目标函数设计。在式(4.92)中，令 $\omega_1 = \omega_2 = \omega_3 = \omega_6 = 0$，则 EPS 辅助转向系统性能最优的目标函数为

$$J_{\mathrm{L}} = \sqrt{\frac{\omega_4 J_4^2 + \omega_5 J_5^2 + \omega_7 J_7^2 + \omega_8 J_8^2}{\omega_4 + \omega_5 + \omega_7 + \omega_8}} \tag{4.97}$$

式中，J_L 为 EPS 辅助转向系统优化评价指标。

4.4.4　仿真计算与分析

1. EPS 与 SASS 集成控制仿真结果与分析

在 MATLAB/Simulink 中分别建立整车动力学模型、SASS 与 EPS 控制模型，利用 S-function 模块编制遗传算法优化程序，车辆以速度 30km/h 在路面不平度系数为 $6.4\times10^{-5}m^3$ 的 B 级路面上行驶，转向盘输入 90° 阶跃转角，集成优化控制前和优化控制后的控制器参数如表 4.8 所示。为验证 EPS 与 SASS 集成优化控制性能，通过仿真图比较并结合表 4.9 对仿真结果中各性能指标均方根值的比较分析，分别从转向轻便性、乘坐舒适性及车辆操纵稳定性等方面进行分析以说明集成优化控制效果。

表 4.8　EPS 助力转向系统与 SASS 集成优化前后控制器参数

参数	q_1	q_3	q_4	K_p	K_i
集成优化控制前	500	200	50	9	0.8
集成优化控制后	985	500	8	12.5	6.4

表 4.9　EPS 助力转向系统与 SASS 集成优化控制前后性能对比

指标	转向操纵力矩 T_d /(N·m)	垂直加速度 $\dot{v}_z$ /(m/s²)	侧倾角加速度 $\ddot{\varphi}$ /(rad/s²)	悬架动行程 x_{su1} /m	横摆角速度 r /(rad/s)	侧向加速度 a_y /(m/s²)
未集成优化控制	11.06	0.1246	1.1872	0.0340	0.2973	0.1167
集成优化控制	9.45	0.1125	1.0114	0.0319	0.2971	0.1090
降低百分比/%	14.6	9.7	14.8	6.2	0.07	6.6

集成优化控制前后的转向操纵力矩对比如图 4.32 所示。由图 4.32 中可见，与未集成优化控制相比，集成优化控制后的转向盘操纵力矩有小幅下降，转向操纵

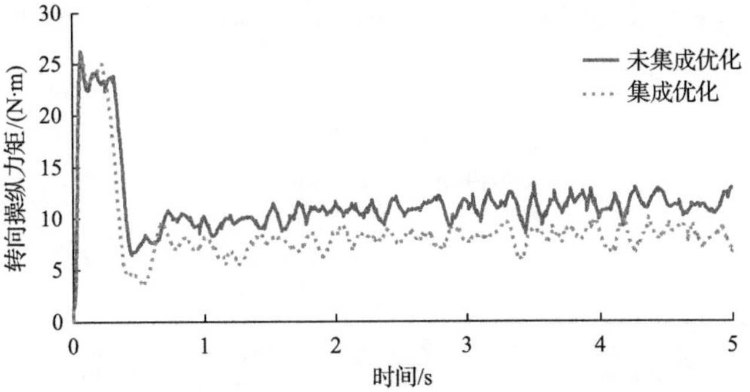

图 4.32　转向操纵力矩对比

力矩的均方根值由优化前的 11.06N·m 下降至 9.45N·m，说明集成优化控制后的 PID 控制器可更好地跟踪理想助力转矩，提高了车辆转向系统的操纵轻便性。

集成优化控制前后车辆的车身垂直加速度、侧倾角加速度、左前悬架动行程响应如图 4.33 所示。图 4.33(a)中，集成优化控制后，车身垂直加速度值较未集成优化控制有了明显下降。由表 4.9 可见，其均方根值由 0.1246m/s^2 下降至 0.1125m/s^2。同样由图 4.33(b)及图 4.33(c)可见，与未集成优化控制相比，集成优化控制均降低了车身侧倾角加速度及左前悬架动行程响应。仿真结果充分说明，集成优化控制同样改善了 SASS 子系统的性能，提高了车辆乘坐舒适性。

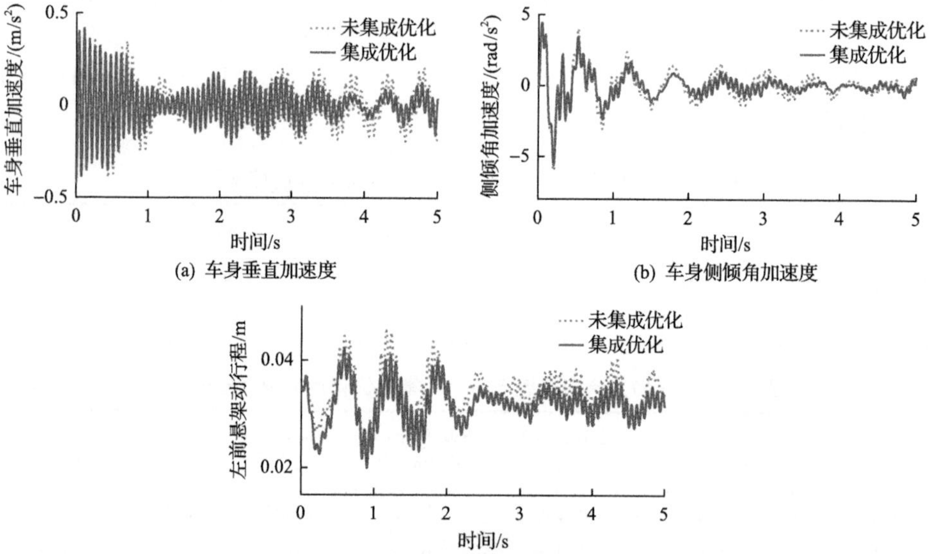

(a) 车身垂直加速度　　(b) 车身侧倾角加速度

(c) 左前悬架动行程

图 4.33　悬架性能对比

图 4.34 与图 4.35 为集成优化控制前后车辆横摆角速度及侧向加速度的仿真结果。由该图可见，与未集成优化控制比较，集成优化控制改善了车辆在转向工况下的横摆角速度和侧向加速度响应，使车辆较快地进入稳态，说明集成优化控制可提高车辆的操纵稳定性。

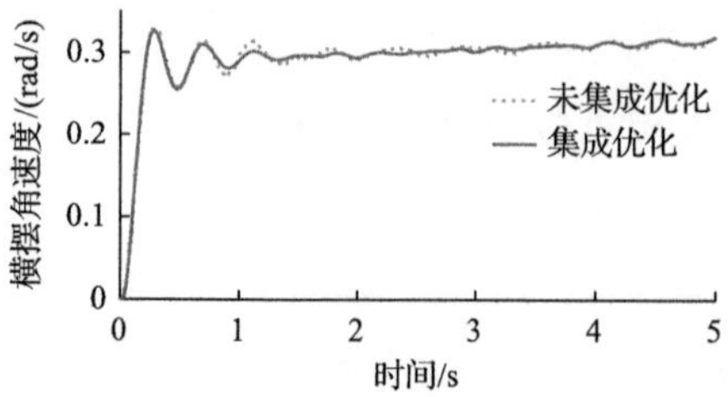

图 4.34　横摆角速度对比

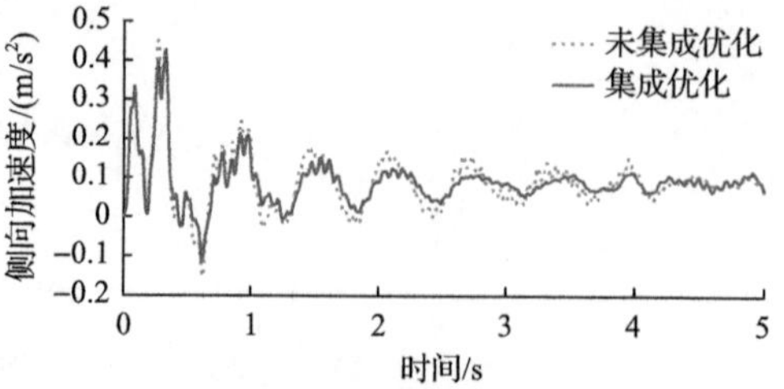

图 4.35　侧向加速度对比

通过以上对 EPS 助力转向系统与 SASS 集成优化控制前后的仿真结果进行分析，结合表 4.9 对各性能指标的数值分析，得出以下结论：在转向工况下，基于遗传算法进行 EPS 助力转向系统与 SASS 的集成优化控制，可充分发挥 EPS 助力转向系统及 SASS 的性能，提升车辆的转向轻便性、乘坐舒适性及操纵稳定性。

2. EPS 辅助转向系统与 SASS 的集成控制仿真结果与分析

在 EPS 助力转向系统与 SASS 集成控制的基础上，在 MATLAB/Simulink 中建立 EPS 辅助转向控制模型，车辆以速度 80km/h 在路面不平度系数为 $6.4\times10^{-5}\text{m}^3$ 的 B 级路面上行驶，道路模型如图 4.36 所示。EPS 辅助转向系统与 SASS 集成优化控制前后控制器参数如表 4.10 所示。

分别从车辆乘坐舒适性、辅助转向驾驶性能及车辆操纵稳定性等方面进行仿真比较，根据仿真结果结合表 4.11 列出的集成优化前后车辆各性能指标均方根值分析集成优化控制的效果。

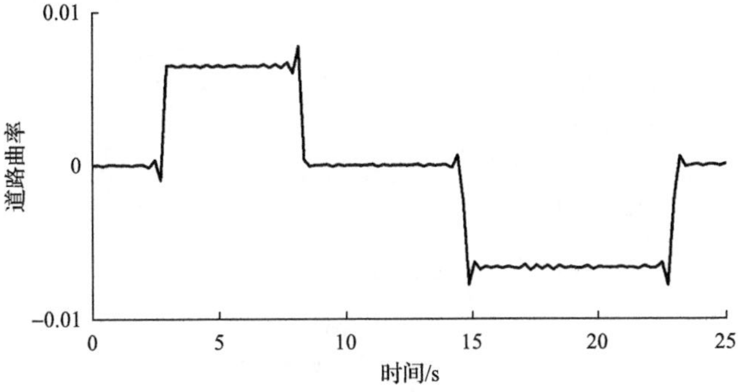

图 4.36　道路模型

表 4.10　EPS 辅助转向系统与 SASS 集成优化控制前后控制器参数

参数	q_1	q_3	q_4	q_1'	q_2'	q_3'
集成优化控制前	500	200	50	10	250	2500
集成优化控制后	100	80	8	2.5	150	800

表 4.11　EPS 辅助转向系统与 SASS 集成优化控制前后性能对比

指标	垂直加速度 $\dot{v}_z$ /(m/s²)	侧倾角 φ /rad	悬架动行程 x_{su1} /m	横向偏差 y_{CG} /m	转矩 T_c /(N·m)	横摆角速度 r /(rad/s)	侧向加速度 a_y /(m/s²)
集成优化控制前	0.2593	0.0292	0.0352	0.0540	5.5412	0.1117	0.2572
集成优化控制后	0.1633	0.0264	0.0293	0.0769	5.3974	0.1091	0.2474
降低百分比/%	37.0	9.6	16.8	−29.8	2.6	2.3	3.8

在乘坐舒适性方面，EPS 辅助转向系统与 SASS 集成优化控制前后车身加速度、车身侧倾角及左前悬架动行程响应如图 4.37 所示。由图 4.37(a)可见，在仿真时域内，集成优化控制后的车身垂直加速度响应均明显低于未集成优化控制的车身垂直加速度。同样，在图 4.37(b)及图 4.37(c)中，集成优化控制后的车身侧倾角及左前悬架动行程的峰值也明显低于未集成优化控制时的值。与未集成优化控制相比，通过子系统的集成优化控制可改善车辆的乘坐舒适性。

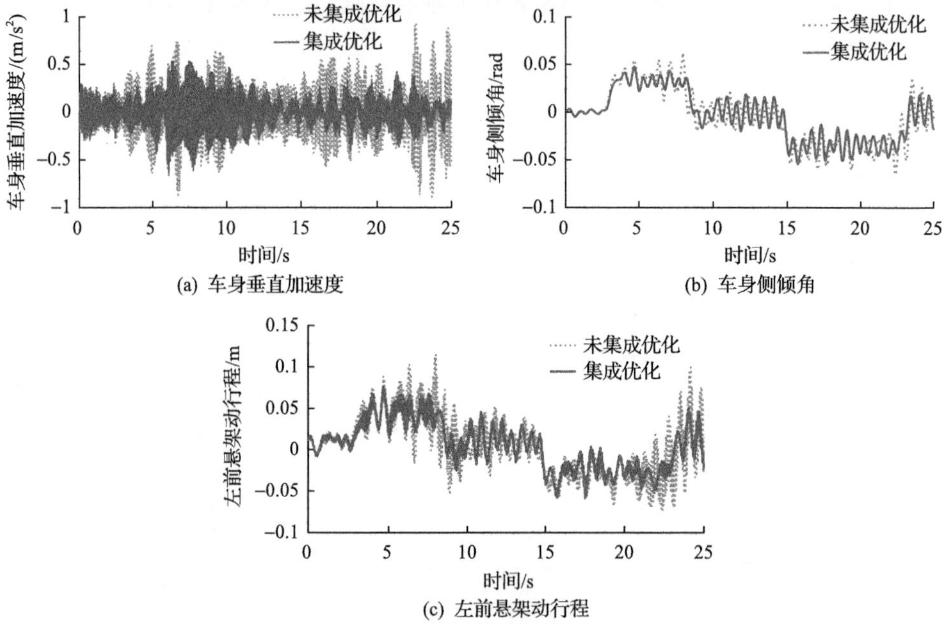

图 4.37　悬架性能对比

图 4.38 为集成优化控制前后 EPS 的辅助转向力矩。由图 4.38 可见，与未集成优化控制相比，集成优化控制后辅助转向力矩的峰值较小，且力矩波动也较小，说明集成优化控制提高了车辆转向行驶的平稳性。比较集成优化控制前后车辆质心处的横向偏差(图 4.39)，由图 4.39 可见，集成优化控制后，车辆质心处与预定轨迹的横向偏差峰值较未集成优化控制时变大，对预定轨迹的跟踪性能有所下降。进一步分析图 4.38 及图 4.39，未集成优化控制时，车辆在较大的辅助转向力矩作用下偏离轨迹的内侧行驶，而集成优化控制后，车辆在相对较小的辅助转向力矩作用下偏离轨迹外侧行驶。虽然集成优化控制削弱了对预定轨迹的跟踪性能，但结合图 4.40 及图 4.41 所示的车辆横摆角速度及侧向加速度响应可知，集成优化控制后车辆的横摆角速度及侧向加速度均较未集成优化控制时小，说明集成优化控制在轨迹跟踪性能及车辆稳定性之间进行了权衡，尽管降低了对轨迹的跟踪性能，但保证了车辆具有较好的侧向稳定性。

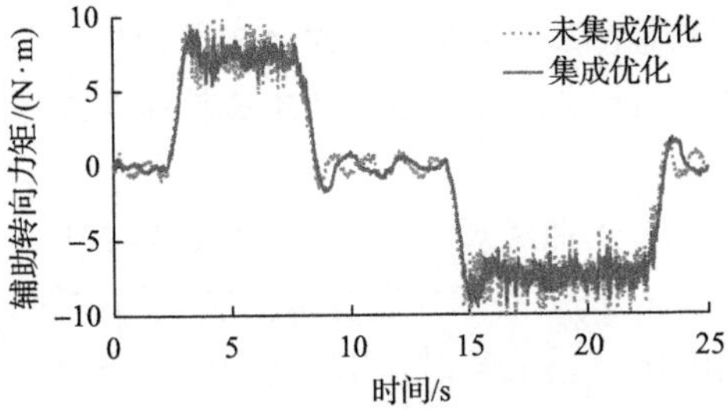

图 4.38　辅助转向力矩对比

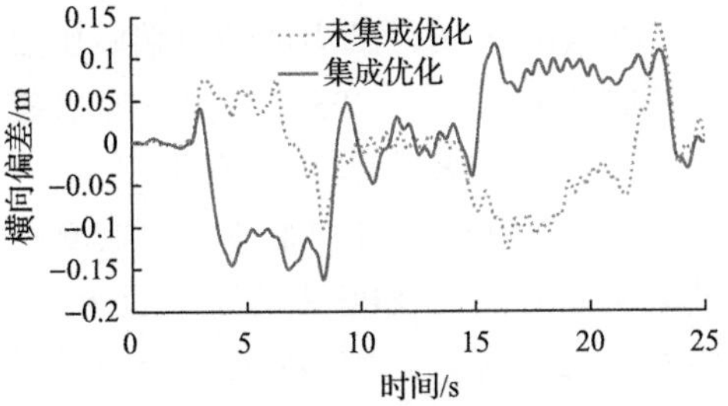

图 4.39　横向偏差对比

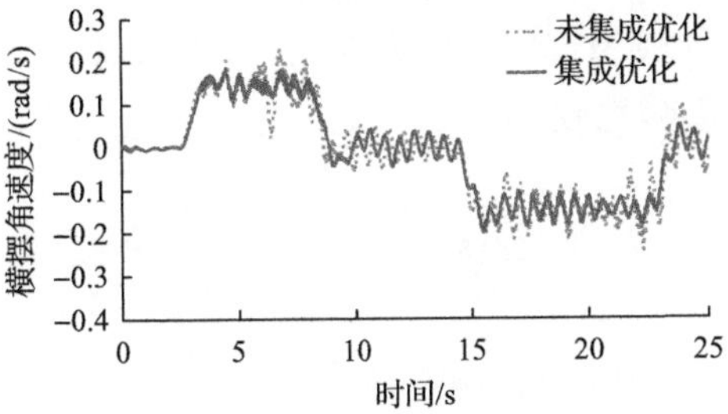

图 4.40　横摆角速度对比

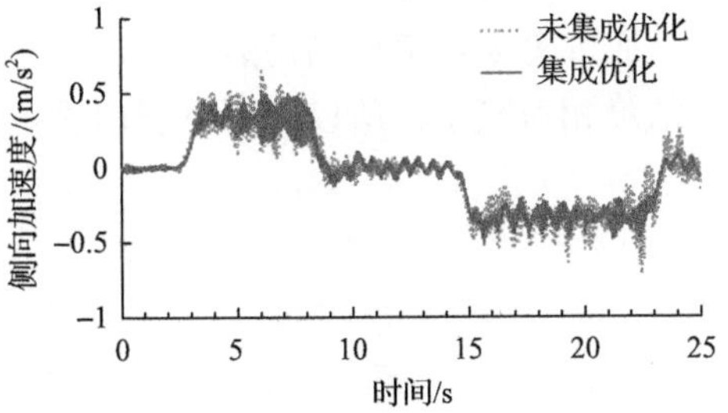

图 4.41　侧向加速度对比

表 4.11 为 EPS 辅助转向系统与 SASS 集成优化控制前后性能对比。由表 4.11 中数据可见，除因提高车辆侧向稳定性而降低了对轨迹的跟踪性能外，集成优化控制后的车辆性能指标均优于未集成优化控制。

通过以上仿真结果并结合表 4.11 可知，集成优化控制虽然降低了原控制器对轨迹的跟踪性能，但提高了车辆的乘坐舒适性及稳定性，说明集成优化控制充分考虑了车辆各方面的性能，通过优化控制器参数，对提升 EPS 辅助转向系统与 SASS 集成控制系统性能起到了积极的作用。

3. 集成系统容错控制仿真结果与分析

按图 4.31 在 MATLAB/Simulink 中建立各仿真模块，在协调层中设计 EPS 工作模式判别条件及执行器故障下的切换目标函数判别条件。在容错控制层建立各子系统控制器、故障诊断及执行器等模块，按照表 4.12 所描述的故障进行集成系统容错控制仿真。

表 4.12　EPS 转向与悬架集成系统故障描述

故障	EPS 工作模式	故障描述	容错控制时刻
故障 1	助力转向模式	助力电动机在 $t=1$s 发生 $\Delta_m=0.2$ 的端电压增益故障	$t=3$s
故障 2	助力转向模式	助力电动机自 $t=0$s 开始完全失效	—
故障 3	辅助转向模式	左前悬架作动器自 $t=2$s 发生 $\delta_1=0.2$ 的增益故障	$t=12$s
故障 4	辅助转向模式	半主动悬架系统自 $t=0$s 开始完全失效	—

在故障 1 下，助力电动机端电压发生增益故障情况时，按照 4.2 节提出的补偿控制律方法实现 EPS 执行器主动容错控制，比较 EPS 与 SASS 集成控制系统发生故障前后 EPS 的助力性能的变化。

考虑阶跃转向时初始助力转矩较大，为了便于曲线观察与对比，在图 4.42 中，截取从 0.5s 开始 EPS 助力电动机未发生故障、发生故障并在容错控制下的曲线。由图 4.42 可见，助力电动机在 t =1s 发生端电压增益故障时，引起助力转矩下降。在 t =3s 采用主动容错控制律补偿方法后，经过短暂的时滞，助力转矩逐渐恢复至与无故障时基本相近。这说明在集成控制时，当助力电动机端电压发生增益故障时，通过主动容错控制仍然可以使 EPS 获得较为理想的助力性能。而由于助力转矩故障相对较小，所以对车辆侧向稳定性影响也较小。

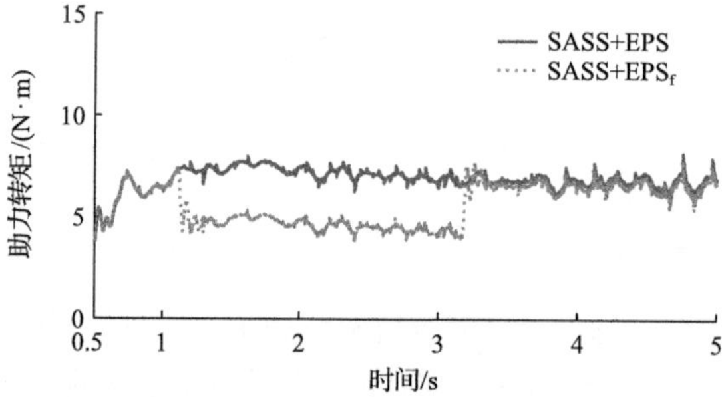

图 4.42 故障 1 容错控制前后助力转矩对比

在故障 2 下，当助力电动机完全失效时，车辆将失去电动助力转向功能而仅具有机械转向功能，考虑 EPS 与 SASS 的耦合，为使 SASS 性能最优，在协调层以 SASS 性能最优为目标函数，采用遗传算法进一步优化 SASS 控制器参数。这里将采用 EPS 与 SASS 集成优化控制参数的控制器标记为控制器 I；将切换目标函数并优化后的 SASS 控制器标记为控制器 II。比较两个控制器的性能指标，仿真结果如图 4.43 所示。

图 4.43(a)中，SASS 子系统控制器参数优化后，即在控制器 II 控制下的车身垂直加速度响应较控制器 I 有小幅下降，进一步比较左前悬架动行程和车身侧倾角，由图 4.43(b)及图 4.43(c)可见，控制器 II 控制下的左前悬架动行程及车身侧倾角指标响应均优于控制器 I。这说明当 EPS 助力电动机失效时，通过在协调层将目标函数切换为 SASS 子系统性能最优，并基于遗传算法单独优化 SASS 子系统控制器参数后，可使 SASS 子系统性能进一步提升，消除由 EPS 与 SASS 集成优化控制而引起的子系统性能的相互影响。

在 EPS 辅助转向系统与 SASS 集成控制模式下，当左前悬架作动器发生故障 3 时，对悬架子系统按照基于故障补偿的容错控制来实现 SASS 的主动容错控制，比较无故障、执行器发生故障并自启用容错控制时车辆的各性能指标，选取有代表性的仿真结果进行分析。

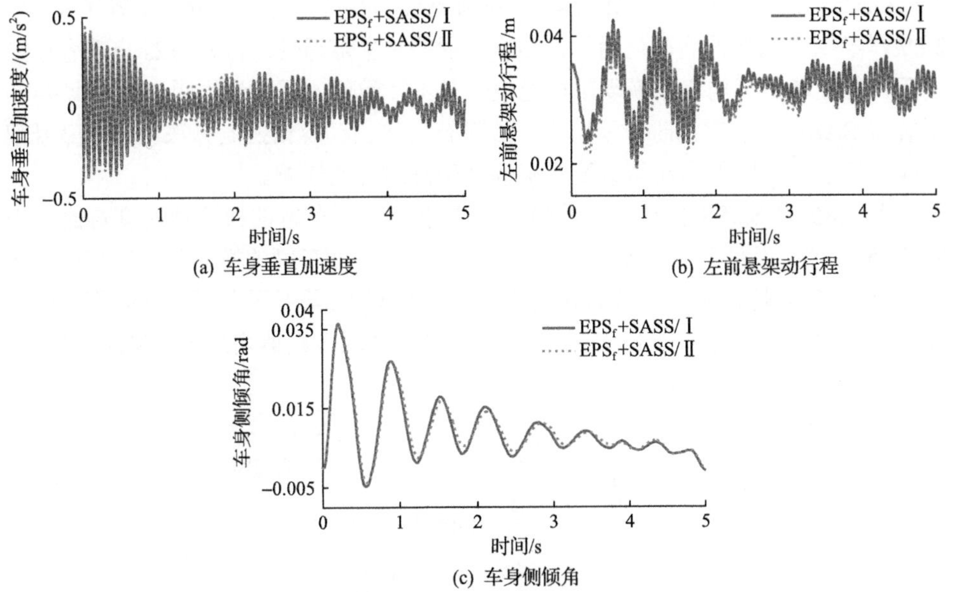

(a) 车身垂直加速度　(b) 左前悬架动行程

(c) 车身侧倾角

图 4.43　故障 2 切换控制器前后悬架性能对比

图 4.44 中，当 SASS 左前悬架作动器自 $t = 2\text{s}$ 发生增益故障时，车身垂直加速度、车身侧倾角及左前悬架动行程均较无故障时出现不同程度的下降，分析发

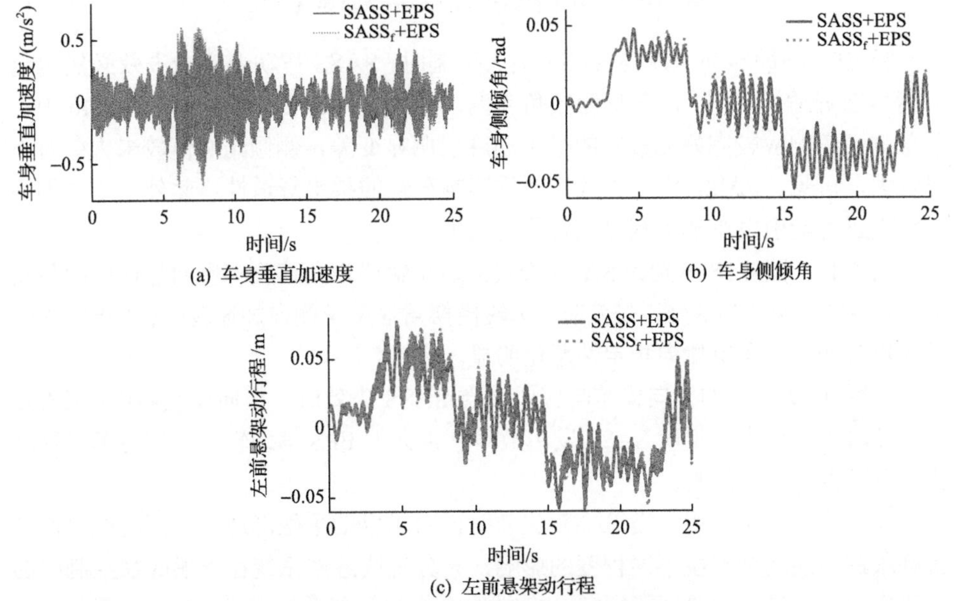

(a) 车身垂直加速度　(b) 车身侧倾角

(c) 左前悬架动行程

图 4.44　故障 3 容错控制前后悬架性能对比

生故障前后的均方根值，车身垂直加速度均方根值由无故障的 0.2084m/s^2 变为 0.2279m/s^2，上升了 9.3%；车身侧倾角、左前悬架动行程均方根值分别上升了 3.5%、2.8%，半主动悬架性能恶化明显，影响车辆的乘坐舒适性；自 $t = 12$s 启动容错控制后，各性能指标均逐渐恢复至与无故障基本一致的水平。这说明 EPS 辅助转向系统与 SASS 集成控制时，采用基于故障补偿的主动容错控制算法可使故障悬架性能有所恢复，降低作动器故障对车辆乘坐舒适性的影响。

图 4.45 为 SASS 作动器无故障及发生故障 3 时车辆的横摆角速度对比。由图 4.45 可见，当悬架作动器在 $t = 2$s 发生故障时，使车辆的横摆角速度响应较无故障时变差，其峰值由 0.1851rad/s 上升至 0.1915rad/s，降低了车辆的行驶稳定性；而从 $t = 12$s 容错控制开始，横摆角速度的峰值及均方根值均与无故障时相接近，验证了容错控制的有效性。

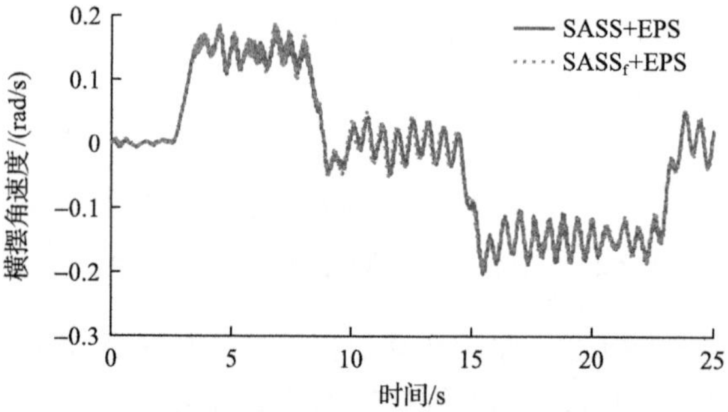

图 4.45　故障 3 容错控制前后横摆角速度对比

当 EPS 辅助转向系统与 SASS 集成控制时，SASS 作动器完全失效必然引起车辆乘坐舒适性下降，以车身侧倾角为例，仿真结果如图 4.46 所示。图 4.46 中，车身侧倾角响应较完好无故障的半主动悬架明显变差，侧倾角峰值较未失效时下降较大，可见，SASS 完全失效将严重影响车辆的乘坐舒适性。此外，车身侧倾角较大还可能引发车辆侧翻等失稳状况发生。

图 4.47、图 4.48 分别为 SASS 失效前后车辆横摆角速度与侧向加速度的仿真结果。由图可见，当 SASS 失效时，车辆横摆角速度及侧向加速度指标均较 SASS 无故障时变差，车辆侧向稳定性恶化明显。

在图 4.49 所示的横向偏差响应中，当 SASS 失效时，横向偏差峰值较 SASS 未失效时有所增大，说明 SASS 发生故障，也会使 EPS 辅助转向系统对车辆行驶轨迹跟踪性能产生影响。

以上仿真结果表明，当 SASS 失效时，对车辆的乘坐舒适性、侧向稳定性及轨迹跟踪性能均会产生不同程度的影响，充分说明悬架系统在车辆底盘控制中的重要作用，也进一步验证了研究 EPS 转向系统与悬架系统集成控制的必要性。

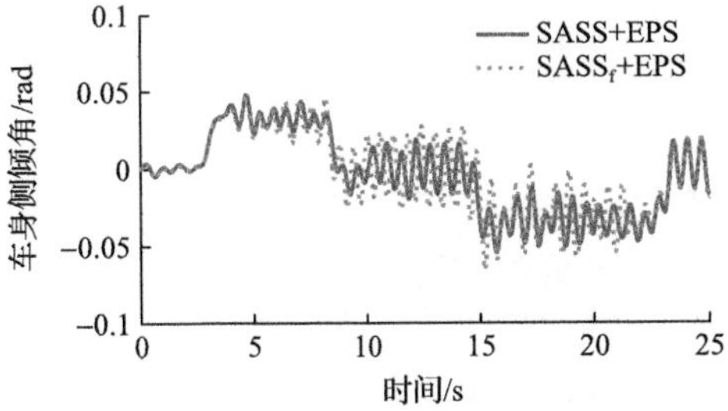

图 4.46　故障 4 下车身侧倾角对比

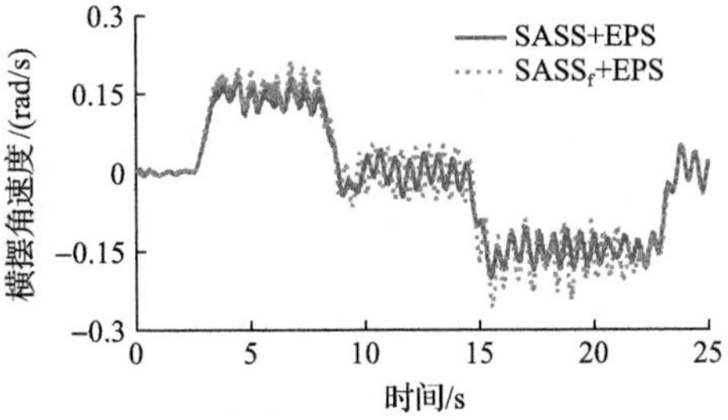

图 4.47　故障 4 下横摆角速度对比

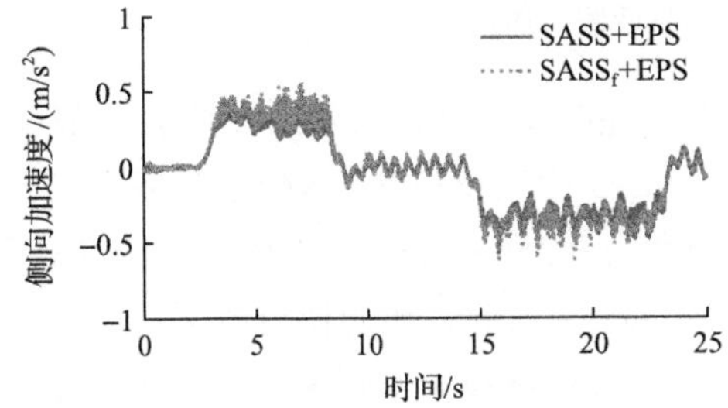

图 4.48　故障 4 下侧向加速度对比

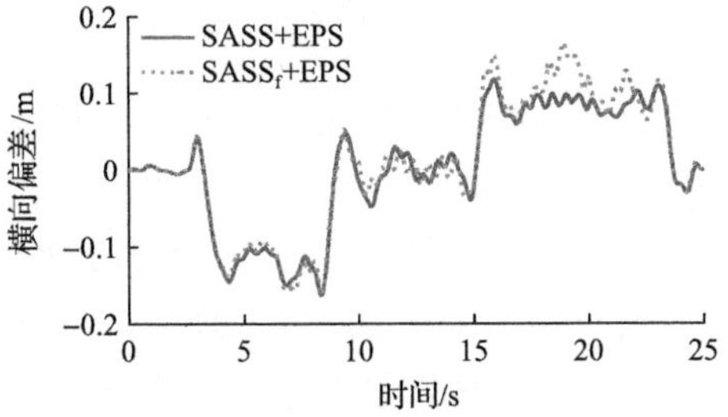

图 4.49　故障 4 下横向偏差对比

当 SASS 完全失效时，为提高车辆侧向稳定性，在协调层以 EPS 辅助转向系统最优为目标函数，优化子系统控制器参数。将采用 EPS 辅助转向系统与 SASS 集成优化控制参数的控制器标记为控制器 I；将切换目标函数并优化后的 EPS 辅助转向控制器标记为控制器 II。在控制器 I 和控制器 II 下的仿真结果如图 4.50～图 4.52 所示。

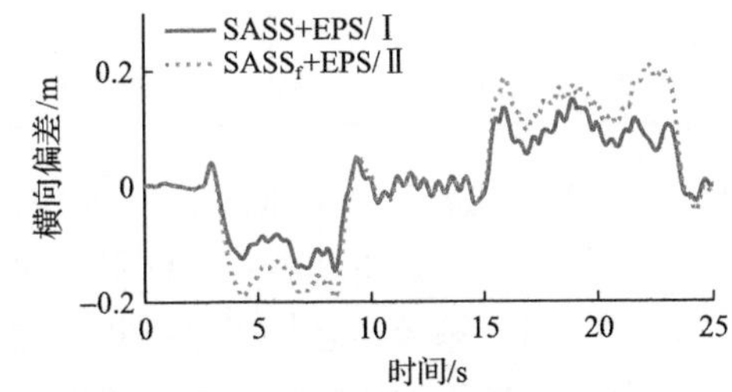

图 4.50　故障 4 切换控制器前后横向偏差对比

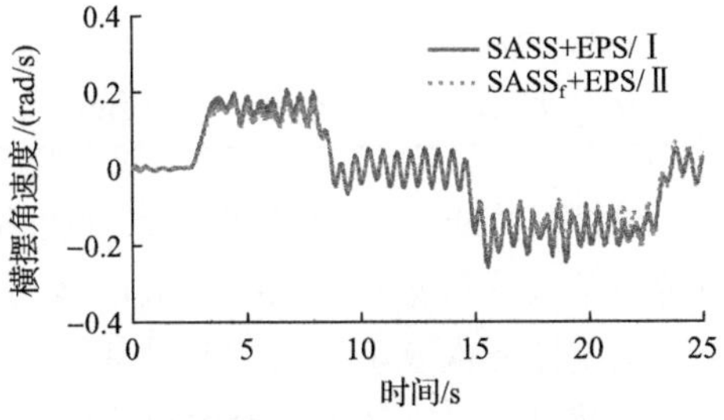

图 4.51　故障 4 切换控制器前后横摆角速度对比

图 4.50 中，控制器 II 的横向偏差较控制器 I 变差，进一步分析比较图 4.51 与图 4.52 可见，控制器 II 下的横摆角速度响应及侧向加速度响应均较控制器 I 有了较为明显的改善，提高了车辆的侧向稳定性。综合分析图 4.50～图 4.52 可知，通过协调层切换优化目标函数，基于遗传算法的优化控制适当降低了 EPS 辅助转向系统的轨迹跟踪性能，但提高了车辆的侧向稳定性。

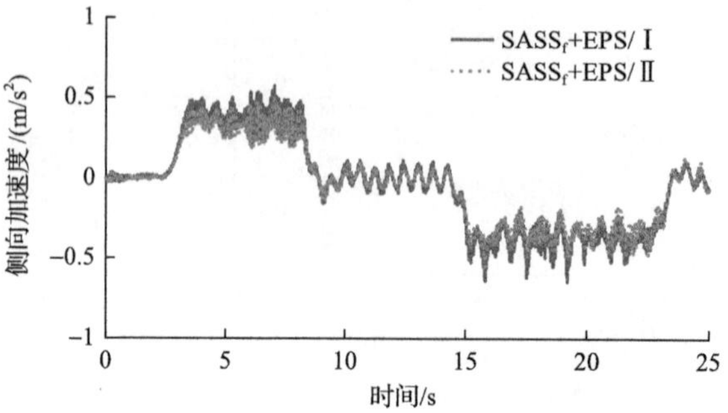

图 4.52 故障 4 切换控制器前后侧向加速度对比

比较 SASS 完好及失效时在控制器 I 下的性能及 SASS 失效后在控制器 II 下的性能，其均方根值及峰值见表 4.13。由表 4.13 中数据可见，SASS 失效且在控制器 I 下的横摆角速度及侧向加速度峰值分别为 0.2585rad/s、0.6470m/s^2，较 SASS 完好时分别上升了 27.6%、24.3%。当 SASS 完全失效时，经切换控制器后车辆的横摆角速度及侧向加速度峰值为 0.2219rad/s、0.5795m/s^2，其较 SASS 失效且在控制器 I 下有了明显改善，充分说明了基于切换目标函数的遗传算法在 SASS 失效时，仍能通过控制器参数降低悬架系统故障对车辆侧向稳定性的影响。

表 4.13 切换控制器前后性能对比

系统状态及控制器	横向偏差 y_{CG} /m		横摆角速度 r/(rad/s)		侧向加速度 a_y /(m/s^2)	
	均方根值	峰值	均方根值	峰值	均方根值	峰值
SASS+EPS/I	0.0769	0.1629	0.1091	0.2026	0.2474	0.5205
SASS$_f$+EPS/I	0.0847	0.1640	0.1215	0.2585	0.2770	0.6470
SASS$_f$+EPS/II	0.1151	0.2108	0.1105	0.2219	0.2488	0.5795

通过对故障 1～4 的仿真结果分析可见，在 EPS 系统与 SASS 的集成控制中，当转向子系统与悬架子系统的执行器发生部分故障时，通过主动容错控制策略可使子系统性能恢复至与无故障时基本一致。而当转向子系统与悬架子系统执行器完全失效时，通过切换控制器可降低故障对车辆总体性能的影响，这充分说明了 EPS 系统与悬架系统的集成容错控制策略的有效性。

参 考 文 献

[1] 杨国安. 电动机故障诊断实用技术. 北京: 中国石化出版社, 2012.

[2] 杨柳青, 陈无畏, 张卫华, 等. 汽车主动悬架传感器故障检测与隔离研究. 控制工程, 2014, 21(2): 283-289.

[3] SLim D, Anis S, Faycal B H. Robust sensor fault detection and isolation for a steer-by-wire system based on sliding mode observer. IEEE Mediterranean Electrotechnical Conference, Yasmine Hammamet, 2012: 450-454.

[4] 俞立. 鲁棒控制——线性矩阵不等式处理方法. 北京: 清华大学出版社, 2002.

[5] Jiang B, Marcel S. Fault accommodation for nonlinear dynamic systems. IEEE Transactions on Automatic Control, 2006, 51(9): 1578-1583.

[6] Wong J Y. Theory of Ground Vehicles. Hoboken: Wiley, 2008.

[7] Wang J, Longoria R G. Coordinated and Reconfigurable vehicle dynamics control. IEEE Transactions on Control Systems Technology, 2009, 17(3): 723-732.

[8] Wang R, Wang J. Fault-tolerant control for electric ground vehicles with independently-actuated in-wheel motors. ASME 2010 Dynamic Systems and Control Conference, Cambridge, 2012: 194-203.

[9] Alecsa B, Cirstea M N, Onea A. Simulink modeling and design of an efficient hardware-constrained FPGA-based PMSM speed controller. IEEE Transactions on Industrial Informatics, 2012, 8(3): 554-562.

[10] Tezuka Y, Ishii H, Kiyota S. Application of the magic formula tire model to motorcycle maneuverability analysis. Jsae Review, 2001, 22(3): 305-310.

[11] Rajamani R, Phanomchoeng G, Piyabongkarn D, et al. Algorithms for real-time estimation of individual wheel tire-road friction coefficients. IEEE/ASME Transactions on Mechatronics, 2012, 17(6): 1183-1195.

[12] Lu X, Chen C, Yuan F, et al. Modeling of distributed drive electric vehicle based on co-simulation of Carsim/Simulink. Journal of System Simulation, 2014, 26(5): 1143-1151.

[13] 褚文博, 罗禹贡, 韩云武, 等. 基于规则的分布式电驱动车辆驱动系统失效控制. 机械工程学报, 2012, 48(10): 90-95.

[14] Holtz J, Springob L. Identification and compensation of torque ripple in high-precision permanent magnet motor drives. IEEE Transactions on Industrial Electronics, 2002, 43(2): 309-320.

[15] Gao B, Chen H, Liu Q, et al. Position control of electric clutch actuator using a triple-step nonlinear method. IEEE Transactions on Industrial Electronics, 2014, 61(12): 6995-7003.

[16] Liu Q, Chen H, Gao B, et al. Shift control of dual clutch transmission using triple-step nonlinear method. IFAC Proceedings Volumes, 2014, 47(3): 5884-5889.

[17] Zhao H, Gao B, Ren B, et al. Integrated control of in-wheel motor electric vehicles using a triple-step nonlinear method. Journal of the Franklin Institute, 2015, 352(2): 519-540.

[18] Wang F, Chen H, Cao D. Nonlinear coordinated motion control of road vehicles after a tire blowout. IEEE Transactions on Control Systems Technology, 2016, 24(3): 956-970.

[19] Iwasaki M, Seki K, Maeda Y. High-precision motion control techniques: A promising approach to improving motion performance. Industrial Electronics Magazine IEEE, 2012, 6(1): 32-40.

[20] Chang P H, Park H S. Time-varying input shaping technique applied to vibration reduction of an industrial robot. Control Engineering Practice, 2005, 13(1): 121-130.

[21] Krstić M, Kanellakopoulos I, Kokotović P V. Nonlinear and adaptive control design. New York: John Wiley & Sons Inc., 2003.

[22] 林澍. 考虑单电机故障的轮毂电机驱动汽车稳定性控制研究. 合肥: 合肥工业大学硕士学位论文, 2018.

[23] 陈无畏, 孙晓文, 汪洪波. 汽车差动助力转向系统的可拓协调控制. 中国科学: 技术科学, 2017, 47(3): 324-335.

[24] Xiong L, Yu Z P, Meng Y F. Vehicle dynamic control for a 4 in-wheel-motored EV based on identification of tire cornering stiffness. Proceedings of AVEC'10, 2010.

[25] 王博, 罗禹贡, 范晶晶, 等. 基于控制分配的四轮独立电驱动车辆驱动力分配算法. 汽车工程, 2010, 32(2): 128-132.

[26] Li B, Du H, Li W. Fault-tolerant control of electric vehicles with in-wheel motors using actuator-grouping sliding mode controllers. Mechanical Systems & Signal Processing, 2016, 72-73: 462-485.

[27] Zhao J, Wong P K, Ma X B, et, al. Chassis integrated control for active suspension, active front steering and direct yaw moment systems using hierarchical strategy. Vehicle System Dynamics, 2017, 55(1): 72-103.

[28] 高振刚. 基于 EPS 的人机协同转向与悬架系统主动容错控制研究. 合肥: 合肥工业大学博士学位论文, 2018.

[29] 王其东, 姜武华, 陈无畏. 主动悬架与电动助力转向系统机械与控制参数集成优化. 机械工程学报, 2008, 44(8): 67-72.

[30] Behrooz M, Mehdi M, Amir H K, et al. Vehicle path following control in the presence of driver inputs. Proceedings of the Institution of Mechanical Engineers, Part K: Journal of Multi-body Dynamics, 2013, 227(2): 115-132.

[31] 张荣芸, 黄鹤, 陈无畏, 等. 基于功能分配与多目标模糊决策的EPS和ESP协调控制. 机械工程学报, 2014, 50(6): 99-106.

[32] 陈无畏, 王妍旻, 王其东, 等. 电动助力转向与主动悬架系统多变量自适应集成控制. 振动工程学报, 2005, 18(3): 360-365.

[33] Cáspá P, Németh B, Bokor J. Design of an integrated control for driver assistance based on LPV methods. American Control Conference, Montréal, 2012: 2916-2921.

[34] 郭孔辉, 丁海涛, 宗长富. 人-车闭环操纵性评价与优化的研究进展. 机械工程学报, 2003, 39(10): 27-35.

[35] 高振刚, 陈无畏, 汪洪波, 等. 基于故障补偿的汽车半主动悬架容错控制. 汽车工程, 2016, 38(6): 705-715.

第 5 章　智能车辆辅助驾驶中的容错控制技术及应用

随着车辆保有量的急剧增加和交通环境的日益复杂，交通事故问题显得日益严峻，各种车辆智能化的高级驾驶辅助系统的应用已成为解决这一问题的有效手段，同时是通往未来无人驾驶车辆的必由之路。但随着高级驾驶辅助系统的广泛应用，如何处理驾驶员和辅助系统之间的交互问题成为一个有待解决的重要难题。前面的章节阐述了智能车辆的纵向、垂向、横向运动系统的动力学及其容错控制，其主要目标均为针对系统发生故障的情况，设计良好性能的控制器或调节控制策略等，以保障系统稳定性和令人满意的各项使用性能。本章将考虑拓展容错控制的内容和范畴，在智能车辆辅助驾驶中如何有效地开展驾驶操纵过程的纠偏纠错、驾驶员操纵失误中的主动安全预防及避障控制，同时考虑人机协同因素以尽可能地减少人机冲突，最终实现车辆的安全行驶。也就是说，智能车辆在人机协同驾驶过程中由驾驶员本身的操纵失误、误判、疲劳驾驶等错误行为而导致的车道偏离、危险发生等，均可由驾驶员与控制器共同组成的控制系统来执行其容错纠偏行为。

5.1　基于混杂控制方法的横向运动辅助驾驶控制

以车道保持辅助系统为主要特征的横向运动控制是辅助驾驶控制中非常重要的研究内容，研究成果丰硕，本节仅阐述将混杂控制方法应用于智能车辆的横向运动辅助驾驶控制。

5.1.1　系统模型的建立

1. 转向系统模型

采用线控主动转向系统作为执行机构。该主动转向系统主要由转向盘总成、转向执行总成和主控单元组成，其主要结构图如图 5.1 所示。

考察转向盘总成，忽略系统各处的干摩擦，得到如下动力学方程：

$$J_{\mathrm{c}}\ddot{\theta}+C_{\mathrm{c}}\dot{\theta}+K_{\mathrm{c}}(\theta-\theta_{\mathrm{m}}/i_1)=T_{\mathrm{d}} \tag{5.1a}$$

$$J_{\mathrm{m}}\ddot{\theta}_{\mathrm{m}}+C_{\mathrm{m}}\dot{\theta}_{\mathrm{m}}+\frac{K_{\mathrm{c}}(\theta_{\mathrm{m}}/i_1-\theta)}{i_1}=T_{\mathrm{m}} \tag{5.1b}$$

式中，θ为转向盘转角；θ_{m}为路感电机转角；J_{c}和C_{c}分别为转向柱转动惯量和阻尼；K_{c}为转向柱扭转刚度；J_{m}和C_{m}分别为路感电机转动惯量和阻尼；i_1为路感电机减速比；T_{m}为路感电机转矩；T_{d}为驾驶员转矩。

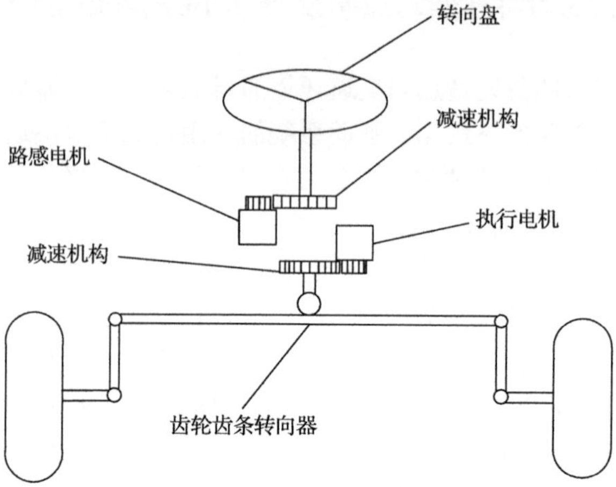

图 5.1　主动转向系统主要结构图

考察转向执行电机及减速机构：

$$J_{\mathrm{m1}}\ddot{\theta}_{\mathrm{m1}} + C_{\mathrm{m1}}\dot{\theta}_{\mathrm{m1}} = T_{\mathrm{m1}} - \frac{T_{\mathrm{out1}}}{i_{\mathrm{m1}}} \tag{5.2a}$$

$$T_{\mathrm{out1}} = K_{\mathrm{m1}}\left(\theta_{\mathrm{m1}} - \frac{x_{\mathrm{r}} i_{\mathrm{m1}}}{r_{\mathrm{p}}}\right) \tag{5.2b}$$

式中，J_{m1}和C_{m1}分别为执行电机转动惯量和阻尼；θ_{m1}为执行电机转角；T_{m1}为执行电机转矩；T_{out1}为执行电机输出转矩；i_{m1}为减速机构减速比；K_{m1}为执行电机扭转刚度；x_{r}为齿条位移；r_{p}为小齿轮分度圆半径。

考察齿轮齿条转向和前轮转向单元：

$$(m_{\mathrm{r}}\ddot{x}_{\mathrm{r}} + C_{\mathrm{r}}\dot{x}_{\mathrm{r}} + K_{\mathrm{r}}\Delta x_{\mathrm{r}}) = T_{\mathrm{out1}} - T_{\mathrm{out2}} \tag{5.3a}$$

$$J_{\mathrm{fw}}\ddot{\delta}_{\mathrm{f}} + C_{\mathrm{fw}}\dot{\delta}_{\mathrm{f}} = T_{\mathrm{out2}} i_{\mathrm{fw}} - M_z \tag{5.3b}$$

式中，m_{r}、C_{r}和K_{r}分别为齿条当量质量、当量阻尼和当量刚度；Δx_{r}为齿条形变；T_{out2}为转向器的输出转矩；J_{fw}和C_{fw}分别为转向轮绕主销的转动惯量和阻尼系数；δ_{f}为前轮转角；i_{fw}为齿条到转向轮的传动比；M_z为转向轮回正力矩。

进一步简化模型，假设前轮转角能很好地响应转向盘转角的变化，两者之间呈一定的比例关系，则该主动转向系统数学模型最终可简化成如下方程：

$$J_c\ddot{\theta}+C_c\dot{\theta}+T_m=T_d \tag{5.4a}$$

$$\theta=i_{sw}\delta_f \tag{5.4b}$$

将式(5.4a)和式(5.4b)写成状态空间方程的形式，为

$$\begin{bmatrix}\dot{\theta}\\ \ddot{\theta}\end{bmatrix}=\begin{bmatrix}0 & 1\\ 0 & \dfrac{-C_c}{J_c}\end{bmatrix}\begin{bmatrix}\theta\\ \dot{\theta}\end{bmatrix}+\begin{bmatrix}0 & 0\\ \dfrac{1}{J_c} & -\dfrac{1}{J_c}\end{bmatrix}\begin{bmatrix}T_d\\ T_m\end{bmatrix} \tag{5.5a}$$

$$\delta_f=\begin{bmatrix}\dfrac{1}{i_{sw}} & 0\end{bmatrix}\begin{bmatrix}\theta\\ \dot{\theta}\end{bmatrix} \tag{5.5b}$$

式中，θ为转向盘转角；δ_f为前轮转角；T_m为路感电机转矩；T_d为驾驶员转矩；J_c为转向柱转动惯量；C_c为转向柱阻尼；i_{sw}为转向盘转角到前轮转角的角传动比。

2. 线性 2 自由度车辆模型

假设在车辆上已经安装了车道线检测系统，并忽略路面坡度和空气阻力的影响，将车辆横向动力学模型简化成如图 5.2 所示的 2 自由度车辆模型，其状态方程为

$$\begin{bmatrix}\dot{r}\\ \dot{\beta}\\ \dot{\phi}\\ \dot{y}_L\end{bmatrix}=\begin{bmatrix}a_{11} & a_{12} & 0 & 0\\ a_{21} & a_{22} & 0 & 0\\ 1 & 0 & 0 & 0\\ 0 & v & v & 0\end{bmatrix}\begin{bmatrix}r\\ \beta\\ \phi\\ y_L\end{bmatrix}+\begin{bmatrix}b_{11}\\ b_{21}\\ 0\\ 0\end{bmatrix}\delta_f \tag{5.6a}$$

$$y=\begin{bmatrix}1 & 0 & 0 & 0\\ 0 & 1 & 0 & 0\\ 0 & 0 & 1 & 0\\ 0 & 0 & 0 & 1\end{bmatrix}\begin{bmatrix}r\\ \beta\\ \phi\\ y_L\end{bmatrix} \tag{5.6b}$$

式中，

$$a_{11}=\frac{a^2k_f+b^2k_r}{I_z v},\quad a_{12}=\frac{ak_f-bk_r}{I_z},\quad a_{21}=\frac{ak_f-bk_r}{mv^2}-1$$

$$a_{22}=\frac{k_f+k_r}{mv},\quad b_{11}=-\frac{ak_f}{I_z},\quad b_{21}=-\frac{k_f}{mv}$$

r 为横摆角速度；β 为质心侧偏角；ϕ 为车辆横摆角；y_L 为侧向位移；a、b 分别为质心到前、后轴距离；k_f、k_r 分别为前、后轮胎总侧偏刚度；m 为整车质量；I_z 为车辆绕 z 轴的转动惯量；v 为车速。

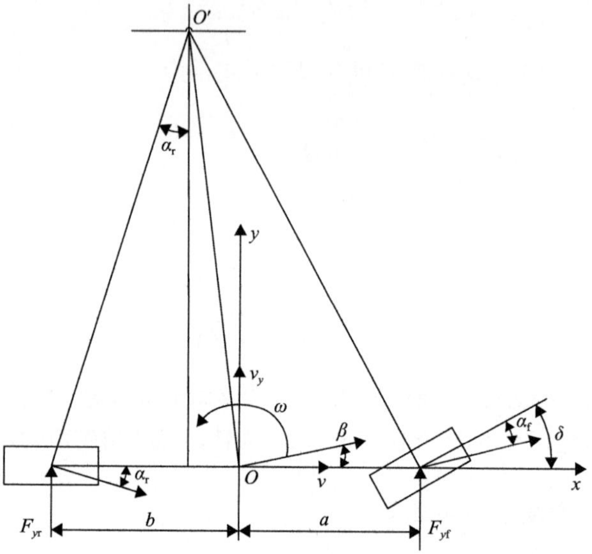

图 5.2　2 自由度车辆模型

3. 车辆-道路模型

上述系统可以串联成一个整体，故最终的车辆-道路模型为

$$\begin{bmatrix} \dot{x}_1 \\ \dot{x}_2 \end{bmatrix} = \begin{bmatrix} A_1 & 0 \\ B_2C_1 & A_2 \end{bmatrix} \begin{bmatrix} x_1 \\ x_2 \end{bmatrix} + \begin{bmatrix} B_1 \\ B_2D_1 \end{bmatrix} u_1 \tag{5.7a}$$

$$y = \begin{bmatrix} D_2C_1 & C_2 \end{bmatrix} \begin{bmatrix} x_1 \\ x_2 \end{bmatrix} + D_2D_1u_1 \tag{5.7b}$$

式中，

$$x = \begin{bmatrix} x_1 \\ x_2 \end{bmatrix} = \begin{bmatrix} \theta, & \dot{\theta}, & r, & \beta, & \phi, & y_L \end{bmatrix}^T, \quad u_1 = [T_d, \ T_m]^T$$

$$A_1 = \begin{bmatrix} 0 & 1 \\ 0 & \dfrac{-C_c}{J_c} \end{bmatrix}, \quad B_1 = \begin{bmatrix} 0 & 0 \\ \dfrac{1}{J_c} & -\dfrac{1}{J_c} \end{bmatrix}$$

$$C_1=\begin{bmatrix}\dfrac{1}{i} & 0\end{bmatrix},\quad A_2=\begin{bmatrix}a_{11} & a_{12} & 0 & 0\\ a_{21} & a_{22} & 0 & 0\\ 1 & 0 & 0 & 0\\ 0 & v & v & 0\end{bmatrix},\quad B_2=\begin{bmatrix}b_{11}\\ b_{21}\\ 0\\ 0\end{bmatrix},\quad C_2=\begin{bmatrix}1 & 0 & 0 & 0\\ 0 & 1 & 0 & 0\\ 0 & 0 & 1 & 0\\ 0 & 0 & 0 & 1\end{bmatrix}$$

D_1、D_2为 0 矩阵。

5.1.2　基于混杂控制方法的转向系统控制策略[1]

1. 车辆高速行驶混杂特性分析

当智能车辆高速行驶，前方一定距离内无慢车时，驾驶员往往希望车辆以经济车速行驶，以减少能耗；当视觉传感器检测到车辆将偏离车道时，转向系统切换到车道保持模式，保证车辆行驶在期望车道内；若前方一定距离内检测到有慢车，则为了防止发生追尾，并提高通行效率，大部分驾驶员会选择主动换道超车。此时，转向系统工作流程如图 5.3 所示。

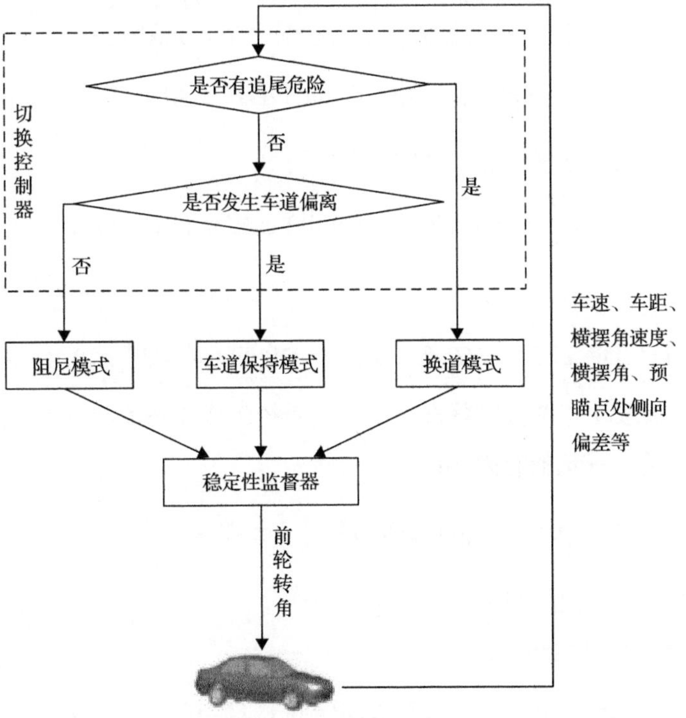

图 5.3　转向系统工作流程

设跨道时间阈值为 t_0，安全距离阈值为 dp_0。tlc 和 dp 分别表示跨道时间和自车与本车道内前方车辆的距离。Q_1 代表换道模式，Q_2 代表阻尼模式，Q_3 代表车道保持模式，Y 是输出变量的有限集。图 5.3 可表示如下：

$$Y=\begin{cases} Q_1, & \mathrm{dp}<\mathrm{dp}_0 \\ Q_2, & (\mathrm{dp}\geqslant\mathrm{dp}_0)\wedge(\mathrm{tlc}\geqslant t_0) \\ Q_3, & (\mathrm{dp}\geqslant\mathrm{dp}_0)\wedge(\mathrm{tlc}<t_0) \end{cases} \tag{5.8}$$

高速行驶时智能车辆转向系统既包含连续时间子系统也包含离散事件子系统，有明显的混杂特性。

2. 转向系统混杂自动机模型的建立

混杂自动机模型是离散事件动态理论中自动机模型的扩展，它将描述连续动态行为的微分方程嵌入到传统的离散状态机模型中，从而使自动机模型具有描述连续系统的能力。

首先加入两个输入使能 DP 和 TLC，用来判断车辆的行驶状态。$\mathrm{DP}=0$ 表示 $\mathrm{dp}\geqslant\mathrm{dp}_0$，$\mathrm{DP}=1$ 表示 $\mathrm{dp}<\mathrm{dp}_0$；$\mathrm{TLC}=0$ 表示 $\mathrm{tlc}\geqslant t_0$，$\mathrm{TLC}=1$ 表示 $\mathrm{tlc}<t_0$。

设转向控制策略混杂自动机模型采用以下一个九元组来表示：

$$H=(X,Q,U,Y,\mathrm{Init},\mathrm{Inv},E,G,R)$$

(1) X 是有限的连续动态部分的状态空间：

$$X=\left\{\hat{x}:\hat{x}=[\theta,\dot{\theta},r,\beta,\phi,y_{\mathrm{L}}]^{\mathrm{T}}\right\}\subset\mathbb{R}^6\times\{0,1\}\times\{0,1\}$$

其中，

$$\hat{x}=(x^{\mathrm{T}},\mathrm{DP},\mathrm{TLC})^{\mathrm{T}}=(\theta,\dot{\theta},r,\beta,\phi,y_{\mathrm{L}},\mathrm{DP},\mathrm{TLC})^{\mathrm{T}}\in\mathbb{R}^6\times\{0,1\}\times\{0,1\}$$

(2) Q 是离散动态部分的状态空间，是系统工作模态的集合 $Q=\{Q_1,Q_2,Q_3\}$。

(3) U 是输入变量的有限集：

$$U=\left\{u:u=\left[T_{\mathrm{d}},T_{\mathrm{m}},\mathrm{DP},\mathrm{TLC}\right]^{\mathrm{T}}\right\}\subset\mathbb{R}^2\times\{0,1\}\times\{0,1\}$$

(4) Y 是输出变量的有限集：$Y=Q$。

(5) Init 是初始状态的集合：

$$\mathrm{Init}=\{(Q_2,x\in L(Z^N),\mathrm{DP}=0,\mathrm{TLC}=0)\}\subset X\times Q$$

其中，$L(Z^N)$ 表示正常行驶区域。

(6) $\mathrm{Inv}:Q\to\wp(X\times U)$ 为整个系统具体的不变集：

$$\mathrm{Inv}(Q)\to\begin{cases}Q_1=\{(\hat{x},u)\in X\times U:[(\mathrm{DP}=1)\wedge(\mathrm{TLC}=0)]\vee[(\mathrm{DP}=1)\wedge(\mathrm{TLC}=1)]\}\\Q_2=\{(\hat{x},u)\in X\times U:(\mathrm{DP}=0)\wedge(\mathrm{TLC}=0)\}\\Q_3=\{(\hat{x},u)\in X\times U:(\mathrm{DP}=0)\wedge(\mathrm{TLC}=1)\}\end{cases}$$

(7) 假设换道模式控制器能使车辆到达邻近车道中心线，换道后直接进入阻尼模式，即不存在 Q_1 到 Q_3 的切换。确定两个离散状态之间的切换用集合 E 表示，各离散状态切换关系如图 5.4 所示。

$$E=\{E^{12},E^{21},E^{23},E^{32},E^{31}\}=\{(Q_1,Q_2),(Q_2,Q_1),(Q_2,Q_3),(Q_3,Q_2),(Q_3,Q_1)\}$$

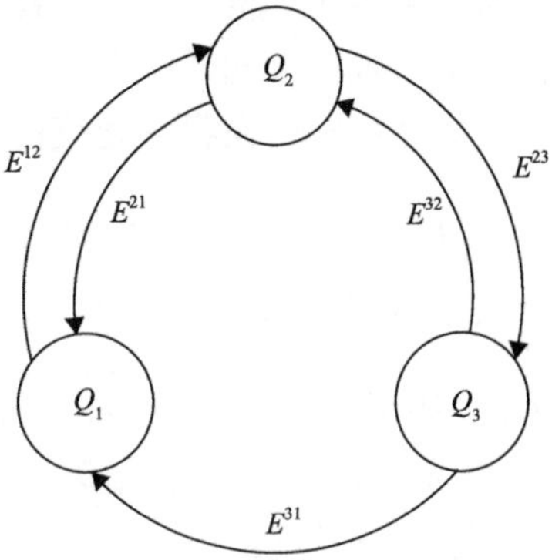

图 5.4　离散状态切换关系

(8) $G:E\to\wp(X\times U)$ 为守护条件，当系统的状态变化符合该区域时，启动切换系统，系统的状态会发生跳跃。

$$\begin{aligned}G(E^{12})&=\{(\vartheta,u)\in X\times U:\mathrm{TLC}=0\}\\G(E^{21})&=\{(\vartheta,u)\in X\times U:(\mathrm{DP}=1\wedge\mathrm{TLC}=0)\}\\G(E^{23})&=\{(\vartheta,u)\in X\times U:(\mathrm{DP}=0\wedge\mathrm{TLC}=1)\}\\G(E^{32})&=\{(\vartheta,u)\in X\times U:(\mathrm{DP}=0\wedge\mathrm{TLC}=0)\}\\G(E^{31})&=\{(\vartheta,u)\in X\times U:(\mathrm{DP}=1\wedge\mathrm{TLC}=1)\}\end{aligned}$$

(9) $R:E\times\Theta\times U\to\wp(\Theta)$ 描述离散事件作用前后系统状态的变化：

$$R(E^{12},\hat{x},u)=R(E^{21},\hat{x},u)=R(E^{31},\hat{x},u)=R(E^{23},\hat{x},u)=R(E^{32},\hat{x},u)=[x^{\mathrm{T}},0,0]^{\mathrm{T}}$$

上述每个离散状态下的车辆行驶连续状态都是唯一存在的。在整个混杂控制系统中，输入变量 U 是核心部分，因此设计合适的转向控制器，获得最佳的输入变量是实现转向系统多模式合理切换的关键。

5.1.3 几种模式的控制策略设计

1. 阻尼模式

车辆在高速行驶时，一般道路曲率很小，此时转向系统工作在死区范围内，回正力矩较大，导致转向过于灵敏，甚至转向盘在中位附近发生抖动，而且此时路面的偶然冲击引起侧向加速度的突变，传到转向盘上的力矩比较大，这将引起驾驶员的紧张和疲劳。因此，为了保持车辆的直线行驶性能，此时转向系统需要有适当的阻尼。

车辆在路面上进行转向时，随着车速的增大，道路阻力矩减少，因此转向系统阻力矩应随车速的增大而增大；而且此时驾驶员转向盘速度较低，为了衰减路面冲击导致的转向盘摆动，阻力矩应随转向盘角速度的增加而增加。

$$T=\begin{cases} f_v(v)f_m(\dot{\theta}), & \dot{\theta}<\dot{\theta}_{\max} \\ f_v(v)f_m(\dot{\theta}_{\max}), & \dot{\theta}\geqslant\dot{\theta}_{\max} \end{cases} \tag{5.9}$$

式中，$f_v(v)=K_1(v-v_0)$ 为车速阻力矩系数；$f_m(\omega_{\mathrm{d}})=K_2\dot{\theta}_{\max}$ 为转向盘角速度阻力矩系数。其中，K_1 为车速系数；K_2 为转向盘角速度系数；v_0 为进入阻尼模式时的车速。

2. 车道保持模式

一般车道保持系统在控制车辆回到车道中心线时，车辆仍然有侧向速度或侧向加速度，这就导致下一时刻车辆必然会到车道线的另一侧，产生超调。为了解决上述问题，建立如下的车辆-道路参考模型。

假设预瞄点处的侧向偏差为如下形式：

$$y(t)=y(0)\mathrm{e}^{-\lambda t} \tag{5.10}$$

式中，λ 为预瞄点侧向偏差衰减系数。

对 $y(t)$ 求一阶导数和二阶导数得

$$\dot{y}=-\lambda y(t),\quad \ddot{y}=-\lambda^2 y(t)$$

当车辆回到车道中心线时，侧向偏差 $y(t)$ 约为 0，由上式可知，此时侧向速度 $\dot{y}$ 和侧向加速度 $\ddot{y}$ 均等于 0，车辆回到车道中心线后不会发生超调。

对 $y(t)$ 进行上述假设还有如下优点：侧向偏差开始衰减很快，车辆能快速逼近车道中心线；预瞄点侧向偏差衰减系数 λ 选择合理，该方法能很好地控制车辆的侧向加速度。

为简化车辆-道路模型(图 5.5)，可假设：车辆关于纵向平面对称且忽略车辆的侧倾运动；左侧和右侧前轮转角相同；侧向速度远小于纵向速度；纵向加速度很小，约等于 0；参考路径上目标点与车辆质心之间的连线与车身正前方之间的夹角 E_{Ld} 很小，即 $\tan(E_{\mathrm{Ld}}) \approx E_{\mathrm{Ld}}$；忽略瞬态过程，即 $\dot{E}_{\mathrm{Ld}} = 0$ 、 $\dot{r} = 0$ 、 $\ddot{Y}_{\mathrm{Ld}} = 0$ 。

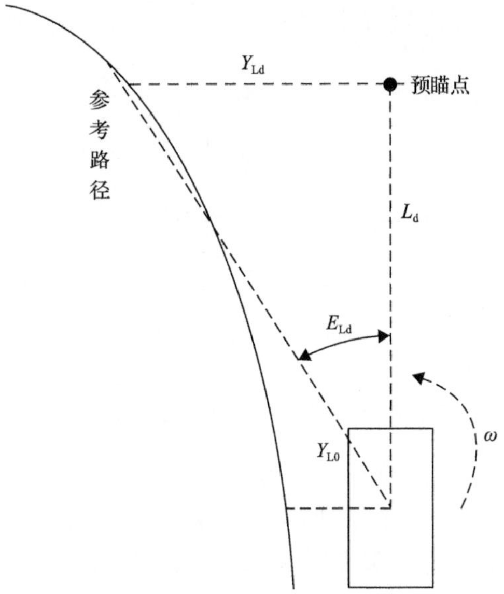

图 5.5　车辆-道路模型

基于上述假设建立的车辆-道路模型如下：

$$mvr = \frac{k_{\mathrm{f}} + k_{\mathrm{r}}}{v}\left(vE_{\mathrm{Ld}} - rL_{\mathrm{d}} - \dot{Y}_{\mathrm{Ld}}\right) + \frac{k_{\mathrm{f}}a - k_{\mathrm{r}}b}{v}r - k_{\mathrm{f}}\delta_{\mathrm{f}} \tag{5.11}$$

式中，E_{Ld} 为预瞄点处参考路径上的点与车辆质心的连线和车身正前方向的夹角；L_{d} 为预瞄距离；Y_{Ld} 为预瞄点处侧向位移。

将 $Y_{\mathrm{Ld}} = Y_{\mathrm{Ld0}}\mathrm{e}^{-\lambda t}$ 代入式(5.11)得

$$\delta_{\mathrm{f}} = \frac{k_{\mathrm{f}} + k_{\mathrm{r}}}{k_{\mathrm{f}}v}\left[\lambda Y_{\mathrm{Ld}} + vE_{\mathrm{Ld}} + \left(-L_{\mathrm{d}} + \frac{k_{\mathrm{f}}a - k_{\mathrm{r}}b - mv^2}{k_{\mathrm{f}} + k_{\mathrm{r}}}\right)r\right] \tag{5.12}$$

令 $\delta_{Y_{\mathrm{Ld}}} = \lambda Y_{\mathrm{Ld}}$ 为修正车辆与目标车道中心线之间侧向偏差的分量；$\delta_{\mathrm{attd}} = vE_{\mathrm{Ld}}$ 为修正由车速和横摆角引起的车身姿态误差的分量；$\delta_{\mathrm{ss}} = \left(-L_{\mathrm{d}} + \dfrac{k_{\mathrm{f}}a - k_{\mathrm{r}}b - mv^2}{k_{\mathrm{f}} + k_{\mathrm{r}}}\right)r$ 为跟踪固定曲率道路的分量，则最终转向盘转角 $\theta = K(\delta_{Y_{\mathrm{Ld}}} + \delta_{\mathrm{attd}} + \delta_{\mathrm{ss}})$，其中，$K$ 为转

向盘转角修正系数。

假设车道宽度为 3.5m，极端情况下车辆偏离车道中心线 1.75m。图 5.6 为 λ 和 K 取不同值时的车辆侧向偏差和侧向加速度随时间的变化情况。

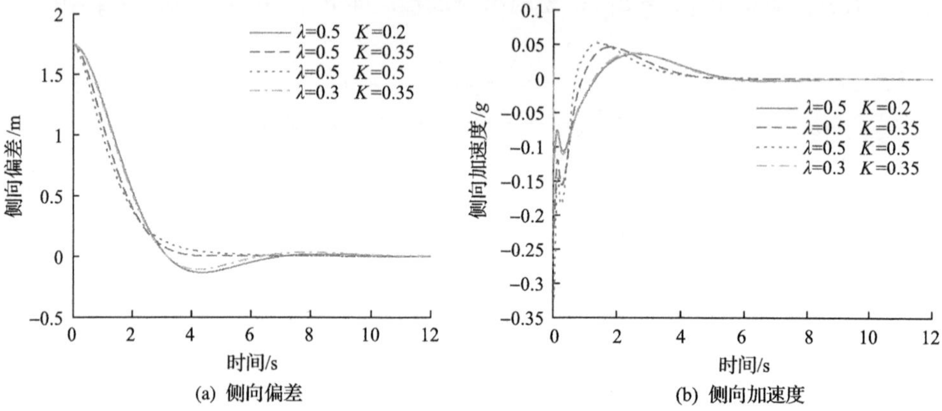

图 5.6　车辆侧向偏差和侧向加速度随时间的变化情况

由图 5.6(a)可知，当 $\lambda=0.5$、$K=0.35$ 和 $\lambda=0.5$、$K=0.5$ 时，车辆回到车道中心线后超调量均较小；由图 5.6(b)可知，$\lambda=0.5$、$K=0.35$ 时车辆侧向加速度幅值为 0.21g，$\lambda=0.3$、$K=0.35$ 时为 0.32g。由上述分析可知，$\lambda=0.5$、$K=0.35$ 时，车辆行驶舒适性和安全性较高。

3. 换道模式

车辆高速换道时不仅要考虑与目标车道线的侧向距离，还需要处理许多制约因素，如换道过程中的侧向加速度、横摆角速度和路面附着系数等，模型预测控制能很好地解决这类传统控制理论不适合解决的多约束问题[2]。

1) 预测方程

对式(5.7)采用一阶差商的方法进行离散化处理，得到预测方程：

$$\begin{cases} x(k+1)=Gx(k)+Hu_1(k) \\ y(k)=Cx(k)+Du_1(k) \end{cases} \tag{5.13}$$

式中，

$$x=\begin{bmatrix} x_1 \\ x_2 \end{bmatrix}=\begin{bmatrix} \theta, & \dot{\theta}, & r, & \beta, & \phi, & y_{\mathrm{L}} \end{bmatrix}^{\mathrm{T}};\quad u_1=\begin{bmatrix} T_{\mathrm{d}}, & T_{\mathrm{m}} \end{bmatrix}^{\mathrm{T}};\quad G=I+T\begin{bmatrix} A_1 & 0 \\ B_2C_1 & A_2 \end{bmatrix}$$

$$H=T\begin{bmatrix} B_1 \\ B_2D_1 \end{bmatrix};\quad C=\begin{bmatrix} D_2C_1, & C_2 \end{bmatrix};\quad D=D_2D_1$$

I 为单位矩阵；T 为采样周期。

2)约束条件

为了保证车辆的稳定性和转向系统结构的极限，必须添加必要的约束：

(1) $\Delta U_{\min} \leqslant \Delta U \leqslant \Delta U_{\max}$，约束输入转矩的变化量；

(2) $\beta_{\min} \leqslant \beta \leqslant \beta_{\max}$，根据德国博世公司的车辆稳定性研究结果，附着良好的干燥沥青路面车辆稳定行驶的质心侧偏角极限值可达到±12°，路面附着系数较低的冰雪路面质心侧偏角极限值为±2° [3]；

(3) $r_{\min} < r < r_{\max}$，为了保证驾驶舒适性和车辆的稳定性，需对车辆的横摆角速度添加相应约束。

3)控制器参数设计

目标函数定义为

$$J = \sum_{k=t}^{t+H_{\mathrm{p}}-1} \| y(k+i\,|\,t) - y_{\mathrm{ref}}(k+i\,|\,t) \|_Q^2 + \sum_{k=t}^{t+H_{\mathrm{c}}-1} \| \Delta U(k+i\,|\,t) \|_R^2 \tag{5.14}$$

式中，$y_{\mathrm{ref}}(t)$ 为期望输出；H_{p} 为预测时域；H_{c} 为控制时域；Q 和 R 为加权矩阵；ΔU 为输入变量的增量。

当换道模式启动时，首先得到距离左侧车道中心线的侧向偏差 y_{d}，同时考虑车辆行驶的安全性及最终姿态，转向盘转速、横摆角速度和质心侧偏角应尽可能小，设侧向位移 y_{L} 的期望值为 y_{d}，因此期望状态向量 $y_{\mathrm{ref}} = [\theta,\ 0,\ 0,\ 0,\ \phi,\ y_{\mathrm{d}}]^{\mathrm{T}}$。

综合考虑，选取采样周期 $T = 0.01$，预测时域 $H_{\mathrm{p}} = 200$，控制时域 $H_{\mathrm{c}} = 12$，状态误差加权矩阵

$$Q = \begin{bmatrix} 0 & 0 & 0 & 0 & 0 & 0 \\ 0 & 100 & 0 & 0 & 0 & 0 \\ 0 & 0 & 100 & 0 & 0 & 0 \\ 0 & 0 & 0 & 200 & 0 & 0 \\ 0 & 0 & 0 & 0 & 0 & 0 \\ 0 & 0 & 0 & 0 & 0 & 500 \end{bmatrix}$$

控制量加权 R=500，此时控制器性能较好。

最终，车辆换道问题转化为滚动时域内的约束优化问题，该问题可进一步转化为二次规划问题，用有效集法求出使目标函数 J 最小的输入，并将该输入作用到转向盘，使车辆平稳地转换到邻近车道。

5.1.4　稳定性监督器设计

稳定性监督器是控制系统的关键部分，具有两个功能：一是实时监控各模式

及相应控制算法下的不稳定特征量，监督和判断系统的稳定趋势和不稳定趋势；二是强制限制不稳定特征量的输出幅值，从而抑制系统能量的增长，保证系统的全局有界稳定。

车辆的稳定性首先取决于轮胎的工作状态，其次取决于整个控制过程的稳定性。下面按照此顺序设计基于分级递阶结构的稳定性监督器。

1. 考虑轮胎极限的稳定性监督器

选择汽车工程中常用的刷子轮胎模型作为研究对象：

$$F_y = \begin{cases} -k_\alpha \tan\alpha + \dfrac{k_\alpha^3}{3\mu F_z}\left|\tan\alpha\right|\tan\alpha - \dfrac{k_\alpha^3}{27\mu^2 F_z^2}\tan\alpha^3, & |\alpha| < \alpha_{\rm sl} \\ -\mu F_z \operatorname{sgn}\alpha, & |\alpha| \geqslant \alpha_{\rm sl} \end{cases} \tag{5.15}$$

式中，$\alpha_{\rm sl} = \arctan\dfrac{3\mu F_z}{k_\alpha}$；$F_y$ 为轮胎侧向力；k_α 为轮胎侧偏刚度；μ 为路面附着系数；F_z 为轮胎垂向力；α 为轮胎侧偏角。

假设不考虑行驶时轴荷转移，则有

$$F_{z\rm f} = \frac{mgb}{a+b}, \quad F_{z\rm r} = \frac{mga}{a+b}$$

式中，$F_{z\rm f}$ 和 $F_{z\rm r}$ 分别为前轮和后轮的垂向力；a 、b 分别为整车质心到前、后轴的距离。

由上可得

$$\alpha_{\rm sl,f} = \arctan\frac{3\mu F_{z\rm f}}{k_{\alpha\rm f}}, \quad \alpha_{\rm sl,r} = \arctan\frac{3\mu F_{z\rm r}}{k_{\alpha\rm r}} \tag{5.16}$$

由单轨车辆模型可得如下方程[4]：

$$r = \frac{a_y}{v} \tag{5.17}$$

$$\alpha_{\rm f} = \arctan\left(\beta + \frac{ar}{v}\right) - \delta_{\rm f} \tag{5.18}$$

$$\alpha_{\rm r} = \arctan\left(\beta - \frac{br}{v}\right) \tag{5.19}$$

式中，a_y 为侧向加速度；$\alpha_{\rm f}$ 和 $\alpha_{\rm r}$ 分别为前轮和后轮的侧偏角。

联立式(5.16)～式(5.19)，可得

$$r_{\max} = \frac{\mu g}{v}, \qquad r_{\min} = -\frac{\mu g}{v} \tag{5.20}$$

$$\beta_{\alpha_\mathrm{f},\max} = -\frac{ar}{v} + \tan(\alpha_{\mathrm{sl,f}} + \delta_\mathrm{f}) \tag{5.21a}$$

$$\beta_{\alpha_\mathrm{f},\min} = -\frac{ar}{v} + \tan(-\alpha_{\mathrm{sl,f}} + \delta_\mathrm{f}) \tag{5.21b}$$

$$\beta_{\alpha_\mathrm{r},\max} = \frac{br}{v} + \tan\alpha_{\mathrm{sl,r}} \tag{5.22a}$$

$$\beta_{\alpha_\mathrm{r},\min} = \frac{br}{v} - \tan\alpha_{\mathrm{sl,r}} \tag{5.22b}$$

根据式(5.20)～式(5.22)，绘制如图 5.7 所示的质心侧偏角-横摆角速度图像。点 A 处前轮与后轮质心侧偏角同时达到极限值，点 B 处后轮质心侧偏角与横摆角速度同时达到极限值。

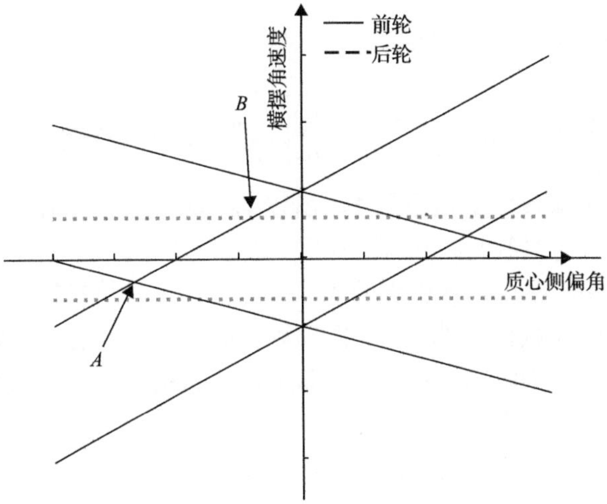

图 5.7　质心侧偏角-横摆角速度图像

考察点 B，当车速恒定时，由式(5.20)和式(5.22)可知，后轮极限曲线和横摆角速度极限曲线都是固定的，因此点 B 也是确定的。考察点 A，随着前轮转角 δ_f 的增大，$\tan(\alpha_{\mathrm{sl,f}} + \delta_\mathrm{f})$ 增大，前轮质心侧偏角极限曲线右移，直到 A 与 B 两点重合，此刻点 A 为该车辆行驶过程中前轮转角的真正极限值，此时的前轮转角为最大前轮转角。联立式(5.20)～式(5.22)，得最大的前轮转角为

$$\delta_{\mathrm{f}\max} = \arctan\left[\frac{\mu g(a+b)}{v^2} - \tan(\alpha_{\mathrm{sl,r}})\right] + \alpha_{\mathrm{sl,f}}$$

则最大的转向盘转角为 $\theta_{\max} = i_{\mathrm{sw}} \delta_{\mathrm{f\,max}}$

所以，上级稳定性监督器可以表示为

$$\theta = \begin{cases} \theta, & \theta \leqslant \theta_{\max} \\ \theta_{\max}, & \theta > \theta_{\max} \end{cases} \tag{5.23}$$

2. 混杂系统稳定性监督器

由于混杂控制算法存在模糊性和非解析性的特点，所以传统控制理论中基于数学模型的稳定性判据不能直接用于智能控制系统，文献[5]给出了结合传统控制理论的智能控制系统输出稳定性的充分条件。

将该充分条件总结成如下规则：若在 e-$\dot{e}$ 相平面上系统的跟踪误差绕原点运动，且满足

$$\left(\frac{e_{m,j}}{e_{m,j+1}} \geqslant e_{m,s}\right) \wedge \left(\left.\frac{\mathrm{d}\dot{e}}{\mathrm{d}e}\right|_{e=0} < 0\right)$$

则系统是稳定的。其中，e 为跟踪误差；$\dot{e}$ 为跟踪误差对时间的导数；$\dfrac{e_{m,j}}{e_{m,j+1}}$ 为误差峰值比；j 为峰值出现的时间序列；$\left.\dfrac{\mathrm{d}\dot{e}}{\mathrm{d}e}\right|_{e=0}$ 为不稳定趋势特征值；$|e_m|$ 和 $e_{m,s}$ 为相应的阈值。由于该条件是充分条件，所以当不满足该条件时，系统并非一定是不稳定的，只能认为系统此时具有不稳定趋势。

切换系统失稳，是由切换引起的“系统能量”增长趋势超过了各稳定子系统对“系统能量”的衰减作用[6]。对于像车辆转向系统这样的“慢切换”系统，当其有不稳定趋势时，会限制不稳定特征量的输出幅值，使各子系统驻留时间足够长，就能有效保证其稳定性[7]。

所设计的混杂系统稳定性监督器示意图如图 5.8 所示。

5.1.5 仿真计算与分析

1. CarSim/Simulink 仿真

在 CarSim 中建立车辆-道路模型，在 MATLAB/Simulink 中建立各子模式控制器、线控转向系统模型、切换控制器和稳定性监督器模型。

在仿真开始时，车辆以 90km/h 的速度在 3.5m 宽的车道内直线行驶，在 2s 时给转向盘施加一个幅值为 4N·m、宽度为 1s 的脉冲转矩，使车辆偏离车道，当车辆的跨道时间达到设置的安全阈值时，表明此时车辆有偏离车道的危险，转向系统从阻尼模式切换到车道保持模式；在 10s 时车辆上安装的视觉模块检测到本

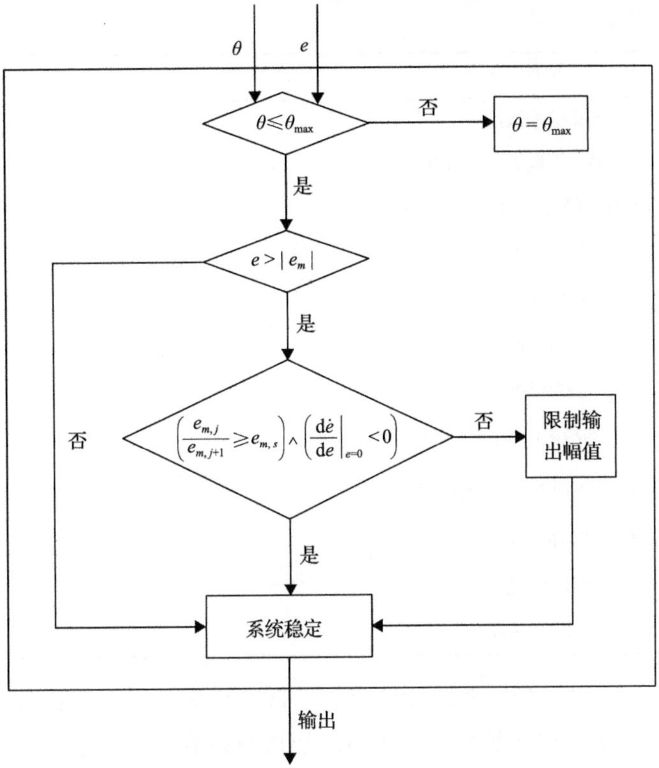

图 5.8　混杂系统稳定性监督器示意图

车道前方有车速低于自车的车辆，转向系统切换到换道模式，控制车辆换道超车。其中，模式监督器：1 表示转向系统工作在换道模式，2 表示转向系统工作在阻尼模式，3 表示转向系统工作在车道保持模式。

仿真计算所需主要参数如表 5.1 所示。

表 5.1　仿真计算所需主要参数

参数	数值
整车质量 m/kg	1370
整车绕铅垂轴转动惯量 $I_z/(\mathrm{kg\cdot m^2})$	2315.3
质心到前轴的距离 a/m	1.11
质心到后轴的距离 b/m	1.67
前轮胎总侧偏刚度 $k_f/(\mathrm{N/rad})$	72794
后轮胎总侧偏刚度 $k_r/(\mathrm{N/rad})$	97410
车辆宽度 D_V/m	1.7

续表

参数	数值
预瞄距离 L_d /m	25
转向柱转动惯量 J_c / (kg · m^2)	0.046
转向柱阻尼系数 B_c /[(N · m · s) /rad]	0.361
转向传动比 i_{sw}	22
控制步长/s	0.01
预测时域	200
控制时域	12
前轮转角极限值 $\delta_{f\,max}$ /rad	±0.2
前轮角速度约束 $\Delta\delta_f$ / (rad/s)	±0.05
质心侧偏角约束 β/rad	±0.21
跨道时间阈值 t_0/s	2
路面附着系数	0.8

首先，将本节设计的混杂控制策略与文献[8]中的预瞄控制策略进行对比。由图 5.9 可见，在两种控制策略下，车辆均能按照期望的轨迹行驶，转向系统在各子模式间的切换较为平稳，说明这两种控制方法的稳定性较好。此外，车辆的侧向加速度、质心侧偏角及横摆角速度波动范围较小，且由表 5.2 可看出，在两种控制方法下车辆的侧向加速度、质心侧偏角及横摆角速度均方根值和幅值均较小，即转向系统均能稳定工作。使用预瞄控制策略时，车辆的侧向加速度、质心侧偏角及横摆角速度的幅值均略低于使用混杂控制策略，表明此时车辆的稳定性要好些。如图 5.9 (a) 和 (b) 所示，当使用最优预瞄控制策略来设计换道模式控制器时，从开始换道到车辆达到稳定的时间约为 7s。当使用混杂控制策略时，换道模式采用模型预测控制器，在保证车辆行驶安全性的前提下，提高了车辆的换道速度，车辆从开始换道到稳定所需要的时间约为 5s，在换道速度指标上使用混杂控制策略要优于预瞄控制策略。事实上，在保证车辆行驶稳定性和安全性的前提下，驾驶员往往希望换道速度越快越好，因为占用两条车道行驶本身是不安全的，而且长时间占用两条车道行驶会降低道路的通行效率，所以使用混杂控制策略时转向系统的综合性能要优于使用单一的最优预瞄控制策略。

其次，比较有稳定性监督器和无稳定性监督器的情况。由图 5.9 (a) 和 (b) 可知，整个过程中无论是有稳定性监督器的情况还是无稳定性监督器的情况，转向系统均能根据车辆遇到的不同环境，按照设计规则完成阻尼模式、车道保持模式和换道模式之间的切换，这也验证了各子模式控制器和切换规则的有效性。无稳定性监督器的情况下，2.3s 时车辆的跨道时间阈值达到设置的安全阈值，转向系统切换到车道保持模式，控制车辆回到车道中心线，在 3s 时车辆在车道保持模式控制器的控制下恢复到安全行驶的状态，转向系统由车道保持模式切换到阻尼

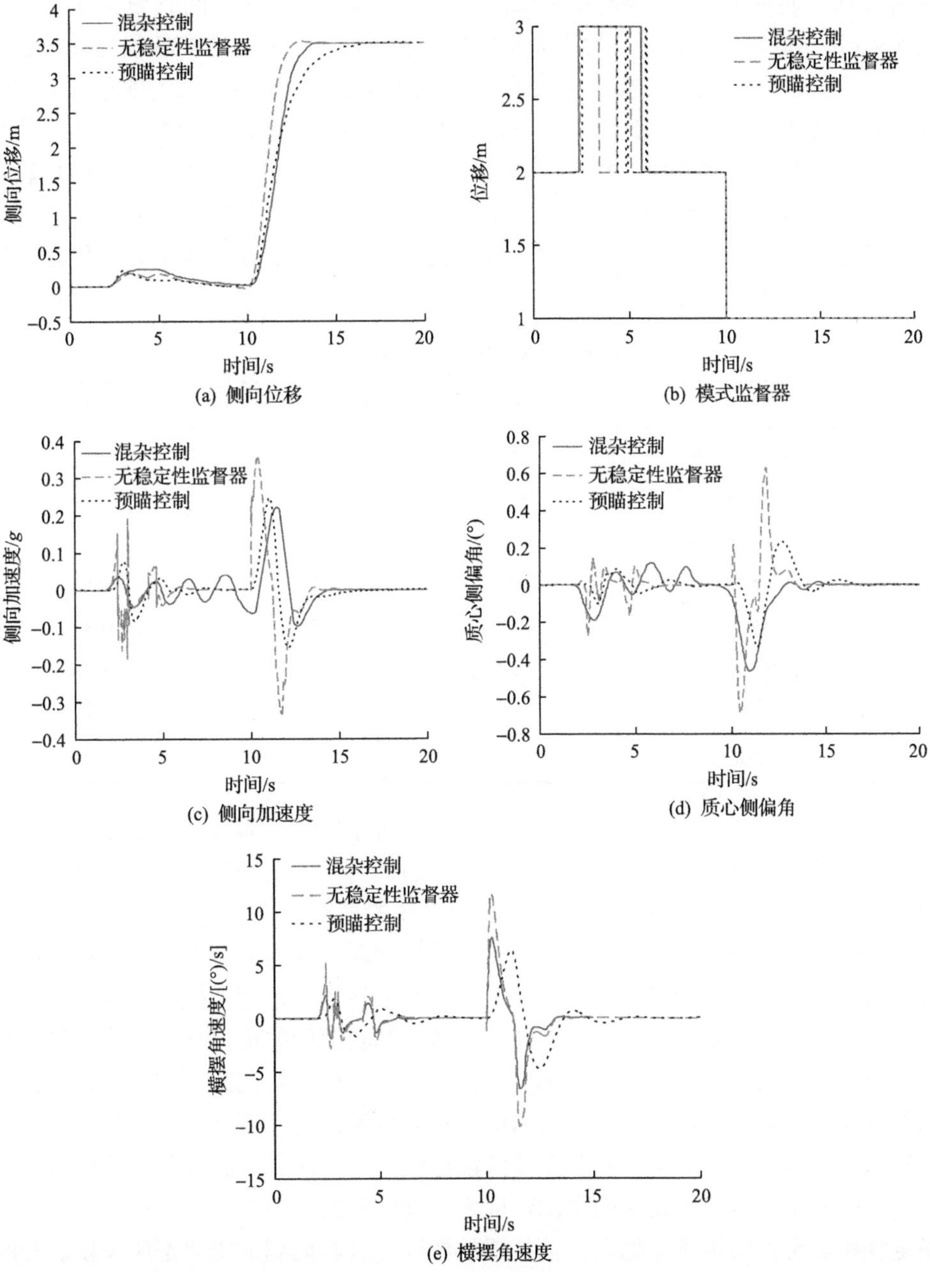

图 5.9　仿真结果

模式，转向系统的控制由车道保持模式控制器转变为驾驶员控制。在切换的过程中电机施加在转向盘的转矩突然消失，导致转向盘的输入量突变，在一定时间内车辆的横摆角过大，其跨道时间阈值再次达到安全阈值，转向系统又切换到车道保持模式，转向系统工作模式在车道保持模式和阻尼模式之间频繁切换。考察图 5.9(c)～(e)可以看出，当使用无稳定性监督器时，转向系统在各阻尼模式和车道保持模式之间的频繁切换，导致了车辆侧向加速度、车辆质心侧偏角及横摆角速度也都随之产生了较大的波动。在转向系统切换到换道模式的瞬间，由于缺少稳定性监督器的限幅作用，转向盘转速过大。由表 5.2 可知，车辆的侧向加速度峰值达到了 0.36g，其横摆角速度峰值也达到 12°/s，这不但影响了驾驶员的驾驶体验，还影响了车辆行驶的安全性。车辆的侧向加速度、质心侧偏角及横摆角速度的均方根值在三种控制方法中也是最高的。

表 5.2　不同控制方法性能指标

参数	混杂控制	无稳定性监督器	预瞄控制
侧向位移误差幅值/m	0.3	0.25	0.25
侧向加速度幅值/g	0.21	0.36	0.23
侧向加速度均方根值/g	0.03	0.08	0.05
质心侧偏角幅值/(°)	0.45	0.7	0.35
质心侧偏角均方根值/(°)	0.15	0.42	0.08
横摆角速度幅值/[(°)/s]	7.5	12	6
横摆角速度均方根值/[(°)/s]	2.11	2.26	1.55
前 6s 驻留时间/s	2	1.2	1.5

驻留时间是评价切换系统稳定性的重要评价指标，从系统在各子系统的平均驻留时间的大小可以直观地看出系统稳定性的优劣。由表 5.2 可看出，在无稳定性监督器的情况下，前 6s 转向系统在各子系统的平均驻留时间只有 1.2s；有稳定性监督器时，平均驻留时间为 2s，无稳定性监督器时转向系统在各子系统的平均驻留时间较少，系统的稳定性较差。本节设计的转向系统混杂控制策略有稳定性监督器的存在，限制了切换过程中转向盘转角和转速的幅值，从而防止切换过程中系统能量过快增长，使智能车辆的稳定性得到了保证。因此，本节设计的转向系统混杂控制策略中，稳定性监督器的存在有效地改善了智能车辆行驶的稳定性和安全性，从而也验证了在混杂系统的设计中，稳定性监督器起着重要作用。

总的来说，本节所设计的主动转向系统辅助驾驶混杂控制，使得智能车辆的稳定性和安全性均优于无稳定性监督器的情况，且其达到期望状态所需要的时间远小于使用最优预瞄控制策略，是一种自适应能力和综合性能较好的控制策略。

2. 硬件在环仿真实验

为进一步验证本书混杂控制方法的有效性，采用 CarSim 车辆模型的仿真环境，联合 LabVIEW PXI 进行驾驶员和硬件在环实验研究。实验平台的设备主要有转向盘、转向执行电机及控制器、伺服电动机、转角及车速等传感器、负责信号采集的 PXI 主机、SCB-68 接线板和计算机监测系统等。上位机采用一台计算机，进行 CarSim 整车模型参数和虚拟道路的建立、LabVIEW 的控制算法设计、人机界面的设计等，并在计算机中实时显示并监测车辆在实验过程的车速、转矩、横摆角速度等的状态变化。下位机采用美国得克萨斯州仪器公司的 PXI 主机执行，将编好的算法程序下载到该主机的实时操纵系统，在其中进行编译运行。接口系统一方面将转角传感器实时获取的转向盘转角信号、转矩传感器获取的转向盘转矩信号、车速传感器的车速信号等采集并传输到 PXI 主机；另一方面将车辆模型中的转向阻力矩和转矩分别发送到路感电机控制器和执行电机控制器中。图 5.10 为自行搭建的硬件在环实验平台。

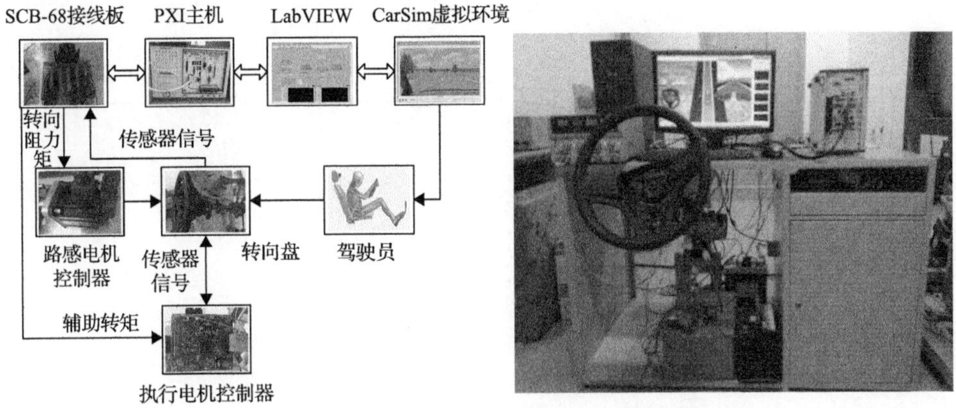

图 5.10　自行搭建的硬件在环实验平台

设实验开始时，驾驶员在环操纵车辆以车速 90km/h 在虚拟道路上行驶，在 2s 时给转向盘一个幅值为 4N·m、宽度为 1s 的脉冲转矩使车辆发生偏离。虚拟车道路宽为 3.5m，路面附着系数为 0.8。图 5.11 为硬件在环仿真实验结果。图 5.11(a) 为车辆实际侧向位移的变化情况，由于转角跟踪精度的限制，车辆偏离距离要大于图 5.9(a) 所示，但是此时超调量幅值为 0.4m，车辆宽度为 1.7m，车辆与车道边界仍有 0.5m 的余量，车辆未驶出车道。由图 5.11(c)～(e) 可知，车辆侧向加速度、质心侧偏角和横摆角速度略有波动，但是均在合理范围内。硬件在环仿真实验进一步验证了本书混杂控制方法的有效性。

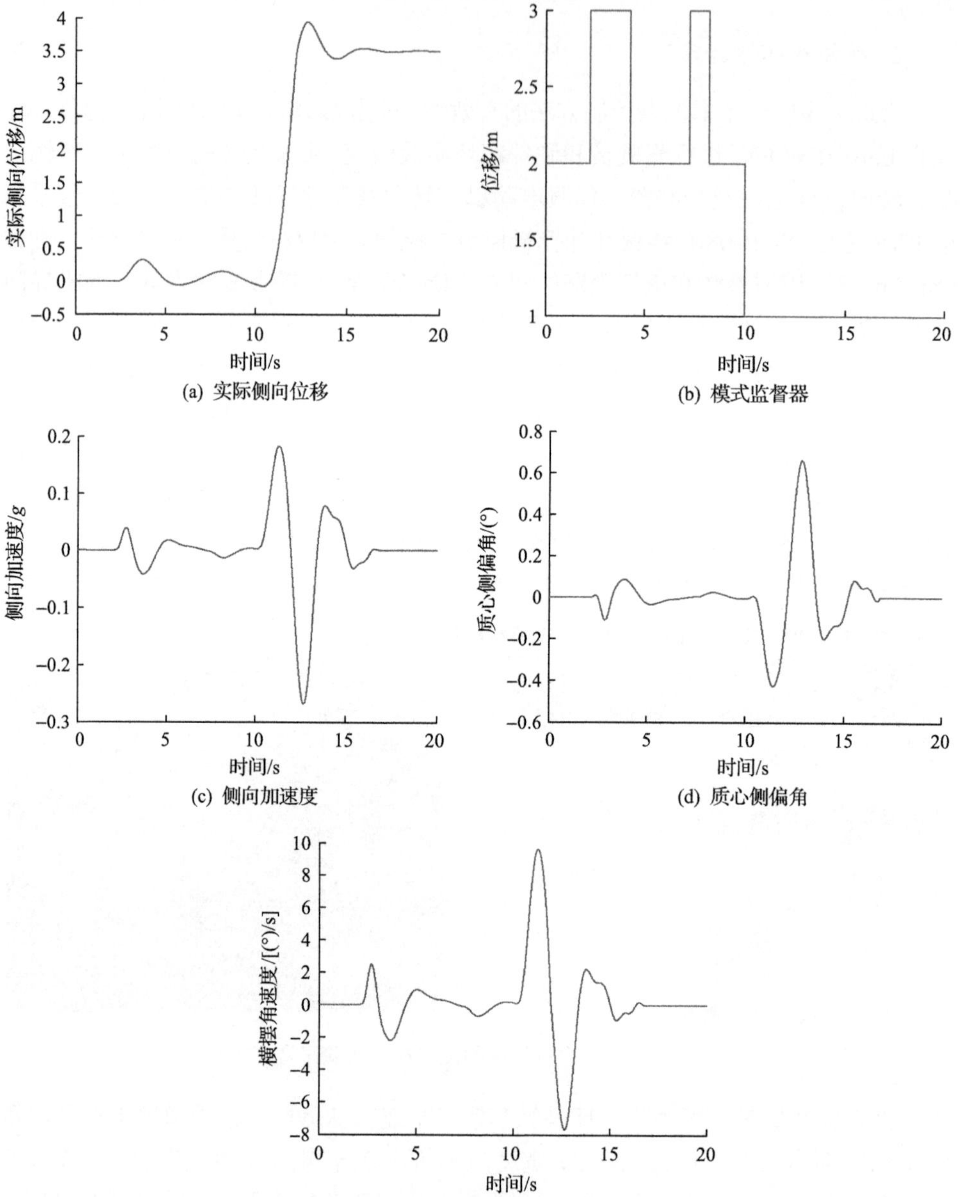

(a) 实际侧向位移　(b) 模式监督器　(c) 侧向加速度　(d) 质心侧偏角　(e) 横摆角速度

图 5.11　硬件在环仿真实验结果

5.2　考虑驾驶员操纵失误的车道偏离辅助人机协同控制[9]

在造成重大交通事故的各种因素中，驾驶员精神不集中或误操作导致的车道偏离是较为重要的一种。据统计，车道偏离导致的交通事故占交通事故总量的 30%。为避免交通事故、保障车辆安全行驶，LDAS 已成为当前的研究热点并得到了一定程度的应用。当驾驶员操纵失误、注意力不集中或身体疲劳等引起车辆偏离车道时，LDAS 可通过主动干预的方式来辅助驾驶员控制车辆，以减少车辆因车道偏离而发生交通事故。

5.2.1　系统建模

1. 车辆-道路模型

假设车辆安装视觉检测系统和 EPS 系统，根据如图 5.12 所示的车辆与道路的位置关系，在预瞄距离 L_d 处车辆的横向位置偏差 y_L 及航向角偏差 ψ_L 分别为

$$y_L = y_{CG} + L_d \sin\psi_L \tag{5.24}$$

$$\psi_L = \psi_V - \psi_R \tag{5.25}$$

式中，y_{CG} 为车辆质心距车道中心线的距离；ψ_V 为车辆航向角；ψ_R 为期望航向角。

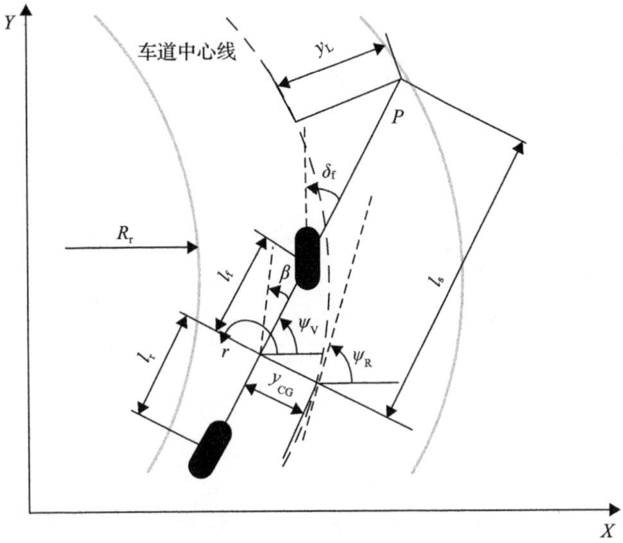

图 5.12　车辆-道路模型

假设航向角偏差 ψ_L 较小，则 y_L 及 ψ_L 关于时间 t 的导数分别为

$$\dot{y}_L = v_y + L_d r + \psi_L v_x - L_d v_x \rho_{ref} \tag{5.26}$$

$$\dot{\psi}_L = \dot{r} - v_x \rho_{ref} \tag{5.27}$$

式中，v_x、v_y 分别为车辆纵向速度和侧向速度；r 为横摆角速度；ρ_{ref} 为道路曲率。

忽略空气动力学的影响，考虑具有侧向及横摆运动的车辆横向动力学模型：

$$\begin{cases}\dot{\beta}=\dfrac{F_{y\text{f}}+F_{y\text{r}}}{mv_x}-r\\\dot{r}=\dfrac{aF_{y\text{f}}-bF_{y\text{r}}}{I_z}\end{cases}\tag{5.28}$$

式中，$F_{y\text{f}}$、$F_{y\text{r}}$ 分别为前、后轮胎侧向力。

在轮胎侧偏角较小时，轮胎侧向力与轮胎侧偏角的关系可以认为是线性的，即

$$F_{yi}=k_i\alpha_i\tag{5.29}$$

式中，下标 $i=\text{f},\text{r}$ 分别代表前、后轮胎；k_i 为轮胎的侧偏刚度；α_i 为轮胎侧偏角，其近似值为

$$\begin{cases}\alpha_{\text{f}}=\dfrac{ar}{v_x}+\beta-\delta_{\text{f}}\\\alpha_{\text{r}}=\beta-\dfrac{br}{v_x}\end{cases}\tag{5.30}$$

将式(5.30)与式(5.29)代入式(5.28)中，得

$$\begin{cases}\dot{\beta}=\dfrac{2(k_{\text{f}}+k_{\text{r}})}{mv_x}\beta+\left[-v_x+\dfrac{2(bk_{\text{r}}-ak_{\text{f}})}{mv_x}\right]r+\dfrac{2k_{\text{f}}}{m}\delta_{\text{f}}\\\dot{r}=\dfrac{2(bk_{\text{r}}-ak_{\text{f}})}{I_z}\beta-\dfrac{2(b^2k_{\text{r}}+a^2k_{\text{f}})}{I_zv_x}r+\dfrac{2ak_{\text{f}}}{I_z}\delta_{\text{f}}\end{cases}\tag{5.31}$$

2. 转向机构动力学模型

驾驶员转矩与车道偏离辅助控制系统转矩在转向机构处耦合，而车道偏离辅助系统转矩由 EPS 助力电动机产生，以转向管柱式 EPS 为例，转向机构动力学模型如下：

$$J_{\text{c}}\ddot{\theta}+C_{\text{c}}\dot{\theta}=T_{\text{d}}+T_{\text{c}}-\frac{T_{\text{r}}}{i_{\text{sw}}}\tag{5.32}$$

式中，θ、J_{c}、C_{c} 分别为转向盘转角、转动惯量、阻尼；T_{d} 与 T_{c} 分别为驾驶员转矩及车道偏离辅助系统提供的转矩；i_{sw} 为转向传动比；T_{r} 为转向阻力矩。

忽略转向系统摩擦阻力，转向阻力矩 T_r 主要由轮胎回正力矩引起，其与前轮侧偏角的关系为

$$T_{\mathrm{r}} = 2k_{\mathrm{f}}\alpha_{\mathrm{f}}\eta_{\mathrm{t}} \tag{5.33}$$

式中，η_{t} 为轮胎拖距。转向盘转角与前轮转角满足关系式 $\theta = i_{\mathrm{sw}}\delta_{\mathrm{f}}$。

联立式(5.26)～式(5.33)，并取状态向量 $x_v = [\beta,\ r,\ \psi_{\mathrm{L}},\ y_{\mathrm{L}},\ \theta,\ \dot{\theta}]^{\mathrm{T}}$，控制输入 $u = T_{\mathrm{c}} + T_{\mathrm{d}}$，以纵向车速为时变参数的车辆-道路状态空间模型可表示为

$$\dot{x}_v = A_v(t)x_{v\mathrm{r}} + B_{\mathrm{u}}u_v + D_{\mathrm{w}}(t)r_{\mathrm{ref}} \tag{5.34}$$

式中，

$$A_v(t) = \begin{bmatrix} a_{11} & a_{12} & 0 & 0 & a_{15} & 0 \\ a_{21} & a_{22} & 0 & 0 & a_{25} & 0 \\ 0 & 1 & 0 & 0 & 0 & 0 \\ 1 & l_{\mathrm{s}} & v_x & 0 & 0 & 0 \\ 0 & 0 & 0 & 0 & 0 & 1 \\ a_{61} & a_{62} & 0 & 0 & a_{65} & a_{66} \end{bmatrix},\quad B_{\mathrm{u}} = \begin{bmatrix} 0, & 0, & 0, & 0, & 0, & \dfrac{1}{J_{\mathrm{c}}} \end{bmatrix}^{\mathrm{T}}$$

$$D_{\mathrm{w}}(t) = \begin{bmatrix} 0, & 0, & -v_x(t), & -L_{\mathrm{d}}v_x(t), & 0, & 0 \end{bmatrix}^{\mathrm{T}}$$

其中，

$$a_{11} = -\frac{2(k_{\mathrm{r}} + k_{\mathrm{f}})}{m},\quad a_{12} = -1 + \frac{2(bk_{\mathrm{r}} - ak_{\mathrm{f}})}{mv_x^2(t)},\quad a_{15} = \frac{2k_{\mathrm{f}}}{mv_x(t)i_{\mathrm{sw}}},\quad a_{21} = \frac{2(bk_{\mathrm{r}} - ak_{\mathrm{f}})}{I_z}$$

$$a_{22} = \frac{2(b^2k_{\mathrm{r}} + ak_{\mathrm{f}})}{I_z v_x(t)},\quad a_{25} = \frac{2ak_{\mathrm{f}}}{I_z i_{\mathrm{sw}}},\quad a_{61} = \frac{2k_{\mathrm{f}}\eta_{\mathrm{t}}}{J_{\mathrm{c}}i_{\mathrm{sw}}},\quad a_{62} = \frac{2k_{\mathrm{f}}a\eta_{\mathrm{t}}}{J_{\mathrm{c}}i_{\mathrm{sw}}v_x(t)}$$

$$a_{65} = \frac{2k_{\mathrm{f}}\eta_{\mathrm{t}}}{J_{\mathrm{c}}i_{\mathrm{sw}}^2},\quad a_{66} = -\frac{C_{\mathrm{c}}}{J_{\mathrm{c}}}$$

3. 驾驶员模型

采用由单点最优预瞄加速度模型和神经肌肉系统模型组成的驾驶员模型，如图 5.13 所示[10, 11]。

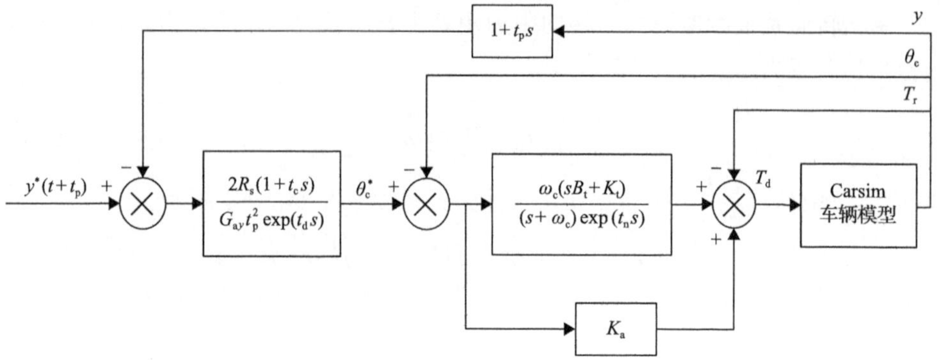

图 5.13　驾驶员模型

图 5.13 中，y^*、y 分别为期望及实际侧向位移；θ^*、θ 分别为期望及实际转向盘转角；t_{p}、t_{d}、t_{c} 分别为驾驶员预瞄时间、神经反应滞后时间及微分校正时间常数；G_{ay} 为车辆稳态增益，其表达式为

$$G_{\mathrm{ay}}=\frac{v_x}{(a+b)(1+Kv_x^2)} \tag{5.35}$$

式中，K 为稳定性因子，$K=\frac{m}{(a+b)^2}\left(\frac{a}{k_{\mathrm{r}}}-\frac{b}{k_{\mathrm{f}}}\right)$。$\omega_{\mathrm{c}}$、$B_{\mathrm{t}}$、$K_{\mathrm{t}}$、$t_{\mathrm{n}}$ 分别为神经肌肉系统的上截止频率、反射阻尼、反射刚度及神经传递的滞后时间。

5.2.2　人机协同车道偏离辅助系统控制

基于人机协同的车道偏离辅助系统主要由 CarSim 环境中的车辆模型及视觉系统、基于 LTV-MPC 的车道偏离辅助系统控制器、车道偏离决策模块及协同控制因子决策模块等组成，如图 5.14 所示。这里 LTV-MPC 表示以车速为时变参数的线性时变(linear time-varing，LTV)车辆-道路模型，采用 MPC 策略。

LTV-MPC 车道偏离辅助系统控制器的设计目标是在满足相关约束的条件下求解使车辆稳定跟踪车道中心线的转矩。MPC 以 LTV 车路模型为预测模型，通过建立目标函数及相关约束，将控制器的求解问题转化为二次规划问题，并在各控制周期内不断采取滚动优化及反馈校正，实现基于 LTV-MPC 车道偏离辅助系统控制器的设计。

车道偏离决策模块以跨道时间为触发和消除车道偏离预警的依据。考虑车速、车路相对位置关系及航向角偏差计算跨道时间，并设定适当的阈值控制车道偏离辅助系统的启动和关闭。

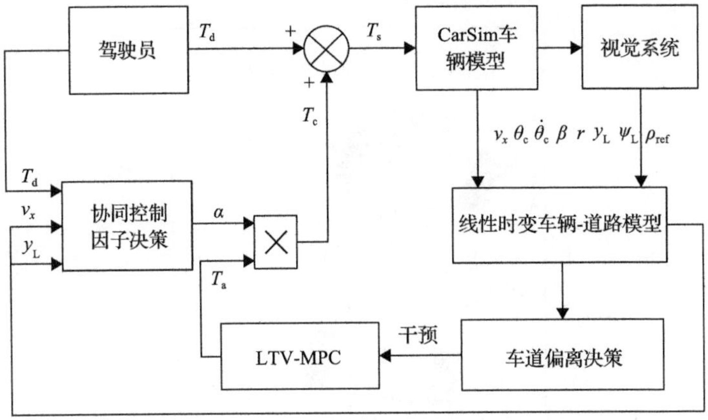

图 5.14　基于人机协同控制的车道偏离辅助系统

引入协同控制因子动态决策驾驶员与控制器对转向盘的控制主权，并调整辅助转矩。协同控制因子α由驾驶员状态及车辆与道路相对位置等信息在线实时调整其在[0,1]变化，以协同控制因子与车道偏离辅助系统控制器输出转矩的乘积为车道偏离辅助系统的输出转矩。

5.2.3　人机协同车道偏离辅助系统设计

1. 基于跨道时间的车道偏离决策

跨道时间是指车辆前轮由当前位置到达车道边缘线的时间，是检测车辆偏离车道中心线的有效指标，其精确计算涉及车辆状态估计、道路信息估计及驾驶员的有意调整等众多非线性因素。为适当简化计算并较为真实地反映跨道时间，考虑车速、车辆位置及航向角偏差三个因素进行跨道时间的计算。如图 5.15 所示，设车辆在直道上行驶，航向角偏差逆时针为正，横向位移偏差位于车道中心线左侧为正，道路宽度为D_R，车辆宽度为D_V，y_{ll}、y_{rr}分别为左侧车轮与左侧车道中心线的横向距离及右侧车轮与右侧车道中心线的横向距离。

$$y_{ll}=\frac{D_R}{2}-y_{CG}-a\sin\psi_L-\frac{D_V}{2}\cos\psi_L \tag{5.36}$$

$$y_{rr}=\frac{D_R}{2}+y_{CG}+a\sin\psi_L-\frac{D_V}{2}\cos\psi_L \tag{5.37}$$

则在直道上的跨道时间为

$$t_{LC}=\min\left(\frac{y_{ll}}{v_x\sin\psi_L},\frac{y_{rr}}{v_x\sin\psi_L}\right) \tag{5.38}$$

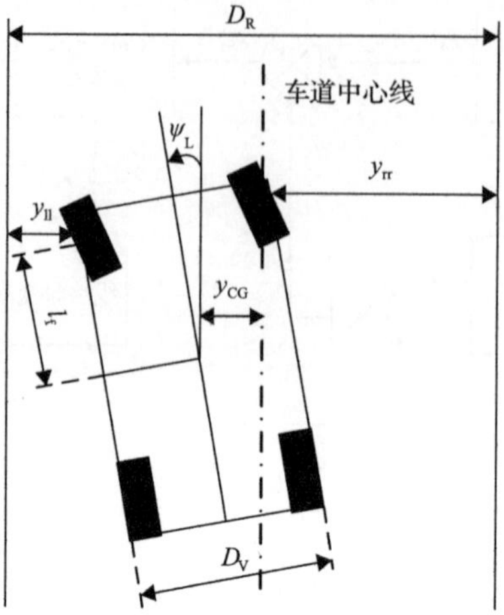

图 5.15　车辆-道路位置信息

当车辆在曲率为 ρ_{ref} 的道路上行驶时，可将弯道近似为直道，并等效为存在一个大小为 $v_x^2\rho_{ref}$ 的侧向加速度，对跨道时间的求解转化为求二次方程运算，以左侧车轮偏离左侧车道为例，有

$$\frac{1}{2}v_x^2\rho_{ref}t_{LC}^2 + v_x\sin\psi_L t_{LC} = y_{ll} \tag{5.39}$$

令 $a_h = \frac{1}{2}v_x^2\rho_{ref}$、$b_h = v_x\sin\psi_L$、$c_h = -y_{ll}$，则得

$$t_{1,2}^l = \frac{-b_h \pm \sqrt{b_h^2 - 4a_h c_h}}{2a_h} \tag{5.40}$$

同理可求得偏离右侧车道时的 $t_{1,2}^r$，则车辆在弯道上行驶时，跨道时间为

$$t_{LC} = \min(t_1^l,\ t_2^l, t_1^r,\ t_2^r) \tag{5.41}$$

设定适当的跨道时间预警阈值，当实际跨道时间小于预警阈值时，触发车道偏离预警并启动车道偏离辅助系统。跨道时间阈值的设定需要在避免引起车道偏离误预警及车道偏离辅助系统有效限制车道偏离之间权衡。阈值设定过大，可能会出现车道偏离误预警，并使车道偏离辅助系统频繁干预驾驶员的正常操纵，造成较大的人机冲突；阈值设定过小，又可能会使车道偏离辅助系统没有足够的反应时间和作用时间而无法纠正车辆偏离车道。经过反复实验，跨道时间预警阈值 $t_{LC,ON}$ 设为 0.5s 时，既可有效避免车道偏离又可减小车道偏离误预警。同时，为避免车道偏离辅助系统频繁启动给驾驶员及车辆舒适性带来的负面影响，设定车

道偏离辅助系统关闭阈值 $t_{\mathrm{LC,OFF}}$ 为 2s，即认为只有当跨道时间大于关闭阈值时，车辆才完全脱离发生车道偏离的危险，即

$$\begin{cases} t_{\mathrm{LC}} \leqslant t_{\mathrm{LC,ON}}, & \text{车道偏离辅助系统启动} \\ t_{\mathrm{LC}} > t_{\mathrm{LC,OFF}}, & \text{车道偏离辅助系统关闭} \end{cases} \tag{5.42}$$

2. 基于 LTV-MPC 的车道偏离辅助系统控制器设计

车道偏离辅助系统控制器的设计目标是车道偏离辅助系统输出的转矩能使车辆稳定地跟踪车道中心线，同时要考虑助力电动机输出转矩的有界性及其增量变化的平稳性，而且不能使车辆发生失稳现象。因此，车道偏离辅助系统控制器的设计是一个有约束条件的优化控制问题。模型预测控制既可在一定的时域内获得最优解，同时可对系统的输入、输出及状态变量进行相关约束，是解决有约束优化控制问题的有效方法。

在车辆-道路状态空间模型(5.34)中，不考虑驾驶员的转矩输入，即认为 $T_{\mathrm{d}}=0$。以施加在转向盘上的辅助转矩 T_{c} 为控制变量，为使车辆稳定地跟踪车道中心线，选取模型预测控制器输出优化指标 $y_v=[a_y,\ \psi_{\mathrm{L}},\ y_{\mathrm{CG}}]^{\mathrm{T}}$，并设定采样时间 T_{s}，将系统离散化，获得离散的车辆-道路 LTV-MPC 模型为

$$\begin{cases} x_v(k+1)=A_{k,t}x_v(k)+B_{k,t}u(k)+D_{k,t}\rho_{\mathrm{ref}}(k) \\ y_v(k)=C_{k,t}x_v(k) \end{cases} \tag{5.43}$$

式中，下标 k,t 表示 $t+kT_{\mathrm{s}}$ 时刻。

设定预测时域 N_{p}、控制时域 N_{c}，并有 $N_{\mathrm{p}} \geqslant N_{\mathrm{c}}$，为进行模型预测控制器的设计并适当简化计算，进行如下假设：

(1) 式(5.43)中的状态变量及道路曲率均可测量或可估计；

(2) 各参数矩阵在预测时域内保持不变，以 $A_{k,t}$ 为例，即

$$A_{k,t}=A_t,\quad k=1,2,\cdots,N_{\mathrm{p}} \tag{5.44}$$

基于上述假设，式(5.43)可进一步写为

$$\begin{cases} x_{\mathrm{p}}(k+1)=\bar{A}_t x_{\mathrm{p}}(k)+\bar{B}_t u(k) \\ y_{\mathrm{p}}(k)=\bar{C}_t x_{\mathrm{p}}(k) \end{cases} \tag{5.45}$$

式中，

$$x_{\mathrm{p}}^{\mathrm{T}}=[x_v,\ \ \rho_{\mathrm{ref}}]^{\mathrm{T}};\quad \bar{A}_t=\begin{bmatrix} A_{k,t} & D_{k,t} \\ 0 & 1 \end{bmatrix};\quad \bar{B}_t=\begin{bmatrix} B_{k,t} \\ 0 \end{bmatrix};\quad \bar{C}_t=[C_{k,t},\ \ 0]$$

取 $\Delta x_{\mathrm{p}}(k+1)=x_{\mathrm{p}}(k+1)-x_{\mathrm{p}}(k)$，并令 $x(k+1)=[\Delta x_{\mathrm{p}}(k+1),\ y_{\mathrm{p}}(k+1)]^{\mathrm{T}}$，则式(5.45)可写为

$$\begin{cases} x(k+1)=\tilde{A}_t x(k)+\tilde{B}_t u(k) \\ y(k)=\tilde{C}_t x(k) \end{cases} \tag{5.46}$$

式中，

$$\tilde{A}_t=\begin{bmatrix} \bar{A}_t & 0 \\ \bar{C}_t\bar{A}_t & 1 \end{bmatrix};\quad \tilde{B}_t=\begin{bmatrix} \bar{B}_t \\ \bar{C}_t\bar{B}_t \end{bmatrix};\quad \tilde{C}_t=[0\quad 1]$$

根据式(5.46)，在采样点 k_i 处，预测时域 N_{p} 内状态变量的变化序列为

$$x(k_i+1\,|\,k_i)=\tilde{A}_t x(k_i)+\tilde{B}_t\Delta u(k_i)$$

$$x(k_i+2\,|\,k_i)=\tilde{A}_t^2 x(k_i)+\tilde{A}_t\tilde{B}_t\Delta u(k_i)+\tilde{B}_t\Delta u(k_i+1)$$

$$\vdots$$

$$x(k_i+N_{\mathrm{p}}\,|\,k_i)=\tilde{A}_t^{N_{\mathrm{p}}}x(k_i)+\tilde{A}_t^{N_{\mathrm{p}}-1}\tilde{B}_t\Delta u(k_i)+\cdots+\tilde{A}_t^{N_{\mathrm{p}}-N_{\mathrm{c}}}\tilde{B}_t\Delta u(k_i+N_{\mathrm{c}}-1)$$

根据状态变量序列，可得输出向量序列为

$$y(k_i+1\,|\,k_i)=\tilde{C}_t\tilde{A}_t x(k_i)+\tilde{C}_t\tilde{B}_t\Delta u(k_i)$$

$$y(k_i+2\,|\,k_i)=\tilde{C}_t\tilde{A}_t^2 x(k_i)+\tilde{C}_t\tilde{A}_t\tilde{B}_t\Delta u(k_i)+\tilde{C}_t\tilde{B}_t\Delta u(k_i+1)$$

$$\vdots$$

$$\begin{aligned} y(k_i+N_{\mathrm{p}}\,|\,k_i)=&\ \tilde{C}_t\tilde{A}_t^{N_{\mathrm{p}}}x(k_i)+\tilde{C}_t\tilde{A}_t^{N_{\mathrm{p}}-1}\tilde{B}_t\Delta u(k_i) \\ &+\cdots+\tilde{C}_t\tilde{A}_t^{N_{\mathrm{p}}-N_{\mathrm{c}}}\tilde{B}_t\Delta u(k_i+N_{\mathrm{c}}-1) \end{aligned}$$

令

$$Y_{\mathrm{p}}=\left[y(k_i+1\,|\,k_i),\ y(k_i+2\,|\,k_i),\ \cdots,\ y(k_i+N_{\mathrm{p}}\,|\,k_i)\right]^{\mathrm{T}}$$

$$\Delta U_{\mathrm{p}}=\left[\Delta u(k_i),\ \Delta u(k_i+1),\ \cdots,\ \Delta u(k_i+N_{\mathrm{c}}-1)\right]^{\mathrm{T}}$$

可将上述关系式写为矩阵形式：

$$Y_{\mathrm{p}}=Hx(k_i)+M\Delta U_{\mathrm{p}} \tag{5.47}$$

式中，

$$H=\begin{bmatrix}\tilde{C}_t\tilde{A}_t\\ \tilde{C}_t\tilde{A}_t^2\\ \tilde{C}_t\tilde{A}_t^3\\ \vdots\\ \tilde{C}_t\tilde{A}_t^{N_\mathrm{p}}\end{bmatrix};\quad M=\begin{bmatrix}\tilde{C}_t\tilde{B}_t & 0 & 0 & \cdots & 0\\ \tilde{C}_t\tilde{A}_t\tilde{B}_t & \tilde{C}_t\tilde{B}_t & 0 & \cdots & 0\\ \tilde{C}_t\tilde{A}_t^2\tilde{B}_t & \tilde{C}_t\tilde{A}_t\tilde{B}_t & \tilde{C}_t\tilde{B}_t & \cdots & 0\\ \vdots & \vdots & \vdots & & \vdots\\ \tilde{C}_t\tilde{A}_t^{N_\mathrm{p}-1}\tilde{B}_t & \tilde{C}_t\tilde{A}_t^{N_\mathrm{p}-2}\tilde{B}_t & \tilde{C}_t\tilde{A}_t^{N_\mathrm{p}-3}\tilde{B}_t & \cdots & \tilde{C}_t\tilde{A}_t^{N_\mathrm{p}-N_\mathrm{c}}\tilde{B}_t\end{bmatrix}$$

选择控制目标函数

$$J=(R_\mathrm{d}-Y_\mathrm{p})^\mathrm{T}\bar{Q}(R_\mathrm{d}-Y_\mathrm{p})+\Delta U_\mathrm{p}^\mathrm{T}\bar{R}\Delta U_\mathrm{p} \tag{5.48}$$

式中，第1项反映了系统对控制目标期望值的逼近能力，第2项则反映了对控制量平稳变化的要求；R_d为输出向量的期望值；$\bar{Q}$为输出向量的加权系数矩阵；$\bar{R}$为控制输入增量的加权系数。

考虑助力电动机输出转矩的有界性及辅助转矩对车辆舒适性的影响，限制辅助转矩及转矩增量的大小。同时，考虑路面附着条件对车辆稳定性的影响，需限制侧向加速度的大小[12]为

$$|a_y|\leqslant 0.85\mu g \tag{5.49}$$

式中，μ为路面附着系数；g为重力加速度。

综合上述的目标函数及约束条件，基于动力学模型的车道偏离辅助系统控制器在各控制周期内需求解如下优化问题：

$$\begin{cases}\min J=(R_\mathrm{d}-Y_\mathrm{p})^\mathrm{T}\bar{Q}(R_\mathrm{d}-Y_\mathrm{p})+\Delta U_\mathrm{p}^\mathrm{T}\bar{R}\Delta U_\mathrm{p}\\ \text{s.t.}\quad u_{v\min}\leqslant u_v\leqslant u_{v\max}\\ \qquad \Delta u_{v\min}\leqslant \Delta u_v\leqslant \Delta u_{v\max}\\ \qquad |a_y|\leqslant 0.85\mu g\end{cases} \tag{5.50}$$

结合二次规划的标准矩阵及约束条件进行模型预测控制器的求解，得到控制时域内的一系列控制输入增量：

$$\Delta U_\mathrm{p}^*=\left[\Delta u_v^*(k_i),\ \Delta u_v^*(k_i+1),\ \cdots,\ \Delta u_v^*(k_i+N_\mathrm{c}-1)\right]^\mathrm{T} \tag{5.51}$$

将控制序列中的第一个元素作为实际的控制输入增量作用于系统，实现模型预测控制的反馈机制，并在下一控制周期重复上述过程，即可实现控制器的设计目标。

3. 协同控制因子决策

考虑驾驶员操纵的不确定性，基于模型预测控制器设计的车道偏离辅助系统并未考虑驾驶员的输入，虽然其鲁棒性和自适应特性可以将驾驶员输入作为系统干扰处理，但由车道偏离辅助系统控制器来完全掌握转向控制主权将使驾驶员驾驶舒适性变差，人机冲突较为明显。因此，当驾驶员与车道偏离辅助系统控制器共同控制车辆转向时，控制主权如何分配，以及当因驾驶员操纵失误而触发车道偏离预警时，车道偏离辅助系统施加辅助转矩的大小是人机协同控制中的关键问题。

为此，提出一种由协同控制因子动态调整驾驶员与车道偏离辅助系统控制器对转向盘的控制主权，协同控制因子 α 的调整规则如图 5.16 所示。

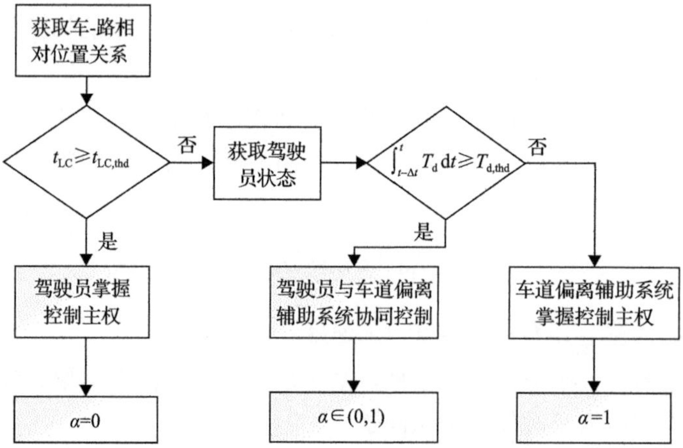

图 5.16　协同控制因子的调整规则

(1) 车道偏离辅助系统根据视觉传感器实时获取的车路相对位置计算车辆跨道时间，当车道偏离预警未触发时，认为驾驶员正确操纵车辆，车道偏离辅助系统控制器并不干预驾驶员的正常操纵，此时协同控制因子 $\alpha = 0$，即驾驶员完全掌握控制主权。

(2) 当在 t 时刻触发车道偏离预警时，根据转矩传感器信息判断驾驶员状态，设定采样区域 Δt 及驾驶员状态判断阈值 $T_{d,thd}$，如果 $\int_{t}^{\Delta t} |T_d| dt \geqslant T_{d,thd}$，则认为驾驶员注意力不集中或操纵失误，但仍有部分控制车辆转向的能力。此时，驾驶员与车道偏离辅助系统控制器共同拥有转向控制权，协同控制因子 α 由驾驶员转矩 T_d、车速 v_x 及预瞄处偏差 y_L 三个变量通过设计模糊规则来确定。设定 $|T_d|$ 的论域为 $[0,8]$ N·m，v_x 的论域为 $[60,120]$ km/h，$|y_L|$ 的论域为 $[0,1]$ m，各输入变量的模糊

子集均为{S,M,L}，分别表示变量的小、中、大三种状态，输入变量均采用三角形隶属度函数。输出变量为协同控制因子α，其论域为[0,1]，模糊子集为{Z,S,M,L,VL}，分别表示零、小、中、大、更大五种状态。模糊规则的制定原则：当车道偏离预警触发时，$|T_{\mathrm{d}}|$越小，说明驾驶员转向控制不足，车道偏离辅助系统需要输出较大的转矩才能纠正车道偏离，需较大的协同控制因子；v_x越大，从车道偏离预警触发至发生车道偏离的时间越短，需要较大的协同控制因子限制车辆偏离车道；$|y_{\mathrm{L}}|$越大，发生车道偏离的可能性越大，同样需较大的协同控制因子进行转向纠正。具体的协同控制因子模糊规则库如表 5.3 所示。

表 5.3　协同控制因子模糊规则库

车速 v_x	驾驶员转矩 $\lvert T_{\mathrm{d}}\rvert$	侧向偏差 $\lvert y_{\mathrm{L}}\rvert$		
		S	M	L
S	S	S	M	VL
	M	Z	S	M
	L	Z	Z	S
M	S	S	M	VL
	M	S	M	L
	L	Z	S	L
L	S	L	VL	VL
	M	S	L	VL
	L	S	M	L

(3) 当在t时刻触发车道偏离预警时，如果$\int_{t-\Delta t}^{t}|T_{\mathrm{d}}|\mathrm{d}t < T_{\mathrm{d,thd}}$，此时认为驾驶员处于疲劳驾驶状态，完全失去对车辆的转向控制，协同控制因子$\alpha=1$，即车道偏离辅助控制器完全掌握车辆转向控制主权。此时，车道偏离辅助系统并不受跨道时间关闭阈值的控制，直至驾驶员重新恢复转向控制。

5.2.4　仿真计算与分析

在 MATLAB/Simulink 中建立驾驶员模型、车辆-道路模型、车道偏离决策模块、LTV-MPC 控制器及协同控制因子决策模块，在 CarSim 中选用 Sedan 车辆模型，道路模型由两个直道与弯道构成，如图 5.17 所示，道路宽度$D_{\mathrm{R}}=3.75\mathrm{m}$，路面附着系数设置为$\mu=0.85$。LTV-MPC 控制器参数中，$N_{\mathrm{p}}=10$，$N_{\mathrm{c}}=4$，$\bar{Q}=\mathrm{diag}\{1,150,800\}$，$\bar{R}=0.1$。设定驾驶员转矩采样时间$\Delta t=0.5\mathrm{s}$，阈值$T_{\mathrm{d,thd}}=1\mathrm{N\cdot m}$。采用 CarSim 与 Simulink 联合仿真以分析模型预测控制器及人机协同车道偏离辅助系统的效果，表 5.4 为车辆及驾驶员模型仿真参数。

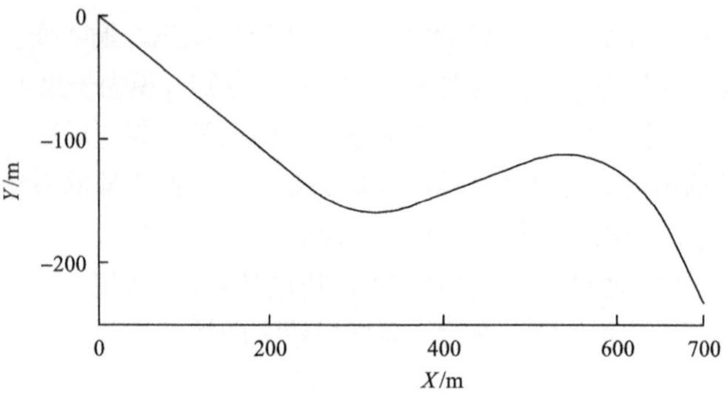

图 5.17 道路模型

表 5.4 车辆及驾驶员模型仿真参数

参数	数值	参数	数值
整车质量 m / kg	1830	轮胎纵向拖距 η_t / m	0.225
质心至前轮的距离 a / m	1.4	预瞄距离 L_d / m	22
质心至后轮的距离 b / m	1.65	驾驶员预瞄时间 t_p / s	0.5
车身宽度 D_V / m	1.88	驾驶员反应时间 t_d / s	0.25
前轮侧偏刚度 k_f / (kN/ rad)	80	微分校正时间常数 t_c	0.2
后轮侧偏刚度 k_r / (kN/ rad)	80	上截止频率 ω_c / (rad/s)	30
车身绕 z 轴的转动惯量 I_z / (kg·m²)	2765	反射阻尼 C_t / [(N·m·s) / rad]	3
转向柱转动惯量 J_c / (kg·m²)	0.05	反射刚度 K_t / [(N·m) / rad]	10
转向柱阻尼 C_c / [(N·m·s) / rad]	0.57	主动刚度 K_a / [(N·m) / rad]	30
前轮至转向盘传动比 i_{sw}	16.5	神经传递时间 t_n / s	0.04

1. 模型预测控制仿真分析

为验证基于 LTV-MPC 控制器的效果，分别建立线性时不变(linear time invariant，LTI)、考虑车速为 LTV 模型。由于 LTI 系统模型要求参数固定，只能以某一名义车速下的车辆-道路模型设计控制器，此处设置为 80km/h；LTV 控制器则以车速为时变参数设计，均在车速为 100km/h 工况下对两个控制器进行仿真比较。图 5.18 列出两种控制器在跟踪车道中心线时的横向偏差及侧向加速度曲线。由图 5.18 可见，所设计的模型预测控制器使车辆稳定地跟踪车道中心线，侧向加速度的响应也在设定约束范围内。由于考虑了车速时变，LTV 控制器较 LTI 可以更好地跟踪车道中心线。

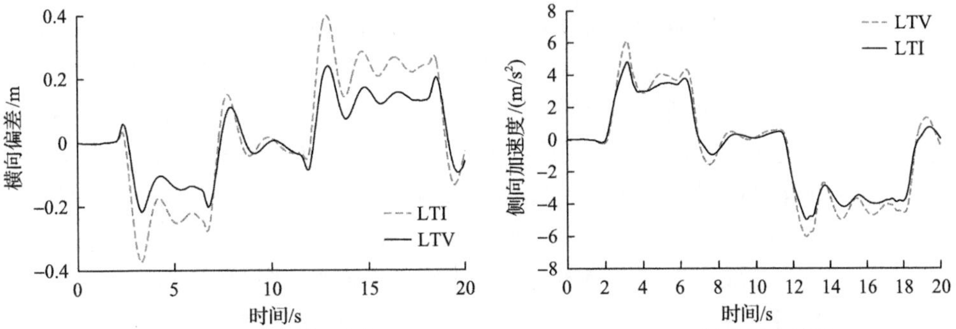

(a) 车辆质心处横向偏差　(b) 车辆侧向加速度

图 5.18　MPC 控制下车辆响应

2. 人机协同车道偏离辅助控制仿真分析

为模拟驾驶员操纵失误，验证基于人机协同的车道偏离辅助系统的控制效果，在车速为 80km/h 时分 3 种仿真工况进行人机协同控制仿真研究。

仿真工况 1：在驾驶员驾驶车辆进入第 2 个直道后，在 10.5～18s 因困倦而停止对车辆的转向操作，驾驶员转矩为 0，自 18s 开始恢复对车辆的转向操作。

图 5.19(a) 为车辆在仿真时域内的跨道时间曲线，由图可见，在 10.5s 前，驾驶员正确操纵车辆，跨道时间均大于车道偏离预警触发阈值；自 10.5s 驾驶员失去转向控制能力后，在 13.5s 触发车道偏离预警并使车道偏离辅助系统启动，经车道偏离辅助系统转向纠正后，车辆回到安全区域，跨道时间在 13.8s 大于关闭阈值，但由于此时驾驶员完全失去转向能力，车道偏离辅助系统并不关闭；而后车辆进入弯道，直至 23.1s 驶离第 2 个弯道后跨道时间大于关闭阈值，车道偏离辅助系统关闭。

图 5.19(b) 为仿真工况 1 的协同控制因子图。图中，在 0～13.5s 车道偏离预警未触发时，认为驾驶员正确操纵车辆，驾驶员完全掌握车辆转向控制主权，协同控制因子 $\alpha=0$；在 13.5s 触发车道偏离预警时，由于采样时间内驾驶员转矩小于设定阈值，所以认为驾驶员完全失去对车辆的转向控制，车道偏离辅助控制器完全掌握转向控制主权，协同控制因子 $\alpha=1$；至 18s 时，驾驶员恢复转向操纵，但此时跨道时间仍小于系统关闭阈值，驾驶员与车道偏离辅助控制器协同控制车辆转向，协同控制因子由编制的模糊规则确定并动态地在[0,1]变化；至 23.1s 车道偏离辅助系统关闭，协同控制因子 $\alpha=0$，驾驶员完全掌握转向控制主权。

图 5.19(c) 给出了驾驶员及仿真工况 1 下失误驾驶员、协同控制及无协同控制时车道偏离辅助系统施加的转矩。其中，协同控制是指可由本书所提的协同控制因子动态决策驾驶员与车道偏离辅助控制器掌握转向控制主权的情况；而无协同控制是指驾驶员与车道偏离辅助系统切换转向控制主权，即车道偏离预警未触发时由驾驶员掌握转向控制主权，否则由车道偏离辅助系统掌握转向控制主权。由图 5.19(c)

可见，在 10.5～18s，失误驾驶员转矩为 0，失去对车辆的转向操纵；在 13.5～18s，车道偏离辅助系统启动且车道偏离辅助系统控制器完全掌握转向控制主权时，为避免车道偏离，车道偏离辅助系统提供的转矩较大，由于失误驾驶员并未参与转向控制，协同控制与无协同控制转矩相同；在 18～23.1s，车道偏离辅助系统虽然处于启动状态，但由于驾驶员恢复转向控制，在协同控制时车道偏离辅助系统提供的转矩小于无协同控制时的转矩。显然，与无协同控制相比，协同控制为驾驶员争取了转向控制主权，当驾驶员增大正确转矩时，根据协同控制因子模糊规则，车道偏离辅助系统转矩将进一步降低。这说明协同控制可降低车道偏离辅助系统控制器对驾驶员的干预，减小人机冲突。

图 5.19(d)为各控制模式下车辆质心与车道中心线的横向偏差。根据车辆与道路的宽度，当车辆质心偏离车道中心线距离大于 0.935m 时，车辆将偏离预定车道。图 5.19(d)中，在驾驶员完全失去转向控制能力时，车辆将在约 14s 时偏离预定车道，而车道偏离辅助系统可控制车辆质心与车道中心线最大距离为 0.81m，有效避免了车道偏离。同时，在 18s 驾驶员恢复转向控制时，基于协同控制的横向偏差达到与无协同控制，即控制器完全占据车辆控制主权时基本一致的水平，充分说明了基于协同控制的车道偏离辅助系统既可减小人机冲突，又可保证较小的横向偏差。

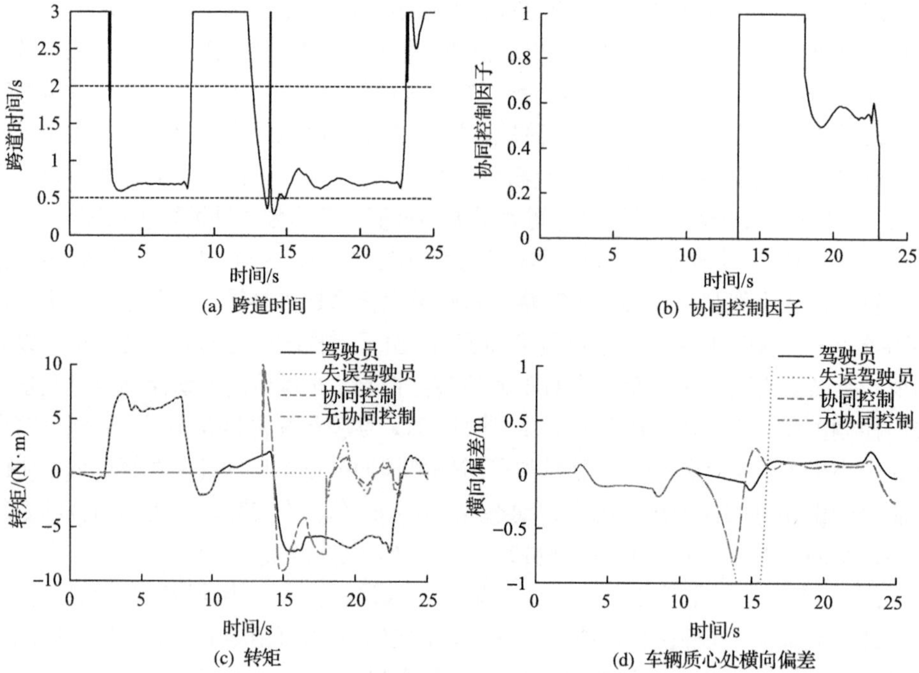

图 5.19　车道偏离辅助控制仿真(仿真工况 1)

仿真工况 2：驾驶员进入第 2 个弯道时，在 14～25s 施加的转矩过小，车辆相对车道处于转向不足状态而偏离外侧车道。

图 5.20(a)为仿真工况 2 的跨道时间曲线。图 5.20(a)中，在 0～14s 驾驶员正确操纵车辆时，跨道时间均大于车道偏离预警阈值，自 14s 驾驶员失误而处于不足转向状态时，在 15.1s 处触发车道偏离预警，车道偏离辅助系统启动；在 23.1s 处脱离车道偏离危险，车道偏离辅助系统关闭。在图 5.20(b)所示的协同控制因子中，车道偏离辅助系统启动期间，由于驾驶员转矩大于设定阈值，驾驶员与协同控制因子由模糊规则调整其动态变化。

图 5.20(c)为仿真工况 2 下的转矩图。由图 5.20(c)可见，在 14s 时，驾驶员操纵力矩较驾驶员正常转矩下降，车道偏离辅助系统在 15.1～23.1s 处于启动状态并提供辅助转矩。其中，协同控制提供的辅助转矩波动较小且数值上小于无协同控制的辅助转矩，控制器对驾驶员的操纵干预较小。图 5.20(d)所示的横向偏差中，基于协同控制的车道偏离辅助系统可使车辆有效避免车道偏离，对车道中心线的跟踪性能与车道偏离辅助控制器完全掌握控制主权时相接近。

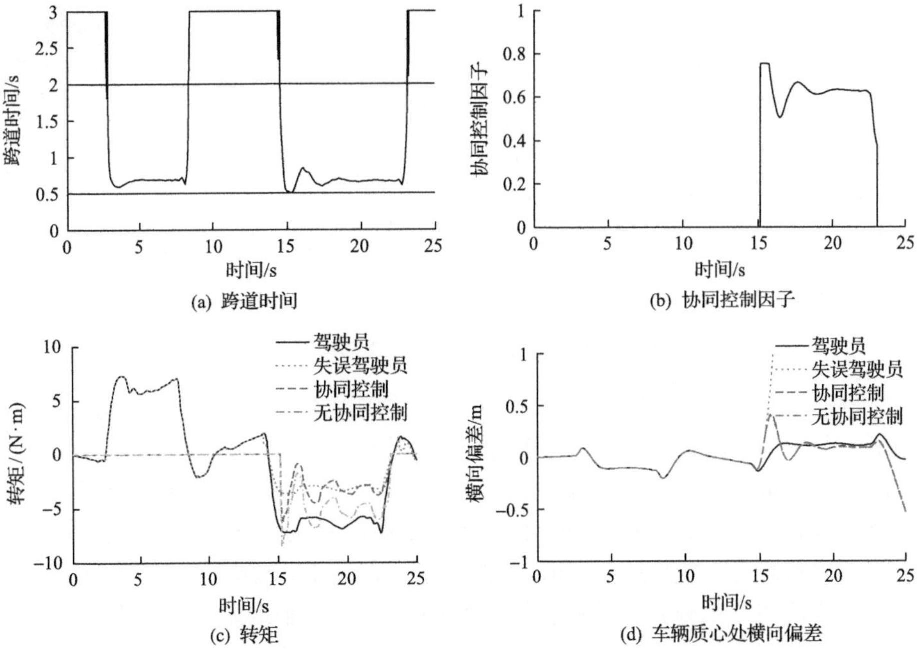

图 5.20　车道偏离辅助控制仿真(仿真工况 2)

仿真工况 3：当驾驶员进入第 2 个弯道时，在 14～25s 施加的转矩过大，车辆相对于车道处于转向过度状态而导致车辆偏离内侧车道。

由图 5.21 可见，当驾驶员自 14s 起施加的转矩过大时，车道偏离预警在 16.6s 触发，车道偏离辅助系统在 16.6～23.1s 处于启动状态。在此期间，基于协同控制的车道偏离辅助系统根据车道偏离辅助系统控制器及协同控制因子决策结果提供给转向盘合适的辅助转矩，有效避免了车辆向内侧车道偏离并可较为稳定地跟踪车道中心线，横向偏差仅在车道偏离辅助系统启动时略大于无协同控制；而在无协同控制时，车道偏离辅助控制器提供的反向辅助转矩较大，不但导致人机冲突较为明显，且影响车辆乘坐舒适性，进一步验证了基于人机协同的车道偏离辅助系统在减小人机冲突的同时可避免车道偏离。

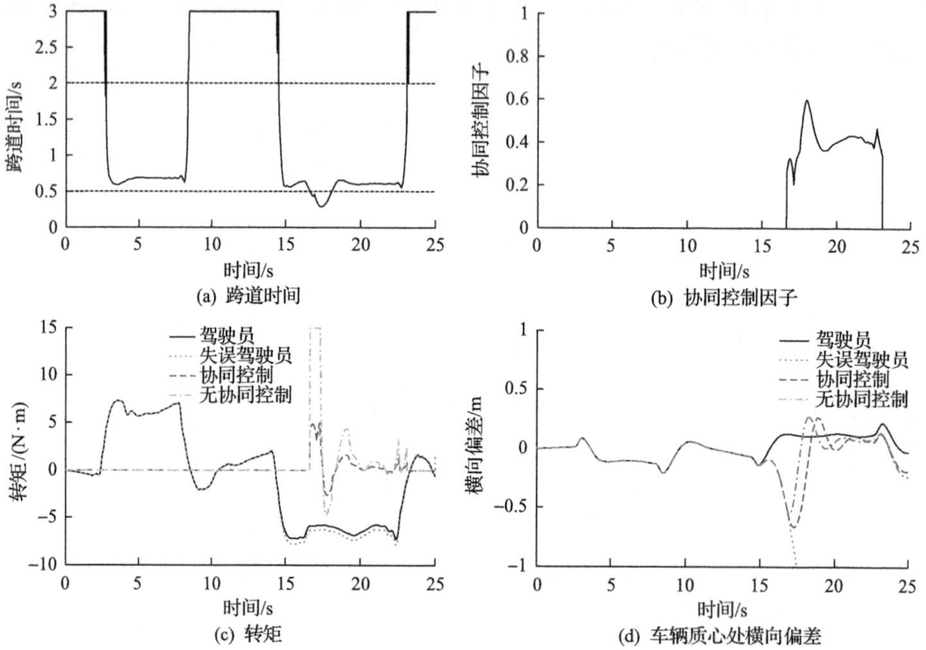

图 5.21 车道偏离辅助控制仿真(仿真工况 3)

上述仿真结果表明，基于跨道时间的车道偏离预警可有效检测车辆偏离车道的危险性，使车道偏离辅助系统在合适的时刻有效介入；协同控制因子决策模块可使控制主权在驾驶员、车道偏离辅助控制器及两者协同控制间有效切换，当驾驶员完全失去转向控制能力或因驾驶经验不足而操纵失误时，提出的基于人机协同的车道偏离辅助系统均可有效地避免车道偏离，在保证人机冲突较小的情况下较为稳定地跟踪车道中心线，充分验证了基于人机协同的车道偏离辅助系统的有效性。

5.2.5 硬件在环实验

为进一步验证基于人机协同的车道偏离辅助系统的有效性及可靠性，在图 5.10 所示的硬件在环实验平台上进行了驾驶员在环和硬件在环实验。

实验所用车辆与道路模型与仿真相同，同样在车速为 80km/h 时进行实验研究，且以实际驾驶员代替仿真中的驾驶员模型，考虑实际驾驶员操纵的不可重复性，实验工况与仿真工况存在部分差异。

实验工况 1：模拟仿真工况 1，驾驶员因困倦在约 13s 时失去转向控制能力，在约 19.5s 时恢复转向控制能力。

硬件在环实验结果如图 5.22(a)可见，当驾驶员在 13s 时失去转向控制能力时，在约 13.7s 处车辆跨道时间小于设定阈值而触发车道偏离辅助系统，在 21.6s 处车辆跨道时间大于车道偏离辅助系统关闭阈值。图 5.22(b)中，在 13.7～19.5s，驾驶员由于没有转矩输入，车道偏离辅助控制器掌握控制主权；在 19.5～21.6s，驾驶员恢复转向控制时，驾驶员与车道偏离辅助控制器协同控制因子在[0,1]动态变化。由图 5.22(c)所示的转矩可见，19.5～21.6s 驾驶员与车道偏离辅助控制器共同控制转向盘期间，与无协同控制相比，协同控制提供较小的辅助转矩，车道偏离辅助系统对驾驶员的操纵舒适性影响较小。图 5.22(d)为驾驶员操纵失误时人机协同控制下的横向偏差，图中，横向偏差最大值约为 0.77m，小于发生车道偏离的最大横向距离，说明人机协同控制的车道偏离辅助系统可使车辆有效避免车道偏离。

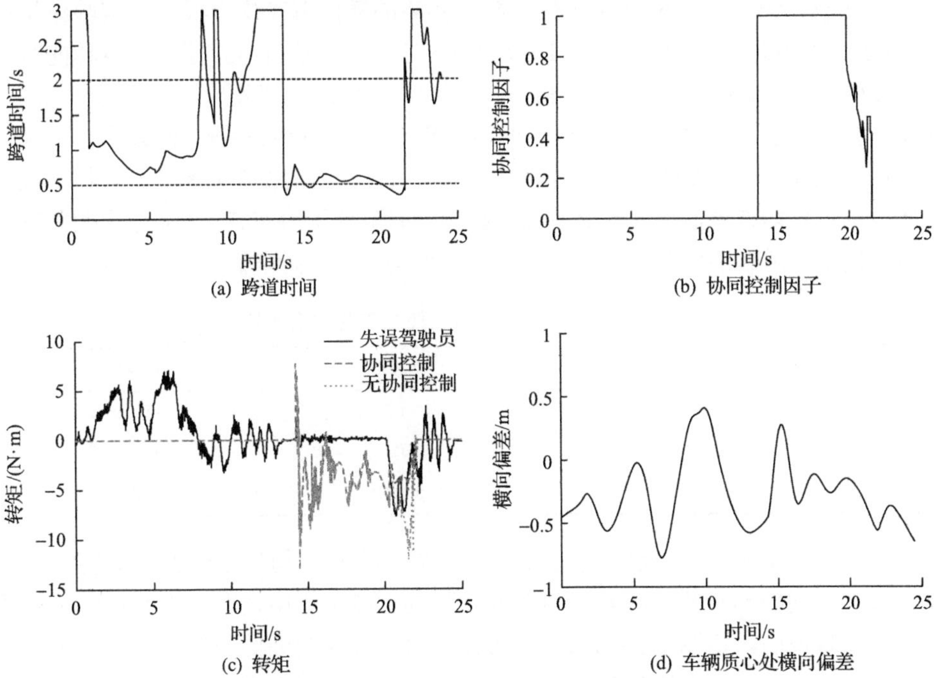

图 5.22　硬件在环实验结果(实验工况 1)

比较仿真工况 1 与实验工况 1 的各指标，如表 5.5 所示。实际驾驶员与驾驶员模型存在差异，导致仿真工况和实验工况结果有所不同，但根据表中数据，仍然可以得出以下结论：在仿真工况及实验工况下，基于跨道时间的车道偏离辅助决策均可使车道偏离辅助系统适时介入和退出车辆转向控制，在车道偏离辅助系统的协同转向控制作用下，均可避免车辆发生车道偏离，且协同控制下的辅助转矩均方根值均小于无协同控制的，减小了车道偏离辅助系统对驾驶员操纵的干预。

表 5.5　仿真工况 1 与实验工况 1 的比较

指标	仿真	实验
车道偏离辅助系统作用时间区间/s	[13.5,23.1]	[13.7,21.6]
协同控制横向偏差峰值/m	0.8047	0.7726
协同控制辅助转矩均方根值/(N · m)	2.88	2.38
无协同控制辅助转矩均方根值/(N · m)	3.13	2.89

实验工况 2：当仅驾驶员控制转向盘时进行 10 次驾驶实验，当驾驶员与车道偏离辅助系统协同控制时进行 10 次协同控制实验。

为避免驾驶员对 CarSim 虚拟行驶环境的熟练程度对实验结果产生影响，两类实验间隔进行，且驾驶员并非有意偏离车道。分别比较两类实验中发生车道偏离预警的次数、出现车道偏离的次数及两类实验的横向偏差均方根值。实验结果如表 5.6 所示，由表中数据可见，在 10 次驾驶实验中，驾驶员单独控制车辆转向时，发生 17 次车道偏离预警，其中，12 次完全偏离车道；而驾驶员与车道偏离辅助系统协同控制车辆时，发生 18 次车道偏离预警，与驾驶员单独操纵时发生车道偏离预警的次数相当，但没有完全偏离车道；10 次驾驶与协同控制实验中，人机协同控制的横向偏差均方根值较驾驶员单独操纵车辆时降低了约 48.7%，充分说明了基于人机协同的车道偏离辅助控制可有效避免车道偏离，提高车辆的行驶安全性。

表 5.6　驾驶员与人机协同控制实验结果比较

指标	驾驶员	人机协同控制
车道偏离预警次数	17	18
车道偏离次数	12	0
横向偏差均方根值/m	0.4659	0.2389

同时，由于协同控制因子动态调整转向控制主权，协同控制的辅助转矩总不会超过无协同控制时的辅助转矩。在 10 次协同控制实验中选取 2 次有代表性实验的转矩图来说明。由图 5.23(a)、(b)可见，协同控制较无协同控制明显减小了对驾驶员操纵的干预，在避免车道偏离的同时提供了更高的驾驶舒适性。

综合分析上述仿真及实验结果可见：采用跨道时间的简化算法在仿真及实验中均可有效触发车道偏离预警并控制车道偏离辅助系统适时启动与关闭；基于人机协同的车道偏离辅助系统在仿真及实验中均可通过协同控制因子实时分配转向盘控制主权，在减小人机冲突的同时有效避免车道偏离，充分验证了本书所建模型的正确性及所提方法的可行性。

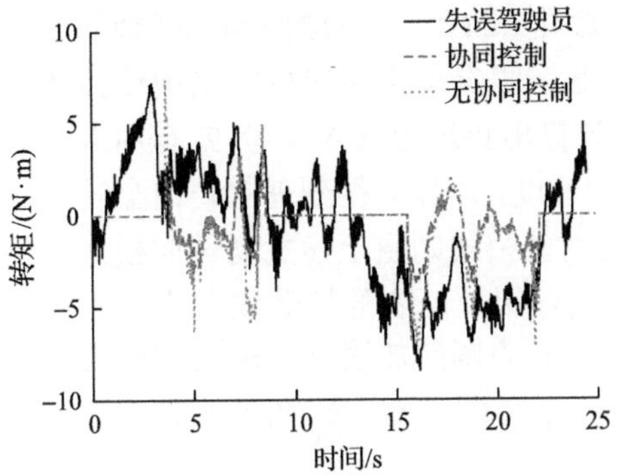

(a) 转矩示例1

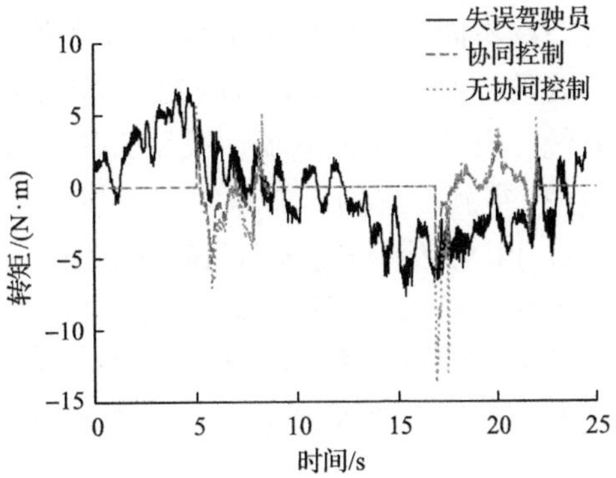

(b) 转矩示例2

图 5.23　硬件在环实验结果(实验工况 2)

5.3　基于可拓决策和人工势场法的车道偏离辅助驾驶[13]

车道偏离辅助系统的主要工作可分为决策和执行两部分，其中，决策算法的研究主要集中在跨道时间阈值和距车道中心线距离阈值上，其中多为基于单独跨道时间阈值或者单独距车道中心线距离阈值。文献[14]阐述了一种基于跨道时间的车道保持系统，当跨道时间小于特定阈值时系统启动，但当跨道时间阈值波动时系统会不稳定。文献[15]设计了跨道时间阈值及横向偏差阈值，取两者的交集进行决策，但取交集的方法决策只有偏离和未偏离两种判断，难以反映出偏离过程和偏离及未偏离的关系。

车道偏离辅助系统的执行主要有转向轮转向(有 EPS 执行转向和主动转向等)和差动制动等方式。近年来，在机器人领域得到较多应用的人工势场法，以其在路径规划中表现出优异的响应速度和实时性而被引入车道保持系统控制中。本节针对采用主动转向的车辆，提出一种基于可拓决策和跨道时间势场的车道偏离辅助系统。可拓决策方法以跨道时间为主特征量，根据不同的车道偏离危险程度划分了不同的域，能清楚地反映出车道偏离的过程，人工势场法则根据车道偏离过程建立虚拟势场，同样以跨道时间为参数设计了势场函数，结合这两个方法可以更好地在不同车道偏离危险程度时取得良好的控制效果。

5.3.1　控制系统结构

图 5.24 为基于可拓决策和人工势场法的车道偏离辅助系统。图 5.24(a)为系统结构框图，分为上下两层，其中上层为决策控制层。决策控制器根据传感器所采集的特征参数，计算出跨道时间，将车辆行驶中的车道偏离状态划分成不同的域，然后采用可拓控制理论[16]中不同域的对应描述，根据车道偏离危险程

度，在不同的域内采用不同的驾驶模式，见图 5.24(b)。下层控制包括辅助驾驶模式的控制器和主动转向模式的转角控制器。假定车辆转向机构采用线控转向系统，设计转角控制器，采用人工势场法计算出势场力代入参考 2 自由度车辆模型，得到理想侧向加速度和理想横摆角加速度，计算后得到理想转向盘转角，通过 PID 控制确定转向盘转角输入；辅助驾驶模式则由上述主动转向模式的转向盘转角输入与驾驶员转向盘转角输入协调作用，两者的控制权重由可拓域中关联函数确定。图 5.24 中，δ_{f} 为前轮转角，a_y 为侧向加速度，θ_{a} 为辅助驾驶模式转向盘转角输入，θ_{d} 为自由驾驶模式转向盘转角输入，θ_{m} 为主动转向模式转向盘转角输入。

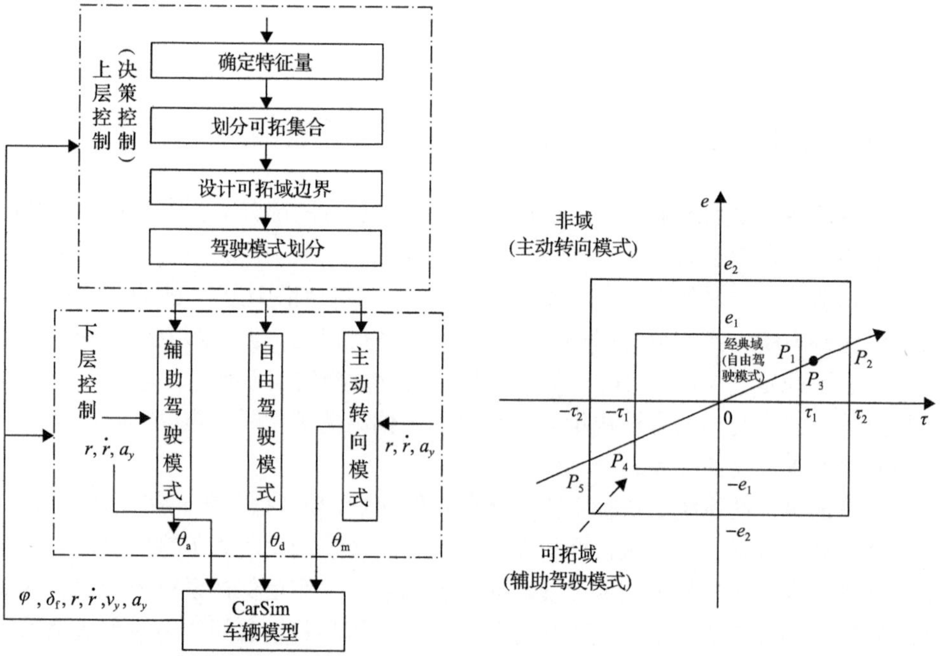

(a) 系统结构框图　　(b) 可拓集合

图 5.24　车道偏离辅助系统

图 5.24(b)中，e 是车辆距车道中心线的偏差，τ 是跨道时间的倒数；经典域代表无车道偏离危险，驾驶员继续自由驾驶；可拓域代表车辆有车道偏离风险，驾驶员如果继续自由驾驶可能会发生危险，所以此时采取辅助驾驶控制策略，驾驶员继续操控转向盘，保持驾驶员的操控权，主动转向系统对其进行转角补偿，这样既可保证驾驶员的操控权，又可降低车道偏离的危险；非域代表若继续保持驾驶员的优先权进行驾驶，车辆将发生车道偏离危险，此时需要改变策略，即采取主动转向，主动转向比驾驶员操控减少了反应时间和机构响应

时间。所以，当处于非域时，采取主动转向模式可以及时地避免发生车道偏离的危险。

5.3.2　控制器设计

1. 上层决策控制器设计

完善的车道偏离辅助系统，不仅能提高行车安全性，而且能减轻驾驶员的负担。因此，在车道偏离辅助系统中有两个问题至关重要：如何介入和何时介入。介入过早会降低驾驶员接受度，影响驾驶员的正常驾驶。介入过晚可能会导致横向偏差增大、车道偏离隐患增大，降低行车安全性。为实现车道偏离辅助系统的适时介入，建立可拓决策控制器。

将车道偏离状态的可拓集合划分成经典域、可拓域、非域，以车道偏离状态进行区分，不同的区域对应着不同的车道偏离状态和相应的控制策略，实现不同驾驶模式之间的切换控制。

可拓决策控制器建立过程如下。

1) 确定特征量

为了使可拓集合与车辆的车道偏离危险相对应，同时考虑需采用跨道时间 t_T 建立跨道时间势场来设计转角控制器，且 t_T 可以反映车道偏离状态，考虑到 t_T 与车道偏离危险程度的关系，所以选择 t_T 的倒数 τ 作为主特征量，并选取车辆距车道中心线的偏差 e 作为辅特征量，组成特征状态 $S(\tau,e)$。

2) 划分可拓集合

选择 e 为纵坐标，τ 为横坐标，作二维可拓集，并将其划分为经典域、可拓域和非域。

在经典域和可拓域中，驾驶员均具有驾驶优先权，只是当特征状态处于可拓域时有车道偏离辅助系统介入，所以该边界不会对驾驶员的接受度造成明显影响，根据参考文献[17]中的取值，τ_1 取为 0.25。在非域中，驾驶员对车辆不具有操控权，此边界对驾驶员的接受度及行车安全性影响较大，因此设计动态跨道时间阈值作为此边界。

在极限情况下，为使车辆保持足够的侧向稳定裕度，避免车辆失稳，根据不同的路面状况设定允许的侧向加速度上限[18]，车辆正常行驶时，侧向加速度不超过 0.4g。为了保证车辆的稳定性且具有一定的舒适性，在路面限制的基础上应考虑车辆的稳定性和舒适性约束。综上所述，这里取侧向加速度极限值 $a_{y\max}=0.5\mu g$，其中，μ 为路面附着系数。

图 5.25 中，v 为车速，v_{yt} 为 t 时刻的车辆侧向速度，φ_t 为 t 时刻的车辆偏航角，假设车辆以极限侧向加速度进行运动，则车辆行驶到平行车道中心线的位置

所用的时间 t_1 为

$$t_1 = \frac{v_{yt}}{a_{y\max}} \tag{5.52}$$

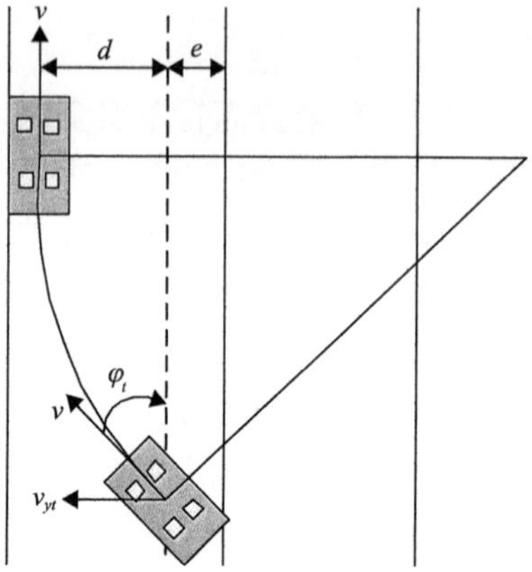

图 5.25　动态跨道时间阈值模型

实际驾驶中，当需要进行驾驶操纵时，需经过驾驶员反应时间 t' 才能进行操纵，而执行机构同样需要经过响应时间 t'' 才会实现有效执行动作。在理想情况下通过驾驶员操纵来实现车道偏离纠正的最短时间为

$$T_{\min} = t_1 + t' + t'' \tag{5.53}$$

综上可知，当跨道时间 $t_{\mathrm{T}} \leqslant T_{\min}$ 时，认为驾驶员即使立即操纵也已无法避免车道偏离危险的发生，但是车道偏离辅助系统操纵响应快，仍可以实现纠偏。因此，将 $T_{\min}$ 作为动态跨道时间阈值 T_{th} ，即

$$T_{\mathrm{th}} = T_{\min} = t_1 + t' + t'' \tag{5.54}$$

取 τ_2 为 $1/T_{\mathrm{th}}$ ，由此确定了特征量 τ 的经典域边界和可拓域边界。

车辆距车道中心线的偏差 e 对 τ 起辅助作用，为防止 τ 出现极值导致系统切换不稳定，频繁在多个模式间切换，这里取 e_1 为 0.3m， e_2 为 0.75m。

3) 关联度计算

选取状态特征量为跨道时间的倒数 τ 及车辆距车道中心线的偏差 e ，可得到二维可拓集合如图 5.24(b) 所示。

根据文献[19]中的可拓距及关联函数的求解方式，最终可得点 P_3 与划定区间的可拓距为（以区间 $<P_4, P_1>$ 为例）

$$\rho(P_3,<P_4,P_1>)=\begin{cases}|P_3P_4|, & P_3\in<-\infty,P_4> \\ -|P_3P_4|, & P_3\in<P_4,0> \\ -|P_3P_1|, & P_3\in<0,P_1> \\ |P_3P_1|, & P_3\in<P_1,+\infty>\end{cases} \tag{5.55}$$

然后可确定关联函数为

$$K(S)=\frac{\rho(P_3,<P_5,P_2>)}{D(P_3,<P_4,P_1>,<P_4,P_1>)} \tag{5.56}$$

式中，$D(P_3,<P_4,P_1>,<P_4,P_1>)=\rho(P_3,<P_5,P_2>)-\rho(P_3,<P_4,P_1>)$。

将式(5.56)应用到可拓集合中，即可确定关联函数$K(S)$。

4)模式划分

以关联函数$K(S)$将本书设计的车道偏离辅助系统的工作模式划分如下：

当$K(S)\geqslant 1$时，特征状态$S(\tau,e)$位于经典域中，车辆此时无车道偏离风险，车辆由驾驶员继续自由驾驶。

当$0\leqslant K(S)<1$时，特征状态$S(\tau,e)$位于可拓域中，车辆虽有车道偏离风险但是还处于驾驶员可控的状态，因此采用辅助驾驶模式，控制系统辅助驾驶员纠正车道偏离。

当$K(S)<0$时，特征状态$S(\tau,e)$位于非域中，车辆即将发生车道偏离危险，仅靠驾驶员操作已无法使车辆回归车道中心线，此时系统进入主动转向模式。

2. 下层控制器设计

下层控制包括主动转向模式的转角控制器和辅助驾驶模式的协调控制器及自由驾驶模式控制器。自由驾驶模式的输入由驾驶员模型得到，采用单点预瞄驾驶员模型，驾驶员输入转向盘转角为

$$\theta_{\mathrm{d}}=\frac{2i_{\mathrm{sw}}L}{L_{\mathrm{d}}^2}\left[f(t+T)-y(t)-Ty(t)\right] \tag{5.57}$$

式中，i_{sw}为前轮转角和转向盘转角的角传动比；L为轴距；L_{d}为预瞄距离；$f(t)$为车道中心线方程；T为预瞄时间；$y(t)$为车辆当前坐标。

1)基于人工势场法的转角控制器设计

转角控制器结构如图5.26所示。

(1)跨道时间计算。

首先根据车辆几何模型、实际车辆侧向位移、偏航角来推导出车辆前轮距左、右车道边界的距离[20]，如图5.27所示。

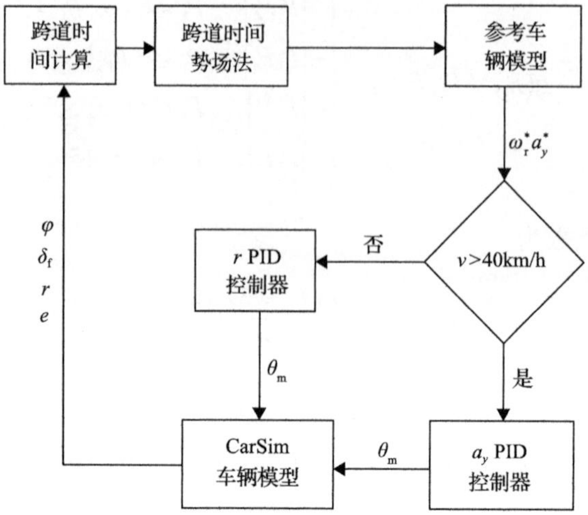

图 5.26　转角控制器结构

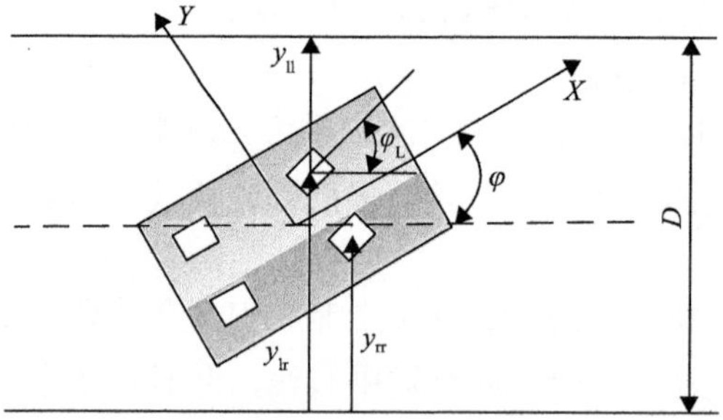

图 5.27　车辆-大地坐标图

假定车辆行驶在直道上，偏航角为 φ，车辆质心到左车道边界线距离为 y_{l}，整车质心至前轴的距离为 a，则可得到前轮到左车道边界线的距离为

$$\begin{cases} y_{\mathrm{ll}} = y_{\mathrm{l}} - a\sin\varphi - \dfrac{l_{\mathrm{f}}}{2}\cos\varphi_{\mathrm{L}} \\ y_{\mathrm{rl}} = y_{\mathrm{l}} - a\sin\varphi + \dfrac{l_{\mathrm{f}}}{2}\cos\varphi_{\mathrm{L}} \end{cases} \tag{5.58}$$

前轮到右车道边界线的距离为

$$\begin{cases} y_{\mathrm{lr}} = y_{\mathrm{r}} + a\sin\varphi + \dfrac{l_{\mathrm{f}}}{2}\cos\varphi_{\mathrm{L}} \\ y_{\mathrm{rr}} = y_{\mathrm{r}} + a\sin\varphi - \dfrac{l_{\mathrm{f}}}{2}\cos\varphi_{\mathrm{L}} \end{cases} \tag{5.59}$$

式中，y_{ll}、y_{rl} 分别为左、右前轮到左车道边界线的距离；y_{lr}、y_{rr} 分别为左、右前轮到右车道边界线的距离；$y_r = D - y_l$ 为车辆质心到右车道边界线距离，D 是车道宽度；$\varphi_L = \varphi + \delta_f$。设偏航角和前轮转角逆时针方向为正。当道路半径 R_r 远大于 y_l，式(5.59)同样适用于弯道。

关于直道跨道时间计算，如图 5.28 所示，由转弯半径 $R_V = \dfrac{v}{r} - \dfrac{l_f}{2}$，$d = R_V \cos\varphi_L - y_{ll}$，$\alpha = \arccos\dfrac{d}{R_V}$，$\xi_{ll} = \alpha - \varphi_L = \arccos\left(\cos\varphi_L - \dfrac{y_{ll}}{R_V}\right) - \varphi_L$，可计算出跨车道中心线距离 $D_{LC} = R_V \xi_{ll}$，则有跨道时间为

$$t_T = \frac{D_{LC}}{v} = \frac{\left(\dfrac{v}{r} - \dfrac{l_f}{2}\right)\left[\arccos\left(\cos\varphi_L - \dfrac{y_{ll}}{R_V}\right) - \varphi_L\right]}{v} \tag{5.60}$$

式中，r 为横摆角速度；v 为车速；l_f 为车辆质心至前轴距离。

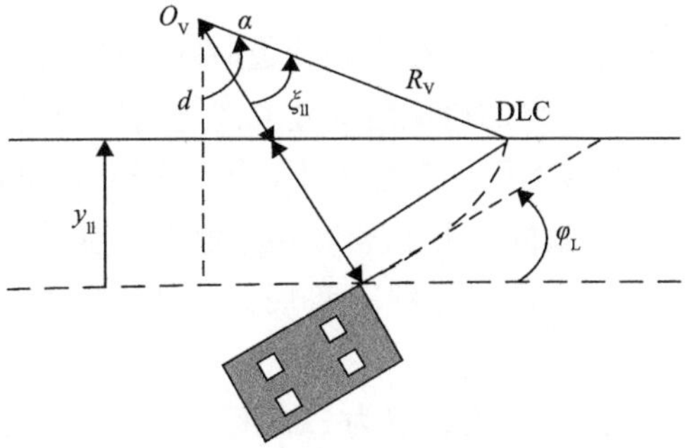

图 5.28　直道跨道模型

关于弯道跨道时间计算，如图 5.29 所示，由转弯半径

$$R_V = \frac{v}{r} - \frac{l_f}{2}，\quad r_2 = \sqrt{(R_r + y_{ll})^2 + R_V^2 - 2(R_r + y_{ll})R_V\cos\varphi}$$

$$\alpha = \arccos\left(\frac{R_V^2 - R_r^2 + r_2^2}{2r_2R_V}\right)，\quad \xi_{ll} = -\alpha + \arccos\left[\frac{R_V^2 - (R_r + y_{ll})^2 + r_2^2}{2r_2R_V}\right]$$

可计算出跨道距离 $D_{LC} = R_V \xi_{ll}$，则有跨道时间为

$$t_T = \frac{D_{LC}}{v} = \frac{\left(\dfrac{v}{r} - \dfrac{l_f}{2}\right)\left\{-\alpha + \arccos\left[\dfrac{R_V^2 - (R_r + y_{ll})^2 + r_2^2}{2r_2R_V}\right]\right\}}{v} \tag{5.61}$$

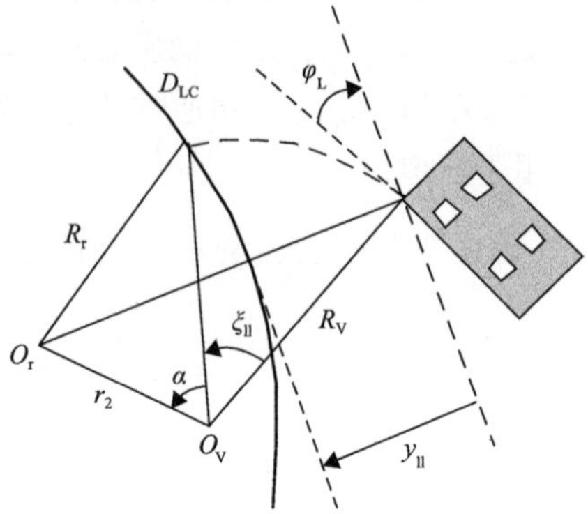

图 5.29　弯道跨道模型

上述跨道时间计算皆按照左跨道模式建立，其建立过程也适用于右跨道模式，右跨道模式只需将公式中前左轮到左车道边界线的距离 y_{ll} 换成前右轮到右车道边界线的距离 y_{rr}。

(2)跨道时间势场模型。

基于人工势场法理论，考虑到在不同跨道时间区域内，车辆具有不同的车道偏离危险程度，利用上述计算的跨道时间建立跨道时间势场。车道偏离危险程度决定着车辆受到车道中心线的引力势能大小，设计跨道时间势场函数来表示。

假设车辆行驶在单车道内，并且忽略换道行为，则车辆在道路上受到的势场力需满足以下条件：①车道中心线上势场力为零；②越靠近车道边界势场力越大。

考虑到以上两点，势场函数选取为 τ 的函数。势场函数的变化趋势大致如图 5.30 所示，图中横坐标正负代表车辆发生车道偏离的方向。由此可以看出，车辆偏航角为零且车辆处于车道中心线时，跨道时间无穷大，其倒数为零，势能也为零；车道偏离越大，跨道时间越小，其倒数越大，势能也越大。

本节所用势场函数表达式为

$$V_c(\tau) = k\tau^2 \tag{5.62}$$

式中，$\tau = 1/t_T$；k 为势场函数增益。势场函数增益 k 的选取决定着系统沿势场函数梯度方向回到车道中心线的动能和车辆路径跟踪所需的控制力。k 值可以由式(5.63)确定[21]：

$$k = \frac{L_2(q_2(0), \dot{q}_2(0))}{\tau_{\max}^2} + \frac{c_1^2}{4c_2} \tag{5.63}$$

式中，$L_2(q_2(0),\dot{q}_2(0))$ 为 Lyapunov 函数 $L_2(q_2,\dot{q}_2)=\frac{1}{2}\dot{q}_2^{\mathrm{T}}M_2\dot{q}_2+\frac{1}{2}q_2^{\mathrm{T}}V_{2m}q_2$ 在 $t=0$ 时的初始值；$\tau_{\max}$ 为最小跨道时间阈值的倒数，$q_2=\begin{bmatrix}\tau\\ e\end{bmatrix}$，$V_{2m}=\begin{bmatrix}2k & c_1\\ c_1 & 2c_2\end{bmatrix}$，$c_1=2ak$，$c_2=2a^2k+\frac{1}{2}(bk_{\mathrm{r}}-ak_{\mathrm{f}})$，$M_2=\begin{bmatrix}k & 0\\ 0 & m\end{bmatrix}$，整车质心至后轴的距离为 b。

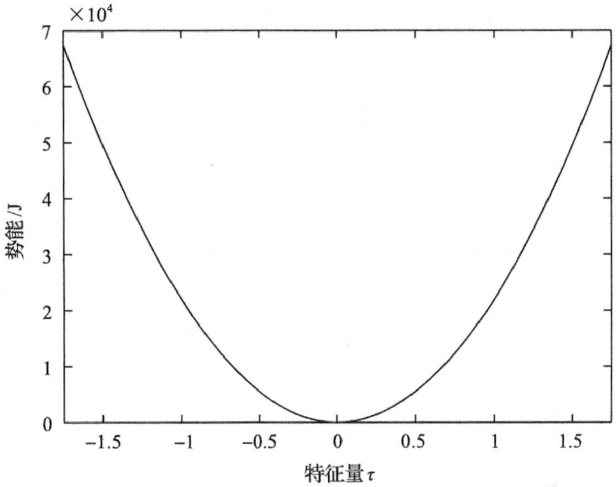

图 5.30　势场函数的变化趋势

假设车辆行驶时偏航角 φ 较小，则对式(5.62)求偏导可得跨道时间势场所产生的势场力为

$$F_{\mathrm{c}}=-\frac{\partial V_{\mathrm{c}}}{\partial\tau}=-2k\tau \tag{5.64}$$

由车辆动力学关系和车辆在道路上的运动学关系，并考虑势场力，可得[13]

$$\begin{cases}m(\dot{v}_y+v_x r)=2k\tau\\ I_z\dot{r}=2ak\tau\end{cases} \tag{5.65}$$

由式(5.65)确定的车辆横摆角速度 r 和侧向加速度 a_y 可认为是理想的横摆角速度 r^* 和理想的侧向加速度 a_y^*。

当车辆低速行驶时，较大的转向盘转角变化只能引起较小的侧向加速度变化，横摆角速度变化更易于感知；当车辆处于较高车速时，较小转向盘转角即可使侧向加速度明显改变，侧向加速度变化更易于感知。为了使反馈控制效果更好，在较低车速时，理想转向盘转角采用横摆角速度来计算；在较高车速时，理想转向盘转角采用侧向加速度来计算。可以根据理想侧向加速度和理想横摆角速度与转

向盘转角之间的增益关系来确定理想转向盘转角 θ^* ，即[22]

$$\theta^* = \begin{cases} \dfrac{a_y^* i_{sw} L\left(1+Kv_x^2\right)}{v_x^2}, & v \geqslant 40\text{km/h} \\ \dfrac{r^* i_{sw} L\left(1+Kv_x^2\right)}{v_x}, & v < 40\text{km/h} \end{cases} \tag{5.66}$$

式中，K 为车辆的稳定性因数(同式(5.35))；i_{sw} 为前轮转角至转向盘转角的角传动比。

最后计算出理想转向盘转角与实际转向盘转角的差值，由 PID 控制可确定主动转向控制器的转向盘转角输入 δ_m 。

2)辅助驾驶模式控制器设计

特征状态 $S(\tau,e)$ 位于可拓域中，车辆行驶渐渐偏离出车道中心线，此时需要减小驾驶员的输入权重，增加主动转向系统的控制权重，预防车道偏离的发生。随着特征状态 $S(\tau,e)$ 渐渐远离经典域，关联函数 $K(S)$ 也会随之减小，此关系恰好反映了驾驶员和主动转向系统控制权重的变化关系，故取主动转向系统控制权重为 $\gamma_m = 1-K(S)$ ，驾驶员的控制权重为 $\gamma_d = K(S)$ 。

此时，系统输入的转向盘转角为

$$\theta = \gamma_d \theta_d + \gamma_m \theta_m \tag{5.67}$$

5.3.3 仿真计算与分析

为了验证本书所提方法的可行性与有效性，在 CarSim/Simulink 仿真环境中对上述模型及控制算法进行了仿真计算，跨道时间势场及车辆模型的部分参数如表 5.7 所示。

表 5.7 系统模型部分参数

参数	数值
整车质量 m/kg	1810
整车质心至前轴的距离 a/m	1.37
整车质心至后轴的距离 b/m	1.43
整车绕 z 轴的转动惯量 I_z/(kg · m²)	3048
势场函数增益 k	8647
前轮侧偏刚度 k_f/(N/rad)	−145850
后轮侧偏刚度 k_r/(N/rad)	−89030
前轮距 l_f/m	1.51
驾驶员反应时间/s	0.5
执行机构响应时间/s	0.3

1. 误操作转角 5°仿真结果

1) 直道工况

纵向车速取 20m/s，直线路径跟踪时目标车道中心线方程为 y=0，车道宽度为 3.5m，路面附着系数 μ=0.8，在 4～8s 内驾驶员精神不集中，误操作并保持转向盘转角为 5°，8s 后驾驶员恢复正常驾驶操作，仿真结果如图 5.31 所示。

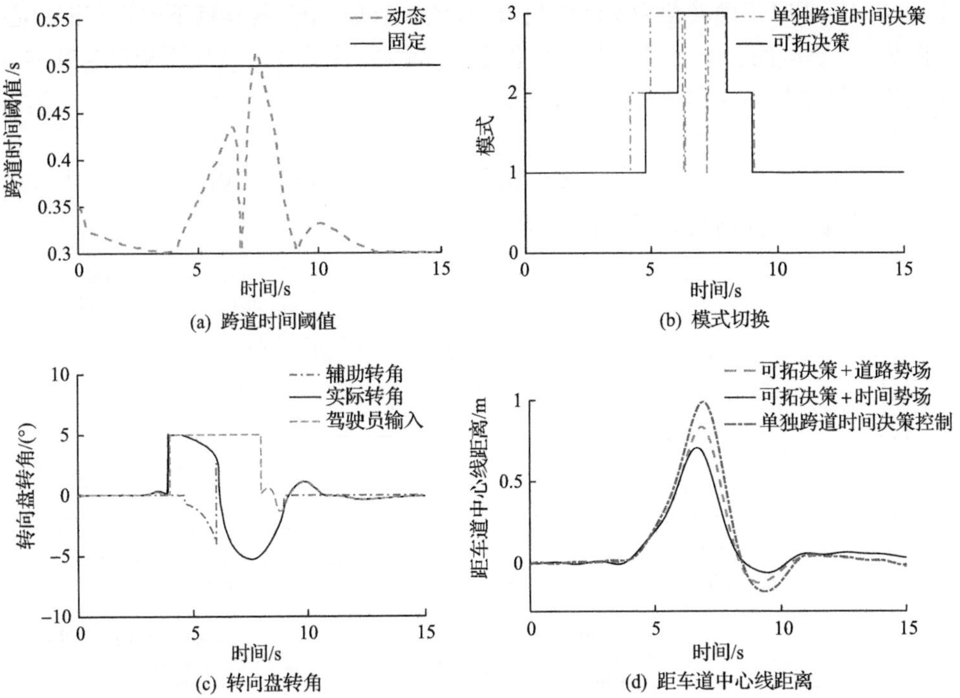

图 5.31　直道工况仿真结果

从 4s 开始，由于一直存在 5° 的转向盘转角输入，车辆逐渐驶离车道中心线，即将发生车道偏离。当触发车道偏离系统启动条件时，车道偏离辅助系统启动进行辅助纠偏，8s 后驾驶员恢复正常驾驶操作，最后车辆稳定行驶在车道中心线附近。

由图 5.31(a) 可以看出，直道行驶发生车道偏离情况下，偏移量较小，动态跨道时间阈值比固定阈值小，动态跨道时间阈值车道偏离辅助系统比固定阈值车道偏离辅助系统启动晚，可以减少虚警，减轻车道偏离辅助系统对驾驶员的影响。常用的切换评价指标为切换频率，即一段时间内的切换次数。比较图 5.31(b) 中的两种切换状态，1 表示自由驾驶模式，2 表示辅助驾驶模式，3 表示主动转向模式，采用可拓决策的系统 4.8s 进入辅助驾驶模式，6.1s 进入主动转向模式，8.1s 进入辅助驾驶模式，9.0s 恢复自由驾驶模式，其中主动转向模式启动一次；采用单独跨道时间决策的系统则出现了模式跳动现象，在 6.3s 和 7.2s 模式出现了两次反复的切换，导致系统稳定性降低。可见采用可拓决策的系统不仅有更好的稳定性，而且缩短了主动转向模式的时间，降低系统对驾驶员的影响。图 5.31(c)可以看出各驾驶模式时转向盘转角的变化情况：自由驾驶模式时驾驶员输入为实际转角，辅助转角为 0；辅助驾驶模式时实际转角由驾驶员输入和辅助转角加权计算得到；主动转向模式时辅助转角为实际转角。比较图 5.31(d)中三种策略下的距车道中心线距离，基于时间势场与可拓控制的系统，其最大距车道中心线距离幅值为 0.68m，明显优于道路势场法和单独跨道时间决策。

2)弯道工况

弯道路径跟踪时目标车道中心线方程为 $y = 15[1 + \sin(x/20)]$，其余条件与直道工况相同，仿真结果如图 5.32 所示。

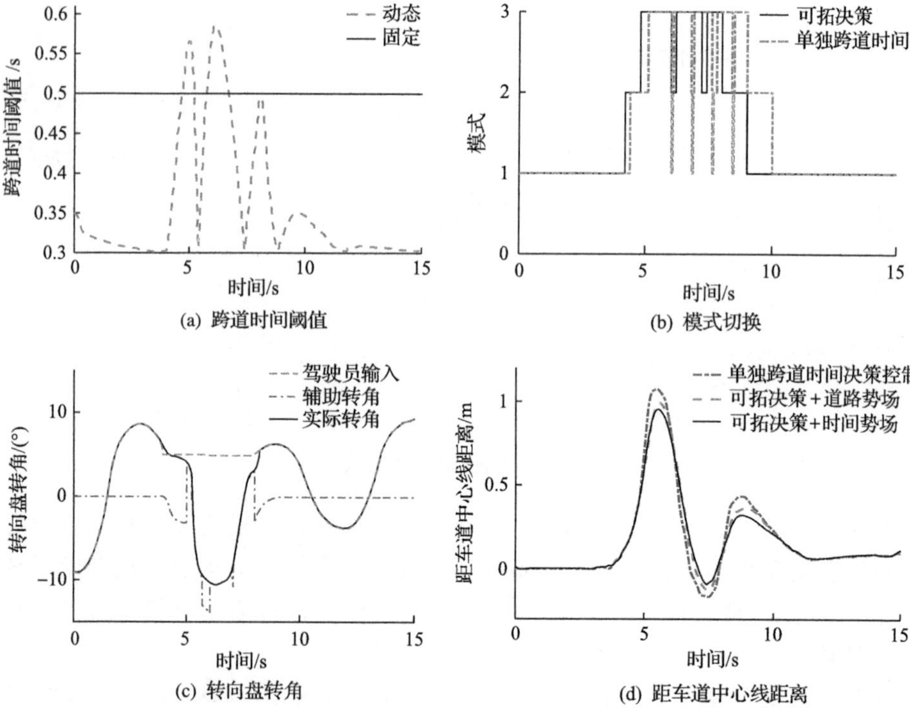

(a) 跨道时间阈值　(b) 模式切换　(c) 转向盘转角　(d) 距车道中心线距离

图 5.32　弯道工况仿真结果

由图 5.32(a)可以看出，弯道工况下的车道偏离中，动态跨道时间阈值大于固定阈值，比固定阈值提前启动系统，提高了驾驶安全性。由图 5.32(b)可以看出，弯道路况复杂，其车道偏离状态也比较复杂，可拓决策系统 3 次启动主动转向模式，且是在辅助驾驶模式和主动转向模式之间切换，而单独跨道时间决策系统则是在 3 种模式下频繁切换多达 5 次。图 5.32(c)为各模式间的转角输入情况。比较图 5.32(d)中 3 种策略下的距车道中心线距离，基于时间势场与可拓决策的系统距车道中心线距离最大幅值为 0.94m，由于弯道模型较为复杂，系统的优越性没有直道明显，但控制效果还是比道路势场和单独跨道时间好。

3)速度变化工况

分别以 10m/s、20m/s、30m/s 对直道工况进行仿真，测试该车道偏离辅助系统对速度的响应能力，仿真结果见图 5.33。由图 5.33 可见，跨道时间势场法在不同速度下均可进行有效的车道偏离辅助控制，没有发生偏离出车道中心线的情况。

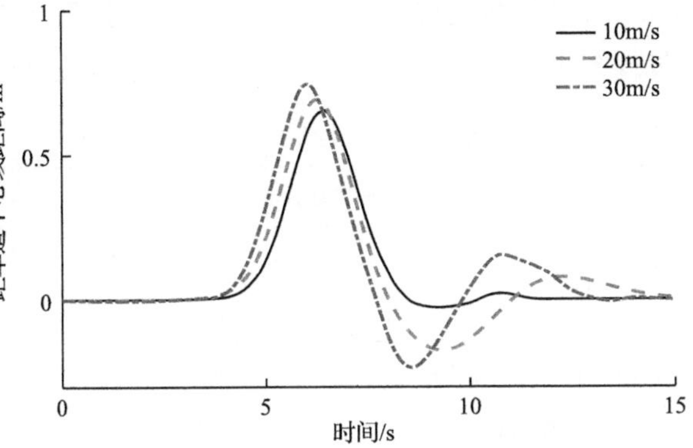

图 5.33　距车道中心线距离

2. 仿真结果分析

将工况 1 和工况 2 中的驾驶员误操作转角设为 10°，其他条件不变，再次进行仿真。将其与误操作转角 5°仿真结果进行对比分析，见表 5.8。

表 5.8　不同误操作转角仿真结果对比

仿真结果	工况 1		工况 2	
	10°	5°	10°	5°
主动转向模式启动次数	2	1	4	3
主动转向模式初次启动时间/s	4.9	5.1	4.8	5.0
距车道中心线距离最大幅值/m	0.81	0.68	1.12	0.94
距车道中心线距离标准差/m	0.23	0.21	0.26	0.23

由表 5.8 可以看出，在 10°误操作转角工况下，距车道中心线距离最大幅值分别为 0.81m 和 1.12m，车道偏离辅助系统仍可以保证车辆未偏离出车道中心线。通过与 5°误操作转角工况相比较，可见该工况下虽然误操作转角较大，但系统发

现车道偏离危险之后可进入主动转向系统，主动转向系统的启动时间提前，启动次数增多，此时驾驶员输入不起作用，车辆仍可安全行驶在车道线内。

5.3.4　硬件在环实验

为进一步验证本书控制方法的有效性，在基于 CarSim 和 LabVIEW PXI 的硬件在环实验平台上(图 5.10)进行硬件在环实验研究。

驾驶员操纵转向盘输入，主动转向由转向执行电机执行，将程序写入执行电机控制器，分别以 10m/s、20m/s、30m/s 对工况 1 和工况 2 设计虚拟环境进行驾驶员硬件在环实验，将实验结果与仿真结果进行对比，如表 5.9 所示。可见硬件在环实验结果与仿真结果基本相同，进一步验证了以上所述方法的有效性。

表 5.9　硬件在环实验结果与仿真结果对比

(a) 车速为 10m/s

实验/仿真结果	工况 1		工况 2	
	仿真	实验	仿真	实验
距车道中心线距离最大幅值/m	0.64	0.66	0.94	0.96
距车道中心线距离标准差/m	0.21	0.27	0.22	0.31

(b) 车速为 20m/s

实验/仿真结果	工况 1		工况 2	
	仿真	实验	仿真	实验
距车道中心线距离最大幅值/m	0.68	0.69	0.97	0.98
距车道中心线距离标准差/m	0.21	0.31	0.23	0.34

(c) 车速为 30m/s

实验/仿真结果	工况 1		工况 2	
	仿真	实验	仿真	实验
距车道中心线距离最大幅值/m	0.71	0.74	1.11	1.15
距车道中心线距离标准差/m	0.22	0.35	0.27	0.38

图 5.34 给出工况 1 的硬件在环实验的模式切换、转向盘转角和距车道中心线距离的一次实验结果，主动转向模式在 5s 启动，整个过程只启动了一次，距车道中心线距离最大幅值为 0.83m，未超出车道线之外，且最后回归到车道中心线。

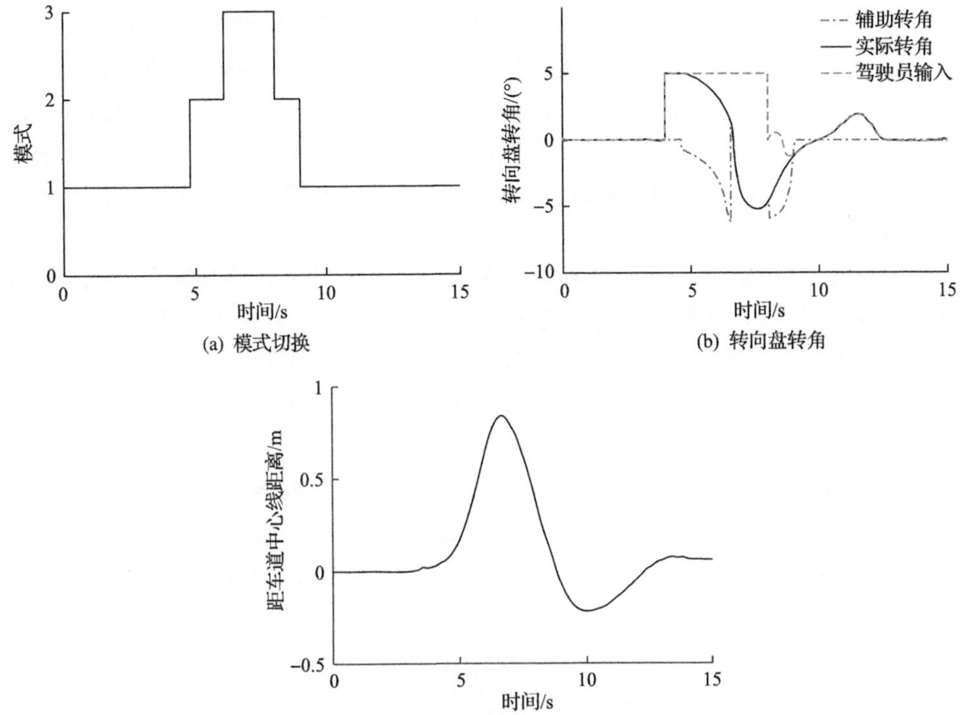

(a) 模式切换　(b) 转向盘转角

(c) 距车道中心线距离

图 5.34　硬件在环实验结果(工况 1)

5.4　基于转向和差动制动集成的车道偏离辅助驾驶人机协同控制

目前，对于 LDAS 的研究大多是转向控制，采用差动制动系统(differential braking system，DBS)对车道偏离辅助进行控制的方法尚不太普遍。然而随着转向和制动控制在车道偏离辅助中应用的逐步深入，将二者集成作为车道偏离辅助系统的执行机构也开始受到关注和应用。将转向系统和差动制动系统两者进行集成，可以充分发挥两个系统的优势，更好地提升车道偏离辅助系统的性能。基于此，本节提出一种两系统集成控制策略，用于补偿单独采用转向控制或差动制动控制进行车道偏离辅助的不足，改善驾驶员和车道偏离辅助系统之间的协调作用，提升系统集成的车道偏离辅助系统的控制性能。

5.4.1　可拓联合控制策略

在车道偏离辅助控制的过程中，首先要判断车辆是否有偏离车道的危险。基于跨道时间的车辆偏离判断算法通过建立的车辆运动模型预测车辆行驶轨迹，从而计算出车轮接触到车道边缘所需的最短时间。跨道时间的启动阈值主要由路况和车速等因素来共同决定，如果跨道时间启动阈值过小，车辆有偏离车道的危险，甚至可能导致即使车道偏离辅助系统启动也无法将车辆纠回车道，不能有效地避免车辆偏离出车道，从而引发事故；而阈值设定过大则可能造成系统的频繁启动，降低车辆的驾驶舒适性。

基于这种考虑，本节提出一种采用 EPS 和 DBS 的联合控制策略，将其应用到 LDAS 中。所设计的系统结构如图 5.35 所示，分别为决策层、控制层和执行层。车道偏离判断模块根据输入的状态参数和环境信息计算出跨道时间，将跨道时间和设定的阈值进行对比，判断车辆是否发生偏离；如果车辆偏离出车道，将启动 LDAS。控制层采用可拓联合控制策略，在实现车道偏离辅助的同时，最大限度地减少人机之间的相互干扰，以达到最佳的控制效果。执行层执行控制层的转矩和制动力输出，转向助力电机接收到控制信号，进而在转向柱上施加期望转矩进行辅助转向；制动系统通过对各车轮施加不同的制动力使得车辆跟踪期望横摆力矩。

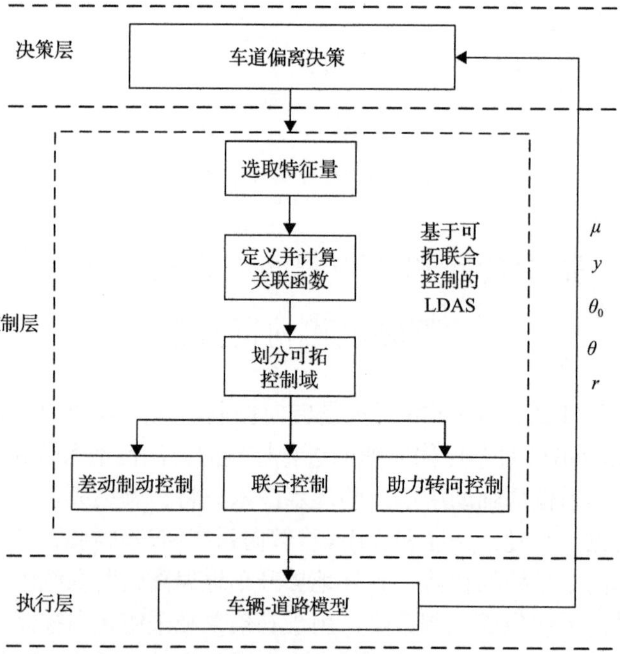

图 5.35　基于可拓联合控制的 LDAS

根据可拓控制的基本理论和关联函数定义，划分了对应的经典域、可拓域和非域。为使 LDAS 得到更好的控制性能，在不同域内采用相应的控制算法，以获得 LDAS 的可拓联合控制器。选取路面附着系数 μ 和转向盘初始转角 θ_0 作为特征量，在 μ 较大且 θ_0 较小时，即在经典域内，差动制动控制效果较好且无须考虑人机协调；当 μ 较小或 θ_0 较大时，差动制动控制已经无法实现辅助控制，而采用助力转向控制能达到控制要求，此区域为非域；在非域和经典域之间为可拓域，在这一域内，基于差动制动的辅助控制效果较经典域要差，可联合 EPS 的协同操作以提升辅助控制性能。

1. 经典域

在经典域范围内，采用差动制动对车道偏离进行控制。此控制方法既能很好地实现车道偏离辅助，又避免了人机干扰，保证了 LDAS 在此范围内的最佳控制性能。控制输出 $u(t)$ 记为 $u(\mathrm{DBS})$。

2. 非域

当控制器的工作范围处于非域时，采用差动制动控制已不能实现车辆的偏离辅助，则采用基于 EPS 的控制方法单独进行车道偏离辅助。控制器输出 $u(t)$ 记为 $u(\mathrm{EPS})$。

3. 可拓域

可拓域是拓展车道偏离辅助系统性能的重要区域，控制方法是为了尽可能地拓展 LDAS 最佳控制性能的范围。在这一范围内采用基于差动制动和主动转向的联合控制策略进行车道偏离辅助控制，尽可能地拓展车道偏离辅助系统的性能，避免采用单个系统执行时的性能不足。因此，控制器的输出为

$$u(t)=[1+K(S)]u(\mathrm{DBS})-K(S)u(\mathrm{EPS}) \tag{5.68}$$

式中，$K(S)$ 为式(5.56)所定义的关联函数。

综上所述，可拓联合控制器的输出可用式(5.69)来表示：

$$u(t)=\begin{cases}u(\mathrm{DBS}), & K(S)\geqslant 0\\ [1+K(S)]u(\mathrm{DBS})-K(S)u(\mathrm{EPS}), & -1\leqslant K(S)<0\\ u(\mathrm{EPS}), & K(S)<-1\end{cases} \tag{5.69}$$

5.4.2 差动制动控制

根据侧向驾驶员模型计算出期望转角，并通过参考车辆模型得出期望的横摆角速度，跟踪期望横摆角速度得到所需横摆力矩，并对各车轮的制动力进行分配，实现差动制动进行车道偏离辅助控制的目的，其系统结构如图 5.36 所示。

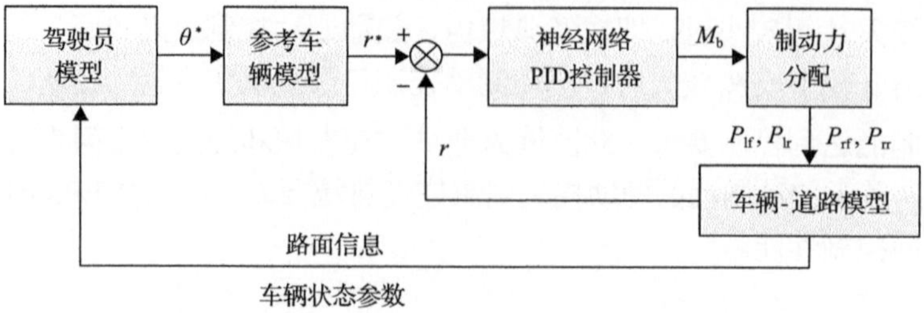

图 5.36　差动制动控制系统结构

1. 神经网络 PID 控制器

差动制动控制系统采用 BP 神经网络 PID 控制方法。基于 BP 神经网络的 PID 控制器由经典的 PID 控制器和神经网络两部分构成，如图 5.37 所示。经典 PID 控制器：直接对被控对象进行闭环控制，控制器的三个参数在线整定。神经网络：其输出层神经元的输出状态对应 PID 控制器的三个可调参数，通过神经网络的自学习和调整加权系数，使得神经网络的输出对应于某种最优控制律下的 PID 控制参数。

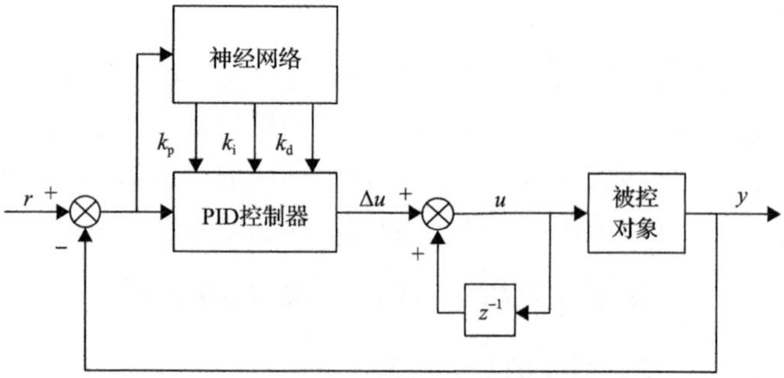

图 5.37　神经网络 PID 控制系统结构

图 5.37 中的神经网络采用 3-5-3 结构的三层前馈网络。输入层神经元的个数为 3，分别为横摆角速度期望值、实际值和偏差；隐含层神经元个数为 5；输出层神经元个数为 3，即 PID 控制参数。

令输入矢量 $X=[x_1(n),x_2(n),x_3(n)]^{\mathrm{T}}$，$x_1(n)$、$x_2(n)$、$x_3(n)$ 分别表示 $r^*(n)$、$r(n)$ 及其偏差 $e(n)$；第 k 层的输出用 $y^{(k)}(n)(k=1,2,3)$ 表示；隐含层神经元的激活函数取正负对称的 Sigmoid 函数：

$$f(x)=\tanh x=\frac{\exp(x)-\exp(-x)}{\exp(x)+\exp(-x)} \tag{5.70}$$

输出层输出分别为

$$y_1^{(3)}(n)=k_{\mathrm{p}},\quad y_2^{(3)}(n)=k_{\mathrm{i}},\quad y_3^{(3)}(n)=k_{\mathrm{d}} \tag{5.71}$$

由于这三个参数不能为负，所以输出层的激活函数为

$$\varphi(x)=\frac{1}{2}(1+\tanh x)=\frac{\exp(x)}{\exp(x)+\exp(-x)} \tag{5.72}$$

因此，BP 神经网络 PID 控制器的控制律为

$$\begin{aligned}u(n)&=u(n-1)+y_1^{(3)}(n)[e(n)-e(n-1)]\\&\quad+y_2^{(3)}(n)e(n)+y_3^{(3)}(n)[e(n)-2e(n-1)+e(n-2)]\end{aligned} \tag{5.73}$$

定义性能指标函数为

$$\varepsilon(n)=\frac{1}{2}e^2(n) \tag{5.74}$$

采用 BP 学习算法对网络加权系数进行迭代修正，即按 $\varepsilon(n)$ 对加权系数的负梯度方向搜索调整，并附加一个使搜索快速收敛全局极小的动量项。

$$\Delta w_{li}(n)=-\eta\frac{\partial\varepsilon(n)}{\partial w_{li}(n)}+\alpha\Delta w_{li}(n-1) \tag{5.75}$$

式中，η 为学习率；α 为动量因子；w_{li} 为隐含层和输出层的加权系数。

2. 制动力分配

为了准确控制差动制动，在决定如何分配期望横摆力矩前，应该考虑每个轮胎的饱和区间。每个轮胎应该满足如下方程：

$$\sqrt{(F_{xi}+\Delta F_{xi})^2+(F_{yi}+\Delta F_{yi})^2}\leqslant\mu F_{zi} \tag{5.76}$$

式中，μ 为路面附着系数；F_x、F_y、F_z 分别为轮胎的纵向力、侧向力和垂向力。

假设 LDAS 在速度超过 60km/h 的时候启动，此时轮胎的侧偏角保持在 5°以下，轮胎侧向力是轮胎侧偏角的线性函数，则最大轮胎侧向力 $F_{yi,\max}$ 为

$$F_{yi}+\Delta F_{yi}\leqslant F_{yi,\max}=k_{\mathrm{f}}\alpha_{\mathrm{f},\max} \tag{5.77}$$

式中，k_{f} 为前轮胎侧偏刚度；$\alpha_{\mathrm{f},\max}$ 为前轮胎侧偏角的最大值。

假设轮胎垂向力 F_{zi} 已知，则可以得到允许的制动力范围：

$$\sqrt{(F_{xi}+\Delta F_{xi})^2+F_{yi,\max}^2}\leqslant \mu F_{zi} \tag{5.78}$$

整理得到

$$|\Delta F_{xi}|\leqslant \sqrt{\mu^2F_{zi}^2-F_{yi,\max}^2}-|F_{xi}|=|\Delta F_{xi,\max}| \tag{5.79}$$

为达到期望的横摆力矩，所需要的额外差动轮胎纵向力 ΔF_x 为

$$\Delta F_x=2|M_{\mathrm{b}}|/l_{\mathrm{f}} \tag{5.80}$$

式中，l_{f} 为前轮距。

由于差动制动对车辆纵向速度影响不大，忽略纵向加速度引起的载荷转移，根据前、后轴的垂向载荷可以确定前、后轮制动力的关系为

$$\Delta F_{x\mathrm{r}}=\Delta F_{x\mathrm{f}}a/b \tag{5.81a}$$

$$\Delta F_{x\mathrm{f}}+\Delta F_{x\mathrm{r}}=\Delta F_x \tag{5.81b}$$

式中，$\Delta F_{x\mathrm{f}}$ 为目标侧前轮制动力；$\Delta F_{x\mathrm{r}}$ 为目标侧后轮制动力；a、b 分别为质心至前、后轴中心的距离。

目标侧前、后轮的制动压力分别为

$$\Delta P_{\mathrm{f}}=\Delta F_{x\mathrm{f}}R_{\mathrm{w}}/K_{\mathrm{f}} \tag{5.82a}$$

$$\Delta P_{\mathrm{r}}=\Delta F_{x\mathrm{r}}/K_{\mathrm{r}} \tag{5.82b}$$

式中，R_{w} 为车轮半径；K_{f}、K_{r} 分别为由制动摩擦面积、摩擦因数和制动器半径等共同确定的前、后车轮制动效能因数。

当 $M_{\mathrm{b}}>0$ 时，左侧车轮进行制动；当 $M_{\mathrm{b}}<0$ 时，右侧车轮进行制动。

5.4.3　人机协调控制策略

当 LDAS 启动时，存在驾驶员和车道偏离辅助系统共同操纵车辆转向的情况。此时，需要进行人机协调控制，以减小驾驶员和车道偏离辅助系统之间的相互干扰，提升人机协调控制性能。如图 5.38 所示，所采用的模糊神经网络控制器充分考虑了驾驶员的转矩和车辆位置信息，产生一个权重系数 σ，并通过此权重系数来动态调整辅助转矩的大小，实现驾驶员和车道偏离辅助系统的协调控制。图 5.38 中的 EPS 采用与差动制动控制相类似的神经网络 PID 控制器，此处不再赘述。

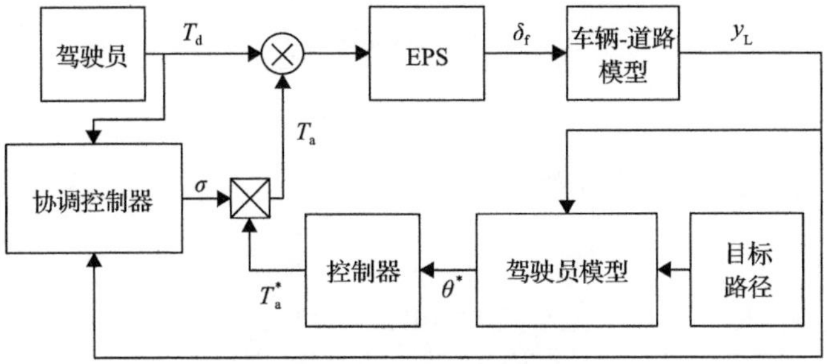

图 5.38　人机协调控制系统

本节设计的用于人机协调的模糊神经网络控制器需要满足以下原则：

(1) 当驾驶员转矩 $|T_d| > T_d^{\max}$ 时，处于紧急状态，辅助转矩的权重系数最低，驾驶员完全占据主权。

(2) 当 $|T_d| < T_d^0$ 时，驾驶员没有操纵转向盘，车道偏离辅助系统占据主权，权重系数 σ 随着侧向偏差 y_L 的增大而增大。

(3) 当 $T_d^0 \leqslant |T_d| \leqslant T_d^{\max}$ 且 $|y_L| < y_L^{\min}$ 时，车辆处于车道中央，没有偏离出车道的危险，所以要降低辅助转矩的权重系数，给驾驶员尽可能多的主权。

(4) 当 $T_d^0 \leqslant |T_d| \leqslant T_d^{\max}$ 且 $|y_L| \geqslant y_L^{\min}$ 时，分三种情况讨论：若驾驶员转矩 T_d 和辅助转矩 T_a^* 方向相反，则说明驾驶员误操作，此时需要给辅助转矩较大的权重以纠正车辆行驶轨迹；若驾驶员转矩 T_d 和辅助转矩 T_a^* 方向相同，则说明驾驶员转向正确，驾驶员转矩越大，辅助转矩的权重就越小，以减小车道偏离辅助系统对驾驶员的干预；若侧向偏差 y_L 较大，则辅助转矩的权重也较大，反之亦然。

模糊神经网络采用双输入/单输出的五层拓扑结构，即输入层、模糊化层、推理层、归一化层和输出层，如图 5.39 所示。以驾驶员转矩 T_d 和侧向偏差 y_L 为输入，权重系数 σ 为输出。设驾驶员输入转矩 T_d 的论域为[−8,8]，模糊子集为{NB,NM,NS,ZO,PS,PM,PB}；侧向偏差 y_L 的论域为[− 0.6,0.6]，模糊子集也为{NB,NM,NS,ZO,PS,PM,PB}；输出的权重系数论域为[0,1]，模糊子集为{Z,S,M,L,VL}。令输入矢量 $X=(x_1,x_2)^{\mathrm{T}}$ $(x_1=T_d, x_2=y_L)$，第 k 层的输出用 $y^{(k)}(k=1,2,3,4,5)$ 来表示，各层功能如下。

第 1 层：输入层。输入层的每个神经元节点对应一个输入变量 x_i，这一层的节点直接将输入数据传给第 2 层节点。

$$y_i^{(1)} = x_i, \quad i=1,2 \tag{5.83}$$

第 2 层：模糊化层。将输入的连续变量 x_i 的值根据定义的模糊子集上的隶属度函数进行模糊化处理，该层每个节点代表着一个语言变量值，总节点数为 14。第 1 层第 i 个输出对应的第 j 级隶属度计算公式可表示为

$$y_{ij}^{(2)} = \exp\left[-\frac{(x_i - c_{ij})^2}{\sigma_{ij}^2}\right] \tag{5.84}$$

式中，c_{ij}、σ_{ij} 分别为隶属度函数的中心和宽度。

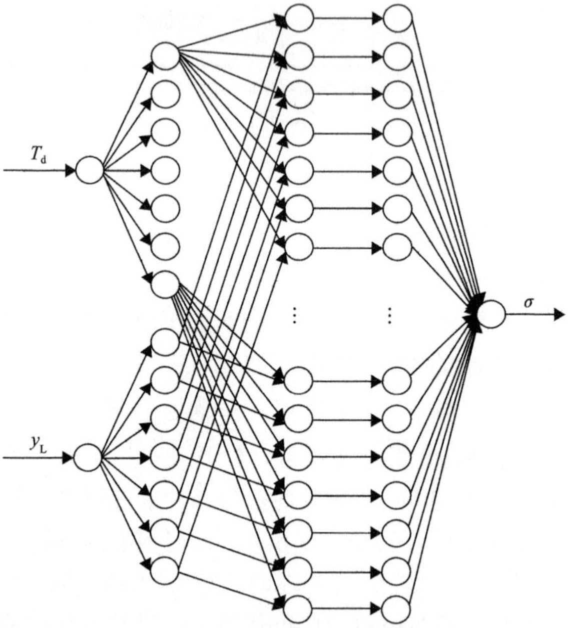

图 5.39　模糊神经网络拓扑结构

第 3 层：推理层。每个神经元节点代表一条对应的模糊规则，通过匹配第 2 层得到的隶属度，计算出每条规则的适用度。总节点数为 n(n=49)，则第 m 个节点的输出为

$$y_m^{(3)} = y_{1j}^{(2)} y_{2j}^{(2)}, \quad m = 1,2,\cdots,n \tag{5.85}$$

第 4 层：归一化层。对网络结构进行总体归一化计算，总节点数为 n。

$$y_m^{(4)} = \frac{y_m^{(3)}}{\sum_{m=1}^{n} y_m^{(3)}} \tag{5.86}$$

第 5 层：输出层。将模糊化后的变量清晰化，进行反模糊计算。网络输出等于第 4 层各节点输出与其对应权重的乘积求和。

$$y^{(5)} = \sum_{m=1}^{n} w_m y_m^{(4)} \tag{5.87}$$

式中，w_m 为第 4 层第 m 个节点与输出节点之间的连接权值。

5.4.4 仿真计算与分析

根据所设计的可拓联合控制器、人机协调控制器和神经网络 PID 控制器，采用 CarSim/Simulink 进行仿真计算以验证其有效性。

1. 可拓联合控制策略的仿真

选取不同的路面附着系数和转向盘偏离角，采用 CarSim 和 MATLAB/Simulink 进行联合仿真并分析基于差动制动和 EPS 的可拓联合控制策略的控制效果，差动制动和 EPS 控制采用神经网络 PID 控制器。设置仿真道路为直路，路宽为 3.75m，车速为 60km/h，路面附着系数分别设置为低路面附着系数 0.3、中路面附着系数 0.5 和高路面附着系数 0.85，车辆转向盘初始转角分别设置为 10°、20°和 30°。

工况 1：设路面附着系数为 0.85，转向盘初始转角为 10°，分别对差动制动单独控制、EPS 单独控制和可拓联合控制三种控制策略进行仿真，仿真结果如图 5.40 所示。

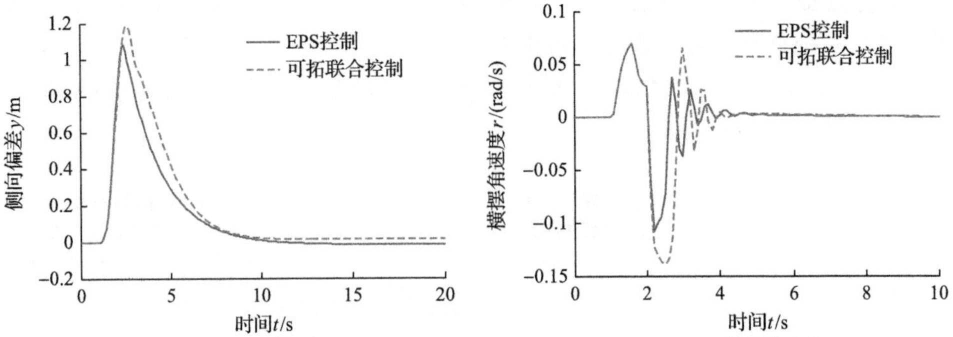

(a) 侧向偏差　　(b) 横摆角速度

图 5.40　仿真结果(工况 1)

在此工况下，可拓联合控制器的输出是差动制动控制。由图 5.40 可以看出，当车辆处于当前工况时，无论采用哪种控制策略都能使车辆快速稳定地回到车道中心线。在车道偏离辅助控制的过程中，车辆偏离车道中心线的最大值都没有超过 1.2m，说明车辆没有偏离出车道，都达到了控制要求。当采用可拓联合控制时，不仅实现了车辆的偏离辅助控制，也避免了驾驶员和车道偏离辅助系统之间的协调不一致及人机冲突，提高了驾驶员的驾驶舒适性。

工况 2：设路面附着系数为 0.5，转向盘初始转角为 20°，分别对三种控制策略进行仿真，仿真结果如图 5.41 所示。

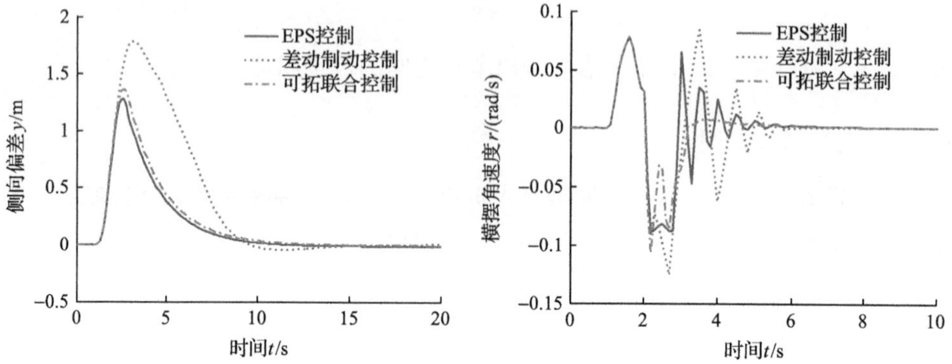

(a) 侧向偏差　　(b) 横摆角速度

图 5.41　仿真结果(工况 2)

由图 5.41 可见，采用差动制动单独控制虽然也能实现车辆的偏离辅助控制，但是侧向偏差较大，达到了 1.8m，控制效果不佳；当采用 EPS 控制时，车辆偏离车道中心的最大距离较小，LDAS 启动工作时间较短，辅助效果较好。但是 EPS 单独控制会存在人机的相互干扰；当采用可拓联合控制时，其侧向偏差最大值较差动制动单独控制大幅降低，降幅达到 25%，横摆角速度较另外两种控制也更为稳定，较大地提升了差动制动在这一工况下的控制性能，同时降低了 EPS 控制的人机干扰，系统具有最优的整体控制性能。

工况 3：设路面附着系数为 0.3，转向盘初始转角为 30°，分别对三种控制策略进行仿真，仿真结果如图 5.42 所示。

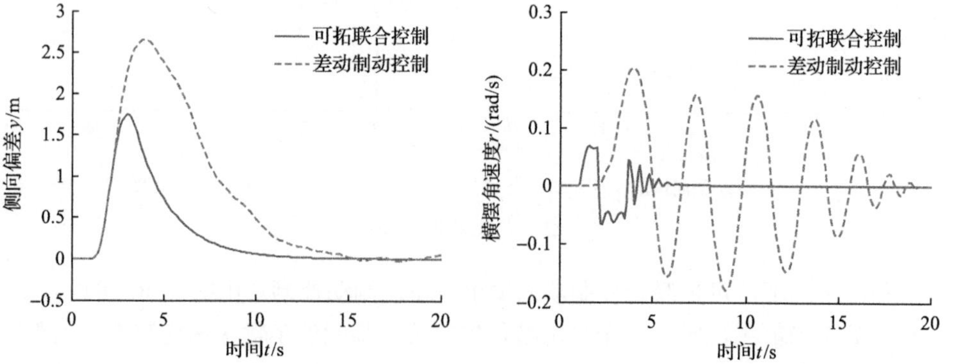

(a) 侧向偏差　　(b) 横摆角速度

图 5.42　仿真结果(工况 3)

由图 5.42 分析可知，单独采用差动制动控制时，侧向偏差最大值大于 2.5m，横摆角速度过大，不能快速达到稳定，此时车辆已经失稳且完全偏离出车道，达不到控制要求，无法实现车道偏离辅助控制。在此工况下，可拓联合控制器的输出是电动助力转向控制。可拓联合控制时的侧向偏差较差动制动控制降低了 35.2%，虽然需要对驾驶员和车道偏离辅助系统进行协调控制，也会存在人机之间的相互影响，但是在差动制动无法控制的情况下能够较好地实现车道偏离辅助控制。

上述仿真结果表明，可拓联合控制能够满足多种工况下车道偏离辅助控制的控制要求，具有很强的适应性和较好的控制性能。可拓联合控制最大程度上降低了驾驶员和车道偏离辅助系统之间的相互影响，对于减少驾驶员操纵负担、提升车辆横向安全性有积极作用。

2. 人机协调控制策略的仿真

前面在驾驶员不叠加操作的情况下验证了可拓联合控制的优越性，这里充分考虑驾驶员的输入，进行人机协调控制策略的仿真分析。设仿真道路为直路，路宽为 3.75m，车速恒定为 80km/h，在 1～1.5s 施加 10N·m 的转矩使车辆偏离出车道中心线，分别在驾驶员未操作、正确操作、误操作和紧急操作 4 种状态下进行仿真。图 5.43 中给出驾驶员输入转矩、权重系数、侧向偏差和辅助转矩的仿真结果。

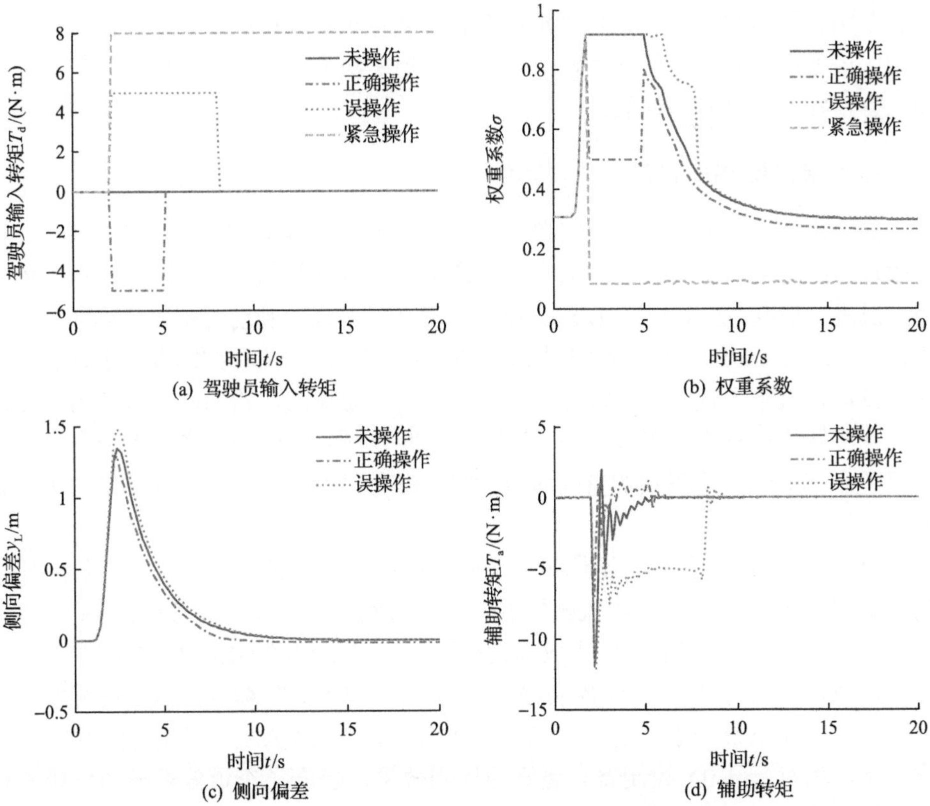

图 5.43　人机协调控制策略的仿真结果

状态 1：当车辆即将偏离出车道中心线时，驾驶员未操作。在整个车道偏离辅助控制过程中，车道偏离辅助系统一直占据着控制车辆的主权，在车辆的侧向偏差较大时，权重系数保持在一个较高的水平，当车辆逐渐回到车道中心线时，辅助权重系数也逐渐下降。这一过程中，车辆的最大侧向偏差为 1.35m，未偏离出车道中心线。

状态 2：LDAS 启动后，驾驶员转向正确，施加给转向盘 5N·m 的转矩。驾驶员的正确操作，人机协调控制器的输出权重系数显著减小，同时辅助转矩也相对较小，因此减小了车道偏离辅助系统对驾驶员的干扰，增大了驾驶员的主权。在车道偏离辅助控制过程中，最大侧向偏差为 1.3m，车辆快速稳定地回到车道中心线。

状态 3：车道偏离辅助系统启动后，驾驶员误操作，以 5N·m 的恒定转矩向车道外侧转向。此时，输出权重系数较驾驶员未操作时偏大，车道偏离辅助系统提供了较大的辅助转矩以抵消驾驶员错误的输入转矩。这一情况下，车辆的最大侧向偏差虽然增大到 1.47m，但是并未偏离出车道中心线，满足人机协调控制要求。

状态 4：紧急情况下，驾驶员输出 8N·m 的转矩。在紧急情况下，控制器的输出权重系数降到最低，此刻，驾驶员占据控制主权，完全控制车辆转向。

由多种情形下的仿真结果和分析可知，人机协调控制器可以根据驾驶员的输入和车辆位置信息动态地调整输出权重和辅助转矩，并很好地实现车道偏离辅助控制。该方法具有较强的适应性，能够有效地解决人机协调不一致和人机冲突问题，有较好的人机协调性能。

3. 神经网络 PID 控制策略的仿真

前已述及，在差动制动控制和 EPS 控制中均采用了神经网络 PID 控制方法，为比较神经网络训练 PID 参数对车道偏离辅助系统性能的影响，这里选择一种典型工况进行仿真。在 MATLAB/Simulink 中建立基于差动制动的车道偏离辅助控制模型，并联合 CarSim 整车模型对 PID 和神经网络 PID 两种控制方法进行联合仿真。设仿真道路为直路，路宽为 3.75m，车速为 60km/h，路面附着系数为 0.85，车辆转向盘初始转角设置为 10°。选取神经网络结构为 3-5-3，学习率 η=0.28，动量因子 α =0.04，权重系数初值区间为[–0.5，0.5]上的随机值。其仿真结果如图 5.44 所示。

由图 5.44 可以看出，当采用神经网络 PID 控制器进行仿真时，车辆的最大侧向偏差值相比 PID 控制器大幅降低，降幅达到 17%；车辆在 8s 时回到车道中心线，较 PID 控制器提前 9s 完成辅助控制；当采用神经网络 PID 控制器时，车辆横摆角速度的峰值较 PID 控制器也明显下降，降幅约 41%，横摆角速度的值波动较小，能更快趋于稳定。由以上分析可知，在 LDAS 中采用神经网络 PID 控制器，相对于 PID 控制器有更好的控制效果，提升了车道偏离辅助系统的整体性能。将 BP 神经网络控制策略应用在基于 EPS 的 LDAS 中也获得了更好的控制效果，限于篇幅，这里不再赘述。

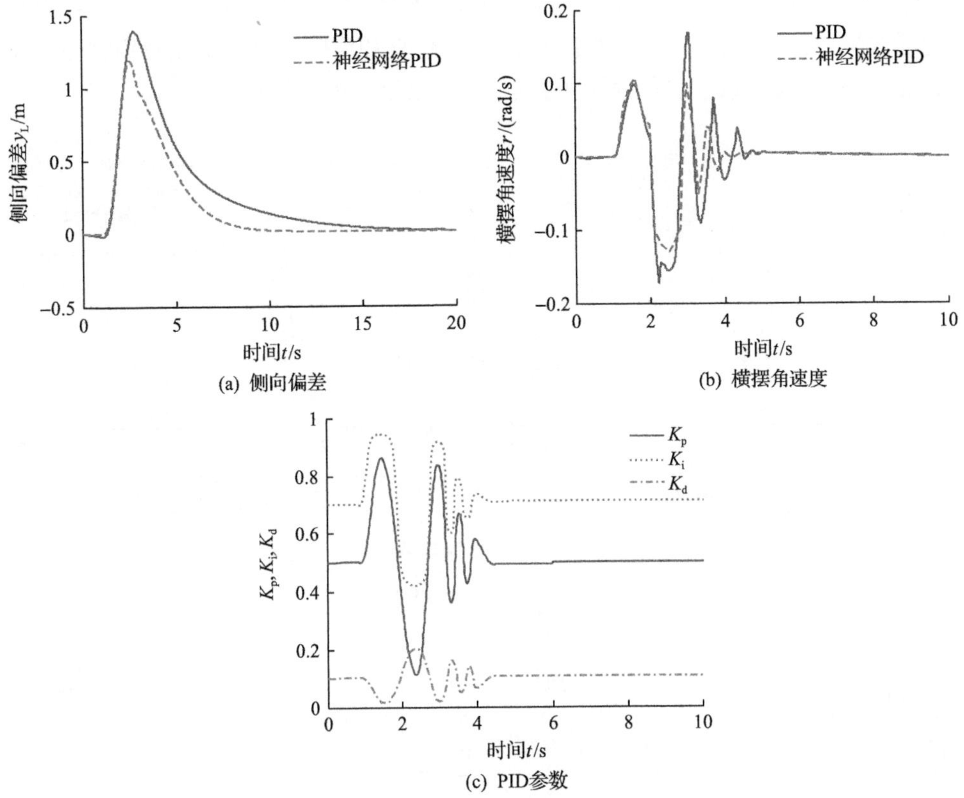

图 5.44　神经网络 PID 控制仿真结果

5.4.5　硬件在环实验

为了进一步验证所提出的控制策略的有效性，基于 CarSim/LabVIEW 的仿真环境，在图 5.10 所示的硬件在环实验平台上，进行了实验验证。

1. 可拓联合控制策略的实验验证

选取典型工况进行台架实验验证，该实验涉及的仿真道路、车速和车辆参数都与仿真时一样。路面附着系数设置为 0.5，车辆转向盘初始转角设置为 20°。分别对 EPS 控制、差动制动控制和可拓联合控制三种控制策略进行实验验证，实验结果如图 5.45 所示。

图 5.45 的实验结果反映出，当采用可拓联合控制策略时，车辆没有偏离出车道且能较快回到车道中心线。侧向偏差峰值较差动制动控制降低了 26%，横摆角速度相对于两种单独控制也更为平稳，极大地提高了差动制动控制的辅助性能，

同时相对于单独采用 EPS 控制，可拓联合控制减小了驾驶员和车道偏离辅助系统之间的干扰。图 5.46 给出了对应的各车轮轮缸压力值变化曲线，可拓联合控制所需要的轮缸压力相对较小。表 5.10 中对比了仿真和实验中侧向偏差及横摆角速度的性能指标，其一致性也验证了可拓联合控制策略的优越性。

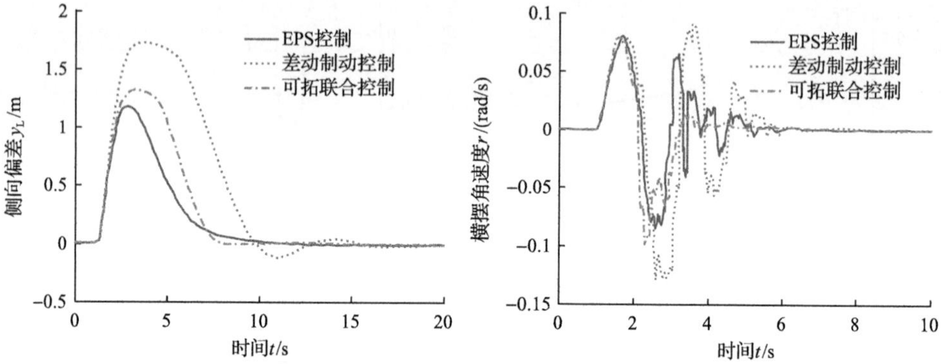

(a) 侧向偏差　　(b) 横摆角速度

图 5.45　实验结果

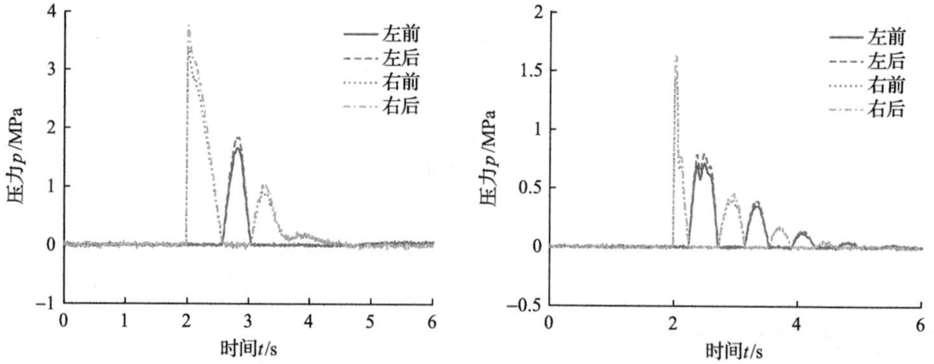

(a) 差动制动控制　　(b) 可拓联合控制

图 5.46　实验中各车轮轮缸压力值变化曲线

表 5.10　可拓联合控制仿真与硬件在环实验结果比较

类型	侧向偏差 y_L		横摆角速度 r	
	峰值/m	偏离时间/s	峰值/(rad/s)	均方根值
仿真	1.2942	8.3	−0.1054	0.0332
实验	1.3240	7.2	−0.0982	0.0396

2. 人机协调控制策略的实验验证

选取两种具有代表性的驾驶员操作方式进行人机协调控制策略的实验验证，即在车辆偏离车道时，驾驶员做出反应，进行误操作和正确操作，实验工况和仿真时相同。

图 5.47 为人机协调控制策略实验结果。当驾驶员正确操作转向盘时，人机协调控制器的输出权重系数明显下降，辅助转矩也相对较小，因而给了驾驶员更多的主权，减小了车道偏离辅助系统对驾驶员的干扰。当驾驶员误操作转向盘时，输出权重系数保持在较大值，辅助控制器输出较大的转矩以弥补驾驶员施加的错误转矩。从图 5.47(d)可以看出，无论驾驶员在车辆偏离时进行何种操作，LDAS 依然能够保证车辆不偏离出车道。表 5.11 给出驾驶员误操作工况下人机协调控制策略的仿真和实验结果比较，仿真和实验结果具有相同的趋势，进一步验证了本书所提出的人机协调控制策略的有效性。

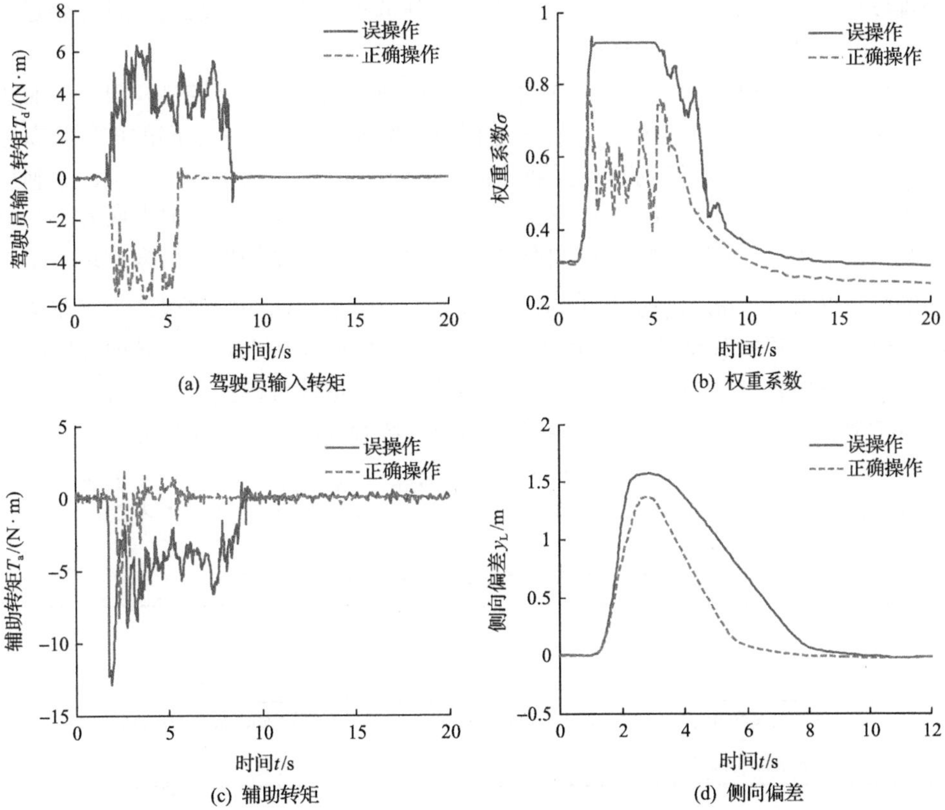

图 5.47　人机协调控制策略实验结果

表 5.11　人机协调控制仿真与硬件在环实验结果比较

类型	侧向偏差 y_L		辅助转矩 T_d	
	峰值/m	偏离时间/s	峰值/(N·m)	均方根值
仿真	1.3432	7.9	−11.9761	3.2614
实验	1.5724	7.8	−13.0053	4.3282

5.5 人机协同驾驶中的权值分配[23]

5.5.1 权值分配的方式

无人驾驶技术在现阶段的发展尚不完善，从享受驾驶乐趣的角度出发，驾驶员往往更希望将辅助驾驶系统定位在“引导者”的角色，而非取代驾驶员。因此，为解决这一控制冲突需要实现驾驶员和辅助驾驶系统的协同控制，即人机共驾。根据驾驶员和辅助驾驶系统是否同时处于控制回路中，可将协同控制策略分为权限切换和权值分配两类。前者通过特定条件下的操作权限移交来避免控制冲突，但难以充分发挥系统的辅助作用；后者在驾驶员和辅助驾驶系统之间进行合适的权值分配，从而协调二者的控制效果。

权值分配策略，即通过在驾驶员和辅助驾驶系统之间分配控制权限，从而达到协调二者控制效果的目的。在行车过程中，驾驶员和 LKAS 之间的控制状态可分为以下 6 种：①驾驶员脱离控制回路，LKAS 工作在车道保持模式下，单独控制车辆，其特征在于驾驶员的输入转矩 $T_{\mathrm{d}}=0$，在实际采集过程中表现为持续小于某一阈值 T_{dl}；②驾驶员完全控制车辆，LKAS 仅发挥常规助力转向作用，工作在助力转向模式；③驾驶员和 LKAS 同时具有车辆的转向控制权限，为了避免控制冲突，需要进行权值分配；④驾驶员在脱离控制回路后主动介入转向控制的瞬时状态，此时需要快速接管转向盘；⑤驾驶员在车道保持模式中改变操作意图，此时需要完全接管转向盘；⑥驾驶员主动脱离控制回路，由辅助驾驶系统接管车辆。其中状态①、②、③属于持续状态(表 5.12)，状态④、⑤、⑥属于瞬时切换状态。由于状态⑥可简单根据 T_{d} 是否持续等于 0 来判断，这里不予考虑。

表 5.12 驾驶员和 LKAS 之间的不同控制状态

项目		驾驶员	
		$\lvert T_{\mathrm{d}}\rvert \leqslant T_{\mathrm{dl}}$	$\lvert T_{\mathrm{d}}\rvert > T_{\mathrm{dl}}$
LKAS	车道保持模式	①LKAS 控制车辆	③LKAS 和驾驶员协同控制
	助力转向模式	—	②驾驶员控制车辆

通常情况下，驾驶员不会干预 LKAS 的转向控制行为(前述状态①)，但有时驾驶员希望起到主导转向控制的作用(前述状态③)。这就要求辅助驾驶系统一方面能发挥转向引导的作用，提高横向运动控制效果；另一方面又不过度干涉驾驶员的控制行为，此时需要采用权值分配策略协调二者的控制效果。权值分配的另一种特殊形式是 0-1 分配(权限移交)：一方面当驾驶员脱离控制回路后，可能会重新介入转向控制(前述状态④)，如前方路况复杂需要人工接管的情况；另一方

面在车道保持模式中，驾驶员也可能改变自己的操作意图(前述状态⑤，如换道或避障)。为了保证驾驶员操作的顺利进行，需要将控制权限由 LKAS 完全移交至驾驶员。因此，权值分配策略的工作环境是驾驶员和 LKAS 共同转向的状态②及驾驶员重新介入转向或改变操作意图的瞬时状态④、⑤。

显然，驾驶控制权值分配是人机共驾的主要实现途径。在 LKAS 任务执行中，当驾驶员和 LKAS 同时处于控制回路时，为了避免控制冲突和保证行车安全，两者的控制作用并非直接叠加到转向系统中，而是在权值分配策略的参与下，先经过权值系数的作用，再共同施加到转向系统，如图 5.48 所示。在某些情况下，驾驶员会脱离控制回路，或是在 LKAS 完全控制车辆时主动介入转向控制(如避障或是换道)，此时需要在两者之间进行操纵权限的移交。操纵权限移交是特殊的权值分配形式，即 0-1 分配，其作用前提是控制回路中只有一个控制主体，如图 5.49 所示。

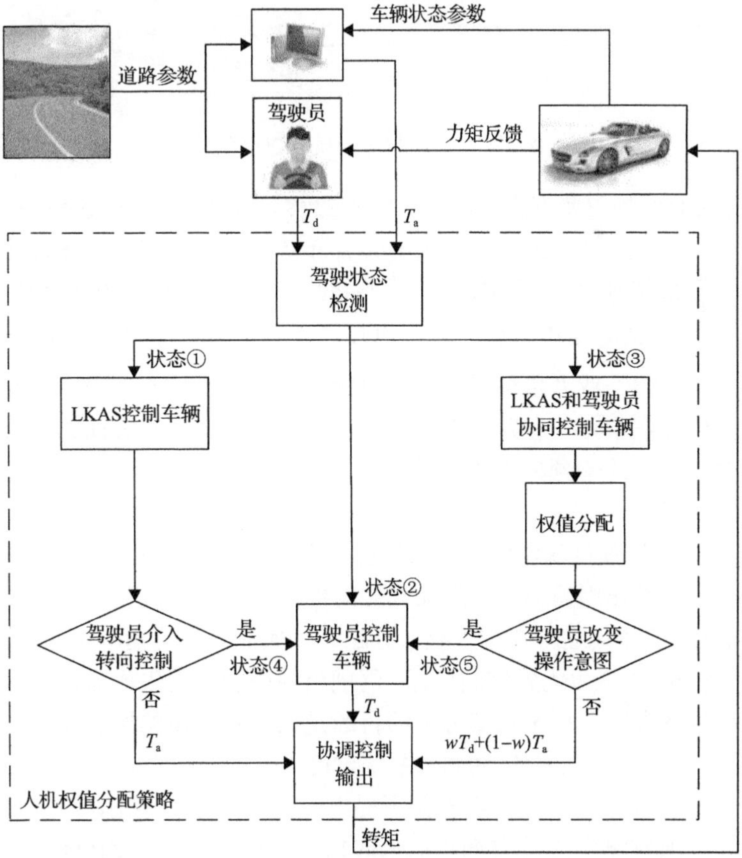

图 5.48　人机权值分配示意图

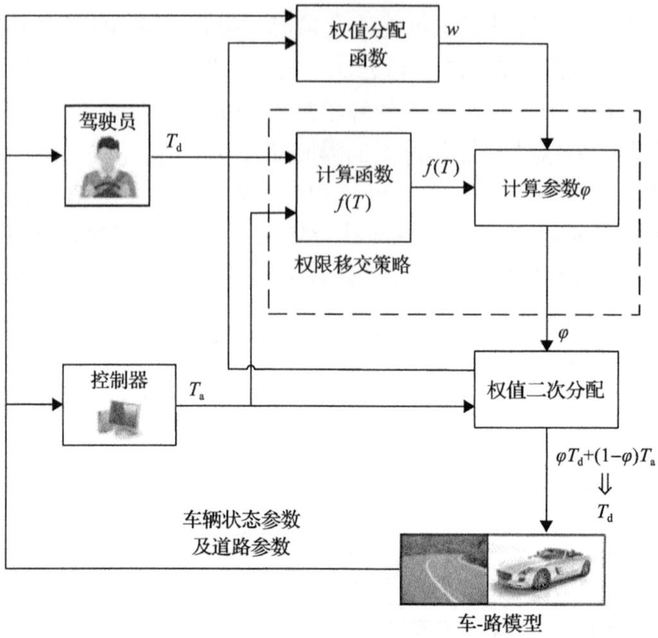

图 5.49　人机权限切换控制示意图

权值分配有两种主要方式[24]，一种为触觉反馈式共享控制(haptic shared control，HSC)；另一种为混合式共享控制(blended shared control，BSC)。在设计横向运动控制器时，考虑驾驶员的控制作用，将其转矩 T_d 或转角 δ_d 作为状态量，建立人-车-路闭环模型，辅助转矩 T_a 经由转向盘反馈给驾驶员，提供触觉引导。HSC 通常以车辆的侧向偏差或方位偏差为优化目标，基于现代控制理论来设计横向运动控制器，其优点在于路径跟踪精度高，易满足行驶稳定性等方面的要求，但辅助驾驶系统对驾驶员的干预程度较大，缺乏具体的权值分配函数，无法优先保证驾驶员的控制权限。

在 BSC 中，驾驶员和辅助驾驶系统可独立决策出各自的转向控制量，经由具体的权值分配函数作用后再共同施加到转向机构中。通常情况下，BSC 是基于某项指标来进行设计的，这样在进行权值分配时以保证动力学响应指标(如侧向偏差、方位偏差、侧偏角等)为优先控制目标，驾驶员的控制作用仅作为横向运动控制器设计的一项状态参数。由于权值分配的目的是保证驾驶员的控制权限，容易出现驾驶员的控制权限不足，而辅助驾驶系统过度干预的情况。

针对上述问题，本节在 BSC 框架下提出一种权值分配策略，通过驾驶员的实时控制作用对预瞄偏差 y_L 进行纠正，从而获取预瞄偏移距离(preview distance to lane center，PDLC)，再设计权值分配函数，以实现在一定的路径跟踪精度下优先保证驾驶员控制权限的目的。本节对几种典型的驾驶员误操作行为进行了分析，给出了权值分配策略在提高路径跟踪精度、降低工作负荷、纠正误操作行为方面对驾驶员的辅助作用。

5.5.2 驾驶员模型

本节所用到的人-车-路模型与前面所述基本相近，不再赘述，重点介绍所建的神经网络驾驶员模型。考虑到驾驶员是通过远、近两个预瞄点的道路信息来执行驾驶任务的，且其转向行为呈现出明显的非线性特点，故可建立如图 5.50 所示的基于两点预瞄原理和神经网络算法的驾驶员模型。

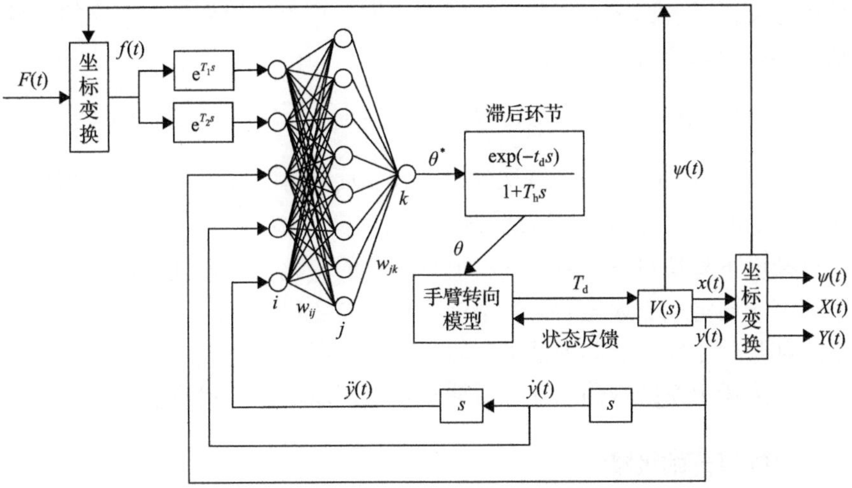

图 5.50　基于两点预瞄原理和神经网络算法的驾驶员模型

绝对坐标系下的理想路径 $F(t)$ 通过坐标变换后变为相对坐标系下的路径 $f(t)$，经过预测函数 $\exp(T_1 s)$ 和 $\exp(T_2 s)$ 形成表征车-路位置关系的神经网络输入量和车辆的横向参数共同组成神经网络的输入层，经过各神经元的加权传递后得到追随车道中心线所期望的转向盘转角 θ^*。$\exp(-t_d s)/(1+T_h s)$ 是驾驶员的反应滞后环节，其中 t_d 表示神经反应滞后时间常数，T_h 表示操作反应滞后时间常数。驾驶员通过手臂的动作将决策出的转向盘转角 θ 以相应的转矩形式施加到转向系统中，经车辆动力学传递函数 $V(s)$ 后可得到相应的响应参数。

驾驶员手臂部分的神经肌肉系统传递函数如式(5.88)所示：

$$G_\theta = \frac{\omega_c(sC_t + K_t)}{(s+\omega_c)\exp(t_n s)} \tag{5.88}$$

式中，ω_c 为神经肌肉系统的上截止频率；C_t 为反射阻尼；K_t 为反射刚度；t_n 为神经传递滞后时间。

可采用含一个隐含层的 BP 神经网络来拟合驾驶员的转向特性。该网络的输入层有 5 个神经元，输出层为驾驶员的期望转角 θ^*，隐含层节点数先按式(5.89)选取，再依据训练结果进行调整，最终得到一个 5-8-1 的神经网络模型。

$$m=\sqrt{n+l}+a_{\mathrm{c}} \tag{5.89}$$

式中，m 为隐含层节点数；n 为输入层节点数；l 为输出层节点数；a_{c} 是 1～10 的常数。

通过大量的仿真获取训练数据，由于普通的 BP 神经网络拟合非线性系统时存在训练速度慢及容易陷入局部最优解的问题，这里采用变学习速率的动量梯度下降法，其权值调节公式如下：

$$\Delta w_N(k+1)=(1-m_{\mathrm{c}})\eta\nabla f[w_N(k)]+m_{\mathrm{c}}[w_N(k)-w_N(k-1)] \tag{5.90}$$

式中，w_N 为权值向量；k 为训练次数；$m_{\mathrm{c}}(0\leqslant m_{\mathrm{c}}\leqslant 1)$ 为动量因子，一般取 0.95 左右；η 为学习速率；$\nabla f[w_N(k)]$ 为误差函数的梯度。

动量梯度下降法可将最后一次权值(阈值)的变化作用通过动量因子来传递，权值的调节方向将朝着误差曲面底部的平均方向变化，当变化量为 0 时，有助于网络从局部最优中跳出。学习速率 η 的参数值在训练初期取较大值以达到更快的收敛速度，为避免系统振荡在训练后期取较小值以保证一定的拟合精度。

5.5.3　人机权值分配策略

横向运动控制中的人机权值分配策略框图如图 5.51 所示，由两层构成。其中，协调控制层的作用在于权值分配，根据驾驶员和 LKAS 的转矩差异对预瞄偏差 y_{L} 进行修正以获取预瞄偏移距离 l_{PD}；权值分配函数根据 l_{PD} 计算出驾驶员权值 w。横向控制层的作用是决策出使车辆追随车道中心线所需的控制量，设驾驶员和 LKAS 各自决策出的控制量为 T_{d} 和 T_{a}。由于在机械转向系统中，T_{d} 完全作用在转向管柱上，无法直接调节，所以根据 T_{d}、T_{a} 和 w 计算出相应的助力转矩 T_{z}，从而对驾驶员进行转向引导或纠偏。

权值分配策略的作用是协调驾驶员和 LKAS 的控制效果，在维持一定路径跟踪精度的前提下赋予驾驶员更多的控制权值。控制效果主要体现在两方面：路径跟踪精度和驾驶员的主观感受。

驾驶员生理/心理上的限制，如神经反应滞后和操作反应滞后，导致其路径跟踪效果不如 LKAS 准确稳定，因而提高辅助驾驶系统的权值有利于提高路径跟踪精度。而在驾驶员的主观感受方面，根据 Mars 等[25]和 Iwano 等[26]的研究，辅助驾驶系统权值较小时的作用在于“触觉引导”，指引驾驶员正确转向，但随着其权值的增大，驾驶员会逐渐觉得车辆不受控制，直至辅助驾驶系统权值增大到一定程度(达到某一阈值)后，会造成驾驶员对辅助驾驶系统的不信任，乃至产生心理上的恐慌。

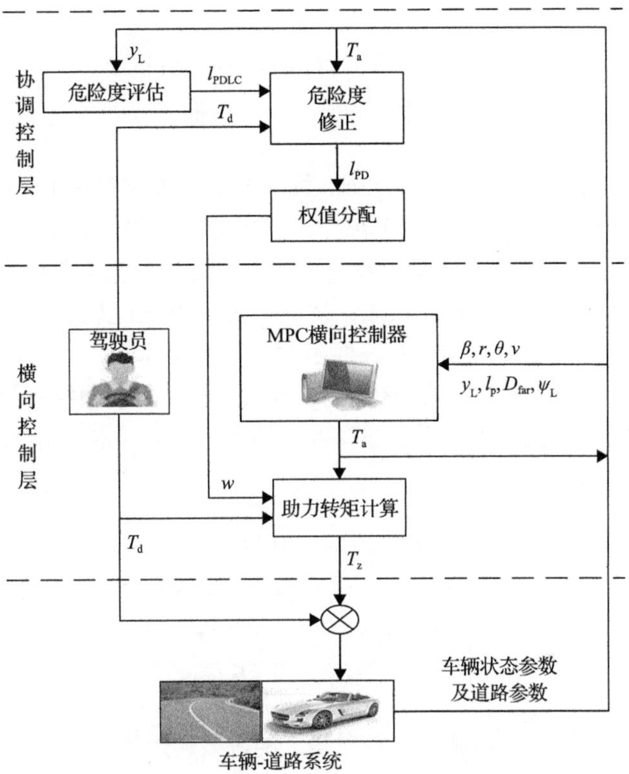

图 5.51　横向运动控制中的人机权值分配策略控制框图

因此，在进行控制权值分配时应依照下述原则：①为保证驾驶员的主观感受，需增大驾驶员权值 w；②为提高横向运动控制精度，需增大辅助驾驶系统权值 z，即 $z=1-w$；③为减少驾驶员对辅助驾驶系统的不信任感，要尽量避免 $w<0.5$ 的情况。

采用实际的预瞄偏移距离 l_{PDLC} 来衡量车辆偏离程度，定义为车辆在预瞄点处偏移车道中心线的距离，即有

$$l_{PDLC}=|y_L| \tag{5.91}$$

l_{PDLC} 值越小，则车辆在接下来的一个预瞄时间 t_p 内的横向运动控制精度越高，相应地可为驾驶员分配更多的控制权值。

当仅采用 y_L 衡量车道偏离程度时，未考虑驾驶员的控制作用，可能会导致危险度的过度评估，尤其是在弯道上。为此，需要对其进行修正：

$$l_{\mathrm{PD}} = l_{\mathrm{PDLC}} - l_{\mathrm{PDLC}} f(|\Delta T|) \tag{5.92}$$

式中，

$$f(|\Delta T|) = \begin{cases} -0.5|\Delta T| + 1, & 0 \leqslant |\Delta T| \leqslant 2 \\ 0, & \text{其他} \end{cases}$$

我国高速公路的车道宽度为 3.75m，而轿车的宽度大多在 1.6～1.8m，则可将修正后的预瞄偏移距离 l_{PD} 分为三个部分：①安全区域(0～0.3m)，车道偏离程度较低，驾驶员占主要控制权限；②一般区域(0.3～0.6m)，车道偏离现象较为明显，应逐渐提高辅助驾驶系统的控制权限；③危险区域(0.6m 以上)，此时意味着车辆有冲出车道的趋势。由于驾驶员对线性函数的适应度最好，以及为了便于控制，具体的权值分配函数形式如式(5.93)所示。考虑到辅助驾驶系统权值超过 0.5 后会增加驾驶员对辅助驾驶系统的不信任程度，增大了 w=0.5 这一范围的比例。

$$w = \begin{cases} 1, & 0 \leqslant l_{\mathrm{PD}} < 0.1 \\ 1.25 - 2.5 l_{\mathrm{PD}}, & 0.1 \leqslant l_{\mathrm{PD}} < 0.3 \\ 0.5, & 0.3 \leqslant l_{\mathrm{PD}} < 0.45 \\ 1.4 - 2 l_{\mathrm{PD}}, & 0.45 \leqslant l_{\mathrm{PD}} < 0.7 \\ 0, & 0.7 \leqslant l_{\mathrm{PD}} \end{cases} \tag{5.93}$$

经过权值分配后，最后施加到转向盘上的等效转矩为

$$T_{\mathrm{ass}} = w T_{\mathrm{d}} + (1 - w) T_{\mathrm{a}} \tag{5.94}$$

式中，T_{ass} 为权值分配后施加到转向系统的转矩；T_{d} 为驾驶员施加的转矩；T_{a} 为辅助驾驶系统决策出的理想转矩。

实际上，相较于线控转向系统中可直接对驾驶员的输入作用进行调节，机械转向系统中驾驶员施加的转矩 T_{d} 完全作用到了转向管柱上。为达到权值分配的效果，设辅助驾驶系统实际提供的转矩为 T_{z}，则有

$$T_{\mathrm{ass}} = T_{\mathrm{d}} + T_{\mathrm{z}} \tag{5.95}$$

辅助驾驶系统通过 T_{z} 来引导驾驶员正确转向、降低其工作负荷及纠正车辆的偏离行为。由式(5.94)、式(5.95)可得

$$T_{\mathrm{z}} = (w - 1) T_{\mathrm{d}} + (1 - w) T_{\mathrm{a}} \tag{5.96}$$

5.5.4 MPC 横向运动控制器设计

考虑到横向运动控制存在诸多约束，而模型预测控制是在有限时域内的滚动优化过程，具有控制效果好、鲁棒性强、能较好地兼顾控制目标和系统约束等优点，故可设计如图 5.52 所示的 MPC 横向运动控制器。

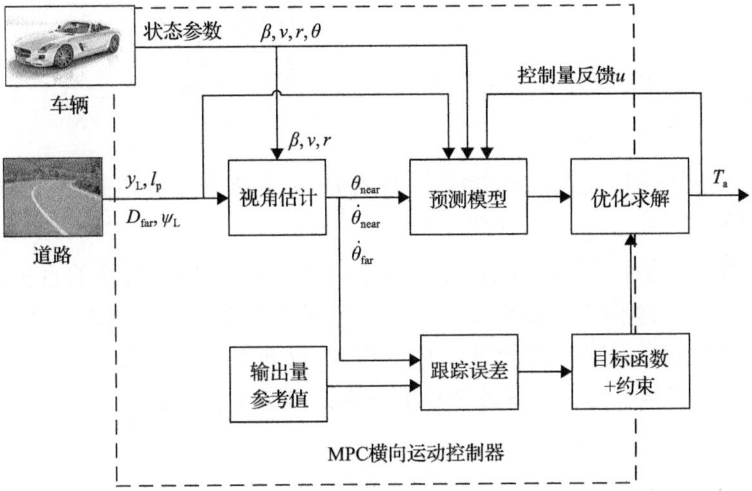

图 5.52　MPC 横向运动控制器

MPC 横向运动控制器的输出量为近视角 θ_{near}、近视角变化率 $\dot{\theta}_{\text{near}}$ 和远视角变化率 $\dot{\theta}_{\text{far}}$，近视角和远视角的求解公式分别如下：

$$\theta_{\text{near}} = \frac{y_{\text{L}}}{l_{\text{p}}} + \psi_{\text{L}} \tag{5.97}$$

$$\theta_{\text{far}} \approx \frac{D_{\text{far}}}{R_v} = \frac{D_{\text{far}}}{v} r \tag{5.98}$$

式中，l_{p} 为近预瞄距离；D_{far} 为远预瞄距离；R_v 为车辆的转向半径；r 为车辆的横摆角速度；ψ_{L} 为车辆与车道中心线的相对横摆角；v 为车速。

对式(5.97)、式(5.98)求导并令 $y = [\theta_{\text{near}}, \dot{\theta}_{\text{near}}, \dot{\theta}_{\text{far}}]^{\text{T}}$，当 θ_{near} 趋近于 0 时，车辆维持在车道中心线附近行驶；当 $\dot{\theta}_{\text{near}}$ 和 $\dot{\theta}_{\text{far}}$ 趋近于 0 时，转向过程平滑稳定，则 MPC 横向运动控制器的输出方程为

$$y = C_{\text{c}} x \tag{5.99}$$

式中，

$$C_c=\begin{bmatrix} 0 & 0 & 1 & \frac{1}{l_p} & 0 & 0 \\ \frac{v}{l_p} & 2 & \frac{v}{l_p} & 0 & 0 & 0 \\ \frac{D_{far}a_{21}}{v} & \frac{D_{far}a_{22}}{v} & 0 & 0 & \frac{D_{far}b_2}{v} & 0 \end{bmatrix}, \quad a_{11}=-\frac{k_r+k_f}{mv}$$

$$a_{12}=-1+\frac{bk_r-ak_f}{mv^2},\quad a_{21}=\frac{bk_r-ak_f}{I_z},\quad a_{22}=-\frac{b^2k_r+a^2k_f}{I_z v},\quad b_1=\frac{k_f}{mv},\quad b_2=\frac{ak_f}{I_z}$$

式中，k_f 和 k_r 分别为前、后轮胎的侧偏刚度；a 和 b 分别为质心至前、后轴的距离；m 为整车质量；I_z 为车辆绕 z 轴转动惯量。

根据前述的横向运动控制器设计要求，采用式(5.100)形式的目标函数。式(5.100)中，第一项由系统输出量构成，表征了控制系统对参考轨线的跟随能力，其中，θ_{near} 反映了路径跟踪精度，$\dot{\theta}_{near}$ 和 $\dot{\theta}_{far}$ 反映了转向过程中的平稳程度；第二项则反映了系统对控制量平稳变化的要求，以避免瞬时转矩过大。Q 和 R 是权重矩阵。

$$J=\sum_{i=1}^{N_p}\left\|\eta(t+i|t)-\eta_{ref}(t+i|t)\right\|_Q^2+\sum_{i=1}^{N_c-1}\left\|\Delta u(t+i|t)\right\|_R^2 \tag{5.100}$$

此外，控制系统还需满足一定的限制条件。由于执行机构的限制和防止瞬时转矩过大，需要对控制量及其增量进行约束；为保证行车安全，输出量需要限制在一定范围内；在稳定性方面，车辆的质心侧偏角 β 也有相应的要求：

$$\begin{cases} u_{min}(t+k)\leqslant u(t+k)\leqslant u_{max}(t+k) \\ \Delta u_{min}(t+k)\leqslant \Delta u(t+k)\leqslant \Delta u_{max}(t+k) \\ y_{min}(t+k)\leqslant y(t+k)\leqslant y_{max}(t+k) \\ \beta_{min}(t+k)\leqslant \beta(t+k)\leqslant \beta_{max}(t+k) \end{cases} \tag{5.101}$$

式中，$k=0,1,\cdots,N_c-1$。

5.5.5 仿真计算与分析

采用权值分配策略进行驾驶员和辅助驾驶系统之间的协调控制，其重要作用在于提高路径跟踪精度、降低驾驶员工作负荷及提高横向控制中的抗干扰能力。为分析权值分配策略对驾驶员的辅助作用，在 CarSim/Simulink 环境下进行联合仿真。仿真路径如图 5.53 所示，车速为 20m/s。仿真模型所用主要参数见表 5.13。

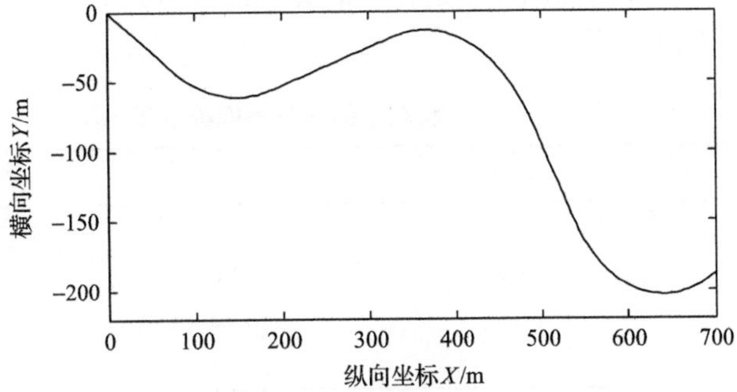

图 5.53　仿真路径

表 5.13　仿真模型所用主要参数

参数	数值
整车质量 m / kg	1270
整车绕铅垂轴转动惯量 I_z / (kg · m^2)	1536.7
质心到前轴的距离 a / m	1.016
质心到后轴的距离 b / m	1.564
前轮胎侧偏刚度 k_f / (N/rad)	90000
后轮胎侧偏刚度 k_r / (N/rad)	100000
预瞄时间 T_1 / s	0.5
预瞄时间 T_2 / s	1
转向系统传动比 i	16.8
转向系统等效阻尼系数 B_s / [(N · m · s)/rad]	0.57
转向系统等效转动惯量 J_s / (kg · m^2)	0.05
上截止频率 ω_c / (rad/s)	30
反射阻尼 C_t / [(N · m · s)/rad]	3
反射刚度 K_t / [(N · m) / rad]	10
神经传递滞后时间 t_n / s	0.04

驾驶员神经反应时间 t_d 和操纵反应时间 T_h 约为 0.2s 和 0.1s，当驾驶员处于异常状态(如疲劳驾驶)但仍能驾驶车辆时，这个时间要延长 3～5 倍，且会出现转向

不足(或转向过度)、误操纵的情况。因此，在前述神经网络驾驶员模型基础上改变反应时间并对驾驶员的控制作用进行削弱处理，可得到处于不同状态的驾驶员操纵模型，如表 5.14 所示。

表 5.14　不同状态下的驾驶员操纵模型

驾驶员状态	t_d / s	T_h / s	控制削弱程度/%
A 正常驾驶	0.2	0.1	—
B 轻度疲劳	0.3	0.15	85
C 中度疲劳	0.6	0.3	70
D 极度疲劳	0.6	0.3	120

为分析权值分配对驾驶员误操作行为的纠正效果，在协调控制下，处于轻度疲劳的驾驶员 B 在第三个弯道入口处反向施加持续 2s 的 4N·m 误操作转矩；处于中度疲劳的驾驶员 C 在第三个弯道入口处完全脱离驾驶状态；极度疲劳驾驶员 D 以 4N·m 的误操作转矩行驶过第三个弯道。不同驾驶员在采用基于权值分配策略的协调控制前后的路径跟踪情况如图 5.54 所示，图中 y_{LCG} 表示车辆距车道中心线的侧向偏差。

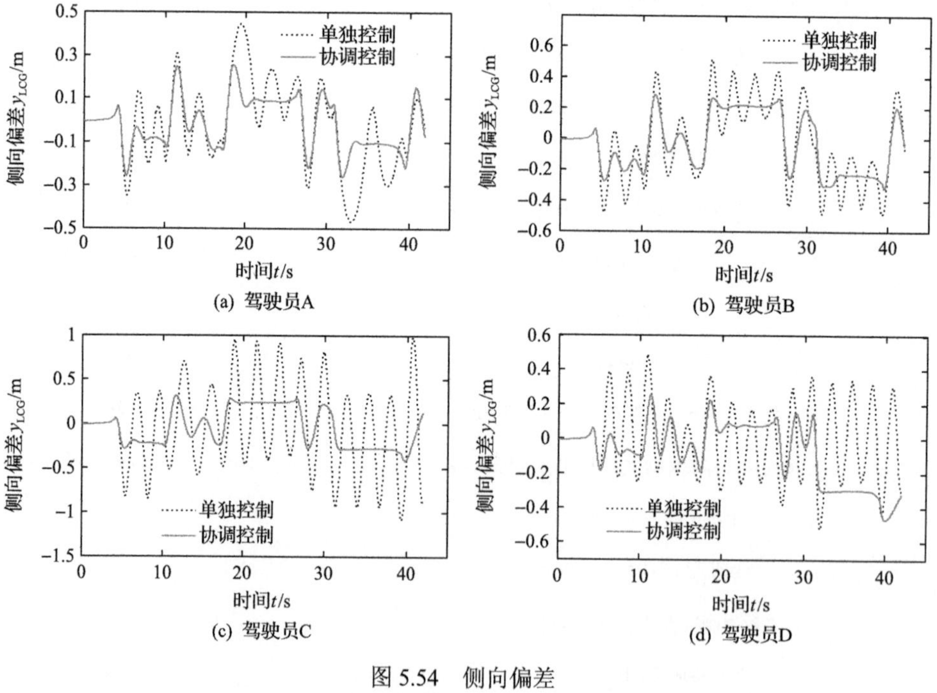

图 5.54　侧向偏差

根据仿真结果对侧向偏差数据进行分析，结果见表 5.15。侧向偏差的最大值对行车安全性影响最大，相较于驾驶员单独控制车辆，协调控制明显抑制了车辆的最大偏离程度，并且这一作用随着驾驶员异常状态的加深更加明显。在均值方面，辅助驾驶系统的参与使理想路径的总体跟踪效果有了明显的提高。此外，当驾驶员单独控制车辆时，会不断调整行进方向，从而车辆距车道中心线的侧向偏差 y_{LCG} 表现出一定的波动现象，并且当驾驶员处于异常状态时，这一现象更为明显，而协调控制能大幅平缓车辆的转向行为，使车辆的转向过程平滑稳定。

表 5.15　侧向偏差分析结果

驾驶员		峰值/m	抑制率/%	均值/m	标准差
A	单独控制	0.4448	42.2	0.1456	0.1248
	协调控制	0.2571		0.0989	0.0627
B	单独控制	0.5185	45.07	0.2041	0.1420
	协调控制	0.2848		0.1339	0.1025
C	单独控制	0.9795	67.74	0.3820	0.2865
	协调控制	0.3160		0.1929	0.1012
D	单独控制	0.4902	47.98	0.1695	0.1205
	协调控制	0.2550		0.1413	0.1214

协调控制下驾驶员的权值变化如图 5.55 所示，若认为权值 $w \geqslant 0.5$ 时，驾驶员占据主要控制权限，$w \geqslant 0.8$ 时，驾驶员占据绝对控制权限，则对于处于正常状态的

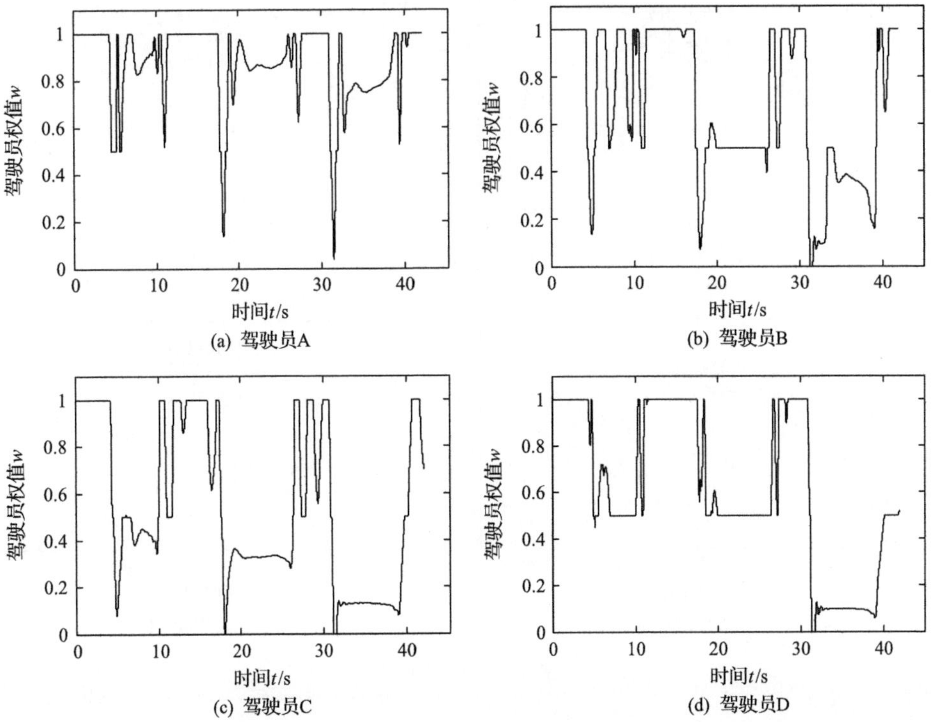

图 5.55　驾驶员权值

驾驶员，有 97.24%的时间享有主要控制权限，有 74.98%的时间享有绝对控制权限，但相应车辆的最大偏离程度降低了 42.2%。在疲劳驾驶中，随着驾驶员疲劳程度的加剧，其权值也在降低，但相比于辅助驾驶系统仍有较多的控制权限，路径跟踪精度提高得也更为明显。在极度疲劳状态下，驾驶员虽然能维持车辆行驶在车道中心线附近，但其反复调整车辆行进方向的行为十分明显，权值分配策略通过触觉引导的作用平缓了其转向操作行为。当驾驶员发生误操作行为时，为保证行车安全，辅助驾驶系统会接管转向盘，驾驶员的权值将大幅降低，如数据所示基本上不到 0.2。而相应地，车辆的最大侧向偏差均不超过 0.35m，即权值分配策略通过牺牲驾驶员权值的方式，对其误操作行为进行了有效的纠正。

图 5.56 展示了仿真过程中 4 位驾驶员的转矩变化情况。图中 T_z 可通过式(5.96)计算得出。驾驶员的工作负荷表现在两方面：一方面需要持续施加转矩 T_d 在转向盘上；另一方面反复调整车辆行驶方向。前者用驾驶员转向效能(steering effort of driver，SED)的值进行衡量，可通过对 T_d 求解，即 $\mathrm{SED}=\int_0^t T_d^2 \mathrm{d}t$；后者可通过转向盘的方向变换次数(number of direction change，NDC)来衡量。这里仅对第三个弯道前的数据进行分析，其结果见表 5.16。

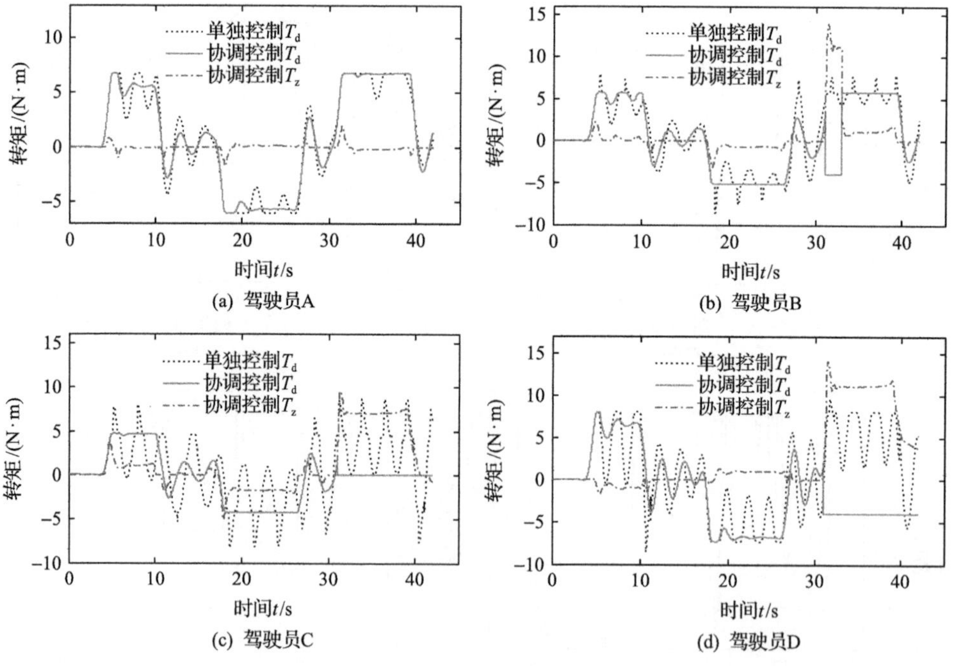

图 5.56　转矩对比

表 5.16　驾驶员工作负荷分析

驾驶员		A	B	C	D
SED	单独控制	511.1	423	347.8	624
	协调控制	498.7	422.3	304.5	638.5
NDC	单独控制	17	19	19	23
	协调控制	13	13	9	15

可见辅助驾驶系统参与转向控制后，NDC 值明显下降，即驾驶员的转向过程更为平滑，调整车辆行进方向的行为次数减少而导致其重复工作量大幅降低。在 SED 上，无论辅助驾驶系统参与与否，同一驾驶员施加到转向盘的转矩的大小量级不会有太大改变。因此，分析时以驾驶员 A 单独控制时的 SED 值为标准，发现驾驶员 B、C 的 SED 值分别只有标准值的 82.63%和 59.58%，驾驶员 D 由于具有过度转向倾向，其 SED 值为标准值的 124.93%。

从 T_z 的角度来看，对于驾驶员 A，辅助驾驶系统仅在弯道的入口和出口处提供少许的助力转矩，从而抑制车辆的最大侧向偏差。极度疲劳驾驶员 D 由于仍能维持一定的路径跟踪精度，所以 T_z 同样很小，主要是触觉引导作用。对于轻度疲劳和中度疲劳驾驶员，由于其不能提供足够的转矩，所以当车辆偏离车道中心线一定程度时会施加大转矩以纠正车辆的偏离行为，在图中表现出一定的“凸起”，但在辅助驾驶系统的参与下，T_z 将补足转矩不足的部分。

5.5.6　硬件在环实验

在实验台上进行硬件在环实验以验证权值分配策略的可行性，其硬件在环实验框图如图 5.57 所示。

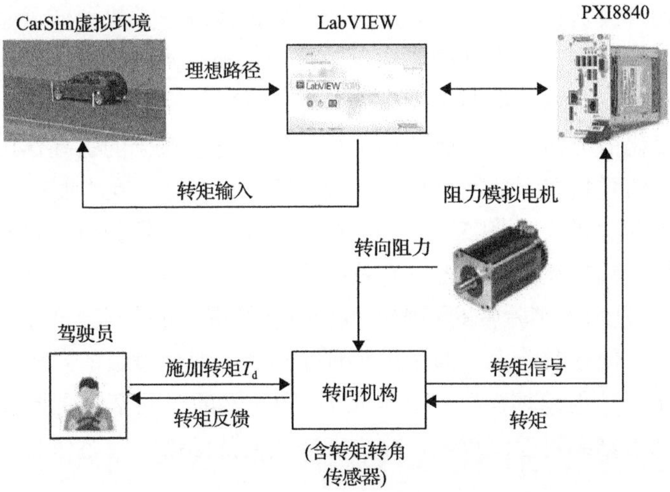

图 5.57　硬件在环实验框图

硬件在环实验分成两部分，采用仿真道路，路面附着系数为 0.8。在驾驶员熟悉了道路及实验台操控后，其以 80km/h 的速度单独控制车辆跑完全程。在第二部分实验中加入权值分配策略，且驾驶员相较于第一部分的实验只施加部分转矩并在第三个弯道入口处(35s 时刻)反向转动转向盘 2s 以模拟疲劳驾驶状态下的误操作行为。硬件在环实验结果如图 5.58 所示。

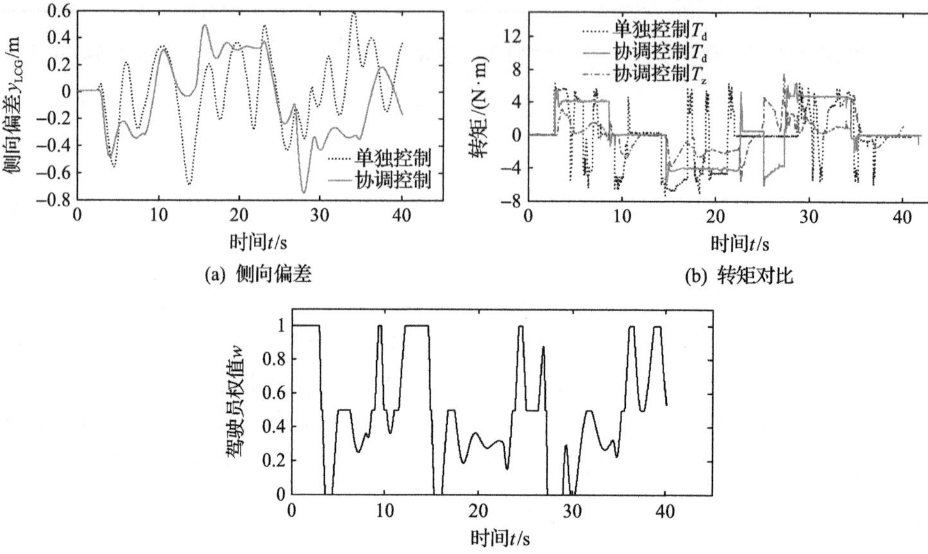

(a) 侧向偏差　　(b) 转矩对比

(c) 驾驶员权值

图 5.58　硬件在环实验结果(不同控制方式)

图 5.58(a)给出了实验中的路径跟踪效果，可见采用权值分配策略后，处于疲劳驾驶状态的驾驶员也能很好地完成驾驶任务，其跟踪效果不低于驾驶员单独控制时的效果。车辆在误操作处的侧向偏差为 0.72m，并未偏离出车道，可见权值分配策略能有效纠正驾驶员的误操作行为。

转矩的变化情况如图 5.58(b)所示。由于辅助驾驶系统的引导作用及提供了部分转矩，疲劳驾驶状态下驾驶员转矩相较于正常状态有一定程度的下降，其 SED 值为正常值的 84.71%。由图 5.58(b)可见，在 NDC 上，驾驶员调整转向盘的次数也有明显下降，其重复工作量得以有效的降低。

图 5.58(c)显示了实验中的驾驶员权值变化情况。可见驾驶员在直路上对车辆的控制度较高，但在弯路上，为了跟踪理想路径，避免事故的发生，其权值处于一个较低的水平。但总体而言，驾驶员有 59.61%的时间享有主要控制权限，有 39.39%的时间占据绝对控制权限。硬件在环实验的结果与前述仿真分析结果基本一致。

参 考 文 献

[1] 陈无畏, 许凯, 谈东奎, 等. 高速工况智能车辆转向系统混杂控制研究. 中国科学: 技术科学, 2018, 48(6): 616-628.

[2] 龚建伟, 姜岩, 徐威. 无人驾驶车辆模型预测控制. 北京: 北京理工大学出版社, 2014.

[3] 张晨晨, 夏群生, 何乐. 质心侧偏角对车辆稳定性影响的研究. 汽车工程, 2011, 33(4): 277-282.

[4] 陈无畏, 王其东, 肖寒松. 汽车系统动力学与集成控制. 北京: 科学出版社, 2014.

[5] 李祖枢. 仿人智能控制. 北京: 国防工业出版社, 2003.

[6] 张霞, 高岩, 夏尊铨. 切换线性系统稳定性研究进展. 控制与决策, 2010, 25(10): 1441-1450.

[7] Claudio D P, Raffaella D S, Morse A S. Switched nonlinear systems with state-dependent dwell-time. Systems & Control Letters, 2003, 50(4): 291-302.

[8] 陈无畏, 李进, 王檀彬, 等. 视觉导航智能车辆的路径跟踪预瞄控制. 机械工程学报, 2008, 44(10): 277-282.

[9] 高振刚, 陈无畏, 谈东奎, 等. 考虑驾驶员操纵失误的车道偏离辅助人机协同控制. 机械工程学报, 2019, 44(10): 277-286.

[10] 白艳, 贾鑫. 最优预瞄加速度驾驶员模型参数试验辨识方法研究. 汽车工程, 2015, 37(7): 788-794.

[11] Pick A J, Cole D J. Neuromuscular dynamics in the driver-vehicle system. Vehicle System Dynamics, 2006, 44(1): 624-631.

[12] Rauamani R. Vehicle Dynamics and Control. New York: Springer, 2006.

[13] 陈无畏, 胡振国, 汪洪波, 等. 基于可拓决策和人工势场法的车道偏离辅助系统研究. 机械工程学报, 2018, 54(16): 134-143.

[14] 张海林. 基于电动转向的车道保持系统. 北京: 清华大学硕士学位论文, 2012.

[15] 黄智, 吴乙万, 刘剑, 等. 高速车辆车道偏离辅助控制研究. 机械工程学报, 2013, 49(22): 157-163.

[16] 杨春燕, 蔡文. 可拓学. 北京: 科学出版社, 2014.

[17] Reński A. Computational simulation of a motion of the car equipped with the lane departure avoidance system. Machine Dynamics Research, 2014, 38(4): 89-102.

[18] Kenda J, Kopac J. Measurements and analyses of lateral acceleration in traffic of vehicles. Tehnicki Vjesnik, 2011, 18(2): 281-286.

[19] 陈无畏, 孙晓文, 汪洪波. 汽车差动助力转向系统的可拓协调控制. 中国科学: 技术科学, 2017, 47(3): 324-335.

[20] Enache N, Mammar S, Netto M, et al. Driver steering assistance for lane-departure avoidance based on hybridautomata and composite Lyapunov function. IEEE Transactions on Intelligent Transportation Systems, 2010, 11(1): 28-39.

[21] Rossetter E, Gerdes J. Lyapunov based performance guarantees for the potential field lanekeeping assistance system. Journal of Dynamic Systems Measurement & Control, 2006, 128(3): 510-522.

[22] 陈无畏, 谈东奎, 汪洪波, 等. 一类基于轨迹预测的驾驶员方向控制模型. 机械工程学报, 2016, 52(14): 106-115.

[23] 陈无畏, 王其东, 丁雨康, 等. 基于预期偏移距离的人机权值分配策略研究. 汽车工程, 2020, 42(4): 513-521.

[24] Guo C, Sentouh C, Popieul J C, et al. Shared control framework applied for vehicle longitudinal control in highway merging scenarios. IEEE International Conference on Systems, Kowloon, 2016.

[25] Mars F, Deroo M, Charron C. Driver adaptation to haptic shared control of the steering wheel. IEEE International Conference on Systems, man, and Cybernetics, San Diego, 2014.

[26] Iwano K, Raksincharoensak P, Nagai M. A study on shared control between the driver and an active steering control system in emergency obstacle avoidance situations. IFAC Proceedings Volumes, 2014, 47(3): 6338-6343.